Parochie Gröben

Herrenhaus zu Siethen um 1850 – (Vorgängerbau des Schlosses nach 1880)

Gerhard Birk

Verwehte Spuren

Parochie Gröben

Historisches Mosaik zur Geschichte der
Mark Brandenburg

Märkischer Verlag Wilhelmshorst
1999

Das Buch wurde herausgegeben vom ZAL Zentrum Aus- und Weiterbildung Ludwigsfelde GmbH
und gefördert durch
        die Gesellschaft zur Förderung der Arbeitsaufnahme mbH, Alfter bei Bonn,
        die Daimler-Benz Ludwigsfelde GmbH,
        das Ministerium für Wissenschaft, Forschung und Kultur des Landes Brandenburg.
Die Grafiken wurden von Ralf Otto Kühn zur Verfügung gestellt.

Genehmigungsvermerk:
Luftbilder bzw. Luftbildmontage vervielfältigt/veröffentlicht mit Genehmigung LLB-LVII/98 vom 07.10.1998 des Landesvermessungsamtes Brandenburg.

Titelbild: Flugbild Gröben 1998
Vorsatz: Luftbildaufnahme April 1998 Ludwigsfelde und umliegende Gemeinden (nördlicher Teil)
Nachsatz: Luftbildaufnahme April 1998 Ludwigsfelde und umliegende Gemeinden (südlicher Teil)
Rücktitel: Postkarte von 1914

Die Deutsche Bibliothek – CIP-Einheitsaufnahme

Birk, Gerhard:
Verwehte Spuren / von Gerhard Birk. Wilhelmshorst: Märkischer Verl.

Parochie Gröben. Historisches Mosaik zur Geschichte der Mark Brandenburg. – 1. Aufl. 1999
ISBN 3-931 329-19-4

Der Nachdruck, Anfertigung von Kopien oder elektronischer Verbreitung sind -auch auszugsweise-
nicht gestattet!

© **M**ärkischer**V**erlag **W**ilhelmshorst 1999
1. Auflage
Lektorat: Maria Zentgraf

Druck und Bindung: dcp Druck Center Potsdam Declair OHG
Alle Rechte vorbehalten. Printed in Germany

ISBN 3-931 329-19-4

Inhaltsverzeichnis

Vorwort   9
Ortsbestimmung   10
Lesehinweise   10

Aus der frühen Geschichte

Zum Alter der Orte und zum Ursprung der Ortsnamen   11
Die Nuthe und ihre Burgen   16
Besondere Vorkommnisse aus der Geschichte von Gröben, Siethen und Jütchendorf, Groß- und Kleinbeuthen   17

Geschichten aus alter Zeit

Ein Grenzstein verhütet viel Streit   21
Wie kommt die Meerkatze ins Schlaberndorffsche Wappen?   21
In anderer Leute Häuser ist gut Feste feiern   22
Zur Armut führen viele Straßen   22
Zwei können den Dritten an den Galgen lügen   22
Wie die Gesetze, so die Richter   23
Blitze zielen nicht   23
Des einen Tod, des andern Brot   24
Müde Ochsen stoßen hart   25
In schönen Wassern kann man auch ertrinken   26
Übermut tut selten gut   26
Der Teufel macht den Alkohol, um uns zu verderben   27
Bei großem Geschrei ist wenig Klugheit   27
Im Schnapsglas ersaufen mehr als zur See   27
Wer aus Liebe leidet, fühlt keine Pein   28
Wer im Geleise bleibt, geht nicht irre   28
Trauung auf der Straße   28

Alltagsleben

Landstreicher   29
Einem durstigen Gaumen schmeckt jeder Wein   29
Fluchthelfer im Grenzgebiet Gröben   29
Nur keine Angst vor Herren, die Bauern sind auch Leute   30
Der Nachtwächter von Gröben   32
Kolonisten   33
Kindheitserinnerungen   34
Der Storch in der Küche   34
Lichtnot   36
Inflation   36
Episode: Allzu pfiffig ist nicht klug   36
Wenn's zum Feste geht, hört ein lahmes Weib auf zu hinken   37
Spott tötet den Mann   42
Strickabend, eine Mietgendorfer Tradition   42
Die Mühle von Schiaß   43

Bis zum Essen bin ich wieder da	44
Den Schalk im Nacken	45
Feurio!	45
Es gehört mehr zum Tanzen als rote Schuhe	47

Landadel ...

Raubritter, Vasallen, Gutsherren	47
Der Pariser Graf	53
Bürgerliche auf Adelssitzen	54
Noch ein kauziger Graf	55
Es läuft überall ein schwarzes Schaf mit unter	57
Königlicher Besuch in Großbeuthen	58
Quintus Icilius und der König	62
Das Gröbener Stift	62
Tabea-Haus in Siethen	63
Reich, aber (vorerst) nicht von Adel: Hermann Badewitz	66
Heimat	66
Gerhard von Badewitz erinnert sich	67
Kein Jägerlatein	68
Der weiße Barsoi	69
Auflösung der Gutsbezirke	70
Gutsbetrieb in Siethen	73
Adel verpflichtet	75

... und Dorfbevölkerung

Jede Freude enthält einen Tropfen Wermut	75
Traditionen haben ihre eigenen Gesetze	75
Hartleibige Siethener	76
Die Thielickes	77
Die Löwendorfs und Lehmanns	80
Nuthefischerei	82
Haut sie, daß die Fetzen fliegen	82
Die ungehorsamen Kietzer	84
David und Goliath	85
Rucksackberliner	85
Prominente in Siethen	87
Seekonzerte in Siethen	87
Statisten aus Siethen und Gröben	88
Dei schwate Su (Die schwarze Sau)	89
Siethen – Ein Mikrokosmos	89
Geschäftsleute anno dazumal	91
Altersweisheit	92

Kriegszeiten

Dreißig Jahre Krieg, getragen vom armen Mann	95
Franzosenzeit	97
Befreiungskrieg	99
Krieg schlägt Wunden	99
Wenn der Wolf Hunger hat, darf das Schaf nicht blöken	102
Muselmanen in Gröben	102
Essen sie nur, Herr Pfarrer	103
Die Toten des Ersten Weltkrieges	103

Theodor Fontane in Gröben und Siethen

Die Schwermut ist ihr Zauber	106

Anmerkungen zur Kirchengeschichte

Die Kirchen der Parochie	110
Die Sprache der Glocken	116
Kirchenbücher der besonderen Art	119
Rezepte aus dem Kirchenbuch	120
Geschichten aus alter Zeit	122
Die Suche nach Heimat ist ein nie endender Prozeß	123
Kämpfe des Pfarrers	125
Des Pfarrers Sorgen	127
Bier und Verstand gehen selten Hand in Hand	127
Im Streit verliert man die Wahrheit	128
Die Heiligen haben auch ihr Pech	128
Nachdenken über Friedhöfe	129
Pfarrer Lembke als Literaturwissenschaftler	129

Anmerkungen zur Schulgeschichte

Das traurige Lied vom armen Dorfschulmeister	133
Der arme Schlucker von Schiaß	137
Wie der Lehrer, so die Schüler	138
Im Kruge hört man viel Neues	138
Wer lehren will, findet überall eine Schule	141
Wie der Lehrer, so die Schule	142
Wer den Schaden hat, braucht für den Spott nicht zu sorgen	143
Das ABC macht das meiste Weh	143
Es gehen viele geduldige Schafe in einen Stall	143
Eine Handvoll Achtung ist mehr als eine Metze Gold	144
Wenn die Hirten sich streiten, hat der Wolf gewonnenes Spiel	145

Lokale Ereignisse, Besonderheiten und Höhepunkte

Siethen: Die Schönheit der Landschaft ...	146
Fasziniert vom Odem der Geschichte	150
Den Kietzern wurde das Wasser abgegraben	151
Sensationeller Fund in Schiaß	155
Lichtball in Schiaß	155
Katastrophe in Schiaß	156
Stille Wasser sind tief	157
Der Duft der Heimat	157
Unwetter	157
Schweres Gewitter	157
Flugtag in Siethen	158
Reit- und Fahrturnier in Siethen	158
Hitlereiche in Gröben	159
Gut Großbeuthen	160
Von Diktatur zu Diktatur	163
Zweites Frühstück	166

Kriegs- und Nachkriegszeit

Besser das Dach verloren als das ganze Haus	166
Die Strafe sollte nicht größer sein als die Schuld	167
Bomben auf Großbeuthen	167

22. April 1945: Schreckenstag für Siethen	168
Das Kirchenbuch auf dem Misthaufen	169
Grabschändung in Großbeuthen	170
Rückblick ohne Zorn	172
Siethen am Meer?	183
Der Tod ist gewiß, doch ungewiß die Stunde	183
Flüchtlinge in Jütchendorf	184
Hinterm Ofen fängt man keinen Hasen	185
Siegesrausch	185
Besser eine alte Mähre als gar kein Pferd	185
Bodenreform	185
Der Trabi ist da	190
Die dicke Edith	190
Pistolen-Franz	191
Schloß Siethen im Krieg und nach 1945	192
Aus dem Leben eines Siethener Zöglings	195
Rechenschaftsbericht 1972	195
Förster Monsky, ein Siethener Original	199
Augen zu und durch	199
Die Humeniuks in Mietgendorf	200
Mietgendorf	203

Wendezeit

Frau Romaniuk erinnert sich	204
Theater in Gröben	205
Christian Schreiber, eine (ost-)deutsche Biografie	205
Wohnpark Siethen	212
Wohnsiedlung „Gröben am See"	213
Der Lührshof	214
Ein Neuer in Gröben	219
Edith John	220
Goldene Konfirmation	222

Legenden, Sagen, Märchen, Wirklichkeit

Der Trommler aus Gröben	223
Tod auf der Nuthe. Sage und Wirklichkeit	225
Der Soldatenkönig und der Schulze von Jütchendorf [I]	226
Der Soldatenkönig und der Schulze von Jütchendorf [II]	227
Das Lügenmärchen vom Bauern Brüggemann (Schiaß)	227
Die rote Farnkrautblüte	227

Schlußbemerkungen/Ausblick

Ende gut alles gut	228
Anmerkung des Herausgebers	229
Anhang	230
Flurnamen in der Parochie Gröben	230
Soziale/berufliche Zusammensetzung der Einwohner der Parochie im Jahre 1927	231
Einwohnerzahlen	232
Bildquellen	233
Quellenhinweise	234
Verwendete Archivalien	235
Abkürzungsverzeichnis	235
Personenverzeichnis	236
Ortsverzeichnis	237
Worterklärungen	237
Danksagung	238
Der Autor	238

Vorwort
Wer sein Vaterland nicht kennt, hat keine Maßstäbe für das Fremde

Als Theodor Fontane in der Mitte des vergangenen Jahrhunderts in Schottland weilte, entdeckte er dort viele Sehenswürdigkeiten. Da kam ihm der Gedanke: „Je, nun, soviel hat die Mark Brandenburg auch. Geh hin und zeig es" [16/1, 472]. 1859 begann er mit seinen Wanderungen durch die Mark, und mit dem Zeigen wollte es fortan kein Ende nehmen.

Theodor Fontane
30.12.1819 bis 20.9.1898
(nach einer Aufnahme aus dem Jahre 1898)

Nicht ohne Grund weilte Fontane wiederholt (vom 1. bis 3. September 1860 und dann mehrmals im Jahre 1881) in Gröben. Hier spürt man bis in die Gegenwart hinein nicht nur den Odem der Geschichte, sondern hier kann man ihr in Gestalt alter Bauwerke, alter Kirchendokumente, einer großartigen Chronik und geschichtsbewußter Personen direkt begegnen; hier stößt man auf Urelemente Brandenburger Geschichte. Anders gesagt: Die Geschichte Gröbens und der Parochie gleichen Namens ist die unverwechselbare Widerspiegelung Brandenburger Geschichte.

Mit dem vorliegenden Buch wird nicht die Absicht verfolgt, die Geschichte der Parochie in chronologischer Genauigkeit nachzuvollziehen, sondern der Versuch unternommen, anhand der Darstellung von Vorgängen, Ereignissen und Prozessen bzw. mit authentischen Geschichten zur Geschichte Einblicke in die wechselhafte Geschichte unserer Region, in das doch immer wieder bewegte und bewegende Alltagsleben unserer Vorfahren zu geben und somit Empfindungen zu wecken oder zu bestärken, die in ihrer Summe das ausmachen, was man unter Heimat, Heimatgefühl, Heimatbewußtsein, eben jenen schwer definierbaren, aber dennoch elementaren Bestandteilen des Daseins versteht.

Die Grenzen zwischen den Begriffen Heimat und Vaterland sind fließend. Deshalb ist es wohl nicht abwegig, den Bogen weiter zu spannen und Johann Wolfgang von Goethe zu zitieren: „Wer sein Vaterland nicht kennt, hat keine Maßstäbe für das Fremde."

In den historischen Aufzeichnungen begegnen uns stets aufs neue aus dem Alltag herausragende Ereignisse, Unglücksfälle, Katastrophen und Vorgänge, die die Menschen jener Zeiten besonders bewegten. Diese Aufzeichnungen sind natürlich nicht das akribische Abbild der Geschichte, da sie den weithin eintönigen Trott des arbeitsintensiven und arbeitsreichen Alltagslebens, die Mühen des Alltags, die Lebenssicherung und -erhaltung, auch nicht die zumindest zeitweiligen Phasen glücklichen Daseins umfassend zu reflektieren vermögen. Hinzu kommt, daß in alten Quellen ausnahmslos die Sichtweise des Geistlichen, des in der Regel einzigen akademisch gebildeten und schreibkundigen Menschen am Ort, der gleichzeitig die Obrigkeit verkörperte, wiedergegeben wird. Wir müssen also unsere Phantasie bemühen, die Fähigkeit, historisch zu denken, entwickeln, ansonsten setzen wir uns ein Mosaik aus echten Steinchen zusammen, das im Endeffekt aber nicht der ganzen historischen Wahrheit entspricht. Denn neben den Mißernten gab es auch in der märkischen Streusandbüchse sehr fruchtbare Jahre, gute Ernten, es gab pestfreie Jahrzehnte, Jahre ohne Fehden und Kriege. Fest steht, daß die in dürftigen Verhältnissen lebenden Menschen es in ihrer Bescheidenheit oft besser verstanden, dem Leben mehr glückliche Momente und Zeiten abzugewinnen als die Angehörigen des Adels oder des wohlhabenden Bürgertums oder unsere Zeitgenossen der Gegenwart.

Außerdem ertrank nicht nur das Töchterchen des Fischerkossäten, sondern auch der Sohn des Gutsherren, und die Pest machte weder um die Hütten noch um die Pfarr- und Herrenhäuser einen Bogen.

Auf der Suche nach brandenburgischer Heimat begegnet man – wie könnte es anders sein –, wenn nicht auf Schritt und Tritt, so doch stets aufs neue, Theodor Fontane. Ob seine Charakterisierung des Märkers treffend ist, mag jeder für sich selbst entscheiden: „Die Märker haben viele Tugenden, wenn auch nicht ganz so viele, wie sie sich einbilden, was durchaus gesagt werden muß, da jeder Märker ziemlich ernsthaft glaubt, daß Gott in ihm und seinesgleichen etwas ganz Besonderes geschaffen habe. So schlimm ist es nun nicht. Die Märker sind gesunden Geistes und unbestechlichen Gefühls, nüchtern, charaktervoll und anstellig auch in Kunst, Wissenschaft und Religion, aber sie sind ohne rechte Begeisterungsfähigkeit und vor allem ohne rechte Liebenswürdigkeit."
Und weiter: „Das Pflichtgefühl der Märker, ihr Lerntrieb, ihr Ordnungssinn, ihre Sparsamkeit – das ist ihr Bestes. Und das sind Eigenschaften, wodurch sie's zu was gebracht haben." –

Massenhaft zieht es heute die Menschen zu fernen Gestaden. Es wird aber die Zeit kommen, in der man die Sehenswürdigkeiten, Besonderheiten, Schönheiten und die Spuren der eigenen Geschichte ganz in der Nähe wieder suchen wird. Geb's Gott, daß dann von den märkischen Schönheiten, auf die uns Fontane vor hundert Jahren hinwies, wenigstens noch Spuren zu finden sind.

Ortsbestimmung

Die hier im Blickfeld liegenden Dörfer gehörten, bis auf kürzere Unterbrechungen, über Jahrhunderte hinweg zur Parochie Gröben. Diese setzte sich – neben Gröben selbst – aus den Orten Siethen, Jütchendorf (seit 1974 Ortsteil von Gröben), Groß- und Kleinbeuthen wie auch Kietz (seit 1895 mit Gröben vereint) zusammen. Die hier genannten Orte befinden sich (ebenso wie Trebbin und Saarmund) direkt (nur Siethen indirekt) an der Nuthe bzw. im Landschaftsschutzgebiet „Nuthe-Nieplitz-Niederung", also inmitten der grünen Lunge des Ballungsraumes Potsdam-Berlin. Die Nuthe als Wasserstraße stellte einstmals den einzigen Verbindungsweg in einem ursprünglich weitgehend unwegsamen riesigen Sumpfgebiet dar.

Die genannten Dörfer gehörten bis zur Auflösung des Landes Brandenburg und der damit einhergehenden Bildung der Bezirke im Jahre 1952 zum Kreis Teltow, danach zum Kreis Zossen im Bezirk Potsdam. Seit 1992 waren sie – bis auf Groß- und Kleinbeuthen, die zum Amt Trebbin gehörten – Bestandteil des Amtes Ludwigsfelde/Land im neugebildeten Großkreis Teltow-Fläming. Per 31.12.1997 fusionierten Gröben und Siethen mit der Stadt Ludwigsfelde. Damit gehören auch die seit 1974 von Gröben eingemeindeten, bis dahin selbständigen Gemeinden Mietgendorf und Schiaß zur

> *Lesehinweise*
>
> Im Text enthaltene Abkürzungen, wenig geläufige Begriffe und Fremdwörter werden im Abkürzungsverzeichnis bzw. in den Worterklärungen am Ende des Buches erläutert. Auch Hinweise auf Orts- und Personennamen sind dort enthalten. Die in Klammern gesetzten Ziffern weisen auf die jeweilige Quelle von Zitaten und Fakten hin. Zitate ohne Quellenangaben sind den Chroniken (siehe Nr. 36-38) entnommen. Bei der Mehrzahl der Überschriften handelt es sich um Volksweisheiten, die in Gestalt von Sprichwörtern überliefert worden sind. Personennamen werden in der jeweiligen historischen Schreibweise wiedergegeben.

Großgemeinde Ludwigsfelde. Hierzu ist noch zu bemerken, daß Gröben und Jütchendorf früher zum Kreis Teltow, das Runddorf Mietgendorf zum Kreis Luckenwalde/Jüterbog und das gassenartige Runddorf Schiaß zum Kreis Zauch-Belzig gehörten. Die drei Kreise trafen sich am Drei-Kreise-Eck, das sich dort befindet, wo Nuthe und Nieplitz zusammenfließen.

Zusammenfluß Nuthe und Nieplitz (Foto von 1930)

Gröben ist 6 km von Ludwigsfelde, 7 km von Trebbin, 15 km von Berlin und 15 km von Potsdam entfernt. Die Landeshauptstadt und Gröben haben eine verbindende Gemeinsamkeit: Die Gröbener Flur liegt an der Nuthe, die in Potsdam in die Havel mündet.

Aus der frühen Geschichte

Zum Alter der Orte und Ursprung der Ortsnamen
Es geht nichts über einen guten Namen

Der Personenname Grobe, Groben, Grobene, Groeben findet schon sehr früh, so in einer Urkunde von 1152 und 1155, Erwähnung; dort wird ein Liuderus de Grobene und in einer Urkunde von 1264 ein Albertus de Grobe, advocatus in Zpandowe, genannt [23, 10]

Der Ortsname **Gröben** wird erstmalig in einer Urkunde des Markgrafen Ludwig des Römers aus dem Jahre 1352 (als Groben) [29] erwähnt. Man darf aber davon ausgehen, daß das ursprüngliche Runddorf um einiges älter ist und zumindest schon im frühen 13. Jahrhundert existiert hat. Es ist vermutlich bei der Besitzergreifung des Teltow durch die ostwärtsdrängenden askanischen Kolonisten belegt worden. Der Kietz, nur einige hundert Meter von Gröben entfernt, könnte die neue Wohnstätte der verdrängten Wenden gewesen sein.

Den Ortsnamen Gröben betreffend gibt es mehrere Theorien. Willy Spatz [34] leitete die Ortsbezeichnung ursprünglich vom slawischen Wort grab oder grob ab, was soviel wie Buche bedeutet. Gröben aber war ursprünglich von feuchten Niederungen bzw. von Wasser und von Sümpfen umgeben, wo zwar Erlen, Birken und Weiden, auch Eichen

Gedenktafel in der Kirche Gröben
zur Erinnerung an das alte Adelsgeschlecht derer von Gröben

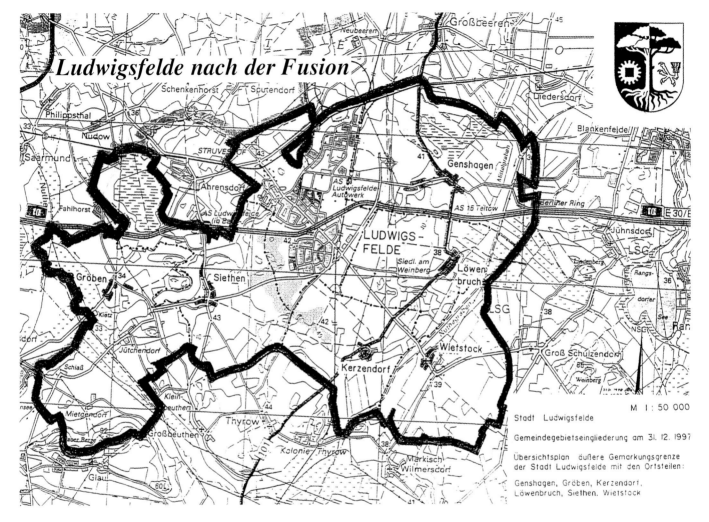

Ludwigsfelde nach der Fusion

Stadt Ludwigsfelde
Gemeindegebietseingliederung am 31. 12. 1997

Übersichtsplan äußere Gemarkungsgrenze der Stadt Ludwigsfelde mit den Ortsteilen:

Genshagen, Gröben, Kerzendorf, Löwenbruch, Siethen, Wietstock

M 1 : 50 000

und Rüstern, aber keine Buchen wachsen. Der frühere Pfarrer und Chronist von Gröben, Ernst Lembke, wiederum neigte der Auffassung eines Berufskollegen zu, der die Sprache der Wenden beherrschte und sich auch in der Volksetymologie auskannte; er leitete Gröben vom slawischen Wort grabin ab, was soviel wie Rüster heißt. „Somit wäre Gröben ein ‚Rüsternhain' gewesen." Alte Schriften berichten, daß die Rüster in und um Gröben sehr verbreitet war. Sie wurde wie die Else (Erle) zu Brennholz und zu Zaunpfählen geschlagen und hatte wie die Erle die Eigenschaft, wieder von selbst auszutreiben; man mußte sie also nicht nachpflanzen.

Wie vage die Deutung mancher Ortsnamen ist, zeigt sich u.a. darin, daß der o.g. und ansonsten respektable Willy Spatz an anderer Stelle und im Widerspruch zur urprünglichen

Auffassung [34] schreibt, der Ort habe seinen Namen nach dem Adelsgeschlecht derer von Grobene bekommen. Diese Version ist wohl die naheliegendere, zumal das Adelsgeschlecht der Gröbens zu den ältesten der Region zählt.

Im Hinblick auf das Alter mancher Orte der Region sei noch darauf verwiesen, daß am Gröbener See, schräg gegenüber des heutigen Dorfes, also auf der Jütchendorfer Seite, schon vor Beginn der Zeitrechnung eine menschliche Ansiedlung bestanden hat. Das ist durch archäologische Funde belegt, ebenso wie der Tatbestand, daß sich in der Nähe des Metstocks (Wasserlauf zwischen Siethener und Gröbener See) die – später allerdings ausgestorbene – slawische Ansiedlung Zieslau befunden hat. Die uralte Jütchendorfer Flurbezeichnung „im Czislau" ist ein Hinweis auf ein altes wendisches Dorf [vgl. 35].

Dorfplan von Gröben 1774

Metstock, von einem Bach durchquerte Landzunge zwischen Siethener und Gröbener See (Foto von 1998)

Der Gröbener Ableger **Kietz**, in den sich zu askanischer Zeit vermutlich die Wenden zurückgezogen haben, führte stets ein selbstbewußtes Eigendasein und wurde erst 1895 mit Gröben vereint. Im Jahre 1450 nannte sich der heutige Kietz Kytz [10, 106], und 1497 hieß es „Kicz bey Groben gelegen" [ebd.]. Es war ein Fischerdorf, und der Ortsname könnte ursprünglich soviel wie „Hütten der Fischer" bedeutet haben. Wie vielerorts tappt die Ortsnamenforschung auch hier noch im dunkeln.

Die Grundform der Ortsbezeichnung des Angerdorfes **Siethen** ist vermutlich vom slawischen Wort zito abgeleitet und hieß soviel wie „Ort, wo Getreide geerntet wird". Siethen kann aber ebenso auf das slawische Wort für Binse zurückgehen. Andere Varianten sind denkbar. Als feststehend kann die slawische Gründung und ein hohes Alter des Dorfes angesehen werden.

Die erste urkundliche Erwähnung erfolgte allerdings erst im Landbuch Kaiser Karls IV. im Jahre 1375 unter der Bezeichnung Syten, 1450 ist von Siten, 1520 von Scytten, 1536 von Czyten, 1572 von Czietten und 1578 von Siethen die Rede. Der Ort befindet sich am Ufer des Siethener Sees, dessen landschaftliche Schönheit schon seit Jahrhunderten gerühmt wird. Archäologische Funde belegen, daß dieser Ort bzw. Teile des Seeufers schon vor unserer Zeitrechnung bewohnt waren. Hier waren – allein durch den Fischreichtum – äußerst günstige Lebensbedingungen gegeben. Eine frühe Ansiedlung befand sich auf der dem Ort gegenüber gelegenen Landzunge, etwa dort, wo sich heute die Bungalowsiedlung befindet. Diese Stelle hieß früher „Altes Dorf", „Dorfstelle" bzw. „Alte Höfe". Diese Ansiedlung fiel wüst, d.h. sie starb aus.

Jütchendorf bzw. das Umfeld der heutigen Ortslage war, wie gespaltene Tierknochen, Tonscherben und im Feuer geplatzte Herdsteine belegen, schon zu vorgeschichtlicher Zeit besiedelt. Man fand vorslawische und mittelalterliche Siedlungsreste. In der Pfarrchronik steht geschrieben, daß man im Februar 1927 in einer Kiesgrube in Jütchendorf, hinter dem Gehöft des Bauern Bastian (zur Seeseite hin) auf Überreste einer wendischen Siedlung gestoßen ist. Man fand u.a.

verzierte und unverzierte Tonscherben, aber auch einen Backofen und eine Feuerherd-Stelle. Mit Sicherheit ist davon auszugehen, daß Jütchendorf zur Zeit der askanischen Kolonisation im 13. Jahrhundert (neu-)gegründet worden ist. Die erste urkundliche Erwähnung von Gutgendorp erfolgte im Landbuch Kaiser Karls IV. aus dem Jahre 1375. Der Ort gehörte seinerzeit zum Bereich des markgräflichen Vasallen Heinrich von der Gröben, der auf der Burg Buten (Kleinbeuthen) seinen Sitz hatte. Jütchendorf war ursprünglich ein Sackgassendorf „am großen Nuthemoor", wo der Teltow endete; dahinter begann nach einem großen, undurchdringlichen Sumpf die Zauche. Kein Weg und keine Straße führte hinüber. Man mußte den Ort auf jener Seite wieder verlassen, von wo aus man ihn betreten hatte. Hinter Jütchendorf war „die Welt zu Ende". Heute kann man Jütchendorf über zwei Brücken (eine über die Reste der alten Brücke und die zweite über die Nuthe in ihrer veränderten Gestalt nach ihrer Begradigung) in Richtung Schiaß verlassen. Um 1608 war von „Wendisch und Teutsch Guckendorf" die Rede. 1609 nannte sich der Ort Güttkendorf und 1775 Jütchendorf. Die ursprüngliche Ortsbezeichnung geht vermutlich auf einen Personennamen zurück.

1745, zur Zeit der Regentschaft Friedrich des Großen, lebten hier acht Bauern, vier Kossäten und ein Krugwirt. Bis zum Jahre 1858 war die Einwohnerzahl enorm angestiegen. Es gab zu dieser Zeit 11 Hofeigentümer, einen Pächter, 19 Knechte und Mägde, drei nebenberufliche Landwirte, 10 Landarbeiter, eine weitere als Gesinde bezeichnete Person, je einen Schneider-, Tischler- und Stellmachermeister [23].

Bei **Klein- und Großbeuthen** handelt es sich um slawische Ortsgründungen. Kleinbeuthen wird 1367 erstmalig als Castrum Buten erwähnt. Hier befand sich schon lange Zeit zuvor das „feste sloss czu Buthen", in dessen Nähe sich Hörige oder Burgmannen angesiedelt hatten, wodurch – im Schutze der Burg – ein Dorf entstand. Besitzer war Heinrich von der Gröben. Ihm gehörten 1375 u.a. Gröben, Großbeuthen, Siethen, Jütchendorf, Fahlhorst und Ahrensdorf. Die Familie von der Gröben bewohnte seinerzeit das sogenannte Schloß von Deutsch- bzw. Kleinbeuthen. In einer Urkunde von 1450 wird der Ort im Zusammenhang mit einem „Sloss zu Butten" erwähnt. 1624 ist die Rede von Buten bzw. Deutschen Bueten.

Friedrich der Große von Preußen

Großbeuthen, Dorfplan um 1775

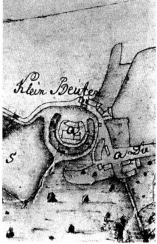

Kleinbeuthen, Dorfplan um 1775

Großbeuthen wird erstmalig 1370 und dann 1375 im Landbuch Kaiser Karls IV. erwähnt, und zwar als Buten slavica (Wendisch Beuthen). 1724 hieß der Ort Großbeuthen. Die Ortsbezeichnung geht mit großer Wahrscheinlichkeit auf einen (slawischen) Personennamen zurück. Vorstellbar ist aber auch der Zusammenhang mit Bueten (Bienenstöcken). Die Wissenschaft kann bislang keine eindeutige Erklärung zum Ursprung des Ortsnamens abgeben.

Schiaß wird im Landbuch von 1375 zum erstenmal, und zwar als Schoyas, erwähnt. Das kleine Örtchen wurde 1450 Schayas, 1486 Schawars, 1540 Schagats, 1580 Schoiatz, 1652 Ziegaatz, 1683 Zigatz, 1775 Schias und seit etwa 1800 Schiaß genannt. Schiaß gehörte bis 1826 zur Burg bzw. Vogtei bzw. zum Amt Saarmund, bis 1872 zum Amt Potsdam. Die Einwohner lebten über mehrere Jahrhunderte hinweg von der Fischerei und der Landwirtschaft, später fast nur noch von der Landwirtschaft.

Schiaß – ländliches Idyll;
ob die Störche eines Tages wiederkommen?

Eingekircht war der Ort bis 1799 in Fresdorf, danach in Blankensee. Die Einwohnerzahl war stets recht niedrig. 1772 waren es 48, und 1998 lebten dort 35 Personen. 1835 gab es im Ort 12 Wohnhäuser, 1900 waren es 13 und 1931 14 (mit 18 Haushaltungen). Der Ortsname ist vermutlich vom slawischen Wort für Fischzaun bzw. -wehr oder Damm (Deich), möglicherweise aber auch von einem Namen abgeleitet. Es kann sich um einen slawischen Bewohnernamen, der ins Deutsche übernommen worden ist, handeln (etwa: Leute, die hinter den Eschen wohnen). Die Betonung liegt auf der zweiten Silbe [vgl. 15].

Mietgendorf ist 1368 erstmalig urkundlich erwähnt worden, und zwar als Kendorf. 1381 war von Mikkendorf und 1383 von villam Mittenkendorff [23] und 1775 von Mietgendorf die Rede. Der Ursprung des Ortsnamens ist ungewiß, vermutlich handelt es sich um einen slawisch-deutschen Mischnamen. Um 1900 lebten dort vorwiegend Bauern, aber auch zwei Schneider, zwei Weber, ein Gastwirt, später kamen ein Musikus und ein Maurer hinzu. Natürlich war auch ein Schulmeister vorhanden. Eingekircht war Mietgendorf ursprünglich in Trebbin, seit 1971 in Blankensee.

Mietgendorf wurde wegen seiner Grenz- bzw. Randlage (am Zusammenfluß von Nuthe und Nieplitz trafen drei Kreise zusammen) in der Vergangenheit stets aufs neue wie ein Stiefkind der Geschichte hin- und hergezerrt. Große geschichtliche Ereignisse wurden oft erst mit einiger Verzögerung bekannt. Bis 1635 gehörte das Runddorf, das sich in seiner Grundform über die Jahrhunderte hinweg erhalten hat, zum Jüterboger Kreis,

  1635 bis 1680 zum Luckenwalder Distrikt,
  1680 bis 1816 zum Luckenwalder Kreis,
  1816 bis 1946 zum Kreis Jüterbog-Luckenwalde,
  1946 bis 1950 zum Kreis Luckenwalde,
  1950 bis 1952 zum Kreis Teltow,
  1952 bis 1993 zum Kreis Zossen,
  seit 1993 zum Kreis Teltow Fläming.

Um die Jahrhundertwende schrieb der Trebbiner Lehrer Illig über Mietgendorf: „Jenseits der Berge liegt es ... Weitab von den großen Heerstraßen, weltverloren, weltverborgen ist es eingebettet zwischen Wäldern, Wiesen und Feldern ..." [23a]. Seit 1974 gehören Mietgendorf mit Jütchendorf und Schiaß als Ortsteile zu Gröben und seit der Fusion Gröbens mit Ludwigsfelde zum 1. Januar 1998 zum Stadtgebiet von Ludwigsfelde.

Die Nuthe und ihre Burgen
Ein friedlicher Strom hat blühende Ufer

Die Geschichte der hier im Blickfeld liegenden Orte ist über Jahrhunderte hinweg geradezu schicksalhaft mit dem „Nuthestrom" verbunden gewesen. Dieser kleine, ursprünglich aber ungebändigte, im Hohen Fläming entspringende und in Potsdam in die Havel mündende Fluß konnte tatsächlich zum Strom anwachsen, die Überschwemmungen konnten zu einer Katastrophe ausufern, mit der man aber umzugehen lernte. Zog sich das Wasser zurück, sammelte man im Wettlauf mit den Raubtieren und Greifvögeln die zahlreich in Lachen zurückbleibenden Krebse und Fische ein.

Jenseits der Nuthe, die ursprünglich wegen der sie beiderseits begleitenden endlosen Sumpflandschaften eine natürliche, stellenweise (bis zur späteren Begradigung) bis zu 40 m breite Grenze zwischen dem Teltow und der Zauche bildete, lag eine ferne, andere Welt. Die Nutheburgen (Potsdam, Saarmund, Gröben, Kleinbeuthen, Trebbin etc.), über deren Erbauer man nur Vermutungen anstellen kann, sind – so sah es Fontane –, kaum mehr als „die Fata Morgana dieser Zauche-Wüste" [16/1].

Es ist bekannt, daß es sie gab, aber man weiß sehr wenig über sie; um ihre Existenz gibt es viel Sagenhaftes, aber gerade das macht sie so interessant. Willy Spatz schrieb zu Beginn unseres Jahrhunderts wehmutsvoll: „Die Zeiten sind für immer dahin, wo Beuthen und die anderen Burgen an der Nuthe stolz als Grenzfesten die Übergänge über die unzugänglichen Nuthesümpfe deckten" [35/1905].

Die berühmten Nuthe-Krebse sind scheinbar ausgestorben, geangelt wird aber heute noch. Es bleibt zu hoffen, daß sich diese Lebensader von einst – ebenso wie die Nieplitz – weiter regeneriert und daß man in ihr – wie über die Jahrhunderte hinweg – wieder schwimmen kann.

Burgwall Kleinbeuthen nach einer Zeichnung von W. Reichner

Brücke über die Nieplitz bei Schiaß –
Diese Männer hielten den Flußlauf in Ordnung.
v.l.: Plättrig, Gröben; Himke, Saarmund; Löwendorf, Gröben; unbek.;
Reuter (damals Jütchendorf); Nikolaitschik, Saarmund

Die Nuthe war früher ein beliebtes Badegewässer, in der Generationen das Schwimmen gelernt hatten. Als störend wurden nur die vielen Krebse empfunden.

Schließlich sei hier noch etwas zum Namen der Nuthe gesagt. Der ehemalige Gutsherr von Großbeuthen, von Goertzke, schrieb 1806: „Der Nuthefluß hat wahrscheinlich seinen Namen dadurch erhalten, weil er seit undenklichen Jahren Überschwemmungen, also Noth (auf altdeutsch Nuth) verursacht hat" [35/1931]. Den wissenschaftlichen Beweis für diese auf den ersten Blick durchaus glaubhafte volkstümliche Deutung gilt es allerdings noch zu erbringen.

Die gezähmte Nuthe bei Kleinbeuthen

Besondere Vorkommnisse aus der Geschichte von Gröben, Siethen und Jütchendorf, Groß- und Kleinbeuthen

Jeder Ort hat seine Weise

Mit den auf den folgenden Seiten aufgeführten Vorkommnissen und Ereignissen, die nur einen verschwindend kleinen Teil des Alltagslebens widerspiegeln, soll ein Einblick in die Denkweise und Vorstellungswelt, aber auch in den mit unserer Zeit nicht vergleichbaren schweren Alltag unserer Vorfahren gegeben werden. Stets aufs neue sehen wir, wie ohnmächtig die Landbevölkerung den irdischen, vor allem aber den Naturgewalten gegenüberstand. Die Angaben sind ausnahmslos authentisch; sie wurden dem Gröbener Kirchenbuch bzw. dem „Handbuch" des Pfarrers Lembke [37] sowie aus Archivalien und anderen regionalgeschichtlichen Quellen entnommen.

1578 wurde Jacob Wolter aus Jütchendorf begraben. Er wollte nach ausgiebigem Zechen über den See nach Hause fahren und ist dort am 27. April „versoffen". Erst eine Woche später wurde er gefunden.

1583 wurde des Pfarrers Magd mit Peter Kropen getraut. „Die große Hure hat den armen Sünder schrecklich betrogen, denn sie hat mit dem bösen Schelm Jürgen Jäde [dem Knecht des Pfarrers – Bi.] lange zuvor gehuret, von ihm schwanger geworden und ein Kind gehabt ein halbes Jahr nach ihrer Hochzeit, welches sie mutwillig gedrückt mit schwerer Last ..., so daß es mit verknirschtem Haupt und Gliedern todt auf die Welt ist kommen."

1584 kam die Müllerin von Beuthen und ihres Bruders Tochter in den Flammen um.

1585 ist „Wenzelows Junge von Jütchendorf ungeklungen [ohne Glockengeläut – Bi.] und ungesungen begraben" worden, weil er mehr als ein Jahr dem Gottesdienst ferngeblieben war.

1587 ist „Bussens Hans ... ersoffen und begraben den 15. Februar."

1589 wurde Peter Kropens Kind, „dem das Haupt im Mutterleib geblieben, begraben. Die Mutter auch begraben den folgenden Tag."

1590 hat Ursula Baten, eine Magd zu Jütchendorf, ihr Neugeborenes „böslich ermordet und umgebracht." Sie wurde enthauptet.

1598 sind 25 Personen aus Gröben der Pest zum Opfer gefallen, darunter der Küster und seine Tochter. Einige Zeit später starb auch der Pfarrer Elias Gentze an der Pest.

1601 „ist Laurentz (Lorenz) schwer wegen seiner Dieberey vor Siethen aufgehenkt worden." (Der Pfarrer zeichnet an den Rand der Kirchenbuchseite einen Galgen.)

1611 starben in der Parochie 55 Personen, davon 46 an der Pest.

1614 heirateten der Schmied Eckow und Barbara Schmiedicke, Hans Wolters Witwe. Die Ehe war bald wieder beendet: Der Schmied erfror einige Zeit später im Schnee.

1617 „ist vor Siethen aufgehenket worden Valentin Krumb, ein Töpfer aus Potsdam."

1620 erschoß Hans Blume, Voigt zu Beuthen, seinen Stiefvater Möller mit einer Büchse. „Blume wird von der Obrigkeit zu keiner Strafe gezogen, sondern heimlich weggeschafft." Er kam später in Prag ums Leben.

1628, also während des Dreißigjährigen Krieges, wurde der Pfarrer gezwungen, zwei Soldaten und deren Bräute zu trauen. Eine der Frauen hieß Anna Cloaken. Der Pfarrer schrieb ins Kirchenbuch: „Nomen est omen – eine rechte cloaca."

1628 wurde „in Siethen ein altes wendisches Weib begraben."

1631 war das große Pestjahr. Ein Viertel der Einwohner der Parochie starb.

1637 „ist bei Gröben ein armer Junge auf der Wiese gestorben und dort von den Bauern begraben worden."

1638 „ist in Gröben hinter den Weinbergen der alte Hirte Martin gestorben und dort begraben" worden.

1642 „ist Melchior Ernst von Schlaberndorff, auf Gröben und Beuthen Erbsasse", auf dem Gröbenschen See „ins Eis gefallen und ertrunken".

1656 wurde „ein Korporal in Gröben begraben, welcher in Jütchendorf von einem Trompeter erstochen" worden ist.

1658 ist in Gröben eines Fischers Kind ertrunken.

1661 „ist des Hirten Ehefrau von Jütkendorf im Brunnen an der Straße ersoffen."

1669 übten zwei Weinmeister in Jütchendorf ihren Beruf aus.

1674 „ist in Gröben getauft Dorothea Walthers Hurenkind namens Catharina. Der Vater ist, wie sie bekennt, ein Soldat ..., von welchem ein Trupp anno 1673 hierselbst einquartiert gewesen. Und der Schandsack weiß noch nicht einmal den Namen des Buben."

1674 hat sich Andreas Gericke erhängt. Er war unter die Soldaten gegangen „und seines Dienstes müde geworden."

1674 wurde in Löwenbruch Ursula Lehmann enthauptet, da sie das von ihrem Schwager gezeugte Kind ins Wasser geworfen hatte.

1688, am 21. November, hat Peter Johl aus Großbeuthen seine Frau begraben lassen, „welche etliche Tage im Haupte sehr verwirrt, aber etliche Stunden vor ihrem Tode recht vernünftig geredet, hat ihre Seele Gott befohlen und ist selig gestorben. An diesem Tage war so großer Schnee, daß ich kaum mit dem Schlitten von Gröben bis nach Beuthen zum Begräbnis habe fahren können."

Im Gröbener Kirchenbuch wurden auch Ereignisse vermerkt, die außerhalb des Ortes geschahen, aber die Gemüter im Dorf, besonders aber das Gemüt des jeweiligen Pfarrers, erregten. So wird der Mord an einem Potsdamer Weinmeister durch seine Ehefrau erwähnt. Sie hatte ihm Quecksilber eingegeben, „daran er elendiglich gestorben". Er wurde geöffnet und die Mordtat durch Enthauptung der Frau, „welche auch Ehebruch getrieben", gesühnt.

Erwähnt wird auch das Explosionsunglück von 1691 in der „Veste Spando" (Festung Spandau). Dort hatte ein Blitz in einem Pulverturm eingeschlagen, in dem sich „mehr als 400 Centner Pulver" befanden. Die gesamte Festung sei stark beschädigt gewesen.

23 Personen, darunter 15 Gefangene, kamen um. „Die Steine aus der Vestung sind in die Stadt hineingeflogen und haben viele Häuser ruiniert. Der Schaden wird auf 4 Tons Gold geschätzt."

Man hatte auch eine Erklärung für den Unglücksfall: In der Festung saß ein Mann ein, der seine Mutter geschlagen hatte. „Selbiger hat abscheulich gefluchet und gesagt: Ist denn kein Wetter im Himmel, das mich erschlagen kann?" Kurz darauf schlug der Blitz ein. Dem Gefangenen flog ein Stein an den Kopf, „dass das Gehirn an der Mauer kleben blieb, womit Gott anzeigen wollte, dass ein solcher Mutterschläger das Ende verdient hat."

1694/95 herrschte ein derart starker Frost, daß man mit Pferdefuhrwerken „mit der größten Last" über den See fahren konnte.

1696 ist (wie schon 1695) das Wintergetreide erfroren. „Gott verhüte uns ferner in Gnaden solchen Schaden."
In diesem Jahr fand man im Gröbenschen Fließ einen toten Bettler. Er wurde von den Bauern an Ort und Stelle begraben.

1697 vermerkte der Chronist: „In diesem Jahr ist der Moskowitische Szar Peter bei Sr. Churfürstlichen Durchlaucht zu Brandenburg gewesen." Hierzu sei vermerkt, daß Zar Peter I. nicht als Herrscher aller Reußen, sondern als Peter Michailow reiste. Er schloß mit Kurfürst Friedrich III. von Brandenburg in Königsberg einen Freundschaftsvertrag ab. Man versprach sich gegenseitige Achtung und immerwährende Freundschaft und kam überein, gutnachbarliche Beziehungen zu pflegen, aber auch Verschwörer und Aufrührer gegenseitig auszuliefern etc.

1698 ertrank Hans Zernick, „des Krügers Söhnlein", im Brunnen. Zwei Jahre zuvor war sein Bruder im Siethener See ertrunken.

1698 „In diesem Jahr ist ein nasses Jahr gewesen." Viele Wiesen und Äcker standen unter Wasser. In Gröben konnte „nicht eine Handvoll Heu gewonnen werden. Das Vieh ist hier und dort krepiert."

1698 richtete ein heftiger Sturm gewaltige Schäden an. Gebäude stürzten ein, Vieh kam ums Leben.

1705 ist die Brücke über den sogenannten Metstock, „die viele Jahre baufällig gewesen und weder die Aelteren darüber in die Kirche noch die Kinder in die Schule gehen konnten, gebaut" worden. „Ein jeder Patron hat dazu zwei Stück Holz lassen fahren und Hans Dungs aus Jütkendorf hat ihn um Gottes Willen gebaut ..."

1709 „sind die Stühle in der Kirche neu gebaut und bemalet, dieselbigen sind numeriert und ist ein Büchlein verfertigt worden, darin ein jeder seinen Platz finden kann, der ihm bei der Anweisung zugeordnet. Haben alle ihren Platz mit einem Thaler bezahlen müssen."

1713 war Baubeginn für die neue Kirche in Großbeuthen, sie wurde „anno 1714 zur Perfektion gebracht" und am 10. Februar 1715 eingeweiht.

1720 „ist das Küsterhaus in Gröben ganz neu gebauet."

1721 ist der Gänsehirt Jürgen Otto vom Kietz – wohl im Fieber – nachts fortgelaufen. Er wurde des Morgens tot am See gefunden.

1730 kam in der Schäferei Beuthen eine Frau, die sich auf dem Wege nach Luckenwalde befand, mit einem Sohn nieder.

1733 schlug der Blitz im Krug von Gröben ein. Er brannte völlig nieder. Das Feuer griff auf das benachbarte Pfarrhaus über und legte auch dieses in Schutt und Asche. Die Fachwerksgebäude mit ihren Strohdächern brannten wie Zunder. Nur den Kuhstall des Pfarrhofes hat „Gott mitten im Feuer zu jedermanns Verwunderung erhalten".

1737 wurde der Wildschütz Schultze „todt auf dem Plan bei Gröben aufgefunden".

1738 hatte ein Mann seine Frau beschuldigt, sich mit dem Knecht eingelassen zu haben. Sie hatte gesagt: „Wenn das wahr ist, so gebe Gott an dem Kinde ein Zeichen." – „Das Kind hatte an der Spitze der Nase ein großes Gewächs und von der Oberlippe war fast nichts zu sehen, zugleich hatte es an jedem Finger einen Zipfel als ein Glied lang hängen."

1738 wurde der neunjährige Sohn des Michael Müller aus Kleinbeuthen vom Blitz erschlagen.

1751 starben in der Parochie 22 Kinder an den Masern.
1751 „ist Eva Piepers uneheliches Kind getauft worden. Der Vater ist Martin Meene, ein lausiger Flegel."
1752 ist Joachim Zernick in eben jenem Kolk (Uferausspülung, oft mit Strudel) beim Fischen ertrunken, in dem 1746 der Soldat Andreas Trautner ertrunken ist.
1753 vernichtete eine Viehseuche fast den ganzen Tierbestand. Für die Zeit der Seuche „ist der Ort eingesperrt worden", d.h. es wurde Quarantäne verhängt. Im selben Jahr ist Christoph Lehmanns Töchterlein Dorothea in einem kleinen Graben „elendiglich ertrunken". (In manchen Jahren ertranken mehrere Personen.)
1755 wurde die Region von einer Mißernte und Gröben von einer Feuersbrunst durch Blitzeinschlag heimgesucht. In trockenen Jahren war die Feuergefahr besonders groß, da die Strohdächer austrockneten und vom kleinsten Funken entzündet werden konnten.
1760 ist Hans Christoph Heinrich von Goertzke, Erb- und Gerichtsherr von Groß- und Kleinbeuthen und Schönefeld, der vor der österreichischen Invasion nach Berlin geflüchtet war, im Alter von 49 Jahren verstorben.
1763 herrschte ein derart starker Frost, daß nicht nur die Weinreben, sondern auch die Blüten der Bäume stark gelitten haben; auch das Korn auf den Feldern nahm Schaden.
1765 kam der Jütchendorfer Bauer Friedrich Zernick durch einen unglücklichen Fall in der Scheune ums Leben. Er brach sich das Genick.
1765 und in den darauffolgenden Jahren erfolgte die erste Nutheregulierung.
1769 starb der Verwalter des „herrschaftlichen Hauses" Siethen „an Dyssenterie und an einem ungeschickten Mittel, das er dawider gebraucht, indem er Asche mit Salz, Pfeffer und Branntwein vermischt eingenommen."
1782 sind in der Parochie 40 Menschen, davon 17 Kinder, an den Pocken gestorben.
1784 verstarb in Siethen Frau Schumann, geborene Ebel, im Alter von 103 Jahren.
1788 brannte Jütchendorf bis auf die Gehöfte von Brösicke, Erdmann und Weinmeister Thurley nieder.
1792 hat sich ein Kind mit Bilsenkrautsamen vergiftet und ist gestorben.
1799 zählte die Parochie Gröben 929 Seelen.
1800 fiel in Kleinbeuthen eine Frau in ein Loch, das man zum Wasserschöpfen ausgehoben hatte. „Alle vorgeschriebenen Rettungsmittel wie Wärme, Reiben, Lufteinblasen, Clistier und Aderlass am Halse" halfen nichts.
1801 starben 13 Kinder an Scharlach.
1806 waren hohe Naturallieferungen und Geldleistungen an die französische Armee abzuliefern, daß selbst die Bauern Not litten.
1812 brach auf dem Gehöft des Gröbener Gutsherrn Schmidt Feuer aus, das rasch auf alle Wirtschaftsgebäude übergriff und auch die Gehöfte des Schulzen Heinicke, des Kossäten Fischer und des Küsters Maschke in Schutt und Asche legte. Auf dem Gut kamen 57 Rinder und Pferde um, beim Schulzen Heinrich 29 Stück Vieh. Man ging davon aus, daß es sich um eine Brandstiftung gehandelt hat. Durch den Einsatz der Großbeuthener, der Siethener und der Ahrensdorfer Hand-

spritzen konnte ein weiteres Ausbreiten des Feuers verhindert werden.

1812 entstand auch in Großbeuthen ein Großfeuer.

1813 bei der Invasion der Franzosen im August ist in Siethen der Kirchenkasten zerschlagen und geplündert worden.

1817 starb das Kind des Siethener Kolonisten und Viehhirten Balz „durch Ersticken an einem kalten Kartoffelkloß, welchen die Nachbarin ... dem hungrigen Kinde aus Mitleid gereicht hatte."

1818 kam Johann Friedrich Fischer aus Jütchendorf unter einen beladenen Holzwagen und starb vier Tage später am Brand.

1818 brannten der gesamte Rittersitz und mehrere Kossätenhöfe in Großbeuthen nieder.

1819 Friedrich Bergemann ertrank beim Baden im Nutheflieẞ nahe beim Gehöft des Bauern Dörre.

1824 starb Michael Reuter aus Siethen „an einer Verbrennung durch Spiritus."

1886 wurde die Nuthe erneut reguliert, wodurch der Reichtum der Gemeinde, der bislang in den Wiesen gelegen hatte, verloren ging. Der Ertrag ging um die Hälfte zurück.

Geschichten aus alter Zeit

Ein Grenzstein verhütet viel Streit

Als es zwischen Hans Albrecht von Schlaberndorff aus Beuthen und dem Amtmann von Saarmund zu Streitigkeiten wegen des Grenzverlaufes kam, schlug man sich nicht – wie bis dahin häufig praktiziert – die Köpfe ein, sondern bemühte sich um eine vernünftige Lösung des Problems. Da man die Landvermesser im heutigen Sinne noch nicht kannte, mußte man sich irgendwie behelfen. So legte man auf dem „Tag zu Saarmund" am 30. November 1584 fest: „Wass die Nute im Mertzen bestreichet, gehört den Schlaberndorffs zu, was aber über die Nute ist, gehöret dem Churfürsten zu."

Wie kommt die Meerkatze ins Schlaberndorffsche Wappen?

Am Wappen erkennt man die Münzen

In der Familie Schlaberndorff erzählte man sich, daß ein Vorfahr des wohl aus der Lausitz stammenden Adelsgeschlechts an Kreuzzügen teilgenommen habe. Er sei nach Jahr und Tag auch unversehrt wieder heimgekehrt und habe ein in unseren Breiten seinerzeit noch völlig unbekanntes

Wappen der Familie von Schlaberndorff

Schon unter Kurfürst Friedrich I. aus Kursachsen in den Teltow eingewandert, ist das adelige Geschlecht im Nuthetal reich begütert gewesen. Doch auch in Blankenfelde, Gallun, Glasow, Diepensee und in vielen anderen Orten hatte es größere oder kleinere Besitzungen. Der goldene Schild ist mit drei schwarzen Schrägrechtsbalken belegt. Der Helm trägt auf einem roten Kissen eine braune sitzende Meerkatze, um deren Leib ein eiserner Ring gelegt ist. Von dem Ring hängt eine abgerissene Kette herunter. Im erhobenen rechten Vorderfuß hält die Meerkatze einen Apfel. – Decken: gold und schwarz.
[Entnommen: Teltower Kreiskalender 1926, S. 91]

possierliches Tierchen, eben eine Meerkatze, mitgebracht. Dieser Tatbestand sei als derart bedeutungsvoll empfunden worden, daß man die Meerkatze ins Wappen der Schlaberndorffs aufgenommen habe.

In anderer Leute Häuser ist gut Feste feiern

Es war im Jahre 1628 in Wendisch (Groß-) Beuthen, zur Zeit des Dreißigjährigen Krieges: Die Familie des Jürgen Bohnen hatte unter großen Mühen ein Festessen anläßlich der Taufe ihrer Tochter Maria vorbereit . Als man nach vollzogener Taufe zu Tische gehen wollte, stürmte „ein Haufen soldatisch Reiter ein", vertrieb die verängstigten Taufgäste mit Schlägen, Säbelhieben und viel Geschrei „und verzehrten alles."

Zur Armut führen viele Straßen

Die Küster waren in der Regel arme Teufel. Auf der sozialen Stufenleiter befanden sie sich mit dem Hirten auf einer Höhe. Als der Ahrensdorfer Küster 1707 verstarb und der Witwe nichts zum Leben blieb, ertränkte sie sich im Siethener See. Sie hatte mehrere Tage im Wasser gelegen, ehe sie von den Fischern gefunden wurde. Wer sich selbst umbrachte und außerdem noch bettelarm war, kam nicht auf den Friedhof. Die tote Küsterfrau wurde – nicht etwa mit dem Leichenwagen, sondern auf dem Schinderkarren – zum Galgen von Siethen gebracht und dort ohne kirchlichen Segen in ungeweihter Erde verscharrt.

Kirche Gröben (1905)

Backofen in Gröben (um 1930)

Zwei können den Dritten an den Galgen lügen

Der Tischler Aswig Hahn aus Trebbin hat in mehreren Orten, so auch in Thyrow, Gröben und Kleinbeuthen, nicht nur das Kirchgestühl, sondern auch die Kanzeln gefertigt. Hahn, ein wahrer Meister seines Faches, eigentlich ein Künstler schon, hatte sich mit der Jungfrau Dorothea Maria Belger aus Beuthen verheiratet. Er war recht wohlhabend und führte ein lockeres Leben. Und mit dem Kirchgang nahm er es – wie es sich für einen guten Handwerker geziemte – auch nicht sehr genau. Als eines Tages der Opferstock geplündert worden war, gab man ihm ohne weitere Untersuchung die Schuld. Für diese ihm zugeschriebene Missetat ist er 1723 vor Trebbin aufgeknüpft worden. Der Gröbener Pfarrer Clarus vermerkte seinerzeit: „So kann Satan den Menschen blenden, der Gottes Wort verachtet." Ob er vielleicht der Tat bezichtigt worden ist, ohne sie begangen zu haben?

Wie die Gesetze, so die Richter

Einer Kirchenbucheintragung aus dem Jahre 1726 zufolge war es zu folgendem Vorfall gekommen:
In Kleinbeuthen, unweit der damaligen Wassermühle, wurde Luise Weiland wegen Kindesmordes bei lebendigem Leibe in einen Sack genäht und erstickt. Die Hinrichtung wurde nicht vom einheimischen, sondern vom Ahrensdorfer Pastor Nicolaus Baeren beaufsichtigt. „Nach beendeter Exekution hielt er eine Ansprache an die Zuschauer, die haufenweise herbeigeeilt waren."

Die Eiche bei Kleinbeuthen, an der einstmals wiederholt in kirchliche Ungnade gefallene Personen bestattet wurden, hat die Jahrhunderte überdauert.

Der Pfarrer, der die Kirchenbucheintragungen vornahm, fügte – scheinbar, um sein Gewissen zu erleichtern – hinzu: „Sie hauchte selig aus, weil sie in Jesu starb." Die Leiche wurde nahe der Schäferei, die es noch heute gibt, „an der großen Eiche" begraben.

Blitze zielen nicht

Am 23. Juni 1736 fanden drei Personen zur gleichen Zeit den Tod. Was war geschehen? Ein schweres Gewitter, das vom frühen Abend bis nach Mitternacht getobt hatte, richtete in mehreren Orten große Sachschäden an. In Kleinbeuthen hatten im Hausflur des Schulzen der neunjährige Martin Müller, die 15jährige Tochter des verstorbenen Siethener Schäfers, Dorothea Schulze, und die 26jährige Maria Prademann aus Jütchendorf Schutz gesucht. Ohne daß andere Personen einen Blitzschlag ins Haus bemerkt und ohne daß am Haus der kleinste Schaden festgestellt worden ist, fand man die drei Personen tot im Flure liegen. (Heute wäre dies vermutlich ein Fall für die Mordkommission.)

Im Juli 1795 kam es in Großbeuthen zu einem offensichtlichen Unglücksfall. Die neunköpfige Familie des Schulmeisters Johann Friedrich Löser befand sich in der Wohnstube des kleinen Küsterhauses, als ein Blitz einschlug. Ein sechs- und ein vierjähriges Kind waren auf der Stelle tot, die Eltern wurden „hart beschädigt". Das Küsterhaus brannte ab. „Der Wetterstrahl" war „des Abends um sieben Uhr durch das Dach in die Wohnstube" gefahren. Uns schützen heute Blitzableiter vor solchen Gefahren.

Am 18. Juni 1848 tobte über Groß- und Kleinbeuthen und Thyrow ein von einem Orkan begleitetes schweres Gewitter, wie man es seit Menschengedenken nicht kannte. Der Hagel stürzte „in der Größe von Hühnereiern" mit verheerender Wirkung herab. Alle Fensterscheiben, ja selbst Fensterkreuze gingen zu Bruch.

Auf vierzehn zum Gute gehörenden Gebäuden wurden die Dächer zerschlagen. Von den Strohdächern hingegen prallten die Hagelkörner ab. „Auf den Feldern war das Getreide wie gewalzt, Wiesen und Hütungen gewährten den Anblick, als wären sie mit Kartätschen beschossen." Selbst die Grasnarbe wurde vernichtet. 243 Gänse im Dorf, „Schafe, Wild und Federvieh" in Wald und Hof wurden erschlagen. Zwei in Kleinbeuthen soeben errichtete Scheunen von 114 Fuß Länge wurden umgeworfen, wobei mehrere Schafe getötet und Menschen verletzt wurden. Der Verlust an Obstplantagen, Gehölzen, Schonungen und Alleen war unbeschreiblich. Viele Bäume waren entwurzelt, teils wie Schilfrohre abgeknickt. Das Schieferdach des soeben vollendeten Kirchturmes war dahin.

Wenn hier von Unglücksfällen bei Unwettern die Rede war, so sei in diesem Zusammenhang an einen Vorgang erinnert, der sich hundert Jahre später zutrug: Ein 15- und ein 23jähriger Siethener befanden sich, als ein Gewitter ausbrach, in freier Natur. Der erstere wurde vom Blitz getroffen und verstarb sofort, der andere erlag tags darauf seinen Verletzungen. Noch heute erzählt man sich, daß der Hund des Verunglückten einen Tag später starb, obwohl er bei dem Unglück nicht dabeigewesen war.

Des einen Tod, des andern Brot

Am Abend des 10. Februar 1774 verirrte sich der herrschaftliche Jäger Christian Schulze aus Siethen während eines heftigen Schneegestöbers irgendwo zwischen dem Siethenschen Busch und Fahlhorst. Auf der Suche nach dem rechten Weg gelangte er an die sogenannten Wolfskuten. Hier rutschte der ansonsten mit den Tücken des Reviers bestens vertraute Mann in das nur von dünnem Eis überzogene Wasser. „Er versuchte zwar, sich mit seinem Beil unter beständigem kläglichen Schreien zu retten, aber alles blieb vergebens."

Im nahen Fahlhorst hatte man das Schreien des Jägers und das Bellen seines Hundes eine Stunde lang mit wachsendem Grauen vernommen. Man unternahm vorerst nichts, da man das Geschrei, der damaligen Denkweise entsprechend, für Spuk hielt. Endlich machten sich einige beherzte Männer auf den Weg, um der Ursache der ungewöhnlichen Geräusche auf den Grund zu gehen. Sie folgten dem Geschrei und gelangten an den Ort des Schreckens. Sie hörten den verzweifelt um sein Leben ringenden Jäger auch noch „Ach Gott" sagen, dann wurde es still. Er versank im eisigen Wasser und Schlamm der Wolfskute.

„Die Leute betrachteten hierauf", so schrieb der Pfarrer und Chronist auf, „das sich vom Grunde aus bewegende Wasser. Und ohne weitere Vorkehrungen zu machen, um ihn noch zu retten, lassen sie ihn ... im Wasser umkommen."

Das einzige, was sie taten, war, daß sie jemanden nach Siethen schickten, um der Frau vom Unglück des Ehemannes Mitteilung zu machen. „Am Morgen darauf zogen ihn die Siethenschen Leute aus dem Wasser."

Das Verhalten der Fahlhorster Männer gibt Rätsel auf. Der Pfarrer schrieb dazu: „Dies ist der wahre Charakter von großen Teilen des Landvolkes!"

So grausam und unverzeihlich das Verhalten der Leute auch war: Man darf nicht vergessen, daß große Teile der Bevölkerung Not litten und mancher von ihnen gelegentlich versuchte, auf verbotene Art und Weise etwas Fleisch in den Topf zu bekommen, indem er heimlich dem reichlich vorhandenen Wild nachstellte. Es ist aber auch bekannt, daß hin und wieder ein Wilddieb erschossen aufgefunden wurde. Dafür kamen aber nur Angehörige der Gutsherrschaft oder deren Jäger in Frage. So liegt die Vermutung nahe, daß die Fahlhorster Männer den Vorfall als ausgleichende Gerechtigkeit, als Gottesgericht und weniger als Akt der Selbstjustiz betrachteten. Merkwürdig ist, daß der Vater des Verunglückten, er war auch schon Jäger, ebenfalls im Wasser auf dem Gröbenschen Plan ums Leben gekommen ist.

Auch dessen Vater war eines Nachts nicht aus dem Walde heimgekehrt und am nächsten Tage tot aufgefunden worden. Und der Bruder des Vaters hat sich auf dem sogenannten Buttersteig bei Großbeuthen verirrt und ist dort erfroren. Seines Vaters Schwester wiederum hatte sich auf den Wiesen beim Thyrower Damm verirrt und ist nahe des Fließes erfroren ...

Müde Ochsen stoßen hart

Am Abend des 30. März im Jahre 1778 kam ein Mann namens Koch aus Nudow mit einem auf dem Trebbinschen Viehmarkt erworbenen Ochsen (oder Stier?) bis an die Metstock genannte Furt des Fließes zwischen dem Siethener und Gröbener See. Dort will er das Tier, das er an einem Seile führte, durchs Wasser ziehen. Doch es bleibt stehen wie der Ochs' vor dem neuen Tor. Also ließ der Mann den Strick los und versuchte, das Tier von hinten „durchs Wasser zu jagen".

Der Ochse aber machte plötzlich kehrt und raste wild schnaufend den Weg zurück, den er gekommen war. So näherte er sich wieder der Beuthenschen Schäferei. Der noch junge, aber sehr erfahrene Schäfer Christian Vetter sah den außer Rand und Band geratenen Ochsen auf sich zusturmen. Geistesgegenwärtig trieb er mit Hilfe seiner wohlabgerichteten Hunde die Schafherde im Bogen um das gereizte und in seiner Lage völlig unberechenbare Tier herum und drängte es in einen Winkel des Schafstalles ab. Hier war der Ochse von einem lebenden Wall eingeschlossen. Als sich Christian Vetter durch die Herde drängte, um den Ochsen am Seile zu ergreifen, stieß ihn „das einmal wildgemachte Tier ... mit einem Male todt zur Erde".

Schäferei Kleinbeuthen (ca. 1910)

In schönen Wassern kann man auch ertrinken

Am 14. April 1782 taten sich der Fischerkossät Johann Christian Leuendorff und der Fleischer Auerbach aus Nowawes (später Babelsberg, heute Stadtteil von Potsdam) zusammen und begannen im Wirtshaus von Saarmund ein schreckliches Gelage. Schließlich stakten sie unter Mitnahme des Lehrburschen des Fleischers im Kahn von Saarmund bis hin zum Kietz bei Gröben, wo Leuendorff zu Hause war.

Von dort aus begaben sie sich nach Schiaß und zechten weiter. Abends gegen zehn Uhr bestiegen sie – der Fleischer,

der Lehrjunge und der Fischerkossät – wieder den kleinen und recht morschen Kahn.

Zu allem Überfluß luden sie auch noch ein Kalb, das der Fleischer in Schiaß gekauft hatte, und den Hund des Fleischers in den nun völlig überladenen Kahn. Obwohl betrunken, bewegte Leuendorff das Wasserfahrzeug recht sicher über den Schiaßer See. Sie hatten das Fließ beinahe erreicht, als plötzlich ein Windstoß den Kahn ins Wanken brachte. Im Nu füllte er sich mit Wasser und sank. „Im Fallen zieht Leuendorff den Lehrburschen mit in den Grund, der dann auch mit ihm zugleich ertrinkt." Letzterer war erst 16 Jahre alt. Auch das Kalb ertrank. Der Hund schwimmt ans Ufer. Sein lautes Gebell alarmiert die Fischer von Schiaß. Der Fleischer, der sich an der Spitze des Bootes festgehalten hatte, konnte als einziger gerettet werden. Glocken verkündeten den Tod des Fischerkossäten und des Lehrjungen. Letzterer ist in Schiaß beerdigt worden. Pastor Redde schrieb dazu ins Kirchenbuch: „Ist auf dem See bei Chias ertrunken der Fischer und Kossäte J. Chr. L., 27 1/2 Jahre alt. Er war der größte Säufer seiner Zeit und hat vor seinem Untergange drei Tage in Saarmund mit Saufen zugebracht." Die Witwe, die er zurückgelassen hatte, heiratete ein Jahr später Gottfried Kirstein. (Die oben erwähnte Familie Leuendorff lebte über Jahrhunderte in der Region. Aus Leuendorf wurde schließlich Löwendorf, analog dazu aus der Ortsbezeichnung Leuenbruch Löwenbruch.)

Übermut tut selten gut

Am 13. Februar 1788 begaben sich der Weinmeister Johann Friedrich Krüger aus Gröben und dessen Knecht mit einem Karren zum Weinberg, um dort Holz zu holen. Da starker Frost herrschte, gingen sie übers Eis. Voller Übermut setzte sich Krüger in den Karren und ließ sich vom Knecht schieben. Sie kamen in die Nähe des Metstocks. Dort riefen sie einem vorüberkommenden Manne zu: „Wollt ihr nicht mitfahren? Es geht gut."

Am Metstock war wegen des Wasserdurchlaufs das Eis aber weniger stabil. Kaum, daß sie den Zuruf getan hatten,

Am Jütchendorfer Weinberg (1922)

brach das Eis, und sie versanken im eisigen Wasser. „Ehe indessen die Nachricht nach Gröben kam, ein Kahn vom Metstock geholt, gesucht und die Leute herausgezogen werden konnten, hatte der Tod ihre Glieder bereits eingenommen."

An gleicher Stelle sind mehrere Menschen, so z.B. im Jahre 1816 Michael Laurisch, ertrunken. Er wollte vom Metstock aus den Weg abkürzen, brach ein und versank.

Auch „der Siethener See ist" – so schrieb der Chronist Pfarrer Lembke – „über und über unsicher, voller warmer Quellgründe", die selbst bei stärkstem Frost an bestimmten Stellen kein festes Eis entstehen lassen. Allein zwischen 1911 und 1930 ertranken mindestens zehn Menschen im Siethener See.

Der Umstand, daß am Metstock wiederholt Menschen ums Leben gekommen sind, daß sich dort die Ruinen eines Mühlengebäudes befanden, man an dieser Stelle im Nebel wiederholt „die weiße Frau" gesehen hatte und sich dort über Jahrhunderte hinweg eine Furt befunden hat, an der es wiederholt zu Unfällen gekommen war, hatte dazu geführt, daß das Umfeld des Metstocks im Volksglauben als Ort der Gespenster und des Spuks empfunden wurde.

Dessen ungeachtet war der Metstock jahrzehntelang ein Treffpunkt für Jugendliche aus Jütchendorf, Siethen und Gröben.

Hin und wieder kamen auch aus Tremsdorf und Fahlhorst junge Leute dorthin, wo manche spätere Ehegründung ihren Ursprung fand.

Der Teufel macht den Alkohol, um uns zu verderben

Am 15. April 1785 befand sich der Bauer Michael Dannier auf dem Heimweg von Potsdam nach Gröben. Der lange Fußmarsch hatte ihn durstig gemacht. Er kehrte in Philippsthal, einem einige Jahre zuvor von Friedrich II. begründeten Weberdorf, später ein weiteres Mal in Fahlhorst ein. Nicht mehr ganz nüchtern wollte er den Rest des Weges zurücklegen, kam aber vom Wege ab und verirrte sich.

Lange stapfte er „im Busche voller Wasser umher". In Gröben hörte man ihn lange rufen und schreien, aber niemand wagte es, in finsterer Nacht den Geräuschen nachzugehen, zumal der Glaube an Spuk und Gespenster noch sehr lebendig war. Am nächsten Tag fand man den Mann „tot und verklammt auf dem Acker".

Bei großem Geschrei ist wenig Klugheit

Am 28. April 1798 ist Maria Dorothea Ebel glücklich von einem Kinde entbunden worden. Ihre Mutter aber kam hinzu und schrie aus unerklärlichen Gründen: „Was hast du für ein Kind zur Welt gebracht?" Maria erschrak so sehr, daß sie vom Schlag gerührt wurde und wenige Stunden darauf starb. „Das Kind war übrigens gestaltet, wie Kinder sein müssen."

Im Schnapsglas ersaufen mehr als zur See

Hin und wieder kam es vor, daß Bauern mit ihrem Gespann zur Mühle, zur Bahn oder gar zur nächsten Stadt (Trebbin, Potsdam, Berlin) fahren mußten und dort womöglich ein gutes

Geschäft machten. Wie auch immer: Auf dem Rückweg kamen sie an manchem Wirtshaus vorüber. Je länger der Weg wurde, um so größer wurde das Verlangen einzukehren. Es war nicht allein der Durst oder der Hunger, sondern vielleicht auch das Bedürfnis, über seine Erlebnisse zu sprechen oder etwas Neues zu erfahren, was die einsamen Fuhrmänner stets aufs neue veranlaßte, ins Wirtshaus zu gehen.

Schließlich gab es ja auch noch das Argument, daß die Pferde etwas Ruhe brauchten und Wasser bekommen mußten.

Es war im Jahre 1813. Der Bauer Gottfried Liepe befand sich auf der Rückfahrt von Potsdam. Lange hatte er mit sich gerungen. Schließlich hat er dann doch einmal, im nächsten Dorf ein weiteres Mal angehalten. Am Ende war er sturzbetrunken. Er kletterte auf das Fuhrwerk, sagte hü, und die Pferde setzten sich in Bewegung. Der Bauer schlief ein. Das machte nichts, denn die Pferde fanden auch allein den Heimweg. Die Fahrt ging über Sandwege mit vielen Unebenheiten dahin. Bei irgendeinem Hindernis fiel Gottfried vom Wagen und kam unter die schweren Räder. Seine Knochen wurden zermalmt. Selbst wenn man ihn gleich gefunden hätte, wäre er gestorben.

Einige Zeit später begab sich der Siethener Invalide und Altsitzer Ernst Lehmann zu Fuß nach Ahrensdorf, um sich im dortigen Wirtshaus Tabak zu holen. Bei dieser Gelegenheit hatte er zu tief ins Glas geschaut. Auf dem Rückweg war er vom Siethenschen Damm, das war seinerzeit noch ein unbefestigter Weg durch einen Sumpf, in den Seitengraben gestürzt. Da er kopfüber in den Graben gefallen war, hatte er sich förmlich in den weichen Morast hineingebohrt und ist – mit den Füßen nach oben – jämmerlich ums Leben gekommen.

Wer aus Liebe leidet, fühlt keine Pein

Die Auffassungen von Zucht und Unzucht haben sich im Laufe der Zeit grundlegend gewandelt. Die wohlerzogene Tochter des Siethener Schäfers hatte sich, das war im Jahre 1688, in einen Müllersknecht aus Potsdam verliebt. Diese Zuneigung war so groß, daß sie sich hin und wieder zu Fuß nach Potsdam begab, um sich mit dem Müllerburschen zu treffen. Die Liebe zwischen den jungen Leuten blieb nicht ohne Folgen. Der Gröbener Pfarrer wetterte fürchterlich gegen die „gar heimliche Dirne" und „die Unzucht" und nannte das Mädchen einen „Schandsack". Sie mußte fortan mit der Schande leben.

Wer im Geleise bleibt, geht nicht irre

In den vergangenen Jahrhunderten kam es nicht selten vor, daß sich Menschen in den z.T. wegelosen großen Sumpf- und Waldgebieten unserer Region verirrten.

Im Jahre 1746 fanden Gröbener Bauern in der Nähe des Dorfes einen im Morast steckenden toten Mann. Man hielt ihn für einen Bettler, der sich verirrt hatte und aus Unkenntnis des Weges, im Rausch oder beim Ausweichen vor Hindernissen in den Morast geraten war. Der Tote wurde von den Bauern in aller Stille, ohne geistlichen Segen und Glockengeläut, begraben. Nach mehreren Wochen wurde dann bekannt, daß es sich um Hans Kunsch aus Glienick bei Zossen, einen redlichen Mann, gehandelt habe. Er hatte sich auf dem Wege nach Potsdam befunden, wo er nie angekommen ist.

Trauung auf der Straße
Soviel Hunde, soviel Schwänze; soviel Bräute, soviel Kränze

Der Verstoß gegen die Zehn Gebote, besonders aber des 6. Gebotes, erregte über die Jahrhunderte hinweg stets aufs neue den Unwillen der Gröbener Pfarrer. (Vielerorts soll es nicht anders gewesen sein.) Wenn eine „unehrliche Braut" es wagte, im Kranz zur Trauung zu kommen, um so ihre Unschuld vorzutäuschen, kam es (bis zu Beginn des 19. Jhs.) schon vor, daß ihr der Pfarrer den Zugang zur Kirche versperrte und die Trauung auf der Straße erfolgte. Im Kirchenbuch steht dazu geschrieben: „Dieser Schandsack hat sich mit Kranz trauen lassen" [C 4].

Alltagsleben

Landstreicher
Der Arme ist überall im Wege

Früher kam es nicht selten vor, daß sich Menschen, die ihr Zuhause oder ihre Angehörigen durch Naturkatastrophen oder Kriegsereignisse verloren hatten, durch Betteln oder Gelegenheitsarbeit durchs Leben schlagen mußten. Und da Hunger weh tut und des öfteren Mundraub die letzte Rettung war, um zu überleben, erfreuten sich diese Leute keines guten Rufes. Im April 1772 kam ein etwa 20jähriger namenloser kranker Mann nach Großbeuthen. „Er hatte sich bereits über acht Tage im Dorfe aufgehalten und von Almosen gelebt."
Am 19. April kroch er, da er kein anderes Nachtasyl fand, in den Backofen, der sich seinerzeit beim Kirchhofe befand. Dort fand man ihn später tot auf.

Einem durstigen Gaumen schmeckt jeder Wein

Im vergangenen Jahrhundert wurde bei Gröben, Jütchendorf, Löwenbruch und auch in anderen Orten Wein angebaut. Aus dieser Zeit stammen die hier und dort noch heute vorhandenen Flurbezeichnungen und Ortsnamen. Der in erster Linie für Gutsherrschaften gewonnene Wein war von geringer Qualität und sauer. Mit der Entwicklung des Fernhandels gelangte immer mehr Wein bester Qualität aus den großen Weinanbaugebieten in die Region und bald auch in die Dörfer, so daß der märkische Weinbau – bis auf geringe Ausnahmen – eingestellt wurde und der Beruf des Weinmeisters ausstarb.

Fluchthelfer im Grenzgebiet Gröben
Nicht jeder Flüchtige ist schuldig

Unweit von Gröben beginnt der Thümensche Winkel, der – wie das Amt Jüterbog und die Herrschaft Baruth – bis 1815 (Wiener Kongreß) zu Sachsen gehörte. Bei Naturfreunden ist er heute als Landschaftsschutzgebiet bzw. als Nuthe-Nieplitz-Niederung bekannt. Dieser Winkel schob sich so weit in das Brandenburgische hinein, daß die Entfernung bis Potsdam nur noch knapp zwei Meilen betrug.

Junge Männer, die sich der Rekrutierung entziehen wollten, Soldaten, denen der militärische Drill auf den Kasernenhöfen des Soldatenkönigs Friedrich Wilhelm I. oder Friedrich II. unerträglich geworden oder deren Freiheitsdrang größer war als die Furcht vor drakonischer Bestrafung, versuchten immer wieder, bei Nacht und Nebel ins ach so nahe Ausland, nämlich den Thümenschen Winkel im Sächsischen, zu fliehen.

Der Weg dorthin war aber voller und zu bestimmten Jahreszeiten geradezu unüberwindlicher Hindernisse. Deshalb bedurfte es in der Regel der Hilfe von Einheimischen, denn nur sie kannten die Schleichwege oder verfügten über die Boote, um das unwegsame Gebiet mit seinen endlosen Schilfwüsten, Mooren und Wasserläufen zu durchqueren. So liegt es nahe, daß sich auch Einwohner von Gröben oder Beuthen als Fluchthelfer betätigten. (Siehe hierzu auch Seite 226 f.)

Nach dem Wiener Kongreß fielen große Teile Sachsens – so auch der Thümensche Winkel – an Preußen. Die Neu-Preußen, die zum großen Teil viel lieber Sachsen geblieben wären, wurden noch Jahre später zur Unterscheidung von den sogenannten Alt-Preußen als „Muß-Preußen" bezeichnet und nicht selten als solche diffamiert und auch benachteiligt. (Ein Schelm, wer Vergleiche zwischen Wessis und Ossis seit 1989/90 zieht.)

Da hier der Name von Thümen erwähnt worden ist, sei noch auf eine bemerkenswerte Begebenheit verwiesen: Die größere Berühmtheit derer von Thümen erlangten weniger die Offiziere und Amtshauptmänner, die dieses Adelsgeschlecht hervorgebracht hatte, sondern jener, der in seinem grenzenlosen Übermut und unter Verachtung dessen, was anderen heilig war, mit seinem Pferd auf die Kirchenempore ritt. Die Strafe folgte allerdings auf dem Fuße: Er stürzte mitsamt dem Pferde von der Empore und brach sich nicht nur die Gliedmaßen, sondern auch das Genick.

Die Thümen hinterließen der Nachwelt ein Denkmal der besonderen Art; es ist das heute als Haus Sudermann bekannte ehemalige Herrenhaus von Blankensee, das um 1740 vom „chursächsischen Amtshauptmann August Christian Johann von Thümen" auf den Fundamenten einer verfallenen Burg im Stile des märkischen Barock errichtet worden ist.

Nur keine Angst vor Herren, die Bauern sind auch Leute

Um 1800 hatten die sieben Siethener Bauern auf dem vom Justiz-Commissarius Kunowski aus Berlin verwalteten Gut Siethen, das seinerzeit dem minderjährigen Prinzen Adolf von Hohenlohe-Ingelfingen gehörte, folgende Frondienste zu leisten: 535 1/2 Spanntage, 1568 Handtage (jeweils zwischen 6 - 16 bzw. 8 - 16 Uhr), „unbestimmte Forst- und Jagd-, dagegen keine Baudienste" [39].

An Getreidepacht hatten sie abzugeben: „84 Scheffel Roggen, 63 Scheffel Hafer und weitere 7 Scheffel Hafer für das Bedecken ihrer Kühe durch den Stammochsen des Rittergutes." Darüberhinaus waren Natural-Fleischzehnt, „14 Rauchhühner und 28 Strehnen Heeden-Garn-Gespinst" abzuliefern [39]. Daneben hatten die Bauern einschließlich der Kossäten, des Schmiedes, Krügers und Hirten noch Abgaben an die Kreiskasse zu entrichten; das waren rd. 81 Rth. „Contribution", 40 Rth. „Cavalleriegeld" und weitere Steuern wie Kriegsfuhrgeld und Kommunallasten abzuführen. Und an die Pfarre und die Küsterei in Gröben galt es noch, den sogenannten „Natural-, Garten- und Fruchtzehnt" abzugeben.

Damit nicht genug: Die Bauern hatten auch Naturalabgaben für die vom Gut betriebene herrschaftliche Dorfschmiede zu entrichten [39].

Weitere Abgaben wurden für die Feuerkasse, den Schornsteinfegerlohn, die Orts- und Landarmenkasse, die Feuergerätekasse, für die „Besserung der Landstraßen" etc. erhoben. Als Gegenleistung stand den Bauern nach vollbrachter Ernte ein Erntefest, zwei Tonnen Bier, „sonst aber keine weitere Beköstigung oder Getränke bei der Dienstarbeit" zu [39 und folgende].

Dem Gutsbesitzer stand die Gerichtsbarkeit zu; er hatte für seinen Gutsbezirk das Polizei-, Jagd- und Fischrecht, das

Erntefest Siethen (1948)

ausschließliche Holzungsrecht, aber auch das Patronatsrecht über die Kirche, Pfarre und Schule, das Straßenrecht etc. Er war praktisch ein kleiner König; ihm gehörte nicht nur das Gut, sondern er war auch „Obereigentümer" über die Bauernhöfe. Der Gutsherr war seinerseits gesetzlich verpflichtet, die Bauernhöfe „jederzeit mit Personen bäuerlichen Standes" zu besetzen, „die Hofewirte im steuerfähigem Stande zu erhalten" und „selbige bei Unglücksfällen zu unterstützen" etc. Er hatte, wenn die Bauern dazu nicht imstande waren, die Steuern zu entrichten. Außerdem hatte er den Bauern „Bau- und Reparaturholz, auch das erforderliche Brennmaterial frei zu geben" [39]. Dessen ungeachtet war die Belastung der Bauern unverhältnismäßig hoch. Wenn sie alle Abgaben entrichtet hatten, blieb häufig kaum etwas für sie selbst übrig. Unter diesen Bedingungen konnte es zu jenen Zeiten keine reichen Bauern geben.

Mit den Stein-Hardenbergschen Reformen seit 1807/08, die die Abschaffung der Leibeigenschaft, die Überwindung von feudalen Privilegien, Einführung der städtischen Selbstverwaltung, Gewerbefreiheit etc. vorsahen, aber nur im zähen Ringen gegen die feudalen Kräfte umgesetzt werden konnten, wurde die Staats- und Gesellschaftsstruktur des Königreichs Preußen allmählich verändert. Das hatte, in der Regel mit großer Verzögerung und abgeschwächt, gravierende Folgen für die gesamten ländlichen Verhältnisse.

In Siethen wurde der 87 Seiten umfassende Regulierungs- und Separations-Rezeß im Oktober 1817 vom administrierenden Vormund Sr. Durchlaucht des Herrn Prinzen Adolf von Hohenlohe-Ingelfingen einerseits und dem Prediger und dem Küster zu Gröben und Siethen und den Bauern, Büdnern, Kossäten und Kolonisten andererseits unterzeichnet und im Dezember 1817 vom „königlichen churmärkischen Collegium" amtlich bestätigt.

Da die meisten Bauern des Schreibens und Lesens unkundig waren, machten sie hinter ihre vom Schreiber eingesetzten Namen drei Kreuze. Nur elf von insgesamt 26 Unterzeichnern waren in der Lage, mit ihrem Namenszug zu unterschreiben.

Gottfried Dreeke fühlte sich benachteiligt und verweigerte die Unterschrift, was aber nichts am Tatbestand änderte.

Von den Regulierungsmaßnahmen in Siethen waren 7 Bauern, 5 Halbkossäten und Büdner, 13 Kolonisten, der Pfarrer und der Küster von Gröben und der Lehrer von Siethen betroffen.

Die Mehrzahl der Kossäten übte einen weiteren Beruf aus; so war zum Beispiel Johann Friedrich Fischer Mühlenmeister, Johann Friedrich Aue Krüger (Krugwirt), Friedrich Wilhelm Prieur herrschaftlicher Revierjäger und Gottfried Reuter Garnweber. Die Regulierung zwischen dem Rittergut und den Bauern von Siethen sah folgendermaßen aus: Die sich ablösenden Bauern mußten „den dritten Teil ihrer sämtlichen Ländereien, unter Begebung aller Ansprüche, dem Rittergute zur willkürlichen Benutzung planmäßig – erb- und eigentümlich – abtreten" [39].

Die verschiedenen Naturalabgaben wurden fortan weitestgehend in Geldleistungen umgewandelt. Der Gutsherr von Siethen versuchte, für sich zu retten, was zu retten war. So lautete – um nur ein Beispiel zu nennen – der § 8 des Rezesses schließlich: „Die gesetzlich nachgelassenen Hülfsdienste bleiben dem Rittergute in der Art vorbehalten, daß jeder Bauer jährlich in der Erndte und Saatzeit zwanzig Mannstage ohne besondere Vergütung leisten soll und will" [39]. Vom Wollen konnte natürlich keine Rede sein.

Dokument vom 15. März 1860.
Die Gemeinde Schiaß bittet um Abzweigung von der Kirche zu Fresdorf und um Einpfarrung in die Blankenseer Kirche. Nicht alle Gemeindevertreter konnten schreiben und machten anstelle der Unterschrift drei Kreuze.

Die Ackerflächen, Wiesen und Hütungen wurden neu aufgeteilt. Das Patronatsrecht, die Holzungsbefugnis, die Gerichtsbarkeit, das Polizei-, Jagd-, Fischerei- und das Straßenrecht blieben unberührt und lagen auch fortan beim Rittergutsbesitzer.

Diese Privilegien verloren durch die Aufhebung der Gutsherrschaft 1927/28 endgültig ihre Kraft.

Der Nachtwächter von Gröben
Schlechte Wacht macht viele Diebe

Johannes Fischer aus Kerzendorf gibt in der Chronik der Familie Fischer [36a], die aus Gröben stammt, einen Einblick in die soziale Stellung und Tätigkeit des Nachtwächters im 18. und 19. Jahrhundert:

„Der Nachtwächter, meist ein Militärinvalide, der im Dorfe ein kleines Anwesen besaß, hatte eine große Verantwortung" zu tragen. Ihm wurden praktisch die Polizeibefugnisse für die Nacht übertragen. Die Einwohner hatten seinen Anweisungen im Hinblick auf die Sicherheit Folge zu leisten. Er trat seinen Dienst sommers um 23 und winters um 22 Uhr an. Sein erster Gang war stets zum Spritzenhaus, wo sich seine Ausrüstung (Feuerhorn, Laterne, Spieß) befand. Danach begab er sich ins Wirtshaus, „um noch einen Korn zu nehmen und noch anwesende Zecher" aufzufordern, nach Hause zu gehen bzw. „ohne Ruhestörung ihre Heimstatt aufzusuchen." Beim anschließenden ersten Rundgang durchs Dorf ließ er das Horn dreimal kurz ertönen, um anzuzeigen, daß die Polizeistunde angebrochen ist. Zur Beruhigung und Warnung der Einwohner sang er allabendlich sein monotones Lied:

„Ihr lieben Leute, laßt euch sagen,
die Turmuhr hat jetzt 10 (11) geschlagen,
löscht Feuer und Licht,
damit kein Brand ausbricht."

Alle Hausbesitzer waren, bevor sie sich zur Ruhe legten, verpflichtet, das Herdfeuer im Herd zu löschen und den Kienspan, die Ölfunzel oder die Wachskerze auszublasen bzw. zu löschen.

Nachtwächter (Zeichnung von K.-H. Schulisch)

Die Hofhunde begleiteten jeden Abend aufs neue den Gesang und das Tuten des Nachtwächters mit lautem Gebell. Wenn alles wieder still geworden war, sah der Nachtwächter noch einmal im Wirtshaus nach dem Rechten und schickte die Unverbesserlichen ultimativ nach Hause.

Beim zweiten Rundgang prüfte er, ob überall die Lichter gelöscht waren. War dies nicht der Fall, klopfte er ans Fenster und erkundigte sich nach dem Grund. Es konnte ja viel geschehen in einer langen Nacht. Manch ertappter heimlicher Liebhaber gab dem Nachtwächter gern ein Trinkgeld für sein Schweigen.

Der Nachtwächter mußte sich gut auskennen im Orte, denn sonst wäre er im Dunkel der Nacht in Brunnen, Wasserstellen, Kuhtränken oder Jauchegruben, bestenfalls in Pfützen oder Gräben gefallen oder über die vielen Unebenheiten und Hindernisse gestolpert. Besondere Vorkommnisse mußte er am folgenden Morgen dem Gemeindevorsteher melden.

Natürlich hatte er auch auf die Jugendlichen zu achten, die sich gelegentlich heimlich im Schutze der Dunkelheit trafen und des öfteren ihren Unfug trieben.

Seine besondere Aufmerksamkeit galt Dieben, Landstreichern und anderen dubiosen Leuten, die des Abends ein Nachtlager suchten und dann beim Rauchen möglicherweise einen Brand verursachten. Diese Leute kamen, sofern er sie bemerkte, über Nacht ins gut verschlossene Spritzenhaus, wo sich für diese Zwecke stets ein Strohlager befand.

Der Nachtwächter richtete ebenso das Augenmerk darauf, daß sich das Vieh still verhielt und griff gegebenenfalls, wenn eine Kuh zum Kalben, eine Stute zum Fohlen oder eine Sau zum Ferkeln kam, als Geburtshelfer ein. Wenn Hühner, Enten oder Gänse in der Nacht Lärm verursachten, galt es, sofern es der Hofhund nicht schon besorgt hatte, den Fuchs, das Wiesel, den Marder oder den Iltis zu vertreiben, ehe er sein blutiges Geschäft verrichtet hatte.

Entdeckte er eine Gefahr, die alle Einwohner bedrohte, blies er ins Horn. Dieses Geräusch ging durch Mark und Bein und zwang selbst die Müdesten und Kranken, sich sofort von ihrer Liegestatt zu erheben.

Wurde ein Feuer zu spät bemerkt, war selten noch etwas zu retten, denn die rohr- bzw. strohgedeckten Lehm-Fachwerkhäuser brannten wie Zunder.

Manche Einwohner vergaßen, die Ölfunzel oder die Kerze zu löschen oder bliesen den zur Beleuchtung angebrachten Kienspan nur aus, ohne ihn ins Wasser zu tauchen. So konnte es vorkommen, daß sich ein Kienspan aufs neue entzündete und zur Gefahr für Leib und Leben aller Einwohner werden konnte.

Besonders große Gefahr ging von Gewittern und Unwettern aus. Dann mußten sich alle Einwohner, vom Kind bis zum Greis, selbst mitten in der Nacht, ankleiden, um im Notfall nicht unbekleidet fliehen zu müssen.

Zündhölzer fanden erst um die Mitte des vergangenen Jahrhunderts Verbreitung und waren ursprünglich sehr teuer. Zum Feueranzünden benutzte man Feuerstein und Lunte. Um sich dieses mühsame Unterfangen zu ersparen, behielt man im Herd stets etwas Glut zurück, um daraus bei Bedarf erneut ein Feuer zu entfachen.

Der Nachtwächter war gleichzeitig Gemeindediener. Nicht selten mußte er auch dem Gemeindevorsteher und dem Pfarrer zur Hand gehen, und des öfteren galt es, Verordnungen – z.B. des Landrates – oder wichtige Informationen allen Einwohnern zur Kenntnis zu bringen. „Zu diesem Zwecke setzte er sich eine Soldatenmütze auf den Kopf, und sofern er Soldat gewesen war, zog er sich einen Militärmantel oder im Sommer eine Drillichjacke mit blanken Knöpfen an", um die Wichtigkeit seines Vorhabens zum Ausdruck zu bringen. Dann nahm er seine Stielklingel „und stellte sich des Mittags, wenn alle Dorfbewohner zu Hause waren", an neutraler Stelle auf „die Straße und klingelte ... Auf dieses Zeichen hin eilten alle Dorfbewohner, die beim Viehfüttern waren oder am Essenstisch saßen, vor die Haustür bzw. vors Hoftor", um sich die neuesten Nachrichten, die bis zum Anfang des 20. Jahrhunderts in Plattdeutsch verlesen wurden, anzuhören. „Ist er fertig mit seiner Verlesung, schaut er in die Runde, ob auch von jedem Haus wenigstens auch eine Person zugehört hat, damit keiner sagen kann, er hätte von der Anordnung oder Verfügung nichts gewußt."

In Gröben hatte der Nachtwächter und Gemeindediener – wohl im Wechsel mit dem Küster – auch die Gräber auszuheben und während des Gottesdienstes den Blasebalg für die Orgel zu treten. Seine Frau hielt u.a. die Kirche und den Kirchenvorplatz, aber auch die Schule sauber. „So sind er und seine Frau geschätzte Persönlichkeiten und werden zu allen Familienfestlichkeiten geladen als wenn es Verwandte wären." Das waren dann Gelegenheiten, bei denen sich die beiden recht bescheiden lebenden Leute wieder einmal nach Herzenslust sattessen konnten.

Kolonisten

Die Ferne macht aus einem silbernen Becher einen goldenen Kelch

Im Rahmen der friderizianischen Kolonisierung wurden seit den fünfziger Jahren des 18. Jahrhunderts auch in den Orten der Parochie Gröben Kolonisten angesiedelt. Hierbei handelte es sich um im Ausland angeworbene Bauern und

Handwerker, aber auch um ausgediente Soldaten, die man in dünn besiedelten Regionen ansetzte, um die Wirtschaft zu beleben.

Die Kolonisten erhielten in der Regel ein auf Staatskosten errichtetes Haus, Acker und Weideland „Erb- und Eigenthümlich verschrieben", mußten sich dafür aber unter Eid verpflichten, „Seiner Königlichen Regierung und dero Königlichem Hause stets loyal und ergeben" zu sein. Mehr noch: Sie hatten „Schaden und Nachtheil" vom Königshaus abzuwenden und jene Kreise, die „wider Seiner Majestät Regierung und wider des Landes Wohlfahrt etwas Gefährliches" vorhaben, zu meiden und Verschwörungen sofort zur Anzeige zu bringen, „wie es einem getreuen und gehorsamen Unterthanen zymet."

In Kleinbeuthen hatte man einer Reihe von ausgedienten Militärs mit ihren Familien eine Existenzgrundlage gegeben, indem man eine ganze Kolonistensiedlung mit Zweifamilienhäusern errichtete. Um den Neubürgern die Existenzgründung zu erleichtern, bekamen sie hinsichtlich der Abgaben/Steuern drei Freijahre zugebilligt.

Diese Art der Bevölkerungspolitik war angesichts der durch Kriege und Epidemien verursachten dünnen Besiedelung ganzer Landstriche von großer wirtschaftlicher, aber auch von bemerkenswerter biologischer Bedeutung, denn in abgelegenen Regionen, wo sich in Ermangelung anderer Möglichkeiten Cousin und Cousine heirateten, waren besorgniserregende Degenerationserscheinungen zu beobachten.

In den Orten der Parochie kann man noch heute Kolonistenhäuser entdecken, die z.T. allerdings um- bzw. ausgebaut und modernisiert worden sind.

Kindheitserinnerungen

Kein Kind wird groß ohne Beulen

Nach den schönsten Kindheitserinnerungen befragt, antwortete die 1902 geborene Frieda Löwendorf spontan: „Wenn der Lumpenmann kam!" Von ihm bekam man für Altstoffe (Lumpen, Knochen und Papier) einen Fingerring oder eine Trillerpfeife. Man war nicht sehr anspruchsvoll in jenen Zeiten. Bei ihrer Tochter Ursula ging die Sache aber einmal schief. Als sie unbedingt in den Besitz einer dieser sehr begehrten Dinge gelangen wollte, schaute sie sich suchend im Hause um. Ihr Blick fiel auf Opas alte, abgetragene Joppe. Heimlich trug sie das schwere Kleidungsstück aus dem Hause und geradewegs zum Lumpenmann. Aber bald gab es große Aufregung. Wo ist die Joppe? Ursula mußte schweren Herzens die Joppe zurückhandeln, denn Opa dachte nicht im entferntesten daran, sich von dem guten alten Stück zu trennen.

Haus Löwendorf in Siethen, Potsdamer Str. 3 (1921)

Der Storch in der Küche
Ins Wirtshaus geht's schnell hinein, doch langsam hinaus

Johanna Naase, geb. Thielicke, kann sich noch an manche Geschichten aus der Groß- und Urgroßmüttergeneration erinnern, denn früher wurde, da es weder Radio noch Fernsehen gab, nicht nur an langen Winterabenden viel aus alten Tagen erzählt.

Noch in Johannas Kindheitstagen hatte es in Gröben auf mehreren Häusern und Scheunen Storchennester gegeben. Zu jenen Zeiten, als das Wirtshaus noch mit Rohr gedeckt war, befand sich auch auf dem Dach des Thielickeschen Wirtshauses das Nest einer Storchenfamilie. Einer der jungen Störche war eines Tages auf dem Rohrdach herumspaziert. Als er wieder ins Nest wollte, kam es zum Streit mit dem zweiten Jungstorch. Dabei ist einer dem nach oben offenen Rauchabzug der schwarzen Küche zu nahe gekommen und in den Kamin gefallen. Der schwarz-weiße Vogel fiel – vorbei an

Die vom fürchterlichen Spektakel herbeigelockten Nachbarn, Passanten und Wirtshausgäste versuchten vergeblich, den angeschwärzten Weißstorch zu fangen; das Chaos wurde immer größer, denn der Storch wußte sich jedem noch so geschickten Zugriff mit galanten Sprüngen und kräftigen Flügelschlägen zu entziehen. Der Zirkus fand erst ein Ende, als das völlig verstörte Tier wieder ins Freie gelangt war. In der Küche sah es aus wie nach einer Explosion. An die Zubereitung von Mahlzeiten war vorerst nicht zu denken.

Im Dorf und den umliegenden Orten mangelte es an den folgenden Tagen nicht an Gesprächsstoff. Hier und dort machte der Volksmund aus dem Storch ein Ungeheuer und aus der verwüsteten Küche ein zerstörtes Haus. Der Gastwirt Thielicke konnte über den Vorfall nur schmunzeln, denn viele

Gasthof Gröben (um 1900)
Um diese Zeit befand sich noch ein Storchennest auf dem Rohrdach. 3. v. r.: Gustav Thielicke, Mitte: Maria Thielicke, geb. Käthe aus Tremsdorf; davor Anna Thielicke, verehel. Kieburg; das Kind ist die spätere Mutter von Johanna Naase, heute Wirtin des Gasthofs Naase.

Würsten und Schinken mitten in die sogenannte schwarze Küche. Das arme Tier geriet in Panik. Mit wildem Flügelschlag zertrümmerte der Storch alles, was sich in Reichweite seiner kräftigen, schon für den Flug gen Süden gestählten Schwingen befand. Zuerst zerbrach der irdene Krug mit der sauren Sahne, dann fiel die Backmulde mit dem Brotteig von der Bank und das Mehl hinterher, und schließlich rannte einer der Leute, die den Storch zu fangen versuchten, den Pökeltopf um. Milch, Sahne, Pökellake, Zucker, Mehl, Brotteig, Gewürze, Scherben, ein Flederwisch etc. etc. bildeten bald ein eigenartiges Gemisch, in dem die Storchfänger reihenweise ausglitten und sich hilflos wälzten.

Leute machten einen Umweg, um im Gröbener Krug einzukehren und um den Wahrheitsgehalt der Storchengeschichte zu überprüfen.

Vielleicht ist aus diesem historischen Zufallsereignis etwas für die Werbung in der Gegenwart zu lernen? Es muß ja nicht gleich ein Ungeheuer wie Nessie sein.

Lichtnot
Besser ein Kienspan als gar kein Licht

Pfarrer Lembke machte 1915 folgende Notiz:
Im Winter 1914/15 hat das Pfarrhaus zweimal eine Lichtnot gehabt, da es zweimal sechs Wochen kein Petroleum gab. Für mich war mit Mühe und Not Spiritus aufgetrieben worden, so daß ich wenigstens am Schreibtisch Spiritusglühlicht hatte, aber meine Familie mußte mit Kerzenlicht auskommen, bis wir zum Carbid griffen. Diese Lichtnot steigerte sich natürlich je länger je mehr, da infolge der englischen Blockade aus Amerika kein Petroleum kam und durch Rumäniens Eintritt in die Zahl unserer Feinde auch die Zufuhr von dort ein Ende hatte. Der Mangel des elektrischen Lichtes machte sich schmerzlich spürbar. Vom Februar 1916 bis Oktober 1916 gab es überhaupt kein Petroleum, im Oktober 1916 für das Pfarrhaus und jeden anderen Haushalt je drei Liter. Da blieb als letzte Zuflucht das Carbid, für das ich als augenblicklicher Rechner des Raiffeisenvereins für mich selbst wie für die Mitglieder gesorgt hatte. Allerdings war auch seit Oktober 1916 kaum noch Carbid zu haben, und wenn, dann zu außerordentlichen Preisen.
Die Elektrifizierung erfolgte erst 1923.

Inflation
Die Habgier verzehrt die Seelen

Zu Beginn der zwanziger Jahre wurde Deutschland durch eine rapide Geldentwertung erschüttert. Der Gröbener Pfarrer Lembke beklagte nicht nur den Verfall des Geldwertes, sondern auch die damit einhergehenden allgemeinen moralischen und sittlichen Verfallserscheinungen unter den Zeitgenossen.

1923 kostete ein Zentner Roggen fünf bis sieben Millionen, ein Pfund Butter mehr als eine Million, ein Paar Stiefel zwei Millionen Mark. Das Briefporto lag bei 20.000, bald bei 50 bis 60.000 Mark. Für ein Ei zahlte man 70.000 Mark und mehr. Ein Brot auf Marken (Lebensmittelkarten) kostete 330.000, ein markenfreies Brot 560.000 Mark. Für einen Liter Milch zahlte man in Gröben 100.000 Mark, in Berlin fast das Doppelte. Während ein Pferd im Juli noch zehn Millionen Mark kostete, stieg der Preis bald auf das Mehrfache. Auch in den Pfarrhäusern war in jenen Tagen Schmalhans Küchenmeister. Mancher Pfarrer mußte, um seine Familie zu ernähren, nebenberuflich tätig werden. Auf der anderen Seite aber stieg, so beklagte sich Pfarrer Lembke, bei den Schiebern und Wucherern der Reichtum ins Unermeßliche. Aber auch viele Bauern machten gute Geschäfte. Pfarrer Lembke stellte sachlich fest: „Die Hypotheken haben sie abgestoßen und das ihnen reichlich zuströmende Geld in Waren, Maschinen usw. angelegt oder verbaut." Ihr Verhalten ließ, so fügte er mit Zorn und Bitternis hinzu, „das rechte soziale Verständnis vermissen".

Schließlich erregte es auch das Mißfallen des Geistlichen, „daß der Mammonsgeist (jener Tage) selbst kirchliche Gemeinden zerstöre und die Habgier die Seelen vieler Menschen verzehre". Mehr noch: „Die sittlichen und ewigen Werte haben das Feld räumen müssen ..., das religiöse Bedürfnis ist geschwunden."

Voller Wehmut und Weltschmerz beobachtete der Pfarrer den besonders durch den Krieg und seine Folgen beschleunigten Verfall von Moral und Sitte. Er konnte noch nicht ahnen, daß keine zwei Jahrzehnte später ein weiterer Weltkrieg mit noch viel schlimmeren Folgen ausbrechen sollte. 1923 beschloß er angesichts des allgemeinen Moralverfalls ein Kapitel der Chronik mit den resignierenden Worten: „Es ist keine Lust mehr, Pfarrer zu sein."

Traurige Zeiten wie die Inflationszeiten haben natürlich auch ihre komischen Seiten:
Ein Siethener Bauer verlor im Herbst 1923 beim Kirchgang einen metallenen Knopf seiner Joppe. Er trennte einen weiteren Knopf ab und gab ihn einem Nachbarn mit, der gelegentlich nach Berlin fuhr; er sollte ihm anhand des Musters einen neuen Knopf mitbringen. Dieser fand schließlich den passenden Knopf und kaufte ihn.

Der Bauer freute sich sehr und fragte: „Wat hetter jekost?" „Eine Milliarde Mark", antwortete der Nachbar. „O Jotte", entfuhr es dem Bauern, „damals hett de janze Joppe 10 Mark jekost, und heute kost een Knopp alleene ne janze Milliarde."

Episode:
Allzu pfiffig ist nicht klug

Es gibt sparsame Ostelbier, sehr sparsame Ostelbier, und es gibt den Herrn von Esedam-Wolziehn. Er ist stramm konservativ und tut was für seine Partei. Vor jeder Reichstagswahl stellt er den Hofleuten in Aussicht: Findet sich in der Wahlurne keine rote Stimme, so gibt's geschlachtete Schweine und Freibier satt. Das hat jedesmal Erfolg, und rauszurücken braucht Esedam trotzdem nichts: Zwei Stimmen für die Bebelei gibt's immer: seine eigene und die seines Inspektors [26/1, 51].

Wenn's zum Feste geht, hört ein lahmes Weib auf zu hinken

Das Alltagsleben in den märkischen Dörfern war zumeist recht eintönig und die Arbeit in Haus und Hof, besonders aber auf dem kargen Boden der Äcker hart und von Entbehrungen bestimmt. Selbst die Sonntage verliefen im allgemeinen still und ruhig, und der Kirchgang stellte zumeist kein aufregendes Ereignis dar. Die Frauen trafen sich vielleicht zu einem Plauderstündchen, und die Männer gingen nach dem Mittagsschläfchen – sofern es der Geldbeutel erlaubte – für ein Stündchen ins Wirtshaus. Dort befand sich ein Billardtisch, an dem man sich gelegentlich vergnügte. Die Eintönigkeit wurde durch alljährlich wiederkehrende Feste in den weniger arbeitsintensiven Tagen und Wochen – so z.B. nach der Heu- und vor der Getreideernte und im Winter – durchbrochen. Besonders die jungen Leute harrten oft monatelang dieser Feste, zu denen sie sich schmückten und für Stunden dem Einerlei des Alltags zu entfliehen versuchten. Fand ein Fest statt, nahm in der Regel das ganze Dorf teil. Und dadurch, daß zu diesen Gelegenheiten auch Besuch aus Nachbarorten kam, konnten die Knechte und Mägde bzw. die Söhne und Töchter der Bauern und Handwerker auch andere junge Leute kennenlernen, vielleicht sogar einen Partner fürs Leben finden. Dann mußte allerdings auch einiges zusammenpassen, denn nur in Ausnahmefällen fanden Arm und Reich oder umgekehrt zusammen.

Ende des vergangenen Jahrhunderts ärgerten sich einige Gröbener Bäuerinnen darüber, daß sich die Dienstmädchen hinsichtlich ihrer Garderobe kaum noch „von den Eegenen", d.h. den eigenen Töchtern, unterschieden, im Gegenteil: Die Dienstmädchen versuchten, die Bauernmädchen sogar noch zu übertreffen und brachten so die Bauernburschen nicht selten um den Verstand.

Die alten Damen waren über alles informiert, denn sie nahmen als die sogenannten Kiekeweiber an den Tanzver-

Gasthof Jütchendorf (um 1930)

v. l.: Wirt Willi Busse, Jütchendorf, Mitte: Frieda Busse

Vor der Tankstelle in Jütchendorf (1927, neben dem Gasthof Busse), v. l.: Reinhard Gerres mit Freunden aus Berlin, r. a.: Jagdaufseher Fritz Hannemann

anstaltungen teil. Sie saßen in Reih und Glied an der Saalwand. So wußten sie ganz genau, wer mit wem wie oft getanzt, wer wem besonders tief in die Augen gesehen hat und anderes mehr. Was sie nicht sahen, wurde durch ihre rege Phantasie, aber vielleicht auch durch ihren reichen Erfahrungsschatz, ergänzt.

Die ländlichen Feste, neben den kirchlichen seit Ende des vergangenen Jahrhunderts vor allem die Vereinsfeste, waren die jährlich wiederkehrenden Höhepunkte im trägen Trott des dörflichen Alltagslebens, es sei denn, dem einen oder anderen war die tägliche Arbeit zwischen Hell- und Dunkelwerden ein ständiges Vergnügen.

Der am 7. Juni 1900 gebildete Gröbener Kriegerverein beging alljährlich am 7. Juni sein Stiftungsfest. Am 25. Gründungsjubiläum im Juni 1925 mit „Feldgottesdienst" am Gedenkstein nahmen, da viele Gäste im Ort weilten, mehr als 1000 Personen teil. In Siethen bestanden seit 1881 ein Kriegerverein, seit 1903 ein Radfahrer-Verein, desweiteren ein Ge-

Alfred Lorenz (1890-1963) mit Mutter Justine Lorenz. Auch Knaben trugen seinerzeit Kleider aus (abwaschbarem) Wachstuch.

Friedrich Lorenz (1855-1926), Gemeindevorsteher von Großbeuthen von 1886-1926. Die Familie Lorenz ist seit vier Jahrhunderten in Großbeuthen ansässig, heute Hof Perske.

Alfred Lorenz (1890-1963) Großbeuthen, mit seiner Großmutter, sie trägt eine seinerzeit übliche Tracht.

Kriegervereinsfest in Großbeuthen in den 20er Jahren

Reiterverein Siethen/Gröben 1926. Ausmarsch zur Einholung auswärtiger Vereine. An der Spitze: Werner v. Badewitz

Reiterverein Siethen/Gröben, 30er Jahre

Fahnenweihe des Kriegervereins Siethen/Jütchendorf 1930 vor der Brennerei in Siethen mit Ehrendamen. Bildmitte: Dr. v. Badewitz/sen., Bäckermeister Konrad, Werner von Badewitz (mit Brille), Fahnenträger: "Vater" Schmegg; 2. Reihe, 2.v.l.: Gutsförster Monsky, r.außen: Forstmeister Hans Kallenbach

sangs- und ein Turnverein. Diese Vereinstypen gab es fast allerorts. 1924 kam in Siethen ein Reiterverein hinzu, dem auch Männer aus Gröben und anderen Orten angehörten. Letztgenannter Verein wurde im Rahmen der Gleichschaltungsmaßnahmen 1933 in die Reiter-SA überführt, so daß all jene, die bis dahin dem Verein allein wegen des Reitsportes angehört hatten, in die NS-Sportbewegung integriert wurden und damit zwangsläufig voll ins NS-Fahrwasser geraten sind. In den 30er Jahren rekrutierten sich die Reitervereinsmitglieder aus 15 Dörfern. Der Verein und seine Musiker waren weit über den Kreis Teltow hinaus bekannt [C5].

Anläßlich des Geburtstages der Schloßherrin von Siethen im Mai 1930 trat der Kriegerverein an, und der Gesangsverein brachte (im Schloßvorhof) ein Ständchen.

Die Reiterfeste waren z.T. unvergeßliche Ereignisse mit Gästen aus nah und fern, mit Umzug und Musik. Auch die Musiker waren beritten. Es fanden Reiterwettkämpfe statt (Wett-Springreiten, Hindernisreiten, Querfeldeinreiten etc.).

Frauenchor Siethen (1931) v. l.: Erna Parey, vereh. Grüneisen†, Frieda Häusler†, Anni Götz†, Hildegard Panten, vereh. Grätz†, Elfriede Gleiche, vereh.Trebuth†, Erna Gleiche, vereh. Kuhle†, Grete Steinberg, vereh. Jung, Frieda Bastian, vereh. Hannemann, Martha Bastian, vereh. Haug, Lucie Riedel, eine unbek.

Radfahrerverein (auf dem Hof der Gaststätte in Siethen)

Die meisten Pferde wurden vom Gutsherren und den Bauern zur Verfügung gestellt, so daß auch jene Einwohner, die kein Pferd besaßen, teilnehmen konnten.

Auf vielen Festen ging es sehr turbulent zu. In Siethen beispielsweise führten die Polonaisen nicht nur durch den Saal des Wirtshauses, sondern manchmal – mit den Musikern voran durchs ganze Dorf.

Am 9. März 1929 fand beim Ehepaar Karl und Pauline Löwendorf unter großer Anteilnahme der Öffentlichkeit die erste Goldene Hochzeit (50. Jahrestag der Hochzeit) in der Parochie seit Menschengedenken statt.

Die Erntefeste, mit Erntedankfest in der Kirche, wurden zumeist von Gut und Gemeinde gemeinsam durchgeführt. In guten Erntejahren trug der Gutsherr den Hauptteil der Kosten. Die Fastnachtfeiern erstreckten sich über zwei Tage. Besonders aufregend waren die – zumeist vom Gastwirt, aber auch von den Vereinen organisierten – Maskenbälle.

Aus Siethen gingen mehrere namhafte Sportler hervor, die auf Reichsebene ein Wort mitzureden hatten; hier Kranzschwinger und Ringer Rudolf Grüneisen 1938 in Breslau (oben, 2. v. r.), Austragungsort war der Zirkus Busch.

Der Kriegerverein veranstaltete jährlich mehrere, zumeist sehr patriotische Feste und Feiern; es wurden auch Schießübungen am vereinseigenen Schießstand durchgeführt.

Unter den Teilnehmern: Rudolf Grüneisen (1933) (Zu den sportlichen Leistungen der Brüder Grüneisen s.a. das 1947 erschienene Buch „Mein Weg zum Sport" und den Beitrag „Die Weltmeister aus Siethen" von Peter Henning in: Märk. Allg. Zeitung, TF, 11.9.98, S.17).

Sportverein Siethen (20er Jahre)

1922

Das Vereinsleben wurde seit Machtantritt des NS-Regimes gleichgeschaltet, aus seinen Traditionsbahnen herausgerissen und ins politische Fahrwasser hineingezogen. In allen Orten kamen die von der NS-Partei initiierten Organisationen wie die NS-Frauenschaft hinzu.

In der Nachkriegszeit waren alle Traditionsvereine verboten. Schließlich gab es nur noch – ebenfalls gleichgeschaltete – Organisationsformen, die fast ausnahmslos unter Führung und Kontrolle der Sozialistischen Einheitspartei Deutschlands (= SED) standen. Dessen ungeachtet verstand man es, Reste alter Überlieferungen zu erhalten und zu pflegen, so daß seit der Wende 1989/90 die Voraussetzungen gegeben waren, an bewährte alte Traditionen anzuknüpfen und somit zur Bereicherung des dörflichen Alltagslebens beizutragen.

Erntefest 1948 in Siethen
Beim Erntedankfest, seit 1945 kurz als Erntefest bezeichnet, das alljährlich nach der Ernte begangen wurde, handelt es sich um eine jahrhundertealte Tradition, die bis in die Gegenwart fortlebt.

Spott tötet den Mann

Johanna Naase erinnert sich: Ein Fleischer fuhr regelmäßig übers Land, um Schlachtvieh aufzukaufen. Machte er gute Geschäfte, war das ein Anlaß, im Wirtshaus einzukehren; machte er schlechte Geschäfte, war es ebenso. Diese Wirtshausbesuche fanden zumeist ein mehr oder minder feuchtfröhliches Ende. Schließlich hob man den korpulenten Mann auf seinen Wagen, wo er, bevor er einschlief, „Hü, Lotte!" sagte. Das Pferd setzte sich dann in Bewegung und fand auch ohne Kutscher den Weg zum heimatlichen Stall. War der Fleischer volltrunken und nicht mehr in der Lage, das Startkommando selbst zu geben, gab einer der Anwesenden dem Pferd einen Klaps aufs Hinterteil – und ab ging die Fahrt. Eines Nachmittags war der trinkfreudige Fleischer wieder einmal im Thielickeschen Gasthof eingekehrt. Ob er nun ein gutes oder ein schlechtes Geschäft gemacht hatte – wer weiß es? Vielleicht hatte er auch ein böses Weib zu Hause und wollte bei Korn und Bier die Heimkehr verzögern. Irgendeine gute Seele hatte die stets bereitstehende Futterkrippe mit Hafer, den der Fleischer für alle Fälle unter dem Kutschersitz mit sich führte, gefüllt. Da es seinerzeit weder Fernsehen noch andere bemerkenswerte Abwechslungen gab, hielt sich die Dorfjugend häufig am Wirtshaus auf, da dort des öfteren was los war. Doch an jenem Abend herrschte Ruhe. Schließlich zog der Einspänner mit einem müden Pferd die Aufmerksamkeit der Jugendlichen auf sich. Einer von ihnen kam auf die Idee, das Pferd verkehrt herum anzuspannen, um dem Trunkenbold einen Schabernack zu spielen oder vielleicht auch eine Lehre zu erteilen. Spät in finsterer Nacht wurde der Fleischer zu seinem Wagen geleitet. Hilfreiche Hände hoben und schoben ihn hinauf. Er brachte, bevor er schnarchend in den Sitz sank, noch ein müdes „Lotte, hü!" hervor, aber nichts regte sich. In Gedanken fuhr er wohl auch ab, aber der Einspänner stand auch am folgenden Morgen noch vorm Wirtshaus. Das ganze Dorf hatte seinen Spaß. Der trinkfreudige Metzger aber wurde vorerst nicht mehr gesehen.

Strickabend, eine Mietgendorfer Tradition
Alte Dörfer, alte Bräuche

Während des Ersten Weltkrieges wurde die Bevölkerung aufgerufen, für die deutschen Soldaten Geld und Sachwerte zu spenden oder auch Socken, Waschlappen, Pulswärmer etc. zu stricken. Vielerorts setzten sich die Frauen einmal pro Woche zusammen, um gemeinsam zu stricken. Sie taten es nicht ungern, denn erstens befand sich aus fast jeder Familie jemand an irgendeiner Front, und zweitens tat es gut, sich bei der Handarbeit zu unterhalten, denn Radios kannte man noch nicht; elektrisches Licht gab es erst seit 1923. So entstand aus den Kriegs-Strickabenden, auch Frauenabende genannt, eine Institution, die fortan zum festen Bestandteil des dörflichen Alltagslebens gehörte. Diese in der Kaiserzeit entstandene Tradition hat sich, nachdem man dem Kind einen neuen Namen gegeben hatte, über die Jahrzehnte und über alle Herrschaftsformen hinweg fortgesetzt. Und da der Ursprung dieser Tradition zu DDR-Zeiten nicht mehr bekannt war, erregten die Strickabende keinen Anstoß und bestanden auch unter sozialistischen Bedingungen fort; sie gehören auch heute noch zum Alltagsleben von Mietgendorf.

Gasthof Gustav Hannemann in Jütchendorf (1914). Während der Fuhrmann einkehrte, bekam das Pferd eine Futterkrippe vorgesetzt.

Hochzeit Deute, Mietgendorf (1958)

Hochzeit Fritz Schulze, Gastwirt von Mietgendorf (1936)

Christa Deute erinnert sich: „Die Strickabende waren nicht totzukriegen. Während des Zweiten Weltkrieges kamen zeitweilig nur noch drei Frauen; aber nach 1945 ging es dann wieder richtig weiter." Junge Frauen hatten bei diesen sogenannten Strickabenden, die auch heute noch zwischen November und März stattfinden, und an denen schließlich auch andere Handarbeiten betrieben wurden, Gelegenheit, sich die Erfahrungen der älteren Teilnehmerinnen zunutze zu machen. Daß man sich bei diesen wöchentlichen Zusammenkünften, die reihum stattfinden, auch bewirtet, versteht sich von selbst.

Der „Strickabend" von Mietgendorf war eine Institution, die selbst von der LPG respektiert wurde. Wollte die LPG am Mittwoch eine Versammlung durchführen, kam aus den Reihen der Frauen ein entschiedenes Nein: „Mittwoch geht nicht, da ist Strickabend."

Die Mühle von Schiaß
Keine Mühle ohne Spuk

Nur ganz alte Leute erinnern sich noch an die Windmühle von Schiaß und an den letzten Müllermeister Felix Wolf, der in den Nachkriegsjahren auch das Amt des Bürgermeisters von Schiaß und Mietgendorf ausübte. Von der 1823/24 errichteten Bockwindmühle auf dem „Schiaßer Berg", die am 18. Januar 1848 vom Sturm zerstört worden ist und wieder aufgebaut

Windmühle Schiaß 1957. Der kahle „Windmühlenberg" ist inzwischen aufgeforstet und der ehemalige Standort der Mühle von dichtem Wald umgeben.

Windmühle von Schiaß (1957)

Reste der Mühle Schiaß (1969)

Sie sank in sich zusammen, die alte Mühle von Schiaß (Foto von 1972).

wurde, ist bis auf einige vom Zahn der Zeit zerfressenen, ursprünglich riesigen Balken nichts mehr vorhanden. Wenn hier vom Schiaßer Berg die Rede ist, so handelt es sich um eine kleine Erhöhung, die – da sie ursprünglich unbewaldet war – sich aus der Ebene abhob und scheinbar hoch genug war, um als Windmühlenstandort zu dienen, denn ohne Wind war kein Mühlstein zu bewegen. Als das Gebälk der Mühle immer mehr zu knarren begann und sich der Wind als allzu unzuverlässige Antriebskraft erwies, stellte der Müller den Mahlbetrieb in den 30er Jahren auf Motorkraft um. Das kleine Anliegen des Müllers nahe der verfallenen Mühle wurde zu DDR-Zeiten zu einem stillen, naturnahen Refugium der Familie des Film-Regisseurs Lothar Bellag umgebaut.

Vom Mühlenstandort geht noch immer jener romantisch-geheimnisvolle Geist aus, der Wasser- und Windmühlen seit Jahrhunderten umgibt. Jeder Unbefugte, der in solche Bereiche bzw. Tabuzonen einzudringen versucht, muß immer mit bösen Überraschungen rechnen. Gegen den Spuk um alte Mühlen sind nur deren Bewohner gefeit.

Ernte in Schiaß (1938)

Bis zum Essen bin ich wieder da
Der Krieg betrügt allzeit seinen Mann

Der Schiaßer Steinsetzer Walter Habich hatte sich in den dreißiger Jahren ein Motorrad zusammengespart. Das Zweiradfahrzeug war sein ganzer Stolz. Doch dann kam der Zweite Weltkrieg. Habich bekam die Order, sein über alles geliebtes Motorrad entschädigungslos beim Militär abzuliefern. Auch diese zwei Räder sollten wie alle anderen im Dritten Reich „für den Sieg" rollen. Doch dem bedauernswerten Mann widerfuhr an diesem Tage ein zweifaches Unglück: Nachdem

Hof Zimmermann in Schiaß um 1928

man das Motorrad genau gemustert und als kriegsverwendungsfähig erachtet hatte, warf man auch einen Blick auf dessen Besitzer. „Kv." lautete das Urteil, und Walter Habich war kein Zivilist mehr. Zu Hause wartete man vergeblich mit dem Essen auf ihn.

Als er aus französischer Kriegsgefangenschaft nach Schiaß heimkehrte, war das Essen nicht nur kalt, sondern inzwischen auch sehr knapp geworden.

Den Schalk im Nacken
Der Spaß ist gut, wenn jeder lacht

Mechthild von Köller, geborene Lembke, erinnert sich: Wie jeden Sonntag hielt Pfarrer Lembke seine Predigt, und wie an jedem Sonntag saßen seine Kinder diszipliniert in der ersten Reihe. Doch eines Sonntags geschah etwas Außergewöhnliches: Der Hund der Pfarrersfamilie befand sich plötzlich im Gotteshaus, schnupperte hier, schnupperte dort und hielt – wohl spürend, daß er sich auf verbotenem Terrain befand – mit gesenkter Rute nach seinem Herrchen Ausschau. Als er dessen vertraute Stimme plötzlich hoch droben über sich vernahm, tippelte er zielstrebig und mit der Rute wedelnd in Richtung Kanzel. Siegfried, des Pfarrers Sohn, hielt den Atem an. Doch ehe der treue Hund dem Pastor seine Anhänglichkeit beweisen konnte, sandte dieser einen strafenden Blick in die erste Reihe. Mechthild nach Jahrzehnten: „Diesen Blick werde ich nie vergessen."

Siegfried und Mechthild Lembke mit Hund (1924)

Bruder Siegfried reagierte augenblicklich und brachte den Hund aus dem Gotteshaus.

Was war geschehen? Siegfried kannte die Verhaltensweisen des Hundes ganz genau. Den Schelm im Nacken hatte er es so einzurichten gewußt, daß er als letzter Haus und Hof verließ und auch als letzter die Kirche betrat. Das Hoftor lehnte er nur an, und die Kirchentür ließ er einen Spalt breit offen. So kam es, wie es kommen mußte.

Daß es keine Schelte gab, spricht für den Pastor. Sohn Siegfried war für den Rest des Tages der bravste Junge der Welt.

Feurio!
Schreien löscht das Feuer nicht

Bei Gefahren, die einen Ort bedrohten, galt seit jeher das Prinzip der gegenseitigen Hilfe. Beim Löschen von Bränden wurden die Erkenntnisse, die man in Jahrhunderten gesammelt hatte, angewandt. In Siethen war „das Feuerwehrinventar stets brauchbar und komplett" [B2]. Dennoch kam es immer wieder zu Bränden und Brandkatastrophen.

Obwohl fast allerorts die Spritzenhäuser in Ordnung waren und das Feuerlöschsystem recht gut funktionierte, erließ der Minister des Inneren am 13. Januar 1934 im Zuge der nationalsozialistischen Gleichschaltung die Verordnung, freiwillige Feuerwehren (FFW) zu bilden, um sie einheitlich zu organisieren und der NSDAP zu unterstellen. In Siethen wurde aus diesem Grunde am 11. Februar 1934 durch den Gemeindevorsteher Dr. Werner von Badewitz eine behördlich angeordnete Versammlung einberufen, in deren Ergebnis der sozialdemokratisch orientierte und von den Nazis ungeliebte Turn- und Sportverein aufgelöst und die FFW gegründet wurde; die Sportgeräte wurden entschädigungslos eingezogen und der FFW, die den Charakter eines eingetragenen Vereins bekam, übergeben. Um auch den letzten männlichen Einwohner organisatorisch integrieren zu können, wurden alle Eigentümer, ob alt, krank oder invalid, zu passiven Mitgliedern der FFW gemacht, in der fortan nur noch Parteigenossen der NSDAP das Kommando führen durften.

Wegen der oben erwähnten Verordnung wurde das Jahr 1934 für viele freiwillige Feuerwehren das offizielle Gründungsjahr und alle Jahreszahlen mit einer vier am Ende fortan ein Jubiläumsjahr.

Im Februar 1934 wurde, wie überall im Deutschen Reich, auch die Gröbener Feuerwehr neu uniformiert und mit neuen Helmen versehen. Dieses Ereignis hielt man im Foto (13.02.1934) fest.
stehend v.l: Fritz Kuhröfer, Gustav Löwendorf, Max Prescher, - , Willi Thielicke, - , - , Hermann Koch;
knieend, v.l.: Willi Löwendorf, Hermann Bergemann, Fritz Löwendorf, Siegfrid Grunewald, Richard Prescher, - , r.a.: Karl Löwendorf

Feuerwehr Jütchendorf, Chef: Alfred Böhmert (1936)

In der Nachkriegszeit wurde vom Rat der Gemeinde Jütchendorf eine Regelung des Spritzenfuhrdienstes festgelegt, sie lautete:

„Gemäß Anweisung des Kreisbaubrandschutzamtes ist in den Gemeinden ein Spritzenfuhrdienst einzurichten. In der hiesigen Gemeinde regelt sich der Spritzenfuhrdienst wie folgt:

Jeder Pferdehalter, der über ein zu vorstehendem Zweck geeignetes Gespann verfügt, ist verpflichtet, die Fahrbereitschaft für die Dauer eines Monats zu übernehmen.

Der einsatzpflichtige Pferdehalter hat zum Einsatz zu stellen:

Ein komplettes Fuhrwerk, bestehend aus einem zu vorstehendem Zweck geeigneten Wagen mit Pferdegespann und Kutscher. Außerdem ist eine ca. 2 m lange Kette zum Befestigen der Spritze mitzubringen. Die Fahrbereitschaft beginnt am 1. eines jeden Monats mittags 12 Uhr und läuft bis zum 1. des folgenden Monats mittags 12 Uhr. Die für den Fuhrdienst heranzuziehenden Gespanne werden vom Rat der Gemeinde festgestellt und, sobald es erforderlich wird, benachrichtigt.

Die Fahrbereitschaft beginnt am 1. Juni 1948 bei Otto Kolberg und geht rechts herum zu August Dörre usw. Sollte ein einsatzpflichtiger Pferdehalter zeitlich nicht einsatzfähig sein, so hat er dies sofort dem Rat der Gemeinde mitzuteilen. Ist der einsatzpflichtige Pferdehalter zur Zeit des erforderlichen Einsatzes nicht anwesend oder aus triftigen Gründen, worüber gegebenenfalls der Bürgermeister entscheidet, am Einsatz verhindert, so ist der nächstfolgende zum Kreise der Fahrbereitschaft zählende Pferdehalter einsatzpflichtig. Der einsatzpflichtige Pferdehalter hat durch eine an seinem Hoftor gut sichtbar anzubringende Tafel mit der Aufschrift *Spritzenfuhrwerk* seine Einsatzbereitschaft anzuzeigen. Sollte nach Entscheidung des Bürgermeisters für die Rückfahrt der Spritze vom Einsatzort eine zweite Fahrt notwendig werden, so wird das hierfür erforderliche Gespann vom Bürgermeister bestimmt. Nach erfolgtem Einsatz geht die Fahrbereitschaft sofort auf den nächsten einsatzpflichtigen Pferdehalter über."

Nachstehende Aufstellung zeigt die Reihenfolge der einsatzpflichtigen Pferdehalter an:

Kolberg Otto
Dörre August
Busse Otto
Pape Walter
Gerres Hermann
Bergemann W.
Busse Willi
Pieper Elsb.

Bastian W.
Mehlis Friedr.
Reuter Friedr.
Liefeldt Gustav
Engel Margar.
Eichler Arth.
Heinicke Herm.
Bergemann Alb.

Es gehört mehr zum Tanzen als rote Schuhe

Der 1900 geborene Dr. Werner von Badewitz erfreute sich – ebenso wie sein Bruder Gerhard – bei der Einwohnerschaft einer außergewöhnlichen Beliebtheit. Das lag daran, daß er (im Gegensatz zu seinem Vater Gottfried, der ein seriöser, sehr gestrenger, auf Distanz bedachter Gutsherr gewesen ist) sehr lustig war und in jungen Jahren Streiche gespielt hat, über die man noch heute lacht. Als Schüler hatte er beispielsweise – ohne Wissen seiner Eltern und wohl nicht nur aus Jux – an den Strickstunden im Tabea-Haus teilgenommen. Selbst sein Hauslehrer hatte nichts davon gewußt.

Später hat der lebenslustige junge Mann manche Nacht hindurch mit den Bauernburschen gezecht; und es soll ihn nicht gestört haben, wenn sich Knechte vom Gut dazugesellten.

Einmal fand in Siethen ein Tanzvergnügen statt. Werner kam zufällig vorbei und stellte fest, daß die Stimmung mangels passender Musik miserabel war. Er schickte einen Burschen ins Schloß und ließ sich sein Akkordeon, das er – ebenso wie das Klavier, die Orgel, die Trompete und andere Instrumente – meisterhaft zu spielen verstand, holen. Nun spielte Werner gemeinsam mit der Kapelle, die er zwischendurch auch noch dirigierte, zum Tanz auf, und binnen kürzester Zeit kam eine Stimmung auf, daß die Wände wackelten.

Hin und wieder war es auch vorgekommen, daß Werner von Badewitz den erkrankten Organisten ersetzte und zum Gottesdienst die Orgel spielte.

Mechthild von Köller, die Tochter des Pfarrers Lembke, erinnert sich: Es war nach dem Ersten Weltkrieg. Niemand fand sich, der meinen Vater zu den Gottesdiensten in den einzelnen Gemeinden der Parochie (von Gröben nach Siethen und Großbeuthen) fuhr. Werner von Badewitz, ein Filou, dem man aber nicht böse sein konnte, kam mit seinem Auto und übernahm nicht nur den Fuhrdienst, sondern er spielte auch die Orgel. Zwangsläufig hörte er dann alle drei Predigten des Pastors und stellte später voller Hochachtung fest, daß keine Predigt der anderen geglichen habe, sie waren ganz auf das jeweilige Dorf und die speziellen Probleme vor Ort abgestimmt.

Reiterverein Siethen.
Sie ritten nicht nur wie die Teufel, sondern machten auch Musik, u.a.: *Gerhard von Badewitz, Richard Mehlis, Landjäger Adolf Brandt, Willi Janack, Willi Krause (r.a.), sitzend, mit Brille: Werner von Badewitz.*

Landadel ...
Raubritter, Vasallen, Gutsherren
Der Harnisch macht den Ritter nicht

Dort, wo sich einst eine der Nutheburgen, nämlich das „feste Sloss czu Buten", die vom Wasser eingeschlossene, teils aus Feldsteinen, teils aus Ziegeln errichtete Burg Beuthen befand, finden wir heute nur einen aus Ruinenresten bestehenden, von Unkraut und Gehölz überwucherten Hügel vor. Man hatte die Burg zum Schutze eines Überganges errichtet, der durch ein großes Sumpfgebiet und über die Nuthe von der Zauche in den Teltow führte. Dieses Gebiet war eine für den Unkundigen undurchdringliche Wildnis, in der sich zahllose Tiere, so auch Elche und Wisente, Fischotter und Biber tummelten und Fischadler ihre Bahnen zogen. Im Schutze der Burg siedelten sich Hörige oder Burgmannen an. So ist das Dorf Kleinbeuthen entstanden.

Die Burg Beuthen kam Anfang des 15. Jahrhunderts in den Besitz des Joachim von Quitzow. Dieser trieb in unserer Region als gefürchteter Raubritter sein Unwesen. Die Raubzüge erstreckten sich bis ins Wittenbergische hinein. Da die Quitzows zu jenen märkischen Adligen gehörten, die ihre wohl etwas falsch verstandene Unabhängigkeit gegenüber einer zentralen Gewalt nicht aufzugeben gedachten, wurden sie gejagt und verfolgt [vgl. 27/172]. Als nun der hohenzollernsche Burggraf Friedrich von Nürnberg, der spätere Markgraf und seit 1417 Kurfürst von Brandenburg kam, um in der Mark Ordnung zu schaffen, bäumten sich die Quitzows auf.

Im Februar 1414 fuhr die sogenannte „Faule Grete" bzw. die „Große Büchse", ein gewaltiges Bronzegeschütz, das man unter größten Mühen mit 36 Pferden durch das unwegsame Gelände herbeigezerrt hatte, vor Beuthen auf und schoß mit schweren Steinkugeln bis zu sieben Zentnern Gewicht eine Bresche in die Mauer der Burg. Schon zwei Tage später befand sich die Burg in markgräflichem Besitz. Seit dieser Zeit hatte die Burg ihre eigentliche Bedeutung verloren. Die Ansiedlung jedoch blieb bestehen. Markgraf Friedrich I. gab die Burg 1416 an Peter von Bredow, den Vormund der unmündigen Henning und Konrad von Schlabrendorff, in Lehen. Damit trat eine Familie auf den Plan, die in den folgenden 450 Jahren in der Region eine herausragende Bedeutung, so vor allem für Gröben und Siethen, spielen sollte. Aus dieser Familie gingen u.a. viele hohe Offiziere, aber auch ein Bischof hervor.

Aus einer Urkunde aus dem Jahre 1474 ist zu entnehmen, daß der Markgraf Albrecht von Brandenburg die Gebrüder Matthias und Albrecht von Schlabrendorff „mit Schloß Buten (Beuthen – Bi.) mit allen Rechten, Freiheiten, Nutzungen, Zugehörungen, mit Molen (Mühlen – Bi.) und sonderlich den Dörfern A(h)rensdorf, Nudow, Scyten (Siethen – Bi.), Wendisch Buten, Guckendorf (Jütchendorf – Bi.), Groben

(Gröben – Bi.), Valehorst (Fahlhorst – Bi.), mit allen Dienstlehen, geistlichen und niederen, auch das Wasser – die Nuthe genannt – von dem Thürothamm (Thyrowdamm – Bi.) bis an den Hackenthamm und was dasselbe Wasser (im Monat März – Bi.) bestreicht. Ferner die Dörfer Wassmannsdorf, Schenkendorf, Elsholtz und Schoenefeldt mit allen Zugehörungen, Kirchenlehen etc." (einschließlich eines Teiles der krebs- und fischreichen Nuthe) belehnte. Damit gehörten die Schlabrendorffs zu den mächtigsten Vasallen auf dem Teltow. Die Bedingungen, von Schloß Beuthen „kein Krieg oder Fehde" zu machen und den Markgrafen von Brandenburg das Schloß jederzeit offenzuhalten, stellten keine allzu großen Einschränkungen dar und wurden bis auf eine Ausnahme auch eingehalten. 1474 ist im Zusammenhang mit Kleinbeuthen von „Molen" (Mühlen) die Rede. Aber schon im 13. Jahrhundert hat sich dort eine Wassermühle befunden. Auch im Gröbener Kirchenbuch, das 1578 begonnen wurde, werden ein „Müller zu Beuthen" und einige Zeit später auch ein Krüger (Wirt), ein Fischer, ein Schmied – der auch Schäfer war – und ein Leineweber genannt.

Um 1750 lebten in Kleinbeuthen u.a. der Rademacher Herzlieb, der Schmied Astfalk, der Pachtfischer Fleschner und der Garnweber Wollschläger. Nach dem Siebenjährigen Krieg kamen noch der Musketier Lorenz, Soldat Alburg, Musketier und Kolonist Keller, Husar Lietzmann, Musketier Siegel, Kanonier und Garnweber Lehmann, Soldat Nitze, Kanonier Weber hinzu. Sie waren hier im Rahmen der friderizianischen Peuplierungspolitik angesiedelt und in fünf Zweifamilienhäusern untergebracht worden.

Einer der Schlabrendorffs, nämlich Johann, schlug die geistliche Laufbahn ein und wurde um 1500, also kurz vor der Reformation, Bischof von Havelberg. An diesen Bischof erinnert das von ihm der Kirche Gröben geschenkte und in Fragmenten erhaltengebliebene Kirchenfenster, das sogenannte Schlabrendorffsche Fenster. Es zeigte ursprünglich die gekreuzten Bischofsstäbe, die Bischofsmütze und das Schlabrendorffsche Wappen.

Der Reformation standen die Schlabrendorffs aufgeschlossen gegenüber. Einer Überlieferung zufolge hat der erste lutherische Gottesdienst „der reinen göttlichen Lehre" im Teltow 1539 in der Kapelle des Schlosses zu Beuthen stattgefunden [34/I].

Dazu ist überliefert:

„Als der hochwürdige Bischof Herr Matthias von Brandenburg anno 1539 im Heimzug von Köln in Teltow gewesen, haben sich die edle und veste Junkern aus dem Teltow in meines Vaters seel Hause zu ihm fleissig versammelt und sich mit ihm wegen der reinen göttlichen Lehre beratschlagt und sind alle eines Sinnes und Willens gewest, selbige anzunehmen und standhaftig zu bekennen, auch dass sie ihre Pfarrer ..., die sich sperren wollen, zwar nicht durch Gewalt verjagen und verfolgen, sondern ihnen Unterhalt reichen und sich inmittelst nach Predigern der reinen Lehre umthun wollen. Dies haben sie alle in einem angelegten Revers bezeuget, unterschrieben und besiegelt.

> Jochen von Schwanebeck zu Teltow
> Jochen von Hake zu Land Machnow
> Jochen von Schlaberndorff zu Schloss Beuthen
> Hans von Berne zu Gross Berne (Großbeeren – Bi.)
> Christoph von Berne zu Schönow
> Karl Siegmund von der Liepen zu Blankenfelde
> Otto von Britzke zu Britzke
> Christoph von Spiel zu Dalen
> Siegmund von Otterstedt zu Dalwitz
> Heinrich von Thümen zu Leuenbruch (Löwenbruch – Bi.)

Alle diese Junkern und Landsassen sind am 31. October des benannten Jahres 1539 nach Spandow gereisst und haben Tages darauf nach dem Vorgang des Durchl und Hochgebornen Churfürsten, Herrn Jochim des Jüngeren Löbl Gedächtniss, in der dasigen Pfarrkirche das reine Evangelium öffentlich bekannt und das heilige Sacrament unter beyderley Gestalt vom gedachten Herrn Bischof Matthias empfangen."

Somit waren sie – wie der Kurfürst selbst – zum evangelischen Glauben übergetreten [C4]. Der damalige Kapellan im Schloß Beuthen ist Martin Selinstadt gewesen, eben jener Selinstadt, den Philipp Melanchthon als Pfarrer nach Jüterbog empfohlen hat. (Dieser Brief vom Januar 1544 ist abschriftlich im alten Kirchenbuch von Gröben enthalten.)

Die großen Besitzungen der Schlabrendorffs wurden um 1550 unter den einzelnen Linien aufgeteilt, so daß in Gröben, Beuthen, Siethen usw. eigene Rittersitze entstanden. In späteren Jahren kam es aus den unterschiedlichsten Gründen zu Besitzwechseln. Siethen beispielsweise ging den Schlabrendorffs verloren; es wurde 1600 an die Familie von

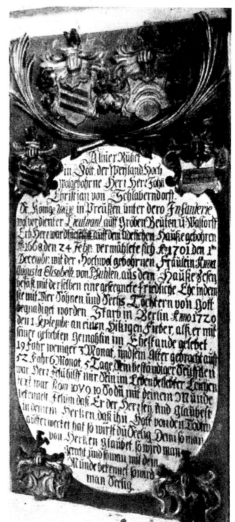

Kirche Gröben. Grabstein der Anna Auguste Elisabeth von Schlabrendorff († 1744). (Grabstein ist nicht mehr vorhanden)

Kirche Gröben. Grabstein des Joh. Chr. v. Schlabrendorff (1720 gest.), (nicht mehr vorhanden).

Streithorst verkauft. Danach kam Siethen an Joachim von der Gröben. Nach dessen Tod 1638 erwarb es wieder ein Schlabrendorff. Nach zwei weiteren Generationen ging ein Joachim Ernst von Schlabrendorff in Konkurs. Er mußte Siethen 1776 verkaufen und verlor auch seinen Anteil an Kerzendorf. Er zog mit seiner Familie nach Berlin, wo er zwei Jahre später verstarb.

1789, im Jahr der Französischen Revolution, erwarb der Geheime Finanzrat Honig aus Berlin das Gut, dieser verkaufte es 1798 an die Baronin von Bamberger. Schon drei Jahre später kaufte es der Kammerherr Adrian Maria Franz de Verdy du Vernois. Von diesem erwarb es im Jahre 1817 der Prinz Hohenlohe. Nach diesem ging Siethen wieder an die Schlabrendorffs, indem Johanna von Schlabrendorff 1825 das Gut erwarb. Sie verheiratete sich mit dem Rittmeister von Scharnhorst, einem Sohn des berühmten Generals, Heeresreformers und Leiters des preußischen Kriegsministeriums Gerhard Johann David von Scharnhorst (1755-1813). Der Gatte Johannas mußte infolge eines unglücklichen Sturzes vom Pferde seinen Dienst quittieren. Als Major ging er in die Reserve. Er verstarb 1826. Johanna von Scharnhorst und ihr seinerzeit einjähriges Töchterchen blieben in Siethen. Johanna vereinigte 1858 die Güter Siethen und Gröben, um sie dann 1859 an den Erbjägermeister der Kurmark Karl von Jagow zu verkaufen. Nachdem ihre Tochter im Jahre 1857 verstorben war, segnete auch sie 1867 das Zeitliche. Beide Frauen hatten sich nach vielen Schicksalsschlägen stark sozial engagiert [19/1998].

Das Gut Siethen wurde 1878 vom Berliner Großkaufmann Hermann Badewitz (1826-1897) erworben, dessen Sohn

Grabstein für Christina Elisabet(h) von Schlieben, vereh. von Schlaberendorff. Die Grabsteinaufschrift lautet in heutiger Ausdrucksweise: „Frau Christina Elisabet von Schlieben ist geboren anno 1638 und 1659, den 22. Juni, Herrn Gustaven von Albrechten von Schlaberendorff auf Groeben im Hause Golzich ehelich beigeleget worden und mit selbem bis den 4. September 1694 35 Jahr 2 Monat 1 Woche 6 Tage in friedlicher und vergnügter Ehe gelebet darinnen sie gezeuget 6 Söhne und 5 Töchter, ihr ganzes Alter 56 Jahr."

Grabstein für Gustav Albrecht von Schlaberndorff. Die Grabsteinaufschrift (man vergleiche sie mit der für seine Gattin!) lautet: „Herr Gustav Albrecht von Schlaberndorff auf Gröben und Beuthen ist geboren den 26. August 1631. (Er) vermählte sich auf dem Hause Golzig am 22. Juni 1659 mit Fräulein Christina Elisabeth von Schlieben, mit der er in friedlicher Ehe gelebet 35 Jahr, zwei Monate, eine Woche und sechs Tage und darin gezeuget sechs Söhne und fünf Töchter. (Er) lebte als Witwer nach dem Ableben seiner Gemahlin neun Jahr, acht Wochen, 5 1/2 Tag. (Er) starb im Herrn sanft und selig im Jahre 1703, den 6. November, als er sein Leben gebracht auf 72 Jahr, zehn Wochen, 2 1/2 Tag..."

Gottfried 1914 für seine patriotischen Verdienste vom Kaiser in den Adelsstand erhoben worden ist. 1880 erfolgte der Umbau des Gutshauses zu einem Schloß.

Die Ursachen für den häufigen Besitzwechsel vieler Güter sind u.a. auf Ruin durch Mißernten, Preisverfall, auf Mißwirtschaft und Verschwendung, Todesfälle, aber auch darauf zurückzuführen, daß Adelsfamilien verarmten und reich gewordene Bürgerliche imstande waren, sich Güter und Herrenhäuser – vor allem im Umfeld von Berlin – zu erwerben. Eine weitere Ursache für den Niedergang von Gütern bestand darin, daß die Gutsherren irgendwo dem Militärdienst nachgingen und die Verwalter nicht immer das nötige Interesse aufbrachten oder in die eigene Tasche wirtschafteten.

Die Nuthe 1998

Doch kehren wir noch einmal zur Burg Beuthen zurück: Um 1780 waren von der bis etwa 1700 bewohnten Burg bzw. vom sogenannten Schloß Beuthen noch bedeutende Überreste vorhanden, so die Ruine des Haupthauses, zwei Ställe und Reste des Raumes, der als Kapelle gedient hatte. Auch Wall und Graben um die von Wasser umgebene Burg herum waren noch zu erkennen.

1813 ist in Vorbereitung auf den Ansturm der französischen Eroberer aus der Ruine eine Schanze errichtet worden. Doch das Kriegsgewitter, das am 22. August 1813 im nahen

Wietstock und Kerzendorf und tags darauf in Großbeeren arg tobte, ging an Beuthen vorüber. Die unbehauenen Feldsteine der alten Burg wurden später für die unterschiedlichsten Zwecke, so zur Errichtung von Wohn- und Stallbauten, schließlich auch zur Pflasterung der Straße abgetragen.

Mühle Kleinbeuthen (um 1914)

1841 lebten in Kleinbeuthen 15 Kolonisten, 1 Kossät, 1 Müller, 1 Hirt, 6 Tagelöhner, 10 Knechte und Mägde.

Über die Burg Beuthen gibt es eine Reihe von Sagen und Erzählungen, die bis in die Gegenwart fortleben. So weiß der Einwohner von Kleinbeuthen, Georg Reuter, zu berichten: „Meine Mutter, Geburtsjahr 1880, hatte uns erzählt, daß zu Zeiten ihrer Elterngeneration die Steine der Burgruine für den Straßenbau verwendet worden sind. Als man eines Tages auf ein Gewölbe stieß, in dem sich ein an die Mauer gekettetes Skelett befand, hörte man mit dem Abbruch auf." Derselbe Gewährsmann fügte seinem Bericht noch eine Ergänzung hinzu:

Früher erzählte man, daß von der Burg aus ein Tunnel bis hinüber zum Kapellenberg geführt habe. Reste der Kapelle waren bis zum Zweiten Weltkrieg vorhanden. Im Kriege hat man dort eine Flak- und Scheinwerferstellung zur Abwehr feindlicher Flugzeuge errichtet und somit die Verbindung zur fernen Geschichte endgültig zerstört.

Der Pariser Graf

Wer sich immer zu Hause gewärmt, sehnt sich nach fremdem Feuer

Der 1750 geborene Gustav Graf Schlabrendorff hatte an der Viadrina in Frankfurt/Oder und in Halle studiert und ist später Preußischer Kammerherr und Stiftsherr zu Magdeburg geworden. Doch das Land war ihm zu klein, zu eng, zu dumpf und zu stumpf. Stets aufs neue plagte den hochgebildeten, auch schriftstellerisch tätigen Mann die Sehnsucht nach Weltoffenheit. Schließlich gab der wohlbetuchte Graf dem Rufen der Ferne nach und trat im Jahre 1789 eine Reise nach Paris an, wo sich bald ein beachtlicher Teil der geistigen Elite

Der Pariser Graf (nach einem alten Gemälde)

Europas treffen sollte. (Zu ihnen gehörte seit 1831 auch Heinrich Heine, der von der geistigen Enge und vor allem der Zensur in Deutschland geflohen war, um im „Mekka des Liberalismus" seine Zelte aufzuschlagen.)

Dem gebildeten und wohlhabenden Grafen gefiel es in Paris derart gut, daß er – seinem großzügigen Naturell gemäß – seine Reisekutsche und seine Pferde dem Kutscher schenkte und sich auf ein längeres Verweilen einrichtete. (Vor dem Eisernen Gustav hat es also schon einen Kutscher gegeben, der mit der Kutsche nach Paris und zurückgefahren ist.)

Wegen seiner Großzügigkeit im Umgang mit dem Gelde, aber auch wegen seines Mutterwitzes und auch wegen seiner Volkstümlichkeit hatte der Pariser Graf bald einen großen Freundeskreis in allen Kreisen der Bevölkerung, so vor allem auch bei einer Reihe von in Paris lebenden Deutschen, die er z.T. großzügig unterstützte. Er verkehrte am Hofe König Ludwigs XVI., in den Salons des hohen Adels und der feinen Damen ebenso wie in den Klubs der Revolutionäre; er fühlte sich aber auch in einfachen Schenken wie zu Hause. So war es ihm beispielsweise ein Vergnügen, unter Fuhrknechten, Fischern und Marktfrauen seine Mahlzeiten einzunehmen. Standesdünkel lag ihm fern. Zu seiner Beliebtheit trug auch seine von ihm selbst ironisierte, aber wohl auch gern gespielte Zerstreutheit bei. So hatte er u.a. eine Audienz bei der Königin Marie Antoinette. Er war auch in der vorgeschriebenen Garderobe erschienen; nur die Strümpfe fehlten. Im Vorzimmer der Königin machte ihn ein Lakai auf diesen Mangel aufmerksam. Ein königlicher Bote holte rasch ein Paar weiße Seidenstrümpfe herbei. In der Eile und in der Zerstreutheit streifte er den zweiten Strumpf über den ersten. Ehe er den Irrtum korrigieren konnte, wurde er eingelassen und trat in diesem unvollkommenen Aufzug vor die Königin. Ein andermal war er, so heißt es, beim Finanzminister Necker zu Gast. Als ihn der Kammerdiener ins Kabinett des Ministers führte, verabschiedete sich der Graf von diesem mit einem freundschaftlichen Händedruck. Der Minister wunderte sich über das unübliche Verhalten. Auf seinen fragenden Blick antwortete der Graf: „Das, mein Herr, heißt bei mir Politik! Die Zeiten sind unsicher. Wer heute Lakai ist, kann morgen Minister sein, und wer heute Minister ist, mir morgen den Mantel halten."

Und tatsächlich brach kurze Zeit später die Revolution aus. Der König und die Königin wurden zur Guillotine geführt. Viele Aristokraten mußten den gleichen Weg gehen. Auch der Graf Schlabrendorff wurde – so hieß es – inhaftiert. Aber der Kerkermeister war ihm ein guter Bekannter: Es war der vormalige Kammerdiener des Finanzministers, dem er vor kurzem noch die Hand gedrückt hatte. Als der Graf durch den Kerkermeister zum Schafott geführt werden sollte, war ein Stiefel unauffindbar. „Ohne Stiefel, das werden Sie gewiß einsehen, kann ich Ihnen unmöglich folgen." Der ihm freundlich gesonnene Kerkermeister hatte ein Einsehen und sagte: „Das leuchtet mir vollkommen ein. Der Herr Graf könnte sich eine böse Erkältung zuziehen."

Während des Hinrichtungsaufschubs änderte sich das Kräfteverhältnis; der Graf entging der Guillotine und gewann seine Freiheit zurück. Da ihm Paris zur Heimat geworden war, blieb er auch während der Befreiungskriege gegen die napoleonischen Vorherrschaftsbestrebungen in Paris, wo er am 22. August 1824 auch starb. Napoleon hatte den als Sonderling betrachteten Grafen unangefochten gelassen.

In Gröben hatte es ein Porträt vom Pariser Grafen gegeben, das wegen der wirren Haartracht und seiner Froschaugen nicht nur Generationen von Kindern, sondern auch Theodor Fontane erschreckt haben soll [16/1].
(Nacherzählt nach Chronikaufzeichnungen und Erzählungen alter Leute.)

Bürgerliche auf Adelssitzen
Edel sein ist vielmehr, als adlig sein von den Eltern her

Graf Heinrich von Schlabrendorff, Bruder des „Pariser Grafen", war – wie viele seiner Vorfahren und seiner Verwandten – Offizier. Er heiratete die Tochter eines Vorgesetzten. Die Ehe ging nach der Geburt zweier Kinder in die Brüche. Der Graf ging eine neue Ehe mit einem Fräulein von Mecklenburg ein. Aus dieser Ehe stammte Johanna von Schlabrendorff, verehelichte von Scharnhorst, Besitzerin von Siethen und Gröben.

Gutshaus Gröben. Es wurde 1720 anstelle eines kleinen Herrenhauses im Fachwerkstil als zweigeschossiger Putzbau errichtet. Über der Tür zur Straßenseite befindet sich ein Doppelwappen mit der Jahreszahl 1720 und der Beschriftung "J. C. v. S (chlabrendorff) und A. A. E. P (fuel)"

*Gutshaus Gröben 1998:
Über dem Eingangsportal das Doppelwappen von 1720*

Graf Heinrich von Schlabrendorff verkaufte 1801 das Gut Gröben an den Königlichen Geheimen Oberrechnungsrat Schmidt für 36 000 Taler. Dieser Oberrechnungsrat soll einer der ersten Bürgerlichen gewesen sein, denen die Erlaubnis erteilt worden ist, ein Adelsgut (Rittergut) zu erwerben.

Schmidt hatte sich mit großem finanziellen Aufwand in Gröben ein von Berlin aus rasch zu erreichendes, wunderschönes Refugium geschaffen. Der Umstand aber, daß der neue Gutsherr und somit Kirchenpatron kein Adeliger war, führte zwischen ihm und dem scheinbar sehr konservativen Gröbener Pastor Redde zu einem Zerwürfnis. Schmidt und seine Familie betraten fortan nicht mehr die Kirche, was den Pfarrer in der Ansicht vom traditionszerstörenden Bürgertum bestärkte. Ein verheerender Brand im Jahre 1812 und der Tod des bürgerlichen Rittergutsbesitzers brachte das Gut an den Rand des Ruins.

Die Witwe Anna Sophie Friederike Schmidt, geborene Müller, verstarb 1819. Ihre Nichte, Auguste Friederike Müller, erbte das Gut, wußte aber nichts damit anzufangen und verkaufte es. Gröben ging wieder in Schlabrendorffschen Besitz über.

Noch ein kauziger Graf
Je älter der Adel, um so morscher der Baum

Graf Heinrich von Schlabrendorff war stets mit sich und der Welt unzufrieden und voller Unrast. Es schien so, als befinde er sich auf der Flucht vor sich selbst. So kam es vor, daß er nach Wochen zurückgezogenen Landlebens plötzlich vier edle Rösser vor die nicht mehr ganz zeitgemäße Karosse spannen und sich wie ein Märchenprinz nach Berlin kutschieren ließ. Rechts und links der Karosse stand je ein livrierter Diener auf einem Tritt, und ein weiterer Diener in farbenprächtiger Livree eilte als Läufer voraus, um den Leuten kundzutun, daß sogleich eine Kutsche mit seinem edlen Herren kommen würde und jedermann die Straße – sprich: den Sandweg – umgehend freizumachen habe. In Gröben und in anderen Dörfern, die man passierte, sahen die Leute der von einem Jäger kutschierten Karosse voller Ehrfurcht und Bewunderung nach. In Berlin hingegen löste die Karosse eher Gelächter denn Bewunderung aus. Das tat dem Grafen sicher weh, aber das war eben der Tribut, den ein Landadliger der neuen Zeit zu zollen hatte. Kehrte der Graf dann später nach Gröben zurück, empfand er das ländliche Ambiente zwar als wohltuend, in seiner bedrückend-stickigen Enge gleichermaßen aber auch wieder als abstoßend. Auch die Flucht in die Welt der Bücher oder das Experimentieren mit neuartigen technischen Geräten brachte nicht die erwünschte Befriedigung. Er ahnte, fühlte und erkannte schließlich sehr genau, daß es da mehr gab auf der Welt als sein gutsherrliches Leben am großen Nuthemoor.

Um der Tristesse und geistigen Enge zu entfliehen, besann sich der Graf „wieder all seiner Vornehmheit und Vornehmheitsverpflichtungen" und schickte „Boten über Boten" [16/1, 394] in die umliegenden Herrenhäuser, um zu einem seinem Stande gemäßen Fest einzuladen. Doch diese Feste waren nur ein schwacher Abglanz dessen, was sich in der Residenzstadt Berlin abspielte. Außerdem spürte man danach um so heftiger die dumpfe Eintönigkeit. Die gelegentliche Flucht nach Berlin war nicht erbaulich, denn kaum weilte er im städtischen Getriebe, so stieß es ihn auch schon wieder ab: Er befand sich in der für ihn schwierigen Lage, die sich nicht zuletzt daraus ergab, daß das aufstrebende Bürgertum den Adel, vor allem aber den Landadel, nicht nur lautstark übertönte, sondern zunehmend aus dem gesellschaftlichen Leben verdrängte und auch begann, die Güter von verarmten und bankrotten Adligen aufzukaufen.

Es liegt nahe, daß ihn die Zwänge und Fesseln des altüberlieferten Adelsdaseins in einer zunehmend bürgerlich geprägten Welt verunsicherten; das Ansehen des Adels verlor an Glanz. Es schien so, als wäre er geistig, kulturell und allgemein heimatlos geworden. Ob das am frischen Wind, der seit der Französischen Revolution auch über Preußen wehte und vieles vom alten Staub und Mief befreite, lag?

Von den Strömen der Zeit hin und her gerissen, versuchte er durch Hinwendung zur modernen Landwirtschaft wieder Halt zu finden. Als er auch damit scheiterte, da er bald an seine Grenzen stieß, denn er war weder ein Thaer noch ein Koppe, ergriff er abermals die Flucht und begab sich auf Reisen. Ihn zog es – wie beispielsweise seinen Bruder – nicht in die geistige Hauptstadt der Welt, nach Paris, nicht in den sonnigen Süden und auch nicht sonstwohin auf der weiten Welt, sondern er begann, die Welt zwischen Oder und Elbe zu entdecken. Die ersehnte Ruhe fand er nicht. Die Unrast trieb ihn umher. So konnte man ihn bald in der Neumark, bald in Pommern und auch in Mecklenburg treffen.

Da sein Reichtum zusammenschmolz, logierte er sich bei Leuten ein, die da glaubten, daß es eine große Ehre sei, einen so wohlhabenden, gebildeten und namhaften Mann zu beherbergen.

Der Graf wußte oder spürte, daß es da noch etwas anderes gab, das – im Gegensatz zum mehr konservativen Adel – vorwärtsdrängte, die Welt veränderte. Diese neue Welt zog ihn mit magischer Gewalt an, faszinierte ihn und stieß ihn gleichermaßen wieder ab. Er verlor sich selbst und lebte ein letztendlich unerfülltes Leben. Seine Launenhaftigkeit, seine Rastlosigkeit sind gewissermaßen eine Widerspiegelung eben dieses Lebens voller Widersprüche.

Die Unrast, die Flucht vor sich selbst, fand schließlich ein Ende; es schien so, als hätte er sich der Resignation ergeben. In diesem Zustand stieß er auf den General von Thümen in Caputh. Dieser Mann war ähnlich veranlagt wie der Graf. Auch er konnte die neue Zeit nicht mehr recht verstehen und wollte es wohl auch nicht.

Graf Heinrich von Schlabrendorff nistete sich in Caputh ein und ging nicht mehr fort. Er hatte hier wohl keine Heimat, aber ein Refugium gefunden. Sein Tod war so skurril wie viele seiner Eskapaden: Er liebte es, von Mai bis Oktober in der Havel zu baden. Bei einem solchen Bade im Jahre 1829 verfing er sich in den Wasserpflanzen am Ufer des Flusses. Das war gegen Mittag. Als er auch zum Abendessen nicht kam, suchte man mit Fackeln nach ihm. Man fand ihn „in gespenstischer Weise, den Körper im Moor und nur Kinn und Kopf über dem seichten Wasser" [16/1, 396]. Drei Tage später wurde er auf dem Caputher Friedhof begraben.

Die Zeit hatte ihn überrollt. Und es war durchaus kein Einzelfall, daß ein Adelsstammbaum Mißwuchs aufwies oder auch in bedenkliche Schieflage geriet.

Es läuft überall ein schwarzes Schaf mit unter

Unter den vielen und fast ausnahmslos frommen bzw. gottesfürchtigen Angehörigen der Adelsfamilie von Schlabrendorff gab es hin und wieder – wie schon bemerkt – auch ein schwarzes Schaf. Zu ihnen gehörte Joachim Ernst von Schlabrendorff, Lehns- und Gerichtsherr auf Siethen. Die Charakteristik, die der damalige Pfarrer Redde über ihn abgab, war nicht sehr schmeichelhaft: „Klein von Statur, hageren Leibes, krumme Nase. In seiner Jugend hatte er einige Zeit auf Schulen und einer Universität zugebracht. So viel er von daher profitiert, wendet er, um anderen Übles zu tun, an."

Leuten, die ihn das erste Mal sahen und kennenlernten, gaukelte er vor, daß es keinen christlicheren, keinen ehrlicheren und auch keinen treuherzigeren Menschen gäbe als ihn. Er gab sich, so schildert Redde, bescheiden, „ohne Stolz des Adels, dienstfertig ..., frei, munter und offenherzig, als der wahre Menschenfreund ..." aus. Er täuschte all diese positiven Eigenschaften vor, um „das Vermögen von Kirchen, Witwen und armen Leuten an sich zu reißen."

Während viele seiner männlichen Verwandten in erster Linie von den wehenden Fahnen und den bunten Uniformen des Militärs und erst in zweiter Linie von wehenden Weiberröcken fasziniert waren, zog es Joachim Ernst mit magischer Gewalt mehr zu den letzteren. Das süße Leben, das Nichtstun, die Jagd und der Alkohol zogen ihn immer mehr und mehr in ihren verderblichen Bann. Rasch ging es abwärts mit ihm.

Der Chronist hielt – nachfolgenden Generationen zur Warnung – fest: Er hatte durch schlechten Lebenswandel, durch „größte Unordnung in seiner Wirtschaft und Haushaltung sein Gut über den Wert doppelt verschuldet", daß ihm nichts weiter übrig blieb, als es seinen Gläubigern zu überlassen. Zu allem Überfluß hatte er auch noch einige Mägde seines Hauses geschwängert. Er war zur Schande des ansonsten als altehrwürdig geltenden Adelsgeschlechts geworden.

Das gesamte Mobiliar wurde versteigert. Er hatte keine andere Wahl, als mit seiner Frau und dem 12jährigen Kind Siethen zu verlassen. Er tauchte in der Anonymität der seinerzeit schon großen Stadt Berlin unter.

Pfarrer Redde schrieb im Nachruf: „Und da er von jeher bis an sein Ende mit nichts als Intrigen und Listen zu seinem großen Schaden sich beschäftigt hatte, so starb er endlich ... (1778) an der Peripneumonie ..." [C4]. Er hinterließ eine schwindsüchtige Frau und eine Tochter, „so ihrem Vater ähnlich ist".

Ein Verwandter und Zeitgenosse des Grafen, nämlich Christoph Friedrich von Bülow aus dem Hause Lüchfeld und Quitzöbel, Bruder der Frau von Schlabrendorff, war ebenfalls „ein unverbesserlicher Tagedieb und Taugenichts". Er ging nur seinen Vergnügungen und Liebhabereien, so vor allem auch der Jagd, nach. Daß er ein guter Schütze war, konnte man beispielsweise an der Turmfahne auf dem Siethener Kirchturm sehen: Er hatte sie mit seiner Kugelbüchse mehrfach durchlöchert. Der Leichtfuß wurde im Alter blind und siechte dahin. Seine Verwandtschaft hatte ihn wegen seines verwerflichen Lebenswandels verstoßen. Er ist am 1. Januar 1801 im Elend in einem armseligen Tagelöhnerhaus verstorben [16/1].

Die Schlabrendorffs hatten stets Mühe, ihren ansonsten guten Ruf zu verteidigen, denn schließlich waren sie mit fast allen namhaften Adelsfamilien in nah und fern irgendwie verwandt, so den Pfuels, Hakes, Kattes, Weidenfels', Wuthenows, Britzkes, Otterstedts, Bettins, Zuckers, Goertzkes, von der Gröben, Kahlenbergs, von der Streithorsts, Benkendorfs, Ribbecks, Wilmersdorfs, Schliebens, Putlitz', Krummensees, Burgsdorfs, Schulenburgs, Thümens, Blumenthals, Schönings, Arnims, Wedels, Bellins etc. etc. [16/1].

Viele Familienwappen der umfangreichen Verwandtschaft sind nach wie vor in der Kirche von Siethen zu finden.

Königlicher Besuch in Großbeuthen
Kleine Geschenke erhalten die Freundschaft

An einem Herbsttag des Jahres 1854 herrschte in Großbeuthen eine Unruhe wie selten zuvor; nicht nur alle Einwohner, sondern selbst Hund und Katz waren aufgeregt, denn man erwartete Besuch aus Sanssouci: Der preußische König Friedrich Wilhelm IV. hatte sich anläßlich eines Manövers, das im Raum Großbeuthen-Trebbin stattfand, im Nuthedorf angesagt. Das seinerzeit noch recht schlichte

Großbeuthen - Dorfstraße zum Gutshof hin (vor 1914)

Herrenhaus der Goertzkes war frisch getüncht und festlich geschmückt worden. Das ganze Dorf sah so aus, als hätte es nicht schon Jahrhunderte auf dem Buckel, sondern als wäre es soeben aus dem Ei gepellt oder aus einem Bilderbuch ausgeschnitten worden.

Fontane gibt einige Eindrücke von diesem für Großbeuthen einmaligen Ereignis wieder:

Vorreiter sprengen auf den Gutshof, „der erste Wagen hält, und die Pferde schnaufen und werfen den Schaum von den Nüstern; eine lange Reihe von Equipagen folgt; aber ehe sie heran sind, öffnet ein Jäger den Schlag, und den Tritt herab, der sich beim Öffnen der Wagentür wie von selber ausbreitet, steigen König und Königin aus."

Hof Wegener in Großbeuthen (1935)

Herrenhaus Großbeuthen (Vorderansicht - um 1930)

Herrenhaus Großbeuthen (Hinteransicht - um 1930)

um 1914

Großbeuthen 1916, der Dorfteich war ums Mehrfache größer als heute.   *Großbeuthen. Gutshaus (vor Umbau in den 30er Jahren)*

Wappen der Familie von Goertzke, Großbeuthen (gekrönter Falke)

Sie hatten im Gutshaus von Großbeuthen für sich und das Gefolge um Bewirtung und Quartier gebeten.

Man speiste an langen Tafeln unter den weitausladenden Kastanien. Die Gutsküche wie das gesamte Personal taten ihr

Großbeuthen 1998. Das ehemalige Herrenhaus ist verlassen und mutet an wie ein verwunschenes Schloß. Der Park ist verwildert.

Bestes. Das Gutsherrenpaar schätzte sich glücklich, daß der König gerade ihnen die große Ehre hat zuteil werden lassen. Das ohnehin erregt pulsierende Herz der Gutsherrin schlug noch höher, als der – seinerzeit allerdings schon fast erblindete – König sich ihr beim Geläut der Glocken zuwandte und sagte: „Wie schön es bei Ihnen ist." Großbeuthen war seinerzeit wahrhaftig ein von unzerstörter Natur umgebenes, wunderschönes und anheimelndes Gutsdorf [16/1].

Warum sollte es dort eines Tages nicht wieder so sein?

Der König sandte einige Zeit später einen sehr persönlich gehaltenen Brief nach Großbeuthen: *Mein lieber Major von Goertzke. Es ist mein Wunsch, daß in dem Hause, wo ich so frohe Stunden zugebracht habe und so liebevoll aufgenommen worden bin, kleine Andenken von mir zurückbleiben möchten. Darum übersende ich Ihnen die Kupferstiche nach den neuesten und besten Bildern von der Königin und mir selbst. Zugleich bitte ich ihre liebenswürdigen*

Großbeuthen um 1930

Schwestern, jede ein Frühstücksgeräth von Porzellan von mir anzunehmen, bei sich aufstellen und gebrauchen zu wollen. Möchten auch ihre lieben Nichten und Fräulein von Kalckreuth, die ihnen zugedachten wertlosen Kleinigkeiten mit Nachsicht aufnehmen. Ich fühle, daß all die Gegenstände, die ich heute in den stattlichen Edelhof zu Großbeuthen sende, nur durch die Aufnahme einen geringen Wert erringen können. Um solche Aufnahme bitten also Sie, lieber Major und Ihre Angehörigen,
Ihr

        wohlgeneigter König
        Friedrich Wilhelm.

P.S.
Sagen Sie Ihrem Herrn Bruder, daß mein Bedauern, ihn nicht gesehen zu haben, durch die Überzeugung nachhaltig gemildert wäre, daß ich ihn nicht aus seinen behaglichen Räumen verscheucht und dadurch nicht noch mehr Drangsal unter sein gastliches Dach gebracht hätte.

Gott segne, erhalte und mehre alle, die Ihren edlen Namen tragen.

Hierzu sei erläutert, daß der Bruder des Gutsherrn, Wilhelm von Goertzke (1786-1867), seinerzeit aus gesundheitlichen Gründen abwesend war und der König dessen vier Zimmer belegte. Zu den Ehrengästen, die am „großen Essen" im Freien die Ehre teilzunehmen hatten, gehörten auch der Pastor Henschke aus Gröben und die Schlabrendorffschen Damen aus Siethen.

Die Königin war – entgegen der Fontaneschen Darstellung – erst später eingetroffen, „weil der königliche Kurierzug nur die Chaussee bis Saarmund benutzen konnte, dort versagten die königlichen Pferde, und es mußte bäuerliches Fuhrwerk requiriert werden, um die Kutsche durch den Landweg zu ziehen" [C6].

Marie Luise Etmer, geborene von Goertzke, erinnert sich: „Der König hatte als Gegenleistung für die freundliche Bewirtung in Großbeuthen eine Reihe von Geschenken geschickt." Ein wunderschönes, kunstvoll bemaltes Kännchen und eine Brosche befinden sich nach wie vor (1999) im Besitz der Familie Etmer.

Eine Brosche als Bestandteil der Gastgeschenke des Königs

Quintus Icilius und der König
Große Seelen dulden still

Zwischen Gröben und dem Hofe Friedrich II. gab es wiederholt die verschiedenartigsten Berührungspunkte; auf einen von ihnen sei hier noch aufmerksam gemacht; Pastor Redde schrieb ins Kirchenbuch:

1771 am 3. Januar ist hier zu Groeben der Hochwohlgeborene Herr Charles Guichard, genannt Quintus Icilius, im Kriege gewesener Chef eines Freibataillons Sr. K. Majestät in Preußen, jetzo K. Obristlieutenant bei seiner Suite, mit dem Hochwohlgeborenen Fräulein Henriette Helene Albertine v. Schlabrendorf, des weiland Herrn Gustav Albrecht v. Schlabrendorf, königlichen Generalmajors nachgelassener Tochter, getraut worden. Alter 43 und 24.

Dieser von einer Hugenottenfamilie abstammende Charles Guichard konnte sich nicht lange am Eheleben erfreuen, denn schon vier Jahre nach der Heirat verstarb er. Pastor Redde vermerkte, daß der Oberst *nach einem zweitägigen Krankenlager an einer Kolik und Inflamation* am 13. Mai 1775 in Potsdam verstorben ist. Neben der Witwe hinterließ er eine Tochter und einen Sohn. Er war, so schrieb der damalige Pfarrer voller Ehrfurcht, *ein Herr, der in diesem Jahrhundert nicht seines Gleichen gehabt hat noch haben wird.*

Wer war Guichard? Er hatte in Halle Theologie studiert und war danach als Prediger tätig gewesen. Doch dann begann er, sich dem Studium des Kriegswesens zuzuwenden. Schließlich trat er in holländischen Dienst. Da sich seine großen Fähigkeiten herumgesprochen und seine Bücher über Taktik Furore gemacht hatten, berief ihn Friedrich der Große vor dem Siebenjährigen Krieg (1756–1763) in seine Armee. Er genoß fortan das volle Vertrauen des Königs. Mehr noch: *Er war beständig um den König und sein ausgesprochener Favorit.* Dies rief natürlich auch Neider auf den Plan. Ihr Intrigieren blieb scheinbar nicht ohne Wirkung. Dies bekam Guichard zu spüren, als er 1770 den König bat, die Gräfin von Schlabrendorff aus Gröben heiraten zu dürfen. Dieser verweigerte seine Zustimmung mit dem Argument, daß „er von zu schlechter Herkunft sei"; sein Großvater sei nur Töpfer gewesen. Der so Zurückgewiesene parierte den Hieb und erwiderte nicht ohne Ironie: *Seine Majestät seien auch Töpfer. Die ganze Differenz bestehe darin, daß sein Großvater Fayence gebrannt habe, während der König Porzellan brenne.* Mit dieser unangemessenen Antwort verscherzte er sich des Königs Gunst und mußte seinen Abschied nehmen. Der in Ungnade gefallene trug sein Schicksal mit Würde. Doch der König konnte auf die militärischen und vor allem philosophischen Qualitäten dieses Mannes nicht verzichten, holte ihn schon nach einem Jahr zurück an den Hof und *war gnädiger als zuvor.*

Wie aber war Charles Guichard zu seinem zweiten Namen gekommen? Die Antwort lautet:

An Königs Tafel im Lager zu Landshut, Mai 1759, wurde hin und her gestritten, welchen Namen einer der Centurios in der 10. Legion geführt habe. Der König behauptete, Quintus Caecilius, Guichard aber versicherte: Quintus Icilius, und da sich letzteres als das Richtige herausstellte, so sagte der König: „Gut. Aber Er soll nun auch zeitlebens Quintus Icilius heißen." Und so geschah es, und so kam es, daß *unter dem Stuhl der Predigersfrau in der Kirche zu Gröben nicht Charles Guichard, sondern Quintus Icilius beerdigt wurde.*

Im Jahre 1783 legte man ihm seine verstorbene Frau zur Seite. *Aber von den Särgen und der Gruft ist nichts mehr vorhanden, weil sie 1860 bei einer Reparatur der Kirche zugeschüttet (worden) ist* [C/4, 16].

Das Gröbener Stift
Tugend ist der beste Adel

Angesichts der Armut bei einer ganzen Reihe von Familien, so beispielsweise der Hirtenfamilien, wurde analog zum Tabea-Haus in Siethen [19, 1998] entsprechend dem Testament der 1858 verstorbenen Gräfin Emilie von Schlabrendorff ein Kapital von 7000 Talern zur Bildung einer Anstalt für hilfsbedürftige Waisen und Kranke in Gröben errichtet. Die Universalerbin Pauline von Schwendler hat noch 2000 Taler hinzugegeben. Der Zweck der Stiftung bestand darin, bedürftigen Kindern aus Gröben und Jütchendorf „Unterhalt, Kleidung und Erziehung zu gewähren, bis sie das

14. Lebensjahr erreicht haben, konfirmiert sind und ihren Lebensberuf antreten können". Es sollten aber auch „alte, verlassene Leute oder hülfsbedürftige Kranke beiderlei Geschlechts aus Gröben und Jütchendorf" aufgenommen werden. Schließlich sollte die kleine Einrichtung während der Sommermonate auch als Kleinkinderbewahranstalt dienen, damit die Mütter ungehindert ihrer Arbeit nachgehen können. Die Verwaltung der Stiftung lag bei einem Kuratorium, bestehend aus dem Kirchenpatron bzw. dem jeweiligen Gutsbesitzer zu Gröben, dem evangelischen Ortspfarrer, einer Kuratorin und einem benachbarten Gutsbesitzer, Prediger oder einer anderen geeigneten Person. Das Stift wurde von einer sogenannten Hausmutter (dies sollte eine „Witwe oder ältere Jungfer" sein) geführt. Die fürsorgerische Einrichtung kam aber nicht recht in Gang, zumal sich im nahen Siethen das Tabea-Haus mit gleicher Aufgabenstellung befand. So diente das Haus schließlich nur als Kleinkinderbewahranstalt. In den 20er Jahren war die an sich segensreiche Einrichtung, die zu dieser Zeit als Kleinkinderschule fortbestand und sich darüberhinaus um die Alten und Kranken im Orte kümmerte, wegen Finanzmangels „dem Absterben nahe". Das Geld für die Hausmutter (rd. 1000,– Mark im Jahr) und die übrigen Kosten konnten nicht mehr aufgebracht werden. Schließlich blieb – entgegen dem Legat der Stifterin – nur noch eine Krankenstation übrig. Wie in Siethen übernahm per 1. Juli 1926 der Vaterländische Frauenverein die Leitung. 1928 zog ein Mieter in die Kleinkinderschulstube ein, womit das Ende der Einrichtung besiegelt war [C1-3].

Tabea-Haus in Siethen
Ein Kind braucht mehr als eine Wiege

Prediger Henschke hielt anläßlich der Einweihung des im Siethener Tabea-Haus eingerichteten Waisenhauses am 18. Februar 1862 eine Rede. Er sprach von einer „Herberge der Barmherzigkeit", „einer Pflanzschule der Gerechtigkeit, wo Seelen für das Himmelreich gewonnen werden", errichtet schon sieben Jahre zuvor als Ort zur „sorgfältigen Beaufsichtigung und christlichen Leitung der kleinen Kinder dieser Gemeinde und demnächst für Krankenpflege". Mit warmen Worten erinnert er an die 1857 verstorbene Johanna von Scharnhorst, von der „der Gedanke, der erste Antrieb und die Stiftung dieser Anstalt ausging". Und mit eben so warmen Worten würdigt er die Mutter der verstorbenen Johanna, die das philanthropische Werk, das sie mitbegründet und helfend

Gem. v. Musevius.

Johanna von Scharnhorst
geb. 1825, gest. 1857.

begleitet hatte, fortsetzte [19, 1998]. Im Tabea-Haus sollte fortan „eine Erziehungsstätte für Waisen sein und den Eltern der Gemeinde eine Hülfsleistung geboten werden für die

Grabstätte für Johanna von Scharnhorst d.J. u. d.Ä.

Tabea-Haus zu Beginn des 20. Jahrhunderts

Beaufsichtigung und ernste Anweisung der kleinen Kinder". Der Prediger sah die Aufgabe darin, „den Kindern die Gottseligkeit einzupflanzen"; dies sollte auch dann geschehen, wenn die Eltern anderer Auffassung sind. „Das Gebet", so hebt der Prediger hervor, „ist das erste wesentliche Stück der Erziehung." Durch Gebete, so meint er, „wird in den Kinderherzen mancher Ausbruch des Bösen abgewendet ...". Es war sicher ein sehr hochgestelltes Ziel, „das Herz der Kinder gleichsam zu einer lebendigen Bibel" machen und jede „Abscheu gegen die Sünde" einpflanzen zu wollen. Daß diese Erziehungsprinzipien, die auch die rigorose „Bekämpfung des kindlichen Eigenwillens" beinhalteten, den Widerspruch moderner Pädagogen hervorrief, versteht sich von selbst.

Über dem Eingang des Tabea-Hauses standen die Worte: „Wir wollen dem Herrn unserem Gott gehorchen und namentlich auch im Werk der Erziehung."

Die Furcht des Predigers vor „den Götzen der Welt, der Augenlust und der Hoffahrt", aber auch „der Eitelkeit und Kleiderhoffahrt ..., dem Taumel der Vergnügungen" war sehr groß und sein Kampf dagegen gnadenlos. Aber er focht, wie die Geschichte zeigt, einen vergeblichen Kampf. Daran änderte sich auch nichts, daß er den anwesenden Eltern und Erziehern Gelübde abforderte, „den Befehlen des Herrn nachzuleben."

Desweiteren fordert er „Gehorsam in allen Dingen ...; Fleiß, Aufmerksamkeit, Willigkeit zu jeder Arbeit, Reinlichkeit, Ordnungsliebe, Pünktlichkeit, Aufrichtigkeit ..., die Lüge zu fliehen wie ein Gift"; und er verlangt, „untereinander freundlich, dienstfertig und verträglich" und stets gehorsam und gottesfürchtig zu sein – eben Tugenden zu pflegen, die im Laufe der Zeit mehr und mehr verlorengegangen sind. Hätten die Erzieherinnen des Tabea-Hauses diese Zielstellungen erreicht, so hätten sie lauter kleine Halbgötter bzw. barmherzige, gottergebene Tabeas erzeugt, die in einer Welt, der diese Tugenden

Spielschule Siethen, Tabea-Haus (1907)

weitestgehend abhanden gekommen waren, kaum hätten bestehen können.

Prediger Henschke sagt uns mit seiner säuberlich niedergeschriebenen Rede, die uns erhalten blieb, schließlich auch noch, wer die Namensgeberin des Tabea-Hauses war: Sie hatte gelebt, um hilfreich tätig zu sein. Ihre Aufmerksamkeit galt vor allem auch den Armen und Witwen. „Auf einmal erkrankte sie und starb. Ihr Hinscheiden verursachte allgemeine Trauer. Man traf die Anstalten zu ihrer Bestattung. Da hörten die Christen von der Nähe des Apostels Petrus: Sie sandten zu ihm und baten ihn" zu helfen. Sie trugen ihm „ihr Herzeleid vor, führten ihn zur Leiche ...". „Der Apostel wies alle von sich und blieb allein bei der Leiche, beugte sein Knie vor dem Herrn und betete, dann rief er: Tabea, stehe auf! – Und sie kehrte ins Leben zurück. Es stieg viel Preis und Dank zum Herrn empor und viele Herzen wurden zum Glauben erweckt." – Prediger Henschke wünschte schließlich, daß alle Zöglinge des kleinen Waisenhauses der gütigen und gottergebenen Tabea ähnlich werden. Auch die Stifterin des Hauses, Johanna von Scharnhorst, sei ein Abbild der Tabea gewesen; in ihrem Sinne und um sie zu ehren, wollte man die Waisenkinder im Tabeageiste erziehen und heranbilden – eine hehre Aufgabe, aber die Realität des Lebens war härter als diese frommen Wünsche. Diese sozialen Bestrebungen, denen wir hier begegnen, fanden später im Kinderheim Siethen ihre Fortsetzung [C1-3].

Kindergarten Siethen (etwa 1918)

Anläßlich der Verabschiedung der Schwester Else (Tabea-Haus) traf sich die Siethener Frauenschaft.

Reich, aber (vorerst) nicht von Adel:
Hermann Badewitz
Edle Sitten sind der beste Adel

Irmgard von Künssberg, geborene Badewitz (1898-1996), schrieb in ihren unveröffentlichen Erinnerungen, daß Hermann Badewitz nicht nur ein Schloß für sich und seine Familie bauen ließ:

Im vorigen Jahrhundert rangierten soziale Belange hinter der Wirtschaft, und nicht alle reichen Leute waren bereit, aus freien Stücken, aus freier Erkenntnis und freiem Willen ihren Arbeitern und Angestellten zufriedenstellende, zufriedenmachende Bedingungen zu schaffen, so wie Großvater Hermann Badewitz es tat. Er ließ im Dorf fünf neue Vierfamilienhäuser für die Gutsarbeiter bauen. Damals arbeiteten auf den beiden Gütern Siethen und Gröben etwa 250 Männer und Frauen, Brennermeister, Pferdekutscher und -knechte, Obergärtner und Gärtner, Oberschweizer, Forstbeamte und Stellmachermeister mit eingerechnet. Diese Zahl reduzierte sich erst mit Aufkommen der Maschinen. Vier der roten Backsteinhäuser baute Großvater Hermann neu, eines stockte er zum Vierfamilienhaus auf, alle anderen Häuser des Dorfes wurden renoviert. Zu jedem Wohnhaus gehörte ein Stall. Jede Familie fütterte sich ein Schwein, hielt sich Hühner und Hasen, die leicht vom Deputat ernährt werden konnten. In jedem Hofraum befand sich auch ein sogenannter „Holzstall", in dem die Familien ihr Brennmaterial unterbrachten und so manches andere auch. Jede Familie verfügte über drei oder vier Zimmer, Küche, Boden und Keller. Ein Bad war damals noch nicht zum Leben gehörig. Man wusch sich in der Küche, und wenn man baden wollte, ging man im Sommer in den See, im Winter in die Waschküche, wo zu diesem Zweck der Waschkessel eingeheizt wurde. Eine Waschwanne diente als Badewanne. (Im Schloß gab es zunächst nur ein Badezimmer mit Waschschüsseln und Kanne, die morgens mit heißem Wasser gefüllt wurde. Später gab es zwei Bäder für das ganze Haus.)

Durch Großvater Hermanns Tatkraft gewann das ganze Dorf an Schönheit. Durch die Entwässerung sumpfiger Wiesen zwischen Siethener See und Dorf entstand ein Grünstreifen, den Großvater Hermann mit Akazien bepflanzen ließ, die sich in mehreren Reihen um das Dorf legten. Dann ließ er Kienäpfel sammeln und auf der sandigen Heidedüne ausstreuen. Danach wurden große Schafherden über die Kienäpfel getrieben. Die Schafe traten den Kiefernsamen aus den Kienäpfeln und in den Boden hinein. Die Tiere wurden mehrmals drüber hinweggetrieben, so daß auch für die notwendige Düngung gesorgt war. Das Ergebnis: Am Südrand des Dorfes entstand ein kleines Kieferngehölz, von der Bevölkerung „Schmiedefichten" genannt, weil das letzte Gehöft eine Schmiede war und weil jeder Nadelbaum allgemein einfach „Fichte" geheißen wurde. Dann begann Großvater, die Wege zu befestigen und Alleen zu schaffen ... Großvater Hermann Badewitz war einer jener letzten „königlichen Kaufleute" des vergangenen Jahrhunderts, mit weitem, über alle Grenzen hinausgehenden Horizont. Er starb am 25. Mai 1897 in Berlin und wurde auf dem Dorotheen-städtischen Friedhof begraben. Nach seinem Tod ließ Vater Gottfried für seine Mutter am Siethener Haus einen Flügel in der Verlängerung anbauen, mit eigenem Eingang, eigener Einfahrt ...

Großmutter Hedwig hat leider nur zwei Sommer in dieser neuen Behausung verbringen können – sie starb schon im Oktober 1900. Die Um- und Anbauarbeiten am Haus leitete Geheimrat Schwechten aus Berlin. Als Vater Gottfried heiratete und Mutter Johanna nach Siethen kam, waren die Arbeiten abgeschlossen ... Zu meiner Zeit stach Siethen von den umliegenden Gutshäusern ab, weil solange dran rumgebaut und es ständig weiter verschönert wurde, daß zum Schluß die Bezeichnung „Schloß" richtig war.

Heimat
Je weiter entfernt, je größer die Sehnsucht

Irmgard von Künssberg fühlte sich mit Siethen und Gröben zutiefst verbunden. In ihren Erinnerungen gab sie einem Kapitel die Überschrift „Heimat". Dort steht u.a. geschrieben:

Siethen – Heimaterde, Heimatluft, Heimatlandschaft, Heimat – bevor ich diese Erdenlaufbahn beende, möchte ich ihr Bild festhalten, das Bild der Badewitzschen Heimat.

Siethen ist nur ein kleines Zwei-Silbenwort und birgt doch Welten in sich. Landschaft von einer Weite und Himmelshöhe, wie es sie nur in der Ebene gibt; farbig und wechselvoll, wie es nur an weitem Horizont in der Feuchte der Luft leuchten kann: das Aufsteigende, Verdunstende aus den Teichen, Gräben, Sümpfen und Mooren. Weite der Landschaft und Höhe des Himmelsraumes, das sind zwei Eigenschaften der Ebene. Und wer in ihr geboren wurde und aufwuchs, der wird immer Sehnsucht haben nach diesen beiden, denn sie sind seine Heimat. Die Heimat prägt den Menschen, sie gibt ihm Form und Farbe, Klang und Akustik. Heimat wird Stimme und Klang und wirkt Unvergängliches zu seinem Wesen.

Siethen ist die versunkene und verlorene Heimat, das Land der Mark Brandenburg, auf dem ich wuchs und groß wurde mit meinen beiden Brüdern: Siethen bei Ludwigsfelde, 30 Kilometer südlich von Berlin, 18 Kilometer südöstlich von Potsdam. Siethen und Gröben, beides an den schönsten märkischen Seen gelegen, beides märkische Bauerndörfer mit großen und kleinen Bauern und in der Mitte einem Gutshof mit dem Herrenhaus ... Der Boden brachte wenig hervor, war karg in seinen Gaben, karg an Pflanzen und Bäumen, Tieren und Menschen. Was es gab, waren niedrige, weit ausgedehnte, weite Flächen deckende Kiefernwälder, durchfurcht von tiefen Sandwegen. Mir ist noch heute das Mahlen der Wagenräder im Sand als stumpfer Klang im Ohr, ich sehe heute noch die bei Windstille stehende Staubwolke, die wandernde bei Wind. Das Bild ist unvergeßlich. Wollte man bei Sonnenwetter eine langanhaltende Staubwolke hinter dem Gefährt vermeiden, mußte man im Schritt die Sandwege befahren. Zu Anfang des Jahrhunderts waren die ersten Automobile ein Leiden für alle, die nicht drinsaßen, denn das Staubschlucken und Verhüllt-werden, das Unsichtbar-gemacht-werden, war eine Prüfung für alle. Es dauerte eine ganze Weile, bis die Teer- und Asphaltstraßen kamen und das Auto für Nichtbesitzer erträglich machte. So mancher Fluch und so manches Wort des Hasses wurde dazumal dem Autofahrer nachgeschrien.

Auch mußte der Autolenker mit der Geschwindigkeit heruntergehen, da sonst die Pferde vor den Fuhrwerken scheuten. Der Bauer mußte dann anhalten und vor zu den Pferden gehen und sie beruhigen. Erst dann konnte das Auto ganz langsam vorbeifahren. Trotzdem kam es vor, daß hinter einem die Bauern die Hände hoben und drohten. Wir Kinder fanden das Autofahren wunderschön, aber wenn Menschen die Fäuste erhoben und Wut aus den Gesichtern brach, überkam uns doch die Furcht und ein unangenehmes Gefühl beschlich uns.

Als die wirtschaftliche Entwicklung begann, die Eisenbahnlinien gebaut wurden – unsere Bahnstation war Ludwigsfelde -, und als die tiefen Sandwege zu Landstraßen wurden und das Straßennetz wuchs, wurde manches besser. Daß die Straße von Ludwigsfelde nach Siethen schon relativ früh, vor der Jahrhundertwende, gebaut wurde, geht sicher auf eine Initiative von Großvater Hermann Badewitz zurück, der seit dem Kauf Siethens und Gröbens seine Wochenenden mit Großmutter Hedwig und Sohn Gottfried auf seinem Landsitz verbrachte.

Gerhard von Badewitz erinnert sich

Ein guter Reiter läßt seinem Pferd auch etwas Verstand

Gerhard von Badewitz (1904-1989) hegte bis zu seinem Tode tiefe heimatliche Gefühle zu seiner märkischen Heimat. Noch Jahrzehnte später, im Münchener „Exil", dachte er nicht nur des öfteren an Siethen, sondern er schrieb auch viele seiner Erinnerungen auf. Unter der Überschrift „Heimat" hielt er u.a. fest:

Geliebtes Siethen, du meine Heimat, in dessen Boden die Wurzeln standen, die aus mir den Mann werden ließen, der ich heute noch bin. Siethen und Gröben, Siethener See und Gröbener See, die große Kiefernheide, die Pechpfühle, der Leopoldsgraben, der die Pechpfühle mit dem Siethener See verband, Fuchsberge, Tertian, Hasenheide, Schmoling, 1000-jährige Grenzeiche, Schmiedefichten, Schinderfichten, die weiten großen Felder, Schlag 1, 2, 3, 4, 5, 6, 7. Das Forsthaus, der Park, der kleine Busch und der große Busch, die

Buschwiese und Koppeln, die weiten Gröbener Wiesen, durchflossen vom Gröbener Flies, dem Kietzer Flies, beide aus dem Gröbener See kommend und der Nuthe, dem Hauptentwässerungsfluß der Gegend, der sein Wasser bei Potsdam in die Havel ergießt, entgegenfließend. Wo soll ich anfangen, die Erinnerung ist fast schmerzlich.

Besonders Pferde hatten in seinen jungen Jahren eine große Rolle gespielt. „Durch meine Hände sind etwa 500 Pferde gegangen", schreibt er. Aus seinen Niederschriften geht u.a. hervor, daß er, der passionierte Reiter, 1934 in die deutsche Olympiamannschaft berufen worden ist.

Wehmutsvolle Erinnerungen waren auch mit dem Reiterverein, er war der bekannteste im ganzen Kreis Teltow, und seiner Kapelle verbunden. In den 80er Jahren schrieb er: „Mit Kriegsausbruch 1939 war natürlich alles vorbei. Ich bin der einzige, der von unserer Kapelle noch lebt."

Der Siethener Reiterverein hatte bei einem Reichswettkampf die Siegestrophäe nach Siethen geholt. „Wir hatten schließlich", so erinnerte er sich, „kaum genug Reiter, um alle Trophäen (bei Aufmärschen) zu Pferde mitzuführen."

Im Sommer 1939 hatte das Ende des berühmten Reitervereins, dem auch Mitglieder aus Berlin angehörten, begonnen. Schließlich wurden alle gesunden Pferde angemustert und kamen zum Militär; kurze Zeit später „gingen sie alle in den Krieg".

Gerhard von Badewitz schrieb auch die „Biografien" einzelner Pferde auf, so beispielsweise die vom Peter:

Peter gehörte einer Angestellten im Kriegsministerium, einer Frau v. Berge. Diese hatte ein Verhältnis mit einem Polen über längere Zeit. Was sie wohl nicht wußte oder doch wußte, dieser Pole war polnischer Offizier und Spion. Jedenfalls wurde sie wegen Verrats militärischer Geheimnisse vor Gericht gestellt, zum Tode verurteilt und hingerichtet. Anwalt und Verteidiger von Frau v. Berge war mein Freund Mogens v. Harbou. Nach dem Tode von Frau v. Berge war es seine Aufgabe, den Nachlaß aufzulösen und so fragte er mich (Ende 1934 oder Anfang 1935) ob ich das Pferd Peter übernehmen könnte. Ich tat ihm natürlich den Gefallen und so kam Peter nach Siethen [C/5].

Kein Jägerlatein
Die Natur will ihr Recht

Gerhard von Badewitz hinterließ uns in seinen Erinnerungen auch einige kuriose Geschichten: „Altfischer Koch fing eines Tages einen Hecht von fast 10 Kilo. Dieser hatte im Rücken die Fänge eines Raubvogels. Der Hecht war stärker gewesen, hatte den Greifvogel unter Wasser gezogen und ihn solange mitgeschleppt, bis die Gelenke durchgefault waren, aber die Fänge blieben im Rücken des Hechts. Der gleiche Fischer fing einen Wels von mehr als 50 Kilo. Dieser große Wels wurde von einer Hochzeitsgesellschaft im benachbarten Ahrensdorf verzehrt."

Herr von Badewitz hat einen kapitalen Hirsch erlegt

Die Großtrappen, von denen es in den 20er/30er Jahren noch recht viele gab, erweckten das Interesse des Gerhard von Badewitz stets aufs neue. *Die Hähne*, so schreibt er, *sind etwa so stark wie ein Strauß, nur mit wesentlich kürzeren Ständern. Hahn und Henne sind uni braun, nur wenn der Hahn balzt, dreht er sein Gefieder um und zeigt dadurch die leuchtend* weißen Unterfedern. Ähnlich wie beim Birkhahn und auch beim Auerhahn lockt er durch sein Balzgehabe die Hennen an. Die Trappen sind äußerst scheu, näher als auf 500 m kommt man nicht an sie heran. Es stehen immer ein oder zwei Trapphennen auf Wacht, auch nachts, wenn der Flug Trappen schläft. Ich hatte auf den Gröbener Wiesen einmal Gelegenheit, die Trappen von ganz nah zu sehen. Ich fuhr meist mit dem Fahrrad zu meinen Beobachtungen in der Natur. So auch einmal bei dickem Nebel. Auf den Wiesen war der Nebel noch dicker, man konnte keine 5 m weit sehen. Ich kannte ja alle Wege und fuhr auf einem Wiesenweg durch den Nebel. Das Fahrrad läuft ja lautlos und plötzlich war ich mitten in einem Flug Trappen. Die Wachen stießen einen Warnruf aus, alle Tiere nahmen Anlauf und erhoben sich in die Luft. Gleich waren sie im Nebel verschwunden [C/5].

Rehe gab es zu hunderten. Auf den großen Ackerschlägen standen Sprünge von 30 bis 50 Stück, ebenso in allen Wäldern, Dickungen, im Bruch, auf den Wiesen, kurz überall. Die Rehböcke hatten ein mittelmäßiges Gehörn, selten, daß mal ein starker Bock geschossen wurde. Das lag vor allem am unsachgemäßen Abschuß bei der Auswahl des Stückes. Es wurden nur die guten Rehböcke geschossen, die Kröpel beachtete man nicht. Also vermehrten sich die Kröpel mehr als die guten Rehböcke. Der Hegeabschuß fing erst mit dem Jagdgesetz 1933 an. Das Rehwild war auch recht vertraut, nicht so scheu wie Rotwild und Trappen. Auf einer Wagenfahrt oder einem Ritt von zwei bis drei Stunden sah man weit über 100 Rehe.

Damwild kam so gut wie gar nicht vor, alle paar Jahre mal wenige Stücke auf dem Durchzug, sogenanntes Wechselwild. Ich habe auch nicht erlebt, daß ein Stück Damwild geschossen wurde.

Mit dem Schwarzwild war es ähnlich, alle paar Jahre mal ein einzelnes Stück. Ich gab, wie jedes Jahr im Winter, eine Treibjagd im großen Elsbruch und, wie üblich, sagte ich vor Beginn an, was geschossen werden durfte oder sollte; es war natürlich nur Niederwild. Und siehe da, in einem der Treiben wechselte zwischen zwei Schützen ein starker Keiler durch, keiner schoß, ich hatte es ja nicht mit angesagt! Am meisten freute sich der Forstmeister Marsch aus Kummersdorf, der viel Schwarzwild in seiner Forst hatte und der den Keiler kannte. War doch das Stück etwa 30 km gewandert. Nach der Störung verzog er sich wieder; Marsch erzählte mir einige Wochen später, er habe den Keiler wieder bei sich in der Forst gesehen.

Ein paar Dachse gab es auch. Ein Bau war im Walde am Galgenberg, ein anderer im Tertian. Dort ging ich mal im Frühjahr über eine junge Kiefernkultur. Da wimmelte etwas zwischen den kleinen Kiefern und im Grase herum. Es waren vier oder fünf junge Dachse, die da spielten. In einer Entfernung von 20 m saß die Dachsmama und keckerte böse. Sie wollte wohl ihre Jungen warnen, weil sie Gefahr vermutete. Ich ging weiter, um das Familienglück nicht zu stören.

Es ist klar, wo viel Niederwild ist, gibt es auch viel Raubwild. Wald und Felder wimmelten von Hasen und Kaninchen, schossen wir doch in der Schußzeit etwa 300 Hasen, über 1000 Kaninchen, 800 Fasanen, 300 Rebhühner, 30 Wildgänse, 100 Wildenten ...

Bis ins hohe Alter erinnerte sich Gerhard von Badewitz stets aufs neue an seine Heimat, *an die herrliche Landschaft und das Wild, das sie bevölkerte* [C/5].

Leider müssen wir heute angesichts dieser Naturschilderung sagen: Es war einmal ...

Der weiße Barsoi
Jeder Hund sucht seinen Herrn

Gerhard von Badewitz erinnert sich:

Eines Frühlingsmorgens rief unser Hofverwalter von Gröben an und sagte ganz erregt: „Auf den Wiesen ist ein großer weißer Hund, der dort die Rehe hetzt." Werner, der das Telefonat angenommen hatte, verständigte sofort alle Jäger, Gendarmen, Kutscher, Gärtner und wer sonst abkömmlich war. Alsbald setzte sich von Siethen aus eine Kolonne von ca. 15 Männern in Bewegung, per Auto, zu Pferde, mit Fahrrad, im Pferdewagen. Der Plan war, den wildernden Hund einzukreisen, ihn auf einen Hof zu drängen und ihn auf diese Weise zu fangen. Sollte er versuchen durchzubrechen, so sollte er erschossen werden. Als wir uns alle von Fahlhorst her den Wiesen näherten, sahen wir durch unsere Ferngläser den weißen Hund mitten auf der Wiese stehen. Er hatte ein Reh gerissen und war gerade mit dem Verzehr beschäftigt. Das erleichterte unser Vorhaben ... Vollgefressen wie er war, lief er tatsächlich auf das Dorf Gröben zu. Die Bauern hatten alle ihre Hoftore geöffnet, die anderen Hofausgänge dicht gemacht und standen neugierig auf der Straße. Der Hund trottete ins Dorf und wurde von den Bauern auf das nächstliegende Gehöft gescheucht, das Hoftor wurde geschlossen und der Hund war gefangen. Als wir ankamen, war die Freude über die gelungene Aktion groß. Werner ging mit dem Hofbesitzer auf das Gehöft, der Hund hatte sich in den Kuhstall zurückgezogen und lag dort im Stroh. Werner ging freundlich redend auf ihn zu. Der Hund ließ sich anfassen, streicheln und Halsband und Leine anlegen. Zunächst zogen wir und das halbe Dorf Gröben in die Gastwirtschaft von Thielicke; Bier und Schnaps floß in Strömen: Der Erfolg wurde gefeiert. Der Hund lag an der Leine neben Werners Stuhl, es war ein sehr schöner starker weißer Barsoi-Rüde. Es wurde Mittag und alle Beteiligten strebten nach Hause, Werner nahm den Barsoi im Auto mit.

Der Hund lebte sich im Siethener Wirtschaftshaus ein, bekam regelmäßig sein Futter und Werner inserierte in 10 bis 15 Lokalzeitungen der Umgebung von Luckenwalde bis Potsdam, von Teltow bis Belzig, daß ein weißer Barsoi-Rüde zugelaufen sei, die Besitzer sollten sich melden und das Tier abholen. Ergebnis gleich null ...

Der Barsoi hatte sich gut eingewöhnt, lag unter Werners Schreibtisch und begleitete ihn auf seinen Wirtschaftsgängen. So waren wohl zwei oder drei Monate vergangen, da passierte es: Der Hund hatte wie immer sein Futter bekommen und lief mit einem der Dienstmädchen auf den Hof. Dort waren, wie immer, unsere Hühner. Sofort stürzte er sich auf ein Huhn, griff es und lief mit dem Huhn davon, das Mädchen schreiend hinterher. Der Barsoi ließ das Huhn fallen und entschwand vom Hof. Weg war er. Nach kurzer Zeit kam der Vorarbeiter Sobota mit dem Fahrrad auf den Hof zu Werner und meldete: „Ihr Hund hat auf Schlag 1 ein Reh gerissen und ist dabei, es zu fressen." Wieder wurde alles alarmiert, was ein Gewehr führen konnte, ein großer Wagen wurde angespannt und hinaus ging es zum Ort der Tat. Auf dem höchsten Punkt von Schlag 1 stand der Barsoi und fraß am Reh. Man kreiste ihn ein. Nachdem der Kessel geschlossen war, gingen wir konzentrisch auf die Mitte, wo der Hund war, los. Dieser war viel zu sehr mit dem Reh beschäftigt, so daß er uns lange nicht bemerkte. Schließlich erkannte der Barsoi die Gefahr, ließ vom Reh ab und versuchte, zwischen Werner und seinem Nachbarschützen in voller Fahrt durchzubrechen. Er hatte die Rechnung ohne seinen Herrn gemacht und Werner streckte ihn mit einem Schuß nieder. Tot war er. Wir gingen zu dem Reh, das der Hund gerissen hatte, die Bauchdecke war aufgerissen, an den Gedärmen hatte der Barsoi gefressen, das Reh lebte noch. Der Jäger erlöste es. Werner nahm den Hund mit, ließ das Fell abziehen und gerben. Es lag viele Jahre unter seinem Schreibtisch als Fußwärmer und wird wahrscheinlich in Jeschkendorf den Russen in die Hände gefallen sein [C/5].

Auflösung der Gutsbezirke
Neue Herren, neuer Jammer

Laut Gesetz vom 27. Dezember 1927 wurden die bis dahin eigenständigen Gutsbezirke aufgelöst und mit den jeweiligen Land- oder Stadtgemeinden zusammengelegt. Die Bewohner der Gutsbezirke wurden aus der Abhängigkeit vom Gutsherrn gelöst und bekamen erstmalig das Recht auf Selbstverwaltung. Die Gutsarbeiter konnten sich fortan – zumindest formal – gleichberechtigt auf kommunalpolitischer Ebene betätigen. Die Gutsbesitzer wurden den Gemeindebewohnern gleichgestellt. Die Macht der Gewohnheiten wurde damit aber nicht außer Kraft gesetzt. Im Gutsbezirk war der Gutsherr alleiniger Inhaber der kommunalen Rechte gewesen, die allerdings schon Anfang des 19. Jahrhunderts durch die Stein- und Hardenbergschen Reformen spürbar eingeschränkt worden sind. So wurde die gutsherrliche Polizeigewalt und (1849) die Patrimonialgerichtsbarkeit (Privatgerichtsbarkeit) aufgehoben.

Brennerei Großbeuthen (1998). Sie ist noch in Betrieb.

Parkseite Schloß Siethen vor dem Umbau (ca. 1890)

5.v.r.: Dr. Badewitz, Siethen, 1908 als Kreisdeputierter, neben ihm, am Tisch sitzend, Landrat des Kreises Teltow, von Stubenrauch.

Parkszene im Schloßpark Siethen (1898)

Neben 45 Gutsbezirken im Kreis Teltow wurden auch die Gutsbezirke Gröben (1928 70 Einwohner, 291 ha), Siethen (164 Einwohner, 1222 ha) und Großbeuthen (173 Einwohner, 861 ha) aufgelöst und mit den jeweiligen gleichnamigen Gemeinden zusammengelegt. Als Überbleibsel der althergebrachten Gutsherrschaft blieben die mehr oder minder repräsentativen Guts- und Herrenhäuser und hier und dort auch großartige Schlösser zurück. In den hier im Blickfeld lie-

Johanna, Werner und Gottfried von Badewitz (1918)

Melker vom Gutshof Siethen (20er Jahre)

Schloß Siethen um 1910 (Parkseite)

genden Orten befinden sich in Gröben und Großbeuthen je ein Herrenhaus und in Siethen ein Schloß. Das Siethener Schloß war ursprünglich ebenfalls ein schlichtes Gutshaus, das der Berliner Großkaufmann Badewitz 1880 zu einem Schloß im Stil der Renaissance umbauen und in den 90er Jahren des vergangenen Jahrhunderts weiter ausbauen ließ.

Im Jahre 1897 gingen die Güter Siethen und Gröben an seinen Sohn, den Königlichen Regierungsassessor Dr. Badewitz, über. Er übte in der Kreisverwaltung das Amt des ersten Kreisdeputierten aus. Sein Wohlstand erlaubte es ihm, das Schloß weiter verschönern zu lassen. Der am See gelegene Park nahm märchenhafte Formen an.

Von Badewitz verkaufte das Gut Gröben 1936 an den Hauptmann Schrage und ein weiteres Areal mitsamt dem Gröbener See an Doktor Lühr. Dem Druck der Nazis nachgebend, verkaufte er – bis auf kleine Restflächen – 1941 auch das Gut Siethen an die Berliner Stadtgüterverwaltung. 1942 hielt eine SS-Schule Einzug ins Schloß.

Das ursprüngliche Erscheinungsbild des seit der Nachkriegszeit als Kinderheim genutzten Schlosses wurde durch eine Aufstockung und Umbauten (1952) maßlos entstellt.

Gutsbetrieb in Siethen
Besser ein reicher Bauer als ein armer Edelmann

Viele Dörfer der Region waren Gutsdörfer, das heißt, daß es neben den Bauernhöfen unterschiedlicher Größe ein sogenanntes Rittergut gab. Während die Bauern über ungefähr 15 bis 100 ha landwirtschaftlicher Nutzfläche (LN), also Acker, Wiesen und Weiden, Holzungen, Wasser und (neben dem Federvieh) über 2 bis 10 Pferde, 2 bis 20 Rinder, 2 bis 20 Schweine verfügten, hielt man auf den Rittergütern durchschnittlich 500 bis 1800 ha LN zwischen 20 bis 50 Acker-, Kutsch- und Reitpferde, 80 bis 250 Rinder, 10 bis 120 Schweine und 50 bis 1200 Schafe. Das Rittergut Siethen besaß (Stand 1930) über 1631 ha LN in Siethener und Gröbener Flur. Davon waren 462 ha Acker, 204 ha Wiesen, 47 ha Weiden (Koppeln), 752 ha Holzungen, 21 ha Unland (Sumpf etc.) und 145 ha Wasser. Auf Gut Siethen gab es zu dieser Zeit 53 Pferde, 200 Rinder und 80 Schweine. Von der LN, die zu Siethen gehörte, befanden sich rd. 300 ha in Bauernhand, der Rest war Gutsbesitz.

Friedrich Grüneisen. Er war Schweizer von Nationalität und von Beruf Schweizer auf dem Gut Siethen. 1945 kehrte er in die Schweiz zurück.

Schweizerfamilie Grüneisen (Gut Siethen) mit Kinderschar und Gehilfen (ca. 1920)

Melker vom Gut Siethen (20er Jahre)

links: Werner v. Badewitz, rechts: seine Ehefrau; hinten: Gottfried v. Badewitz; auf dem Pony: Nicolaus v. Badewitz (1938).

Postkarte aus den 30er Jahren: Blockhütten am Siethener See; r.a. ist noch der Schornstein der ehemaligen Brennerei zu sehen.

Auf Gut Großbeuthen war man seit jeher auf Schafhaltung spezialisiert. Dort wurden zwischen 500 und 800 Schafe gehalten.

Weitere Güter zum Vergleich (Stand 1930):

	LN	Pferde	Rinder	Schweine	Schafe
Rittergut Genshagen Besitzer: Leberecht Freiherr von Eberstein	1.874 ha	45	247	100	–
Rittergut Löwenbruch Besitzer: Freiherr von dem Knesebeck	1.065 ha	42	121	120	50
Rittergut Wendisch Wilmersdorf (seit 1937 Märkisch-Wilmersdorf) Besitzer: Friedrich Graf von Schwerin	592 ha	25	79	8	–
Berliner Stadtgüter Großbeeren	1.643 ha	86	217	561	117
Rittergut Großbeuthen Besitzer: Wilhelm von Goertzke	942 ha	44	123	10	479

Die Rittergutsbesitzer wurden nach Kriegsende durch die Bodenreform enteignet und Grund und Boden in der Regel an Klein-, Kleinst-, vor allem aber an Neubauern, das waren vorwiegend Flüchtlinge, aufgeteilt, um dann einige Jahre später wieder als Landwirtschaftliche Produktionsgenossenschaften und Volkseigene Güter neu zu entstehen.

Adel verpflichtet

Zum Leidwesen des Geburtsadels wurden seit Ende des vorigen Jahrhunderts zunehmend Bürgerliche, die sich für das Kaiserhaus oder für das Deutsche Reich verdient gemacht hatten, in den Adelsstand erhoben. Diese – allerdings mit großen Verpflichtungen verbundene – Ehrung wurde im Jahre 1914 auch Dr. Badewitz zuteil, nachdem er u.a. eine hohe Spende für das Rote Kreuz zur Verfügung gestellt und eine Brücke über das Jahrhundertbauwerk Teltow-Kanal (Bauzeit des Kanals 1900 bis 1906) mit finanziert hatte. Sein Hauptverdienst bestand aber darin, daß er als Stellvertreter des Landrates Ernst von Stubenrauch (Kreis Teltow) den Bau des Teltowkanals mit viel Umsicht, Geschick und hohem juristischem Sachverstand bewerkstelligt hat.

... und Dorfbevölkerung

Jede Freude enthält einen Tropfen Wermut

Ein dreizehnjähriges Mädchen aus Siethen durfte (das war etwa um 1850) mit der Herrschaft von Siethen im Reisewagen mit vier Pferden nach Dresden ins ferne Königreich Sachsen fahren. Schon Tage zuvor hatte man mehrere Pferde vorausgeschickt, um täglich zweimal umzuspannen. In der kleinen Stadt Herzberg sah das Mädchen zum ersten Male in seinem Leben ein Geschäft. Es war ein Bäckerladen. Man schickte es hinein, damit es einige Brötchen kaufe. Nach anfänglicher Scheu und großem Staunen griff das Mädchen voller Wonne in den duftenden Brötchenkorb hinein, um sich die schönsten auszusuchen – etwa so, als wolle sie Kartoffeln kaufen. Im Laden stand ein feingekleideter Mann und sagte zur Bäckersfrau, daß er Brötchen kaufen möchte, aber nur solche, die das kleine Fräulein nicht angefaßt habe. Tief beschämt lief das Mädchen ohne Brötchen aus dem Laden.

Traditionen haben ihre eigenen Gesetze

Die fromme Gutsherrin Johanna von Scharnhorst stiftete den Einwohnern von Siethen eine Leichenhalle, um zu verhindern, daß die Toten, die des öfteren an ansteckenden Krankheiten gestorben waren, in den z.T. sehr engen Wohnungen der Familien aufgebahrt werden müssen. Aber dieses gutgemeinte philanthropische Vorhaben erwies sich als Fehlinvestition, denn die Siethener waren anderer Ansicht, und hatten sie sich erst einmal etwas in den Kopf gesetzt, waren sie davon nicht mehr abzubringen. Mit der ihnen eigenen, oft an Sturheit grenzenden Beharrlichkeit bahrten sie, wie seit

Jahrhunderten gewohnt, die Verstorbenen nach wie vor zu Hause auf, egal, woran sie gestorben waren. Die Leichenhalle blieb ungenutzt. Fontane schrieb zu diesem Vorgang: „Es mag dieses vor dem Verstande schlecht bestehn, vor dem Herzen desto besser, und ich habe nicht den Mut, einer Gemeinde zu grollen, die lieber ihre Leichenhalle zerfallen sehn, als ihre Toten vor dem Begräbnis aus dem Auge lassen will" [16/1, 426]. Zum anderen war man daran gewöhnt, den Toten mit

Fehlinvestition: Leichenhalle Siethen (Foto von 1998)

dem üblichen Leichenzug und bei Glockengeläut vom Haus aus zum Friedhof hin die letzte Ehre zu erweisen. Der Chronist konstatierte: „So hat die Sitte eine stärkere Macht ausgeübt als die wohlmeinende Liebe, die die Wirklichkeit nicht in Rechnung zog."

Hartleibige Siethener
Alte Gewohnheit ist stärker als Brief und Siegel

Zu Beginn des vergangenen Jahrhunderts wurde die Order erlassen, die Kirchhöfe, die sich im Schatten der Kirchen, also inmitten der Orte, befanden, vor allem aus hygienischen Gründen zu schließen und neue Friedhöfe außerhalb des Ortes anzulegen. Dies geschah fast allerorts, wie zum Beispiel in Gröben und Großbeuthen. (In manchen Orten ist der Vollzug der Order zwar erfolgt, aber wegen der Erweiterung der Dörfer befanden sich manche Friedhöfe schließlich wieder inmitten der Ortschaft.)

Kirche Siethen (Foto von 1998)

Die oben erwähnte Order war auch nach Siethen gelangt. Aber die wegen ihres Mißtrauens und ihrer Berechnung bekannten Siethener ignorierten den königlichen Befehl und stellten sich dumm. „Was das kostet!" dachten sie. Und sie hatten auch ein Argument parat; erstens wollten sie nicht mit altgewohnten Traditionen brechen, und zweitens sollten ihre Toten nicht vor dem Dorf, fernab der Kirche, fernab der Vorfahren, bestattet werden.

Nach dem Kirchgang (ca. 1912).
Früher traf sich fast die gesamte Kirchengemeinde beim Kirchgang; 2.v.l.: Schweizer Friedrich Grüneisen

Alle obrigkeitlichen Ermahnungen und Androhungen von Strafen gingen ins Leere. So kommt es, daß sich der Kirchhof in Siethen nach wie vor mitten im Dorf, im Hof der Kirche, befindet.

Die Thielickes
Ein guter Name ist besser als Bargeld

Spricht man von Gröben, kommt man nicht umhin, auch den Namen Thielicke zu erwähnen. Diese Familie ist nicht nur seit Jahrhunderten nachweisbar am Orte, sondern auch über die Zeiten hinweg als Erbbraukrüger im Gastwirtsgewerbe tätig gewesen.

Der erste der Thielickes, der uns im alten Kirchenbuch begegnet, ist der 1578 verstorbene „Balthasar Tileken unser Krüger". Balthasar ist vor der Reformation im katholischen Glauben aufgewachsen und als Angehöriger des evangelischen Glaubens gestorben. Die Schreibweise des Namens änderte sich über die Jahrhunderte hinweg mehrmals, so in Tileke, Tilicke, Tieleke, Thilicke, Thielicke.

Das Wirtshaus, ursprünglich ein Lehmbau, brannte 1733 durch Blitzschlag nieder. Es wurde als Fachwerkbau mit Strohdach wieder errichtet. Pfarrer Lembke fand die rechten Worte, wenn er 1924 sagte: Das Wirtshaus ist „wohl altmodisch und unbequem, aber doch kleidsam und bedeutsam, weil es die Gegenwart mit der Vergangenheit verknüpft." Der große Dachboden ist ein Beleg dafür, daß es sich um ein Braugehöft gehandelt hat, denn die alten „Krüger" waren zumeist gleichzeitig Brauer, die ihr Bier selbst herstellten. Der große Boden diente vor allem zur Aufnahme der Rohprodukte wie Hopfen und Malz.

„Die Krüger suchten sich auch ihre Frauen aus den Krügern. So heiratete Christian Friedrich 1793 eine Christiane Karoline Dorothea Schink, die Tochter des Erbbraukrügers in Glienick; und nach ihrem Tode nimmt er die Schwester zur Frau."

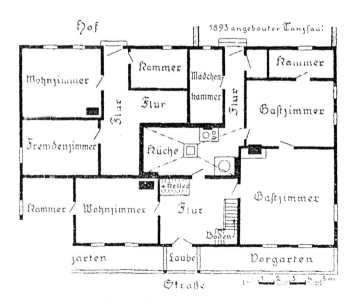

Gasthof Thielicke, erbaut 1735.

Vorlaube am Dorfkrug in Gröben, 1735 erbaut, abgebrochen im Jahre 1928, aber in fast gleicher Art wieder errichtet. Schade, daß das alte Schild mit dem verkehrten „S" nicht wieder angebracht worden ist; es war ein Wahrzeichen für sich.

Gasthof Thielicke (1932)

Dorfkrug Gröben

Gustav Thielicke (Gemälde von 1949)

Postkarte von 1902!

Gasthof Thielicke/Hake, 1948. Hochzeit Reinhold Hake und Kätchen Thielicke

Gasthof Gröben (1974)

Im Laufe der Zeit wurde das Haus immer wohnlicher gestaltet. Den Schweinestall, der sich einst neben der schwarzen Küche befand, gibt es nicht mehr.

Zahlreiche Menschen vieler Generationen sind bei Thielickes eingekehrt, darunter auch so namhafte Leute wie Theodor Fontane, der sich wiederholt und auch sehr gern im geschichtsträchtigen Gröben aufgehalten und einige Zeit im benachbarten Pfarrhaus verbracht hat.

Gasthof Naase, ehemals Thielicke, im Jahre 1998

Der Gasthof zählte über Jahrhunderte hinweg als einer der gemütlichsten und bemerkenswertesten im Teltow.

Die Generationsfolge war dadurch, daß es stets männliche Erben gab, gesichert; immer war ein Sohn da, der das Wirtshaus übernahm und die Familientradition fortsetzte. Diese Traditionslinie riß erst im 20. Jahrhundert ab, da der Wirt zwar Kinder (zwei Töchter), aber keinen Sohn hatte. Der Name an sich lebte aber fort, denn der 1761 geborene Sohn des Krügers Johann Friedrich Thielicke heiratete in die Bastianische Bauernwirtschaft ein und eröffnete, da er mehrere Söhne hatte, eine neue Linie.

Die Löwendorfs und Lehmanns
Ein guter Name ist ein reiches Erbteil

Ebenso alt wie die Familie Thielicke sind auch die Löwendorfs (Lewendorffs, Leuendorffs). Sie waren ursprünglich im Kietz zu Hause. Man sagte früher, daß die Löwendorfs zu Nachfahren von jenen Einwanderern gehören, die – von Flamen her kommend – den nach ihnen benannten Fläming besiedelt haben. Die Löwendorfs gibt es noch immer im Kietz, aber auch in Siethen und andernorts.

Neben den Thielickes und Löwendorfs haben auch die Lehmanns eine lange Geschichte. Laut Kirchenbuch hat ein Hans Lehmann im Jahre 1599 eine Trine Löwendorf geheiratet. Ein weiterer, nämlich Peter Lehmann, war Voigt bei dem Rittergutsbesitzer Ernst von Schlabrendorff in Wendisch-(Groß)Beuthen. Er hatte eine Amme der Herrschaftsfamilie geheiratet. Die Lehmanns waren schließlich – auch weit über Gröben und den Kietz hinaus – so stark verbreitet, daß sich häufig trotz Namensgleichheit keine Verwandtschaft mehr nachweisen läßt. In Lüdersdorf beispielsweise hat ein Lehmann eine Lehmann zur Frau genommen. Personen des Namens Lehmann waren in fast allen Orten der Region vertreten. Pfarrer Lembke vermutet, daß viele der Lehmanns ihren Stammvater im Lehmann vom Kietz haben. 1929 lebten auf dem Kietz insgesamt sieben Familien, fünf hießen

Lehmann, eine Familie Löwendorf und eine Koch. Als ich das erste Mal in den Kietz von Gröben kam, fragte ich nach Lehmanns. Die Auskunft lautete: „Ja, zu welchem denn? Hier heißen alle Lehmann." So fand ich Willi Lehmann und dessen Frau Käte. Er kennt sich bestens aus in der Geschichte des Kietzes und sie versteht es, einen unvergeßlich guten Kuchen zu backen. Der ehemalige Gröbener Lehrer Kieser hat angesichts der vielen Lehmanns auf dem Kietz den Spruch:

„Lehmann, Lehmann noch und noch,
bloß ein einziger, der heißt Koch,
und noch Löwendorf, der eene,
det ist die janze Kietzjemende"

geprägt.

Weitere alte Kietzer Familien waren noch die Hermanns, die Gerickes, Sieveckes und die Fausts. Auch diese Namen sind in der gesamten Region noch zu finden. Daß manche der Familien am Ursprungsort nicht mehr vertreten sind, hat mehrere Ursachen. Einige von ihnen starben aus, da kein männlicher Nachkomme vorhanden war, andere wurden durch Epidemien und die Pest dezimiert oder völlig ausgelöscht, wieder andere zogen fort, um nach besseren Lebensbedingungen zu suchen. Zu den Familien, die im 16. Jahrhundert schon in Gröben lebten, gehören desweiteren: Drewecke, Gürtz, Jaede, Palm, Rasenack, Rochow.

In Jütchendorf waren es die Familien Wolter, Ertmann, Wenzelow, Busse, Faust, in Siethen Ertmann, Wenzeslow, Tronig, Hanack, Scholwer, Börnick; hinzu kamen Bochow und Zernick.

Nach dem Dreißigjährigen Krieg (1618-1648) finden sich in Gröben nur noch die Familien Thielicke, Schmedicke, Moritz, Göde, Freydank; auf dem Kietz Löwendorf, Gericke, Hermann; in Siethen Zernick, Gürtze, Bochow, Gohl, Rittdorf; in Jütchendorf Faust, Fredersdorf, Wenzelow, Gohl, Erdmann; in Wendisch-Beuthen Koch, Pasche, Blume; in Kleinbeuthen Matthäus und Lehmann. In den hier im Blickfeld liegenden Orten findet man schließlich (1900 bis 1927) die nachfolgend genannten Familiennamen:

Adomat	Fischer	Junker	Mehlis
Alborg	Fleschner	Jürgen	Meier
Albrecht	Fricke	Kaempf	Meissner
Alburg	Fuchs	Kahle	Mertsch
Astfalk	Funke	Kaiser	Meyendorf
Aue	Gericke	Kallenbach	Mielenz
Baltz	Gerres	Kaplik	Molgedei
Balzereit	Ginolas	Kappert	Müller
Bannier	Glagowski	Kapust	Nemsch
Basdorf	Gleiche	Käthe	Neubauer
Bastian	Gloske	Kaufmann	Neuwald
Bathe	Goetsch	Keller	Nöthe
Bergemann	Golze	Kegel	Ochel
Binge	Götz	Kerstein	Panthen
Böhnert	Grothe	Kirstein	Pape
Böhnke	Grüneisen	Kestin	Parey
Böttcher	Grund	Kieburg	Pasche
Braesicke	Grüning	Kiekebusch	Paul
Braun	Grunwald	Klein	Piesnack
Brell	Günther	Knuth	Prieur
Brösicke	Hagendorf	Koch	Quärk
Broße	Hager	Köppen	Raupach
Burn	Hanack	Koppe	Rehmann
Büscher	Hannemann	Kolberg	Reimann
Busse	Harendt	Krause	Reuter
Conrad	Häusler	Krenz	Ribbecke
Decker	Heere	Krüger	Richter
Dehmel	Huse	Kuhröfer	Rittdorf
Demler	Heinicke/Heinecke	Kühne	Rodis
Demmler	Heinrich	Lattner	Rohde
Dielitz	Henicke, Henecke	Lehmann	Roll
Dürre	Henkel	Lembke	Rossin
Dörre	Herbst	Lietzmann	Roy
Drewecke	Herrmann	Liefeld	Rückert
Dreke	Hertzlieb, Herzlieb	Liepe	Ruden
Ebel	Herzog	Lintow	Schenk, Schenke
Egeler	Hilgendorf	Linz	Schley
Eichler	Hinze	Löser	Schmedicke
Engel	Hohmann	Lorentz/Lorenz	Schmeg
Erdmann	Huhn	Loth	Schmidt
Faber	Jänchen	Löwendorf	Schossow
Fahle	Johl	Maschke	Schulz, Schulze
Feuerhelm	Jungermann	Matthias	Schumann

Seeger	Thielicke	von Winterfeld	Zander
Seifert	Thorley, Thurley	Wallsdorf	Zappe
Siebecke	Tietz	Weber	Zeper
Sobota	Trebus	Wegener	Zernick
Spiegel	Tüsmer	Weiß	Zicha
Steinberg	Vogel	Wille	Ziegener
Strechan	Voigt	Winkelmann	Zimmermann
Streichert	von Badewitz	Wollschläger	Zude
Stroyny	von Goertzke	Wolter	
Thele, Thäle	von Krenczewski	Wunderlich	

Die Schreibweise mancher Familiennamen hat sich im Laufe der Jahrhunderte z.T. wiederholt verändert. So ist beispielsweise davon auszugehen, daß zwischen Teyle, Thele, Thaele und Thäle ein Zusammenhang besteht.

Die Namensvielfalt hat – so ganz besonders nach dem Zweiten Weltkrieg – durch den Zuzug von Umsiedlern, Flüchtlingen und Vertriebenen, aber in jüngster Zeit auch durch stadtmüde Menschen weiter zugenommen.

Nuthefischerei
Ohne Fleiß kein Preis

Über die Nuthe-Fischerei schrieb Richard Kieser im Teltower Kreiskalender [1931, S. 67] u.a.:

Fast alle Tage ging es aufs Wasser, sonderlich als es noch Krebse gab. Dann wurden von einem Mann wohl bis 8 Mandeln Krebsreusen an einem Tag ausgelegt. Jede mit 2 Steinen beschwert, eine ziemliche Arbeit. Um 2 Uhr nachmittags trug der Kahn alles gen Saarmund. Nach getaner Arbeit wurde die Nacht dort im Heu verbracht. Dann folgte das Nachsehen und um 9 Uhr war man wieder zu Hause, um gegen 2 Uhr den gleichen Kreislauf wieder zu beginnen. So ging es bis zur Ernte und nachher alle Tage. 1 Schock Krebse brachte 2 M. Die Krebse gingen, ehe Fischhändler Kockert in den 80er Jahren sie mit nach Potsdam nahm, von Jüttner in Trebbin verschickt, bis nach Leipzig. Bis die Krebspest in den 80er Jahren diesem Gewinnst ein Ende machte. Doch holte Kockert noch die anderen Schätze des Wassers. Zweimal wöchentlich, manchmal alle Tage, kam er mit einem Fischerknecht und holte von den einzelnen Kietzern $1/4$ Ztr., $1/2$ Ztr. usw., jedesmal Fischmengen, die man kaum glauben mag. Während des Ausschüttens durften die Kietzer Jungen auf Kockers Kahnspitze sitzen. Und jedem hatte er sogar eine Semmel mitgebracht, etwas ganz Kostbares. Die Jungen legten auch selber eifrig Reusen und revidierten sie noch vor dem Schulgang. Nach diesen Fischmengen war aber auch Nachfrage, der Fischkonsum war gewaltig gestiegen. Aus umliegenden Dörfern, oft ziemlich entfernt, kam man sogar und klopfte, häufig am Pfingstmorgen gegen 4 Uhr die Fischer aus den Häusern. In dieser Blütezeit der Fischerei kam es nochmals zu Auseinandersetzungen über die Fischereiberechtigung, denn die Fischerei war wertvoll.

Aus ihr resultierte auch der Wohlstand der Kietzer. Seit der Nutheregulierung von 1883 und seit der Anlegung der Rieselfelder der Reichshauptstadt Berlin Ende des vergangenen Jahrhunderts sowie der Einleitung von Industrieabwässern (vor allem in Luckenwalde) nahmen Fisch- und Krebsbestände rapide ab. Immer mehr Familien, die von der Fischerei gelebt hatten, mußten sich auf andere Erwerbsquellen umstellen. Die Kietzer Fischer beispielsweise erwarben Land, wandten sich mehr und mehr der Landwirtschaft zu und erwiesen sich auch hier als sehr erfolgreich.

Um 1850 hatte man nur mit Kühen gepflügt; 1890 gab es auf den acht Kietzer Höfen schon 13 Pferde.

Haut sie, daß die Fetzen fliegen
Wer den Teich hat, der hat auch die Fische

Vor einigen Jahrhunderten waren die Wälder des Nuthetales ein fast unerschöpfliches Holzreservoir. Ein großer Teil dieser Waldungen gehörte im 14. Jahrhundert den von der Gröbens, später den von Schlabrendorffs auf Beuthen, Drewitz etc. Das Amt Saarmund und Teltower Bürger durften dort lt. Gewohnheitsrecht Brennholz zum eigenen Bedarf schlagen. Dieser Tatbestand war Ursache endloser Streitigkeiten. Im

Jahre 1541 kam zwar eine vertragliche Vereinbarung zwischen den streitenden Parteien zustande, aber der Amtmann ließ noch immer zuviel Holz hauen, und der Streit fand kein Ende. Da ließ Hans Albrecht von Schlabrendorff seine Bauern durch Glockenschlag zusammenrufen und vertrieb die Amtsleute mit Gewalt und viel Geschrei aus dem Wald [35/1931].

Auch der Streit zwischen Gutsherren, den Kietzer Fischern, dem Amtmann und einzelnen Jütchendorfer Bauern um die Fischrechte in der Nuthe zog sich über die Jahrhunderte hin. Herr von Verdy (Siethen) stellte schließlich 1803 fest: „Diese unselige Fischerei ist schon seit alten Zeiten Gegenstand unaufhörlicher Differenzen." Die Reibereien wollten kein Ende finden. Immer wieder kam es zu handgreiflichen Auseinandersetzungen und zu Zerstörungen von Netzen und Reusen.

Fischkästen am Gröbener Kietz (um 1930)

Fischerhütte im Kietz (1998)

Dieser prächtige Kachelofen in der heutigen Gröbener „Kleinen Bauernstube" läßt auf den Wohlstand des Bauern und Bürgermeisters Bergemann schließen, als er den Ofen 1903 errichten ließ.

Im Jahre 1606 beispielsweise bewaffneten die Gutsherren von Schlabrendorff in Beuthen und von Streithorst in Siethen 20 Bauern und sandten sie aus, die Fischwehr des von

Der Kietzer Fischer Gustav Lehmann beim Netzeflicken (ca. 1900)

Goertzke zu zerstören. 1710 wiederum rissen Leute des von Goertzke (Beuthen) und des von Schlabrendorff (Siethen) dem von Schlabrendorff (Gröben) „sein Fischwehr aus dem Metstock." 1740 entfernten mehrere Kietzer die im Metstock aufgestellten Reusen des Siethener Pachtfischers aus dem Wasser und drohten ihm mit Prügel, falls er seine Reusen noch einmal aufstellen sollte. Bei derartigen Auseinandersetzungen wurden nicht nur Zähne aus-, sondern gelegentlich auch mal Köpfe eingeschlagen.

Fischerhütte (um 1930)

Die ungehorsamen Kietzer
Es gibt keine festere Mauer als die Einigkeit

Im Jahre 1807 erregten die Kietzer, wie schon sehr oft zuvor, wieder einmal den Unwillen des Gutsherren in Siethen. Die Kietzer waren seinerzeit dem Siethener Gutsherrn dienstpflichtig. Dieser störte sich daran, daß die Kietzer „die Gegend um den Kietz als ihr Eigentum" betrachteten und („sonderlich der Löwendorf und die beiden Lehmanns") „ganz besonders ungehorsam" seien, indem sie ihr Vieh frei herumlaufen ließen. Der Gutsherr war derart erbost, daß er drohte, das Vieh, das er ohne Hirten antreffe, totzuschießen. Die Kietzer ließen sich jedoch nicht einschüchtern. Sie waren ein stolzes, eigenwilliges Völkchen und sind es bis heute geblieben.

Nicht ohne Grund schrieb der Gröbener Lehrer und Heimatforscher Richard Kieser schon 1931: Im Kietz herrscht „große Einigkeit und energische Betonung gemeinsamer Interessen ... Die Kietzer sind eben nicht nur jeder für sich persönlich ‚auf dem Posten', wie es ihre Väter über Jahrhunderte sein mußten, wollten sie hochkommen" [35/1931, 72].

Führt man diesen Gedanken weiter, kann ein Dorf seinen eigenen Charakter, seine Geschichtlichkeit nur dann erhalten und der Überfremdung erfolgreich widerstehen, wenn sich die Einwohner in diesem Ziele einig sind.

David und Goliath
Macht ist nicht Recht

Es gab Zeiten, da waren viele Gutsbezirke kleine Königreiche und der Gutsherr ein kleiner König. Auf Spaziergängen oder auf dem Wege zur Jagd pflegte der alte Gutsherr von Siethen, Herr Badewitz, oft am See entlangzugehen. Den Großvater von Heinz Egeler, dessen Grundstück bis an den See heranreichte, ärgerte es, daß der Gutsherr, gelegentlich mit

Gutsförster Natzke, Großbeuthen (30er Jahre)

seiner Hundemeute und hin und wieder mit ganzen Jagdgesellschaften, über sein Anliegen stiefelte. Schließlich trat Herr Egeler dem Gutsbesitzer entgegen und bat ihn, seinen Besitz zu respektieren. Das kam einer Rebellion gleich. Der Gutsbesitzer dachte nicht daran, der Bitte des Herrn Egeler zu entsprechen. Doch auch ein Bauer hat seinen Stolz! Er ging vor Gericht und gewann den Prozeß.

Rucksackberliner
Arbeit macht aus Steinen Brot ...

Schon seit Ende des vergangenen Jahrhunderts gingen junge Leute, aber auch Familienväter nach Berlin, um dort ihren Lebensunterhalt zu verdienen. Frieda Becker erzählt:

„Mein Mann hat in Berlin Maurer gelernt und ist bis zum Polier aufgestiegen. 50 Jahre lang ist er bei Wind und Wetter mit dem Fahrrad bis nach Ludwigsfelde gefahren und von dort

Jagdaufseher Fritz Hannemann, Jütchendorf (1920)

Historische Aufnahme vom Bahnhof Ludwigsfelde

links: Haus Grüneisen, etwa 250 Jahre alt; das rechte Haus (Gerres) wurde später angebaut.

mit der Bahn nach Berlin gependelt. Täglich, zumeist noch im Morgengrauen, kamen aus allen umliegenden Dörfern die Pendler in großer Zahl auf Rädern, z.T. aber auch zu Fuß zur Bahn. Da sie ursprünglich die ganze Woche über in Berlin blieben und Proviant und frische Kleidung im Rucksack mitnahmen, nannte man diese Leute Rucksackberliner."

Mai 1906: Der erste Mercedes Benz hält Einzug in Siethen, Fahrer: Karl Kiekebusch

Prominente in Siethen
Ruhe ist der Arbeit Tagelohn

Gröben, Jütchendorf, vor allem aber auch Siethen übten wegen ihrer herrlichen Lage schon seit jeher eine große Anziehungskraft aus. Stets aufs neue fühlten sich insbesondere auch Prominente von diesem Ort angezogen. Der Gutsherr Gerhard von Badewitz machte sich diesen Vorteil zunutze und errichtete Ende der 20er Jahre am Ufer des Siethener Sees etwa 40 kleine Blockhäuser, die er an zahlungskräftige Leute, vor allem Berliner, verpachtete. So ließen sich beispielsweise der bekannte, 1938 tödlich verunglückte Autorennfahrer Bernd Rosemeyer und die nicht minder berühmte Kunstfliegerin Elly Beinhorn, die berühmte Fliegerin Hanna Reitsch, der Schau-

Bungalows am Siethener See

spieler Ressel, die Sängerin Brigitte Eisenfeld, die Schauspielerin Sylvia von Rodenberg, ein Prinz Reuß, ein Filmemacher, Bankiers, wohlhabende Geschäftsleute, Ärzte etc. zeitweilig in Siethen nieder. Die teilweise recht gut im Verborgenen gelegenen Wochenendhäuser wurden in der NS-Zeit gelegentlich auch als Verstecke für Deutsche jüdischer Abstammung genutzt, die von den Nazis verfolgt wurden.

Die Blockhäuser wurden nach dem Zweiten Weltkrieg ausgeplündert und bis auf wenige Ausnahmen schließlich durch Brandstiftung vernichtet. Einige der Hütten wurden als Wohnunterkünfte und später als Wochenendhäuschen genutzt, andere bis 1960 als Außenstelle des Jugendwerkhofes Struveshof verwendet. Sie dienen heute als Jugendlandheim.

Zu DDR-Zeiten entstand am Siethener See eine große Bungalowsiedlung. Wie einst zog es neben vielen Ludwigsfeldern und Berlinern abermals auch mehrere Künstler und Schriftsteller nach Siethen. So ließen sich hier, um nur einige zu nennen, der Schauspieler Hilmar Thate, Angelika Domröse, die Schriftsteller Günter Prodöhl, Klaus und Vera Küchenmeister, der Musiker Dienelt und der bekannte DEFA-Regisseur Lothar Bellag (jetzt in Schiaß) nieder. Manche errichteten sich ein Wochenendhaus, andere ein Dauerdomizil.

Die Familie von Badewitz hatte für sich selbst am Pechpfuhl, der seinerzeit noch größere Ausmaße hatte und sich inmitten eines tiefen Waldes weitab von Ludwigsfelde befand, in romantischer Umgebung eine Jagdhütte mit Bootssteg errichtet. Das aus Holz erbaute Haus ist 1945 durch Vandalismus zerstört worden.

Seekonzerte in Siethen
Ohne Fiedel ist kein Fest

Siethen hatte stets viele musikbegabte Einwohner, allen voran Werner und Gerhard von Badewitz. Werner von Badewitz war auch auf die Idee gekommen, *in einer schönen Vollmondnacht ein Seekonzert zu veranstalten. Das erste Mal gaben wir* – so schreibt er in seinen Erinnerungen – *das Konzert auf der Aussicht, einer vom Ufer in den See hineingemauerten Plattform, die mein Großvater hatte bauen lassen, dahinter stieg eine Rasenfläche etwa 10 m schräg an. Auf dieser Rasenfläche postierten wir ein Auto so, daß die Scheinwerfer uns Licht gaben, denn wir mußten ja Noten lesen. Unsere Kapelle war immer 10 bis 15 Mann stark ... Nachdem wir mit dem herrlichen Marsch „Graf Zeppelin" angefangen hatten, scholl brausender Applaus über den See; und so war es nach jedem Stück, das wir spielten. Als wir nach ein paar Stunden geendet hatten, gingen wir noch in die Gastwirtschaft, denn Blasmusik macht Durst! Siehe, da kamen alle Parzellenbewohner, luden uns zum Trunke ein und wir mußten nochmal Musik machen. Nach Mitternacht war es dann genug.*

Im Jahr darauf kamen schon beizeiten Anfragen, wann wir wieder ein Seekonzert veranstalten würden. So wurde wieder ein Termin festgelegt. Diesmal hatten wir uns etwas anderes ausgedacht. Drei Fischerboote wurden in der Mitte des Sees verankert und mit Brettern überdeckt, so daß wir auf einer Plattform saßen. Der Fischer ruderte uns in kleinen Trupps hin und das Konzert konnte beginnen. Beleuchtung war auch vorhanden. Während wir spielten, kamen Badegäste angeschwommen und besuchten uns. Es war eine herrliche laue Sommernacht bei Vollmond. Anschließend zog wieder alles in die Gastwirtschaft von Aue-Funke, und diesmal hatten wir auch unsere Streichinstrumente dabei, gingen in den Saal der Wirtschaft und spielten Streichmusik zum Tanz. Um 1 Uhr mußten wir dann Schluß machen wegen der Polizeistunde, zumal ja unser Dirigent und erster Klarinettist der Ortsgendarm war. Diese Feste wiederholten sich jedes Jahr, immer mit dem gleichen Erfolg. Das letzte Seekonzert gaben wir im Sommer 1939. Im Herbst brach der Krieg aus, er vernichtete nicht nur alles, sondern er brachte auch alle Musik-Kameraden um ... [C5].

Statisten aus Siethen und Gröben
Wenn der Reiter nichts taugt, hat das Pferd schuld

In den 20er/30er Jahren hatte die Filmproduktion Hochkonjunktur. Vor allem viele militärische Filme wurden gedreht. Stets aufs neue benötigte man berittene Statisten. Gerhard von Badewitz und sein Bruder Werner, der Vorsitzende des RVSG (Reiterverein Siethen/Gröben) erkannten die große Chance für die Reitsportler, von denen ein großer Teil arbeitslos war, und organisierten den wiederholten Einsatz der Reiter. So wirkten viele Siethener und Gröbener in mehreren Filmen mit. Für den Film „Choral von Leuthen" waren die Mitglieder des RVSG beispielsweise mit etwa 150 weiteren Reitern anderer Vereine 14 Tage in Döberitz stationiert. Der Nebenverdienst war in den Jahren der großen Arbeitslosigkeit sehr willkommen. Um an den Dreharbeiten zum Film „Fridericus Rex" teilzunehmen, ritten die ländlichen Reiter täglich die 20 km nach Babelsberg zum UFA-Gelände. Gerhard von Badewitz, der – wie sein Bruder Werner – hin und wieder an den Dreharbeiten teilnahm, erinnert sich:

Filmstatisten (r.a.: Willi Köppen)

Wir drehten einen Film auf dem Bornstedter Feld, das war ein Exerzierplatz bei Potsdam. Da kam der Regisseur mit einem Schauspieler an und bat mich um ein Pferd. Ich bot ihm ein ruhiges altes Pferd an, aber das war dem Schauspieler nicht schön genug. Dieser wollte das sehr elegante Pferd von Erwin Hinze haben. Ich sagte ihm, daß dieses Pferd sehr schwierig zu reiten sei, worauf der Schauspieler erwiderte, er könne gut reiten. Erwin stieg ab und der Schauspieler auf. Ein paar Runden ging es gut, dann warf das Pferd den Kopf hoch und ab ging die Post. Normanne – so hieß das Pferd – ging dem Schauspieler restlos durch und beide verschwanden als Pünktchen am Horizont unter Hinterlassung einer Staubwolke. Die Dreharbeiten standen still, denn der Schauspieler sollte ja mit uns gefilmt werden. Nach einer $^3/_4$ Stunde sah man am Horizont wieder ein Pünktchen, das immer größer wurde, das war der Schauspieler zu Fuß, er führte den Normannen am Zügel, ihn zu reiten traute er sich nun nicht mehr! Er setzte sich dann doch auf das Pferd, das ich ihm zuerst angeboten hatte, und die Aufnahmen gingen weiter.

Dei schwate Su (Die schwarze Sau)
Was weiß die Sau vom Sonntag

Gerhard von Badewitz wandte sich in seinen Erinnerungen auch einem Siethener Original zu, nämlich August Molgedei. Er schrieb:

Auf einem Büdnergehöft saß August Molgedei, ein Kaschube ... August Molgedei war ein fleißiger Mann, verheiratet, ein Sohn. Er hatte den Posten des Nachtwächters von Siethen, trat um 22 Uhr seinen Dienst an und hörte um 6 Uhr auf. Er war allgemein sehr beliebt, konnte sehr drollig erzählen und sein Polnisch-Deutsch erhöhte noch den Spaß. Bei ihm zu Hause ging es kaschubisch zu, d.h., daß die Hühner gelegentlich auf der Stuhllehne in der Küche saßen oder die Krümel vom Tisch pickten. Mensch und Tier waren sich bei dieser Familie eben noch sehr nahe.

An einem heißen Julitag, schon früh morgens brannte die Sonne vom Himmel, erschien August Molgedei ganz aufgeregt bei uns und erzählte, seine große schwarze Muttersau sei fort und sie wäre wahrscheinlich in die umliegenden Äcker mit hohem Getreide oder in die Kieferndickung gelaufen; und da sie ja schwarz sei, so befürchtete er, daß vielleicht unser Förster, der junge Jäger, der Jagdpächter oder sonst ein Jagdbefugter die Sau als Wildschwein abschießen könnte. Werner hängte sich ans Telefon, rief alle in Frage kommenden Personen an, auch den Gendarmeriemeister Adolf Brandt, und auf Bitten von August Molgedei veranstalteten wir, die Jäger und Förster mit Hunden, die Nachbarn von August, der Gendarm und wer sonst noch Zeit hatte, eine Suchaktion durch die umliegenden Felder und Wälder. Wir waren mit 10 oder 15 Mann und 6 Hunden etwa 3 Stunden unterwegs – ohne Erfolg, nicht einmal eine Spur hatten wir gefunden. Die Suche wurde abgebrochen und anstandshalber lud uns August zum Bier in seine gute Stube ein ... Kaltes Bier wurde aus der Kneipe geholt, und das Raten, wo dei schwate Su sein könnte, ging weiter. Allmählich verstummte die Unterhaltung, alle waren müde. Es war einen Moment still in der Stube. Da hörte man es schnarchen, regelmäßiges Schnarchen. „Ist einer eingeschlafen?" fragte der Gendarm. Man ging dem Geräusch nach, es kam unter dem alten Plüschsofa heraus, und als Licht gemacht wurde, da sah man es: Unter dem Sofa lag die schwarze Sau, schlief und schnarchte. Es war ihr wohl schon am Morgen auf dem Hof zu heiß geworden, so war sie durch die offenen Türen in die gute Stube gelaufen, hatte sich unters Sofa geschoben und war eingeschlafen. – Das Gelächter war groß, am glücklichsten aber war August, daß dei schwate Su wieder da war. – Wie fast jeden Morgen stand August am nächsten Tag auf unserem Hof und wartete auf Werner, weil er wie so oft etwas brauchte. Diesmal war es das Geld für die Kästen Bier, die wir am Abend zuvor bei ihm getrunken hatten!

Siethen – Ein Mikrokosmos
Handwerk hat goldenen Boden

Viele Gemeinden waren wegen ihrer Abgeschiedenheit und der fehlenden Infrastruktur – wenn man vom Arzt/Tierarzt oder vom Rechtsanwalt/Notar absieht – weitestgehend autark.

Kastration eines Hengstes auf dem Hof Deute

Was heute das Auto ist, war einst das Pferd (Schiaß 1912).

Erntearbeiten: Mandeln aufstellen; Kurt Deute mit Ehefrau und Pflegekind. Mietgendorf 1935.

Landarbeit – schwere Arbeit. Mistfahren bei Deutes, Mietgendorf

Fleischerei Deute in Mietgendorf, links: zwei Gesellen, rechts: der Meister Hermann Wickel, neben ihm: Helene Deute, geb. Wickel, und Pauline Wickel, geb. Gensicke.
40 Jahre fuhr man über die Dörfer und verkaufte Fleischerwaren.

Der Kraftsportler Friedrich Grüneisen (2.v.l.) erlernte den Beruf eines Huf- und Wagenschmiedes (1927).

Erich Busse, Gast- und Landwirt in Jütchendorf; vorn: Eberhard Busse

Um 1935 beispielsweise gab es in Siethen neben dem Gutsbesitzer, den Bauern und Landarbeitern bzw. Knechten und Mägden u.a. einen Stellmacher, einen Schmied, eine Schneiderin, einen Schuhmacher, Sattler, Friseur, Imker, Bäcker, Fleischer, Fischer und zwei Gastwirtschaften. Die meisten Handwerker und Geschäftsleute betrieben nebenbei noch etwas Ackerbau und Viehzucht.

Geschäftsleute anno dazumals
Kleinvieh macht auch Mist

Nicht nur die Berliner waren helle. Auch in den Dörfern rund um die Metropole gab es viele pfiffige Leute. So hatte der Kleinbeuthener Friedrich Reuter bemerkt,

Hof Lorenz, Großbeuthen. Auf dem Wagen: Magdalena Perske, geborene Lorenz, geb. 1926.

Richard Rohde †, Kiesgrube Kleinbeuthen (50er Jahre)

„Abgesoffene" Kiesgruben in Kleinbeuthen

daß die Gutsbesitzer und großen Bauern gute Geschäfte damit machten, daß sie landwirtschaftliche Produkte en gros per Bahn nach Berlin transportieren ließen und dort gewinnbringend verkauften. Warum sollte das, so dachte Friedrich Reuter, nicht auch im kleinen gehen? Also kaufte er Eier und Butter auf und brachte sie nach Berlin, um die landwirtschaftlichen Produkte an den Mann zu bringen. Schon auf der Bahnfahrt begann sein Geschäft zu florieren. Vor allem die Eisenbahner gehörten zu seinen besten Kunden. Man

kannte sich schließlich so gut, daß der Zugführer schon mal wartete, bis sich Friedrich Reuter, wenn er sich etwas verspätete, mit seiner Kiepe durch die schmale Tür in den Waggon gezwängt hatte. Für so viel Rücksicht bekamen die Eisenbahner dann Rabatt oder ein Ei umsonst.

Altersweisheit
Das Alter soll man ehren

Die Erinnerung des in Ehren ergrauten, noch immer vitalen und geistig regen Georg Reuter aus Kleinbeuthen reicht bis zum Ersten Weltkrieg zurück. Sein Weg aus dem Kaiserreich durch die Weimarer Republik, das Dritte Reich und schließlich durch die DDR bis hin zur Bundesrepublik Deutschland war lang und nicht ohne Hürden. Wollte man auch nur Ausschnitte aus seinem Leben wiedergeben, so ergäbe dies schon einen Roman.

Viel geht ihm durch den Kopf, wenn er bei schönem Wetter vor seinem Hause in unmittelbarer Nähe des Hügels, der

Kleinbeuthen, Wehranlage

Bis zur Elektrifizierung im Jahre 1924 wurde in der Wassermühle in Kleinbeuthen nicht nur Mehl gemahlen, sondern auch (Gleich-)Strom für das Herrenhaus und die Brennerei in Großbeuthen erzeugt. Von der Mühle sind heute nur noch Restbestände vorhanden – s. Foto r.o.

Kinder der Kleinbeuthener Müllersfamilie Steinberg: Dorit, Dietrich und Hiltraut (1943)

einmal eine Nuthe-Burg war, sitzt und dem Pulsschlag der Zeit lauscht. Er vermag alle Geräusche im Ort und in der recht gut intakten Natur zu deuten; die Veränderungen im Dorf, so vor allem die Neubauten, nimmt er mit gemischten Gefühlen zur Kenntnis. Er hat nichts gegen die Zugezogenen, aber es schmerzt ihn schon, wenn der eine oder andere grußlos vorübergeht. Dies um so mehr, weil er sich gern jener Zeit erinnert, als das Dorf noch eine große Familie war, das Wort

Elfriede Steinberg vor der Mühle in Kleinbeuthen (ca. 1970)

Kiesrampe Jütchendorf – hinter dem Gehöft Fritz Reuter (heute Lambsdorff)

Nachbarschaft noch einen tiefen Sinn hatte und man dem Alter Respekt zollte. Er lächelt, wenn er von den Dorffesten, der Fastnacht, dem Zempern etc. erzählt, oder wenn er vor seinem geistigen Auge Hannemann aus Jütchendorf sieht, wie er seine Sau mit einem Strick am Bein und einer Gerte in der Hand zum Eber nach Gröben treibt, das Tier aber nicht so will, wie es sich Hannemann gedacht hatte. Mit blitzenden Augen erzählt er von den lustigen Leuten, die mit dem Kremser und mit Musik aus Berlin kamen und im Kleinbeuthener Wirtshaussaal die

1910

Kiesabbau Jütchendorf 1930: noch mit Muskel- bzw. Pferdekraft.

Puppen tanzen ließen. Da war was los! (Das Wirtshaus wurde 1943 von einer Bombe getroffen und nicht wieder aufgebaut.) Viel Bewegung ist ins stille Nuthedorf gekommen, als 1936 der industrielle Kiesabbau begann. Der Kies fand vor allem für den Autobahnbau, den Bau des Olympiastadions in Berlin, aber auch für kleinere Bauvorhaben und in der Ziegelei von Klausdorf Verwendung. Im Nachbarort Jütchendorf wurde der Kiesabbau schon seit 1922 betrieben, hier aber ohne umfangreiche technische Hilfsmittel, sondern anfangs nur mit Schaufeln und Spaten. Mit dem Kies kam viel „Kies" und etwas Wohlstand in die Orte. Der Abbau hinterließ glasklare

Kiesabbau 1931 in Jütchendorf, v.l.: Willy ...röder, Jütchendorf; Fritz Hannemann, Jütchendorf; ... Henicke, Gröben; Max Roblick, Kutscher bei Gerres in Jütchendorf; Emil Schulze, Hennickendorf

Lieber wäre Georg Reuter im Frieden nach Rußland (Sowjetunion) gereist. Als Werkstatt-Soldat hatte er sogar Zeit, Fotos zu machen.

Badeseen. Zu DDR-Zeiten tummelten sich hier Ludwigsfelder und Berliner, manchesmal auch Kleinbeuthener. Seit der Wende von 1989/90 gibt es wegen der Veränderung der Besitzverhältnisse viel Streit und böses Blut um die Bade- und Angelgewässer.

Kleinbeuthener Rangen, v.l.: Horst Reuter, Ilona Presler, Werner Reuter (1942)

Georg Reuter, Kleinbeuthen

Westwall

Dieser Weg könnte sich im Brandenburgischen befinden – aber so erlebte Georg Reuter aus Kleinbeuthen den Rußlandfeldzug.

Viel Raum in den Erinnerungen Georg Reuters nimmt der Zweite Weltkrieg ein, von dem der abgelegene Ort nicht verschont geblieben ist. Da fielen Bomben, und Flugzeuge stürzten ab. Und des öfteren wurde, das hing jeweils von der Windrichtung ab, auch von Kleinbeuthener Flur aus die Vernebelung des Daimler-Benz-Werkes in Ludwigsfelde vorgenommen, um die Bomberpiloten zu irritieren. Bei Siethen und anderenorts waren Flak-Batterien stationiert, die – zumeist vergeblich – versuchten, Bombenangriffe auf das kriegswichtige Werk und auf Berlin zu verhindern.

Georg Reuter wurde eingezogen. Er gehörte zu einer Reparatur-Einheit und somit zu jenen Soldaten, die nicht unmittelbar an vorderster Front kämpften.

Wie er mit einer Reihe von Fotos belegt, kam er viel herum in der Welt. So sah er u.a. Frankreich und die Sowjetunion. Auch er hätte sich die Welt allerdings viel lieber unter fried-lichen Bedingungen angesehen und nicht als Spielball in einem unsinnigen Kriege.

Georg Reuter hat viel gesehen und erlebt. In seinen Worten schwingt die Weisheit des Alters mit. Es wäre schön, wenn er viele Zuhörer hätte.

W. Reuter, Kleinbeuthen, Motorfahrrad „Hühnerschreck"

Irene Reuter mit Töchterchen, Kleinbeuthen 1956

Friedrich Reuter, Kleinbeuthen 1955

Hermann und Pauline Wickel, Robert Wickel u. Ehefrau, 1919 in Mietgendorf – die Würde des Alters

Spreewaldfahrt der Rentnergruppe, 1980.
v.l.o.: Hedwig Krenz †, Max Krenz †, Frieda Becker, Willi Becker †, Frieda Rottstock †, Frieda Löwendorf, Hermann Löwendorf †, Wilhelm Günther †, Frau Günther, Frieda Kaplick †, Erna Grüneisen †, Ella Kaweki, Fritz Grüneisen †, Elise Kimma, Robert Höhne, Erna Höhne, Gertrud Dehmel, Schwester Ursel Baumgart

Kriegszeiten

Dreißig Jahre Krieg, getragen vom armen Mann
Krieg frißt Gold und scheißt Kieselsteine

Die Spuren des Dreißigjährigen Krieges (1618-1648) als eine der furchtbarsten Katastrophen in der Geschichte des deutschen Volkes waren in der hier im Blickfeld liegenden Region verheerend. Raub, Mord, Brandschatzung, Vergewaltigung und Verwüstung prägten den Alltag. Das Militär, zur wilden Soldateska verkommen, hielt sich allerorts auf Kosten der armen Leute schadlos. Ihr Erscheinen kam der Pest gleich. Die Verwilderung der Sitten, der Moral, der gewohnten Lebensformen nahmen bis dahin unbekannte Ausmaße an. Bauern, die Weib, Kind oder Vieh zu verteidigen versuchten, wurden ohne Skrupel „niedergemacht". Hans Jakob Christoffel von Grimmelshausen (um 1622 geboren, 1676 gestorben), in jungen Jahren Troßbube und später selbst Soldat und somit Zeuge dieser grausamen Vorgänge, gibt in seinem Roman „Der abenteuerliche Simplicissimus" eine bitter-ironische, gleichzeitig aber sehr realistische, anschauliche Plünderungsszene wieder: *Das erste, was diese Räuber thaten, war, daß sie ihre Pferde einstelleten und die Hüner und die Schafe wacker nacheinander niedermetzigten. Hernach hatte jeglicher seine sonderbare Arbeit zu verrichten, deren jede lauter Untergang und Verderben anzeigete. Dann, ob zwar etliche anfiengen zu sieden und zu braten, daß es sahe, als solte ein Panquet gehalten werden, so waren hingegen andere, die durchstürmten das Haus unten und oben; andere machten von Tuch, Kleidungen und allerley Hausrat große Päck zusammen, als ob sie irgends ein Krempel-Marckt anrichten wollten; was sie aber nicht mitzunehmen gedachten, ward zerschlagen und zu Grunde gerichtet; etliche durchstachen Heu und Stroh mit ihrem Degen, etliche schütteten die Federn aus den Betten und fülleten hingegen Speck, andere dürr Fleisch und Geräth hinein, als ob alsdann besser darauff zu schlaffen wäre; andere schlugen Ofen und Fenster ein, gleichsam als hätten sie einen ewigen Sommer zu verkündigen; Kupfer- und Zinngeschirr schlugen sie zusammen und packten die verbogene und verderbte Stücke ein, Bettladen, Tische Stüle und Bänke verbrannten sie, Häfen und Schüsseln mußten endlich alles entzwey. Den Knecht legten sie gebunden auf die Erde, steckten ihm ein Sperrholz ins Maul, und schütteten ihm einen Melckkübel voll garstiger Mistlachen-Wasser in Leib, das nannten sie einen Schwedischen Trunk, wodurch sie ihn zwangen, eine Parthie anderwärts zu führen, allda sie Menschen und Viehe hinwegnahmen und in unseren Hof brachten.*

Die Parochie Gröben wurde wiederholt heimgesucht. Als im Jahr 1631 die Magd von Hans Gürges vor den Soldaten ins Fließ floh, ertrank sie.

Wie brutal der Krieg die Bevölkerung traf, zeigt sich u.a. darin, daß die verkommenen, verrohten Soldaten in Fahlhorst einem Toten selbst den Sterbekittel raubten, „daß er fast nackt begraben" werden mußte.

Am 26. August 1631 haben Soldaten den Schlachter Andreas Schulz in des Küsters Garten erschlagen. 1637 ist auch der Ahrensdorfer Pfarrer Petrus Heinrich „von den Soldaten zu Tode geschlagen (worden) mit einer Axt". Zur gleichen Zeit ist Hans Heine (Beuthen) erschossen, Jonas Moritz (Gröben) und Matthias Faust (Jütchendorf) erschlagen worden. Die Frau des Fischers Lehmann starb an den Folgen eines Überfalls von Soldaten. In Gröben fielen während des Dreißigjährigen Krieges zehn Höfe wüst; eine Familie zog wieder zu. In Siethen waren sechs Höfe öd und leer; hier wurden wieder zwei Familien ansässig. Nach dem Krieg lebten in Wendisch-Beuthen nur noch zwei Kossäten, nämlich Andreas Blume und Martin Zernicke. Es siedelten sich aber bald wieder Familien an, so aus Siethen, aus Trebbin, aus Jütchendorf und aus Ahrensdorf. Jütchendorf und Großbeuthen hatten sich bis 1652 wieder voll regeneriert. Kleinbeuthen war völlig entvölkert worden. Erst 1651 lebte dort wieder eine Kossätenfamilie. Auf dem abseitsgelegenen Gröbener Kietz hatten die „Reuter" besonders arg gewütet. Borgstede faßt zusammen: „Kurz, die Mark war einer verlassenen Wüste gleich, in welcher man kaum die Fußstapfen der vorigen Bewohner und des ehemaligen Wohlstandes sah" [7, I].

Der Pfarrer und Liederdichter Paul Gerhardt (1607-1676), einige Jahre Probst im nahen Mittenwalde, schrieb am Ende des Krieges aufatmend:

„Gott lob! Nun ist erschollen
Das edle Fried- und Freudenswort,
Daß nunmehr ruhen sollen
Die Spieß und Schwerter und ihr Mord."

Die menschlichen Verluste waren unendlich hoch; dennoch müssen die offiziellen Angaben kritisch betrachtet werden, denn manche Einwohner entzogen sich der Registrierung durch die Landreiter, weil sie sich die Abgaben zu ersparen versuchten.

Erst seit etwa 1750, also mehr als 100 Jahre später, war auf wirtschaftlichem Gebiet der Vorkriegsentwicklungsstand wieder erreicht worden.

Franzosenzeit
Wer Krieg predigt, ist des Teufels Feldprediger

Nach dem Sieg von Jena und Auerstedt am 14. Oktober 1806 marschierten die Franzosen in drei riesigen Heerhaufen in Richtung Kurmark. Eine Woche später traf der Sieger von Auerstedt, Davoust, in Luckenwalde ein, durchzog den Teltow und biwakierte am 24. Oktober auf dem Tempelhofer Feld vor Berlin. Während Davoust in Richtung Barnim weiterzog, marschierte Kaiser Napoleon in Potsdam ein. Das Nahen der Feinde hatte große Unruhe unter die Bevölkerung gebracht, zumal den Heerscharen der Ruf vorausging, überall zu rauben, zu plündern, zu morden und zu brandschatzen. Die Orte der Parochie Gröben blieben vorerst weitgehend verschont, da sie weitab der alten Poststraßen, die die Franzosen benutzten, lagen.

Der Gröbener Gutsherr, Geheimer Rechnungsrat Schmidt, hatte sich in seine Berliner Stadtwohnung, Unter den Linden 58, zurückgezogen. Seinen Kutscher, Johann Krüger, hatte er mit der Bewachung seines Gutshauses beauftragt. Die 180 Einwohner von Gröben zuzüglich der 39 Bewohner vom Kietz saßen praktisch auf gepackten Truhen. Einige, so vor allem die Familien mit jungen Frauen im Haus, hielten es nicht mehr aus und ergriffen, nachdem sie alles Wertvolle auf ihren Äckern vergraben hatten, die Flucht. Verstecke, die nur für Ortskundige erreichbar waren, so insbesondere auf kleinen Inseln im Sumpf, gab es genug.

Küster Maschke hatte das silberne Altargerät und die kunstvoll bestickte Altardecke vorsorglich in seinem Garten vergraben.

Am 28. Oktober kamen die ersten französischen Soldaten auch nach Gröben. Der Schulze Henicke bot den Soldaten Brandschutzgeld an, das er zuvor unter den Einwohnern gesammelt hatte, damit sie den Ort nicht einäschern. Der Schaden hielt sich dann auch in Grenzen. Beim Küster, der irgendwie den Zorn der Franzosen erregt hatte, zertrümmerten sie mit Äxten das Klavier und ein Weißzeugspind und weitere Einrichtungsgegenstände. Außerdem nahmen sie ihm seinen Überrock, die Stiefel etc. weg. Auch Frauenschuhe, ein Hals- und Kopftuch wurden mitgenommen.

Der Pfarrerswitwe Redde raubten sie das Silbergeld und Kleidung. Arg traf es auch den Kietzer Schulzen Lehmann; ihm raubte man 250 Taler, das war ein Wert von etwa acht Pferden.

Etwa 100 Soldaten fielen ins Gutshaus ein. Der Kutscher, der sich dem Auftrage seines Herrn gemäß den Franzosen entgegenstellte, wurde – ebenso wie der Pächter, Amtmann Wolf – fürchterlich zusammengehauen. Alle Schränke und Spinde, Truhen und Aktenfächer wurden mit brachialer Gewalt aufgebrochen und ausgeraubt. Auch teures Mobiliar, so ein wunderschöner Mahagonitisch, wurde zerschlagen. Keine Glasscheibe blieb ganz, keine verschlossene Tür verschont. Alles Tischzeug, alle Kleidungsstücke, darunter eine Elch-Lederhose des Gutsherrn, mehrere Paar Stiefel, Bettwäsche, 27 Ellen halbseidenes Bettzeug, 10 Paar Frauenstrümpfe, silberbeschlagene Porzellantabaksdosen, Bestecks etc. etc. wurden in Bündel zusammengeschnürt und fortgebracht.

Dem Gutspächter nahm man schließlich auch noch die silberne Taschenuhr ab.

Aber auch alle Lebensmittelvorrate wurden geplündert. Im Gutshaus waren es allein 14 Brote, ein Faß mit 40 Pfund Butter, „drei Schock guter alter Käse", Kaffee, Zucker, Mehl, Gewürze, aber auch 162 Flaschen vom besten Rheinwein. Alles, was sie nicht zu verzehren vermochten, wurde vernichtet.

Das Gutshaus sah aus, als hätten die Vandalen darin gehaust, überall lagen zerbrochenes Porzellan und Glasscherben herum, alle Schubladen waren herausgerissen, die Federbetten aufgeschlitzt.

Dem ersten „Besuch" folgten weitere. Je weniger es zu plündern gab, um so übler hausten die Soldaten. Der Kutscher Johann Krüger schrieb in einem Brief an seinen Herrn: „In Gröben ist es zum Erbarmen ...". Wie vielerorts kam es auch in

Ehemalige Denkmalsanlage nahe der Schanze bei Kerzendorf

Denkmalssäule auf dem Kerzendorfer Schanzenberg (nicht mehr vorhanden)

Gröben zu Einquartierungen, d.h., daß die Soldaten und deren Pferde nicht nur Unterkunft benötigten, sondern auch versorgt werden mußten. Die Soldaten verlangten unentwegt nach Wein, Bier und Branntwein. Um sie freundlich zu stimmen, gab man ihnen täglich Braten, zweimal Kaffee, Wein, Schnaps, Bier, Brot und Tabak. Die Gröbener mußten sich sehr viel Mühe geben, denn die Franzosen waren eine weitaus bessere Küche gewöhnt, als man ihnen in der Mark bieten konnte.

Tagsüber gingen die französischen Soldaten mit ihren Kameraden von Siethen und Ahrensdorf auf die Jagd oder unternahmen Beutezüge. Hier erpreßten sie „ein halbes Kuhleder, Hufnägel, Hufeisen", woanders „Steinkohlen, Schmiedeeisen, Kleidung." Unmengen an Korn und Hafer mußten für die Pferde herbeigeschafft werden.

Nach 16 Tagen, am 9. Dezember, war die Plage vorüber, die Franzosen zogen ab. Doch damit waren die Qualen nicht vorbei. Die Gröbener Bauern mußten unter argen Mißhandlungen auf sieben vierspännigen Fuhren die Bagage der Franzosen, darunter viel Beutegut, abtransportieren.

Später folgten weitere Einquartierungen. Die Not nahm zum Teil schreckliche Ausmaße an. Während die Einwohner selbst kaum noch etwas zu essen hatten, verlangten die einquartierten Franzosen unentwegt Wein und weißes Brot, wie sie es aus ihrer Heimat gewöhnt waren.

In anderen Orten sah es nicht besser aus. In Großbeuthen hatten die Franzosen das Gutshaus völlig ausgeplündert und demoliert.

Hierzu muß bemerkt werden, daß sich die Regierung bereiterklärt hatte, für die Schäden aufzukommen. Zu diesem Zwecke wurden Verlustlisten aufgestellt, die nicht immer den Tatsachen entsprachen. So schrieb man beispielsweise des öfteren auch jene Dinge mit auf, die man vorher in Sicherheit gebracht bzw. vergraben hatte. Aber aller Betrug half wenig, da sich die Regierung schließlich außerstande sah, für die Schäden aufzukommen.

Befreiungskrieg
Nach dem Krieg melden sich viele Helden

Das Scheitern des napoleonischen Eroberungsheeres beim Rußlandfeldzug im Jahre 1812 war der Anfang vom Ende der „Großen Armee". Der Befreiungskampf der unterdrückten Völker begann.

Große Teile der napoleonischen Armee zogen im August 1813 abermals gen Berlin. Die Hindernisse, so vor allem die Befestigungen an der Nuthe-Notte-Linie, ein Schutzgürtel vor Berlin, wurden nach und nach genommen. Bei Wietstock und Kerzendorf kam es am 22. August 1813 zu einem Gefecht. Ebenso wie hier hatte man in Kleinbeuthen eine schanzenartige Befestigungsanlage errichtet.

Kleinbeuthen und Gröben selbst blieben von den Gefechten weitgehend verschont; die Schanze wurde umgangen.

Die Einwohner beobachteten den Durchmarsch der zahllosen Soldaten in unmittelbarer Nähe mit großer Besorgnis. Der Gröbener Pfarrer hatte angesichts der gefluteten Nuthe ruhig geschlafen. Als er am 22. August 1813 mit den Worten: „Herr Prediger, stahns schnell auf, die Franzosen sind da", geweckt wurde, rief er erstaunt aus: „Wie kamen sie denn über die Nuthe?" [37]

Die Einwohner hatten angesichts der Gefahr all das, was ihnen wertvoll und nützlich erschien, außerhalb des Dorfes versteckt bzw. vergraben. Das Vieh war fortgetrieben und im tiefsten Wald bzw. auf Inseln im Sumpf versteckt worden. Wie in allen Orten der Umgebung kam es auch in der Parochie Gröben zu Plünderungen, Brandschatzungen und Gewalttaten. Den regulären napoleonischen Truppen, das waren zum großen Teil Italiener, Sachsen, Bayern, Soldaten aus dem Rheinland und andere Verbündete Napoleons, folgte viel Gesindel, das sich des Schutzes der Franzosen erfreute; diese Leute luden alles, was die Soldaten nicht geplündert hatten, auf ihre Wagen und fuhren es ab.

Vieles wurde zerschlagen, zerstört, vernichtet und verwüstet, Betten aufgeschlitzt und Fenster zertrümmert.

Die Schlacht von Großbeeren am 23. August 1813 bereitete der argen Bedrängnis der Zivilbevölkerung ein rasches Ende. Die Auswirkungen der militärischen Bedrückung waren allerdings noch lange Zeit danach zu spüren. Die Furie des Krieges hatte mit ihrem glühenden Atem furchtbare Spuren hinterlassen.

Krieg schlägt Wunden

Ende Juli 1914 herrschte am politischen Himmel Gewitterstimmung. Überall standen die Leute beisammen und sprachen von Mobilmachung und Krieg. Hier hörte man patriotische Töne, dort sah man nachdenkliche Gesichter, woanders konnten es die jungen Männer nicht erwarten, zu den Waffen gerufen zu werden, während die Mütter ihren Kummer kaum zu verbergen vermochten.

Pfarrer Lembke aus Gröben konnte die Ungewißheit nicht länger ertragen und radelte am Nachmittag des 1. August 1914 zur Post nach Ludwigsfelde, um dort vielleicht etwas zu erfahren. Doch auch hier gab es nur Gerüchte. Also wartete er, denn eine weitere Informationsquelle als die Post gab es nicht. Hier gingen die offiziellen Depeschen ein, um an die Adressaten in den einzelnen Gemeinden weitergeleitet zu werden. Der Pfarrer schrieb schließlich in sein Tagebuch: „Da, kurz nach sechs Uhr, kam der Mobilmachungsbefehl! So schnell mich mein Rad tragen konnte, fuhr ich nach Hause und brachte die Kunde nach Siethen und Gröben. Sie wirkte lähmend und erlösend zugleich."

Der Pfarrer begab sich zum Gemeindevorsteher Bergemann, um mit ihm die aus seiner Sicht erforderlichen Maßnahmen zu ergreifen. Danach setzte er sich nieder, um eine aktuelle Predigt vorzubereiten. „Durch Boten wurde Gottesdienst in allen drei Kirchen festgesetzt, in Siethen um 8 Uhr, in Großbeuthen um 10 Uhr und in Gröben um 8 Uhr abends." Das Thema der Predigt lautete: „Wie gehen wir in den Krieg?" Doch nur wenige kamen zum Gottesdienst, denn den meisten Bauern war das Einbringen der Ernte wichtiger als die Mobilmachung. Am 2. August wurden die ersten Männer, aber auch Pferde eingezogen. Der Krieg, als die Fortsetzung der Politik mit anderen Mitteln, fragt nicht nach Jahreszeit und Erntearbeit.

Der Pfarrer hatte alle Hände voll zu tun, um den Ausziehenden und deren Familien das heilige Abendmahl zu geben.

Reinhold Köppen, Siethen (1. Weltkrieg)

Diese von den Einwohnern Gröbens gestiftete Gedenktafel ist am 7. Dezember 1920 geweiht worden. Sie befindet sich in der Kirche.

Bald stellte der Pfarrer fest, daß „die Dörfer leer geworden" sind; „die Arbeit ruhte auf den Alten und Frauen" und natürlich auch auf den Kindern; es herrschte Leutenot. Die Arbeit dauerte vom Hellwerden bis 22 Uhr. Die anfänglich hier und dort spürbare Kriegsbegeisterung ließ, als die ersten Todesmeldungen kamen, spürbar nach.

Hermann Köppen, Siethen, als Soldat im 1. Weltkrieg.

„Seit dem 9. August (1914) fanden regelmäßig (kirchliche) Versammlungen der Frauen und Jungfrauen aus Gröben und Jütchendorf ... statt, in denen für die Soldaten Pulswärmer, Socken, Strümpfe und Waschlappen gestrickt wurden." Eine Sammlung jagte die andere.

Da auf den abgelegenen Dörfern an elektrisches Licht noch nicht zu denken war, das Petroleum aber für militärische Zwecke benötigt wurde, blieb es an den Abenden dunkel in den Häusern. Zur Leutenot kam nun auch noch die Lichtnot. Man behalf sich mit Kerzen, bald auch mit den furchtbar stinkenden Karbid-Lampen. Doch schließlich ging auch das Karbid aus bzw. der Preis stieg derart hoch, daß es für die meisten unerschwinglich wurde.

Der Pfarrer radelte nun sehr oft von Ort zu Ort seines Kirchspiels, denn es gab „weder einen Kutscher noch ein Pferd"; die einen wie die anderen befanden sich im Krieg. Die Gedächtnisgottesdienste für die Gefallenen nahmen zu. Die Namen der Toten wurden später auf den Kriegerdenkmälern der einzelnen Orte in Stein gehauen.

Bald strömten die Flüchtlinge aus Ostpreußen, die vor den Russen geflohen waren, in Richtung Berlin und suchten schließlich u.a. auch in Siethen und Gröben Unterkunft. „Aber es tat sich für diese Flüchtlingsfamilien" – so stellte der Pfarrer erschrocken fest – „keine Tür auf." Er fragte sich ratlos: „War es Hartherzigkeit oder Mißtrauen" den Fremden gegenüber? Als er dann aber das Geld der Kollekte zählte, war er angesichts der Opferfreudigkeit seiner Schäflein wieder versöhnt.

Bei jedem Sieg der deutschen Truppen ließ der Pfarrer alle Glocken seiner Parochie läuten, manchmal auch mitten in der Nacht. „Die Leute schraken aus dem Schlaf" und trafen sich „bisweilen in malerischen Nachtkostümen am Gedenkstein, der 1913 geweiht worden war ..."

Zu den kurzen Siegesfeiern mit Gesang und Ansprache, so z.B. am 12. Februar 1915 (Schlacht an den Masurischen Seen), am 5. August 1915 (Fall von Warschau), am 8. August (Fall von Kowno), am 26. August (Einnahme von Brest-Litowsk) kamen viele Leute.

Der Pfarrer stellte während der Kriegszeiten eine Zunahme des Glaubenslebens fest. Da die vielen frommen Menschen den Krieg scheinbar nicht als Menschenwerk zu erkennen und ihn auch nicht zu bannen vermochten, riefen sie wieder verstärkt den Himmel an, ihnen in ihren Nöten beizustehen.

Bis Weihnachten 1914 sind aus Gröben 21, aus Jütchendorf 5, aus Siethen 21, aus Großbeuthen 11 und aus Kleinbeuthen 2, insgesamt 60 Männer, eingezogen worden. Weihnachten 1915 standen schon 160 Gemeindemitglieder im Felde. Die Zahl stieg weiter an – auch die der Gefallenen und der als Krüppel Heimkehrenden.

Hunger breitete sich aus.

Wenn der Wolf Hunger hat, darf das Schaf nicht blöken

Im Kriegsjahr 1916 vertraute der ansonsten sehr patriotische Pastor dem Tagebuch ketzerische Gedanken an, so z.B.: „Der Krieg hat uns den staatlichen Sozialismus gebracht", denn es sind „Nahrungsmittel und die nötigsten Gebrauchsgegenstände ... fast alle vom Staate beschlagnahmt worden." „Der Staat legte seine Hand auf den betreffenden Gegenstand und setzte seinen Preis ... fest." Erst legte Vater Staat seine Hand aufs Getreide, bald aber auch auf „andere Nahrungsmittel, Futterartikel, Bekleidungsgegenstände, Brennstoffe, Fette, Öle, Seifen, selbst auf Eicheln und Kastanien."

Seit 1916 gab es Brot-, bald auch Fleisch-, Butter-, Zucker-, Süßstoff- und Seifenkarten und Bezugsscheine für wollene Gegenstände, für Spiritus und dergleichen mehr. Der Pfarrer vermerkte dazu: „Wir haben durchgehalten." Pro Woche – so hielt er in der Chronik fest – gab es pro Person 2000 g Brot oder 1350 g Mehl. „Wir in der Pfarre kauften Mehl und buken selber, weil uns das selbstgebackene Brot vorteilhafter und wohlschmeckender dünkte." Nun war auch im Pfarrhaus Schmalhans Küchenmeister; die stets hungrigen Kinder bekamen „zum Morgen- und Nachmittagskaffee nur eine Schnitte zugeteilt."

Wer zu Besuch kam, brachte sich Brot und Butter mit; und wenn sich die Gröbener Pfarrersfamilie zu Fuß zum Verwandtschaftsbesuch nach Charlottenburg (bis 1920 noch ein Ort vor Berlin) begab, „dann wanderte Brot, Butter und Milch mit." Niemand hätte es gewagt, „unterwegs oder gar in einem Berliner Lokal sein Butterbrot vor den Augen anderer zu essen."

In jenen Tagen fand „eine Völkerwanderung (der Berliner aufs Land) statt"; alle hofften, dort etwas Eßbares erstehen zu können. „Die Fischer waren, solange das Radfahren noch erlaubt war, förmlich belagert. Ehe die Fische aufs Trockene kamen, waren sie schon verkauft und in den Rucksäcken verschwunden."

Die hier geschilderten Vorgänge sind jenen, die den Zweiten Weltkrieg erlebten, nicht unbekannt.

Muselmanen in Gröben
In Hungersnot gibt's kein schlechtes Brot

Immer mehr Männer wurden eingezogen, d.h., zum Militär berufen.

Pfarrer Lembke schrieb: „In mancher Familie mußten die Alten, die sich längst zur Ruhe gesetzt hatten, wieder zum Pflug greifen, in anderen Familien haben die Frauen, wie bei Thäles, die Leine in die Hand genommen und schwere Männerarbeit getan, in wieder anderen zarte Kinder, wie bei Maurer Kirstein, von 12 und 10 Jahren wie Erwachsene geschuftet, so daß man sich oft gefragt hat, wie halten die Menschen die Arbeit von früh bis spät, Tag um Tag und Woche um Woche nur aus." Mancher drohte „unter der Fülle der Arbeit und der Last der Sorgen zusammenzubrechen ..."

1915 kam dann zu allem Unglück noch eine Mißernte hinzu. Pfarrer Lembke hielt dazu fest: „Ich habe noch nie so kümmerliche Roggenfelder gesehen als auf der Gröbener Feldmark." Der Hafer „ist überhaupt nicht aus den Raspen gekommen. Große Schläge habe ich gesehen, auf denen nicht ein Halm stand."

„Noch niemals ist wohl mehr um das tägliche Brot gebetet worden als im Frühjahr und Sommer 1916."

Als im Herbst 1916 eine gute Ernte folgte, fehlte es an Arbeitskräften, um sie einzubringen, denn um diese Zeit waren mehr als 160 Gemeindemitglieder, „natürlich die arbeitsfähigsten und kräftigsten", im Kriege.

Seit 1916 kamen (erst auf die Güter, bald auch auf einzelne Bauernhöfe) russische Kriegsgefangene in die Dörfer. „Das Rittergut Großbeuthen hatte gleich nach der Freigabe der Gefangenen für die landwirtschaftliche Arbeit zugegriffen und 20 bis 25 Russen eingestellt. Das Rittergut Siethen folgte, und seit 1916 werden auch für die kleinen Wirtschaften Gefangene freigegeben." So kamen beispielsweise „jeweils ein Russe – das waren Mohammedaner aus dem fernen Osten – auf die Wirtschaften der Witwe Thäle, Witwe Heinicke, des Bauern Lehmann, des Gemeindevorstehers Bergemann, des Fischerkossäten Lehmann 2 (Kietz) und des Schmiedemeisters Käthe." Der bei Käthes eingesetzte Kriegsgefangene sprach etwas Deutsch und war sehr lernbegierig; er wurde als Dolmetscher eingesetzt. Als auch der Schmiedemeister einberufen wurde, setzte der Gefangene die anfallenden Schmiedearbeiten alleine fort. „Im allgemeinen sind die Russen fleißige und willige Arbeiter gewesen, haben allerdings auch eine sehr gute Behandlung erfahren ..."

Hunger tut weh
Essen sie nur, Herr Pfarrer; es kriegt sonst sowieso die Katz

Im Juni 1918 nahm Pfarrer Lembke folgende Eintragungen in der Chronik vor:

Ich möchte den Hunger, wie er auch durch das Pfarrhaus ging, durch folgende zwei Begebenheiten illustrieren: Meine beiden jüngsten Söhne, ca. vier und acht Jahre alt, litten stark unter dem Hunger, weil es im Pfarrhaus nur wenig und schlechtes Brot gab, als Belag Marmelade oder weißen Käse. Butter und Wurst waren unbekannt. Daher freuten sich die Jungen, wenn sie irgendwo im Dorf eine regelrechte Stulle erwischen konnten. Eine Arbeiterwitwe, Mutter Fischer, steckte ihnen öfters eine solche zu. So ging eines Tages der Kleinste wieder zu dieser Wohltäterin, weil er hungrig war, von dem älteren Bruder beauftragt, ihm eine Stulle mitzubringen. Er erhielt auch wirklich zwei Stullen, aber unterwegs aß er sie beide auf, so daß er mit leeren Händen zu seinem empörten Bruder zurückkam. Später lachten die beiden Brüder darüber und wir mit ihnen, aber damals waren sie sich böse. Jedenfalls ist die Erinnerung daran noch frisch in ihrem Gedächtnis.

Die andere Begebenheit: Ich selber bin am Bußtag 1918 am Altar in Grossbeuthen vor Unterernährung umgefallen. Niemand fragte groß danach, warum das geschehen war; jeder dachte, die Pfarrersleute hätten gut zu leben. Und wenn wirklich einer mal etwas von der schmalen Kost im Pfarrhaus hörte, dann beruhigte er sich in dem Gedanken: Der andere wird schon helfen – wenige Familien ausgenommen. Meine Frau und ich haben uns tapfer gegen das Gefühl der Bitterkeit gewehrt ...

Die Toten des Ersten Weltkrieges
Ob arm oder reich, der Tod macht alle gleich

Aus dem Kirchenspiel blieben im Ersten Weltkrieg (gefallen, gestorben, vermißt):

A. Aus Gröben und Jütchendorf

1. Gustav Erdmann, geb. 12. August 1888, „1914 vermutlich in den Karpaten umgekommen".
2. Gustav Löwendorf, vierter Sohn des Chausseearbeiters K. Löwendorf, geboren 31. März 1888, gefallen 9. April 1916 vor Verdun. Ein weiterer Sohn der Familie war vermißt.
3. Fritz Kappert, Knecht beim Bauern Lehmann (beheimatet in Tremsdorf), gefallen 23. Mai 1916.
4. Hermann Lehmann, Sohn des Fischerkossäten, gefallen am 1. September 1917 in Flandern durch Bauchschuß.

5. Bernhard Schulze, einziger Sohn des Kossäten H. Schulze aus Jütchendorf. Bernhard war am 2. Dezember 1917 von einem Granatsplitter tödlich getroffen worden.
6. Paul Henkel, Sohn des Kossäten Henkel, gestorben am 27. September 1918; beerdigt in Lisonne.
7. Ernst Henkel, zweiter Sohn des Kossäten Henkel, gefallen am 16. Oktober 1918 im Maschinengewehrfeuer; seine Leiche konnte nicht geborgen werden.
8. Albert Trebus, Sohn des Büdners Albert Trebus, am 31. Oktober 1918 in Frankreich nach Amputation des Beines an Blutvergiftung gestorben. Er hinterließ eine Witwe mit Kindern.
9. Albert Löwendorf, Sohn des Chausseearbeiters Karl Löwendorf (s. 2.), vermißt seit August 1915.
10. Hermann Brösicke, Sohn des Bauern gleichen Namens. Er starb am 9. Oktober 1918 zu Hause an den Folgen des Krieges.

B. Aus Siethen

1. Friedrich Kullack, Sohn des Gutsarbeiters Kullack, geboren 18. August 1893, gefallen am 25. April 1915 bei einem Sturmangriff bei Verdun.
2. August Egeler, gefallen am 30. Juni 1915 in Galizien.
3. Otto Becker, Sohn des Milchkühlers in Siethen, gefallen am 11. Juli 1915, beerdigt in Rußland.
4. Albert Zernick, Bauernsohn, geboren 25. Oktober 1893, gefallen am 21. Mai 1916 vor Verdun.
5. Friedrich Hannemann, ältester Sohn der Witwe Hannemann. Er fiel am 16. Juli 1916 im Osten.
6. Fritz Wunderlich, Pflegesohn des herrschaftlichen Kutschers Schley, am 19. Juli 1916 von einer Fliegerbombe getroffen.
7. Max Kallenbach, Sohn des Försters von Siethen, geboren am 31. August 1892 im Forsthaus Siethen. Er starb am 23. Januar 1917 an den Folgen einer Verwundung und wurde (als Offiziersstellvertreter) in Prilep im Einzelgrab bestattet.

Kriegerdenkmal Großbeuthen, geweiht am 22. Mai 1921 (Foto vom 1988)

8. Paul Schiller, Gutsarbeiter, am 9. Juli 1918 bei Reims von einem Granatsplitter getötet.
9. Wilhelm Krohn, Pflegesohn des Hofmeisters Jenssen auf Gut Siethen, gefallen am 29. September 1918 an der Westfront.
10. Hermann Gericke, am 12. April 1917 im Lazarett in Metz gestorben, beerdigt in Siethen.
11. Willi Sperling, herrschaftlicher Diener
12. Albert Raddatz, Gutsarbeiter, vermißt

Siethen 1916, Einquartierung l.a., Kind: Erhard Hinze, 2. Kind: Alfred Hinze, Emilie Hinze

C. Aus Großbeuthen

1. Wilhelm Wegener, Kossätensohn, geboren am 6. August 1891, gefallen am 28. Januar 1917, beerdigt im Schloßgarten von Bucy le Long.
2. Heinrich Schmidt, Rechnungsführer beim Gutsherren Goertzke, gefallen am 29. Mai 1915 bei der Loretto-Höhe.
3. Robert Kestin, Pferdeknecht auf dem Rittergut, geboren am 5. Juli 1884, erlag seinen schweren Verwundungen.
4. Johann Max Biebrach, Knecht, gefallen während eines Patrouillenganges am 10. September 1914 in Belgien.
5. Friedrich Nörenz, Gutsschmiedemeister, hinterließ Witwe und vier Kinder.
6. Emil Basdorf, einziger Sohn des Hofmeiers in Großbeuthen, geboren am 10. August 1889, gefallen am 11. August 1915 in Rußland.
7. Gustav Dietrich, Stiefsohn des Gutsarbeiters Brose, gefallen am 21. August 1915 in Rußland.
8. Albert Müller, am 25. Juli 1917 durch Kopfschuß in Rußland gefallen.
9. Paul Müller
10. Lehmann, Sohn eines Kolonisten, vermißt.

Weihnachten 1916 waren 145 Männer eingezogen (bei insgesamt rd. 1000 Einwohnern), davon aus

Gröben	37
Jütchendorf	21
Siethen	51
Großbeuthen	29
Kleinbeuthen	7

Das waren mehr als 30 Prozent aller Erwachsenen. Der Krieg brachte grenzenloses Elend bis ins letzte Dorf.
Kriegerdenkmäler erinnern noch heute an die Toten des Ersten Weltkrieges.

Die Zahl der Toten nach dem Zweiten Weltkrieg war ungleich höher.

Der Siethener Gutskutscher Karl Kiekebusch wurde im 1. Weltkrieg Chauffeur.

Kriegerdenkmal Siethen (um 1926).
Das Denkmal ist am 28. Juni 1926 geweiht worden. Pfarrer Lembke: „Ich habe von der Sprache der Toten geredet. Die Toten haben uns etwas zu sagen, zu fragen und zu klagen." Bereits am 24. Oktober 1920 hatte Dr. v. Badewitz eine Gedenktafel für die Gefallenen aus Siethen gestiftet. Sie befindet sich in der Kirche.

Theodor Fontane in Gröben und Siethen

Die Schwermut ist ihr Zauber
Die Natur will ihr Recht

Theodor Fontane (30.12.1819 – 20.09.1898) ist lange durchs Märkische gereist, ehe die vier Bände der „Wanderungen durch die Mark Brandenburg" das Licht der Welt erblickten. 1881 erschien mit dem 4., dem Spreeland-Band, der letzte Teil dieser Reihe. Seine wichtigsten Anlaufpunkte für ortsgeschichtliche Forschungen waren neben den adeligen Gutsherren die Lehrer und Pastoren, aber auch mit alteingesessenen Familien, Gastwirten und Fuhrleuten kam er gern ins Gespräch. 1864, im Vorwort der 2. Auflage des ersten Bandes, hatte Fontane über seine Reisen durch die ihm ans Herz gewachsene Mark mit wachsender Begeisterung berichtet. An anderer Stelle schrieb er zum Thema „Über das Reisen in der Mark":

Lieber Freund. Ob du reisen sollst, reisen in der Mark? Die Antwort auf diese Frage – eine Frage, die ich noch dazu heraufbeschworen habe – ist nicht eben leicht. Und doch würde es mir nicht anstehen „nein" zu sagen. So denn also „ja". Aber „ja" unter Vorbedingungen. Wer es wagt, muß allerlei mitbringen. Laß mich Punkt für Punkt aufzählen, was ich für unerläßlich halte. Wer in der Mark reisen will, der muß zunächst Liebe zu „Land und Leuten" mitbringen, mindestens keine Voreingenommenheit. Er muß den guten Willen haben, das Gute gut zu finden, anstatt es durch krittliche Vergleiche totzumachen. Der Reisende in der Mark muß sich ferner mit einer feineren Art von Natur- und Landschaftssinn ausgerüstet fühlen. Es gibt gröbliche Augen, die gleich einen Gletscher oder Meersturm verlangen, um befriedigt zu sein. Diese mögen zu Hause bleiben. Es ist mit der märkischen Natur wie mit manchen Frauen. „Auch die häßlichste Frau" – sagt das Sprichwort – „hat immer noch sieben Schönheiten." Ganz so ist es mit dem „Lande zwischen Oder und Elbe"; wenige Punkte sind so arm, daß sie nicht auch ihre sieben Schönheiten

So etwa sah Fontane aus, als er Gröben zum ersten Male besuchte. (Foto: Nach einem Originalfoto von 1860 aus dem Fontanearchiv).

hätten. Man muß sie nur zu finden verstehen. Wer das Auge dafür hat, der wagt es und reise. Drittens. Wenn du reisen willst, mußt du die Geschichte dieses Landes kennen und lieben. Dies ist ganz unerläßlich. Wer nach Küstrin kommt und einfach das alte graugelbe Schloß sieht, das, hinter Bastion Brandenburg, mehr häßlich als gespensterhaft aufragt, wird es für ein Landarmenhaus halten und gleichgültig oder wohl gar voll ästhetischem Mißbehagen an demselben vorübergehn; wer aber weiß: „Hier fiel Kattes Haupt; an diesem Fenster stand der Kronprinz", der sieht den alten unschönen Bau mit andern Augen an. – So überall. Wer unvertraut mit den Großtaten unserer Geschichte, zwischen Linum und Hakenberg hinfährt, rechts das Luch, links ein paar Sandhügel, der wird sich die Schirmmütze übers Gesicht ziehn und in der Wagenecke zu nicken suchen; wer aber weiß, hier fiel Froben, hier wurde das Regiment Dalwigk in Stücke gehauen, dies ist das Schlachtfeld von Fehrbellin, der wird sich aufrichten im Wagen und Luch und Heide plötzlich wie in wunderbarer Beleuchtung sehn. Viertens. Du mußt nicht allzusehr durch den Komfort der „großen Touren" verwöhnt und verweichlicht sein. Es wird einem selten das Schlimmste zugemutet, aber es kommt doch vor, und keine Lokalkenntnis, keine Reiseerfahrungen reichen aus, dich im voraus wissen zu lassen, wo es vorkommen wird und wo nicht. Zustände von Armut und Verwahrlosung schieben sich in die Zustände modernen Kulturlebens ein, und während du eben noch im Lande Teltow das beste Lager fandest, findest du vielleicht im „Schenkenländchen" eine Lagerstätte, die alle Mängel und Schrecknisse, deren Bett und Linnen überhaupt fähig sind, in sich vereinigt. Regeln sind nicht zu geben, Sicherheitsmaßregeln nicht zu treffen. Wo es gut sein könnte, da triffst du es vielleicht schlecht, und wo du das Kümmerlichste erwartest, überraschen dich Luxus und Behaglichkeit. Fünftens und letztens. Wenn du das Wagstück wagen willst – „füll deinen Beutel mit Geld". Reisen in der Mark ist alles andre eher als billig. Glaube nicht, weil du die Preise kennst, die Sprache sprichst und sicher bist vor Kellner und Vetturinen, daß du sparen kannst; glaube vor allem nicht, daß du es deshalb kannst, „weil ja alles so nahe liegt". Die Nähe tut es nicht. In vielbereisten Ländern kann man billig reisen, wenn man anspruchslos ist; in der Mark kannst du es nicht, wenn du nicht das Glück hast, zu den „Dauerläufern" zu gehören. Ist dies nicht der Fall, ist dir der Wagen ein unabweisliches Wanderungsbedürfnis, so gib es auf, für ein Billiges deine märkische Tour machen zu wollen. Eisenbahnen, wenn du „ins Land" willst, sind in den wenigsten Fällen nutzbar; also – Fuhrwerk. Fuhrwerk aber ist teuer. Man merkt dir bald an, daß du fort willst oder wohl gar fort mußt, und die märkische Art ist nicht so alles Kaufmännischen bar und bloß, daß sie daraus nicht Vorteil ziehen sollte. Wohlan denn, es kann dir passieren, daß du, um von Fürstenwalde nach Buckow oder von Buckow nach Werneuchen zu kommen, mehr zahlen mußt als für eine Fahrt nach Dresden hin und zurück. Nimmst du Anstoß an solchen Preisen und Ärgernissen – so bleibe zu Haus. Hast du nun alle diese Punkte reiflich erwogen, hast du, wie die Engländer sagen, „deine Seele fertiggemacht" und bist du zu dem Resultate gekommen: „Ich kann es wagen", nun denn, so wag es getrost. Wag es getrost, und du wirst es nicht bereuen. Eigentümliche Freuden und Genüsse werden dich begleiten. Du wirst Entdeckungen machen, denn überall, wohin du kommst, wirst du, vom Touristenstandpunkt aus, eintreten wie in „jungfräuliches Land". Du wirst Schloß- und Klosterruinen auffinden, von denen höchstens die nächste Stadt eine Ahnung, eine leise Kenntnis hatte; du wirst inmitten alter Dorfkirchen, deren zerbröckelter Schindelturm nur auf Elend deutete, große Wandbilder oder in den treppenlosen Grüften reiche Kupfersärge mit Kruzifix und vergoldeten Wappenschildern finden; du wirst Schlachtfelder überschreiten, Wendenkirchhöfe, Heidengräber, von denen die Menschen nichts mehr wissen, und nur Sagen und Legenden und hier und da die Bruchstücke verklungener Lieder werden „auf der Heide" und ihren Dörfern zu dir sprechen. Das Beste aber, dem du begegnen wirst, das werden die Menschen sein, vorausgesetzt, daß du dich darauf verstehst, das rechte Wort für den „gemeinen Mann" zu finden. Verschmähe nicht den Strohsack neben dem Kutscher, laß dir erzählen von ihm, von seinem Haus und Hof, von seiner Stadt oder seinem Dorf, von seiner Soldaten- oder Wanderzeit, und sein Geplauder wird dich mit dem Zauber des Natürlichen und Lebendigen umspinnen. Du wirst, wenn du heimkehrst, nichts Auswendiggelerntes gehört haben wie auf großen Touren, wo alles seine Taxe hat; der Mensch selber aber wird sich vor dir erschlossen haben. Und das bleibt doch immer das Beste.

Berlin, im August 1894   *Th. F.*

Die Schwesterdörfer Siethen und Gröben haben Fontane in „ihrer entzückenden Lage" ganz besonders gut gefallen. Lange saß er beim Gröbener Pfarrer Wendland, um mit ihm zu plaudern und die alten Kirchenbücher zu studieren.

Fontane, der seinerzeit in der Potsdamer Straße 134 c in Berlin wohnte, bedankte sich in einem Brief vom 30. April 1881 an den Gröbener Pastor mit freundlichen Worten:

... Denk' ich an meine letzte Reise ins Beeskow-Storkowsche zurück, so läßt mich der Contrast erst recht empfinden, eine wie glückliche Stelle für mich das Groebener Pfarrhaus war. Es sind der Plätze nicht viele, die des Vorzugs genießen, ein ähnliches Gaben-Füllhorn über einen durstigen „Wanderer" ausgießen zu können. Nicht bloß ihre Kirchenbücher sind Schätze, auch das, was die jüngste Vergangenheit geschaffen und schönheitsvoll und segnend gewirkt hat, war mir eine wahre Herzensfreude kennenzulernen ...

Kopie vom Original des Briefes Theodor Fontanes an die Gattin des Pastors Wendland, Gröben, vom 3. Mai 1881 (1. Seite)

Ein weiterer Brief Fontanes an Frau Johanna Luise Anna Wendland, geborene Steinhausen (1849-1918), traf am 4. Mai 1881 in Gröben ein:

Hochverehrte Frau.

Darf ich mich für Donnerstag früh bei Ihnen anmelden? Ich will um 6 hier fort, bin etwa 6 3/4 in Ludwigsfelde und etwa 8 1/2 in Groeben. Nur wenn es am Donnerstag früh stark regnen sollte, bitt' ich meinen Besuch vertagen zu dürfen.

Es hat mich beschämt und gerührt, von Ihrem Herren Gemahl, der in den letzten Tagen gerade Geschäfte über Geschäfte hatte, noch einen ziemlich langen Brief zu empfangen.

Die Notizen über die Kirche waren mir werthvoll, noch werthvoller die Mittheilung über die Thile's, Vater und Sohn. Es ist danach wohl unzweifelhaft, daß die gegenwärtigen 2 Generale mittelbar aus dem Groebener Pfarrhause stammen. Uebrigens sind und waren immer sehr viele Generale Pastorensöhne, so wohl bei uns wie anderswo. Auch Nelson kam aus einem Pfarrhause.

Es liegt mir jetzt ganz besonders an einem Klarsehen in der Uebergangs-Epoche. 1778 starb der letzte Siethener Schlabrendorff, 1785 der letzte Groebener, und nun taucht, entweder unmittelbar oder doch nur wenige Jahre später, eine ganz neue Species von Schlabrendorffs auf, die mit den alten Schlabrendorffs nur den Namen gemein hat.

Der erste dieser neuen Schlabrendorffs hieß Friedrich Wilh. Heinrich, Carl Ernst v. Schl. war ein wunderbarer Heiliger, 2 oder 3 mal verheirathet und Vater einerseits des Grafen Leo v. Schl., andererseits der Frau v. Scharnhorst, geb. Gräfin v. Schl. Ueber diesen Schl., entweder aus dem Kirchenbuch (Band III) oder aus Mittheilungen des alten Dieners etwas zu erfahren, wäre mir wichtig. Etwas, denk ich, muß sich finden. Mit der Bitte, mich Ihrer Frau Schwiegermutter empfehlen zu wollen, gnädigste Frau, in vorzüglicher Ergebenheit
Ihr   *Th. Fontane.*

Bald kehrte Fontane wieder in Gröben ein. Der Dank ging auch dieses Mal an die Ehefrau des Pfarrers, da sich der Pfarrer selbst zur Kur in Karlsbad befand; in einem Brief vom 7. Mai 1881 heißt es:

Schon gestern wollte ich Ihnen danken für die wieder so schönen und leider nur zu kurzen Stunden, die ich diesmal nicht bloß in Ihrem Pfarrhause, sondern sogar in dem Allerheiligsten der Studierstube verbringen durfte ...

Als er das Kapitel „Groeben und Siethen" abgeschlossen hatte, schickte Fontane am 26. Mai 1881 einen weiteren Brief nach Gröben; da der Pastor noch immer abwesend war, richtete er ihn abermals an dessen Gattin:

Hochverehrte Frau.

Nicht um Sie nochmals zu inkommodieren, sondern diesmal nur um meinen Dank auszusprechen, schreibe ich. Es war alles vorzüglich und ich könnte mir gratuliren (!), wenn ich immer über eine so gefällige und so geschickte Mitarbeiterschaft Verfügung hätte. Mit dem Aufsatze selbst bin ich nun endlich fertig. Ihr Herr Gemahl ist nun wohl schon zurückgekehrt; unter allen Umständen bitt ich mich ihm empfehlen zu wollen, wenn nicht mündlich so brieflich.

Sie haben Recht, jetzt müßte ich Groeben sehen, ich würde dann meine ketzerischen Ansichten über seine specielle Dorf-Schönheit gewiß modificiren und nicht bloß an seine See-Schönheit glauben. Bei Nacht ist alles grau und bei Flieder alles schön. Aber Pardon; ich verrede mir sonst jede freundliche Meinung.

Unter Empfehlungen an Ihre Damen, jung und alt, in vorzüglicher Ergebenheit

Ihr   Th. Fontane.

Fontane entdeckte in Gröben und Siethen nicht nur eine höchst interessante Vergangenheit, sondern auch „ein märkisches Idyll", das er folgendermaßen beschrieb:

Und nun nehmen wir Abschied und schreiten ohne weitre Säumnis aus dem Dorf (Siethen) *auf die schmale Damm-Stelle zu, die, genau halbwegs zwischen den Schwesterdörfern, eine mit wenig Bäumen bestandene Landenge bildet und nach rechts hin einen Blick auf den Siethener und nach links hin auf den Groebener See gestattet.*

In gleicher Schönheit breiten sich beide vor uns aus, aber während der mehr flachufrige Groebener See sich endlos auszudehnen und erst am Horizont inmitten einer im blauen Dämmer daliegenden Hügelkette (Glauer Berge – d.A.) *seinen Abschluß zu finden scheint, ist der Siethener enger und dichter umstellt, und die Parkbäume neigen sich über ihn und spiegeln sich darin. Auf beiden aber ruht derselbe Frieden und dieselbe Schwermut. Und diese Schwermut ist ihr Zauber. Ein matter Luftzug geht, und nur matter noch geht und klappert die Mühle. Die Wasserente taucht, und aus der Tannenschonung steigt ein Habicht auf, um die letzten Sonnenstrahlen*

Eine von Theodor Fontane angefertigte Lageskizze von Gröben, Siethen und Großbeuthen. Die Eintragung lautet: „Gröben, die hübsche neue Kirche von Adler gebaut. Die Grabsteine im Chor errichtet, eine Schlabrendorff, geb. v. Phul oder eine Phul, (gemeint ist wohl der Name von Pfuel) geb. v. Schlabrendorff. Der Melanchthonsche Brief. Frau von Scharnhorst wohnt hier; sie hat sich das beim Verkauf ausbedungen."

einzusaugen – jetzt aber verflimmert es rot und golden im Gewölk, und im selben Augenblicke schießt er wieder ins Dunkel seiner Jungtannen nieder.

Auch die Mühle schweigt und der Wind. Und alles ist still [16/1].

Das größere Interesse Fontanes lag auf der Geschichte der Adelsfamilien, deren zunehmende Bedeutungslosigkeit als die „Edelen", die sie so wohl nur in seiner Vorstellungswelt waren, er – hin und wieder sehr wehmutsvoll – registrierte. Wegen der Konzentration auf die Adelsfamilien hob er nur einen Bruchteil des in Gröben ruhenden Schatzes an geschichtlichen Informationen. Gröben und Siethen waren für ihn „ein märkisches Idyll. Aber auch ein Stück märkischer Geschichte" [16/1]. Seine ursprüngliche Begeisterung für Gröben wird später relativiert: „Gröben gilt bei seinen Bewohnern und fast mehr noch bei seinen Sommerbesuchern als ein sehr hübsches Dorf. Ich kann aber dieser Auffassung, wenn es sich um mehr als seine bloße Lage handelt, nur bedingungsweise zustimmen. Gröben hat ein märkisches Durchschnittsaussehen, ist ein Dorf wie andere mehr, und alles, was als bemerkenswert hübsch in seiner Erscheinung gelten kann, ist seine von einem hohen Fliedergebüsch, darin die Nachtigallen schlagen, umzirkte Kirche" [16/1]. Das Zimmer, in dem Fontane seinerzeit genächtigt hatte, ist auch heute noch das Gästezimmer im Pfarrhaus Gröben.

Pastor Wendland (sen.) mit Frau, zwei Söhnen und Hedwig Badewitz (um 1890)

Nachbemerkung:

Die hier zitierten Fontanebriefe wurden am 19.9.1998 durch den Urenkel des Pastors Wendland, Dr. Wendland und dessen Gattin, anläßlich des 100. Todestages von Theodor Fontane in Kopie an die Kirchengemeinde Gröben übergeben und können – mit Transskription – in der am 19. September 1998 durch Kulturminister Steffen Reiche, den Präsidenten des Berliner Abgeordnetenhauses, Professor Haase, den Landtagspräsidenten von Brandenburg, Dr. Knoblich, die stellvertretende Landrätin, Karin Schreiber und den Bürgermeister von Ludwigsfelde, Heinrich Scholl, eröffneten Lese- und Geschichtsstube, die sich in der Sakristei der Gröbener Kirche befindet, eingesehen werden.

Anmerkungen zur Kirchengeschichte

Die Kirchen der Parochie
Es beten nicht alle, die in die Kirche gehen

Im Gegensatz zu den Wohnunterkünften der Bauern waren die Kirchen, die ursprünglich nicht nur für den Gottesdienst, sondern häufig auch als Wehrkirchen erbaut worden sind, von vornherein stabiler, mit dicken, festen Mauern und somit für die Jahrhunderte errichtet worden.

In der Parochie Gröben bestanden drei Kirchen, nämlich in Gröben selbst, in Siethen und Großbeuthen. In Kleinbeuthen hatte es einst eine Kapelle gegeben. Die erste Kirche von Gröben war bereits Ende des 13. Jahrhunderts aus Granitfindlingen und Feldsteinen im Zentrum des Runddorfes errichtet worden [12]. Ernst Lembke ist der Überzeugung, daß die Gröbener Kirche um 1200, und zwar von den Zisterziensern („den Lehniner Mönchen") errichtet worden sei: „Als die Zisterzienser um 1200 bei dem Novum Castrum, der heutigen Burgfischerei in Rehbrücke, über das unwegsame Nuthethal gingen, um auch den Teltow zu kolonisieren, war das erste, daß sie Gotteshäuser bauten, so Ahrensdorf 1224, Siethen 1225 und Gröben um 1250. Es waren Wehrkirchen, aus den vorhandenen Findlingen errichtet mit schmalen

Taufe, frühe 20er Jahre (Aufnahme vor der Gröbener Kirche), unten: Kirche Gröben (1998)   *Kirche Gröben nach dem Brand im Jahre 1908*

Kirche Gröben (1998)

Fenstern und einem Umgang auf dem niedrigen Turm" [C4]. Im Jahre 1408 wurde die Kirche zerstört. Lembke schreibt: „Das Niederbrennen von Gebäuden und Kirchen scheint zur Zeit der Quitzows der offizielle Verkehr zwischen dem Adel und den Städten gewesen zu sein" [C4].

Der Kirchhof der Gröbener Kirche befand sich ursprünglich unmittelbar an der Kirche und wurde erst später an den Rand des Dorfes verlegt.

Nach häufigen Ausbesserungen baute man die Kirche zwischen 1858-1860 schließlich um, was mit einer Vergrößerung und dem Einbau einer Heizung einherging. Dabei wurde das unterm Altar in Kreuzesform angelegte, aber einsturzgefährdete Grabgewölbe zugeschüttet. Die letzten Bestattungen dort hatten 1775/80 stattgefunden.

Den Umbau finanzierte Frau von Scharnhorst. Fünfzig Jahre später, am Heiligen Abend 1908, brannte die Kirche völlig nieder. Das Unglück ist mit großer Wahrscheinlichkeit durch eine Kerze, mit der sich der Organist das nötige Licht für den Umgang mit dem Tasteninstrument beschafft hatte, ausgelöst worden. Schließlich stürzte der brennende Kirchturm aufs Kirchenschiff, so daß nichts mehr zu retten war.

Eine andere Version, niedergeschrieben in den unveröffentlichten Erinnerungen von Irmgard von Künssberg, geborene Badewitz, lautet: „Schulkinder hatten zu ihrer Weihnachtsfeier am Nachmittag die Kerzen des Christbaums neben dem Altar angezündet und nicht richtig gelöscht. Dabei müssen die Altardecken unbemerkt Feuer gefangen haben. Kurz vor Mitternacht standen dann plötzlich in kürzester Zeit Kirchenbänke, Balken und Dachgestühl in Flammen. Das Feuer war nicht mehr zu löschen und die Kirche brannte bis auf die Grundmauern nieder."

Es gab aber auch noch weitere Erklärungsversuche: Johanna Naase hat als Kind gern den Erzählungen ihrer Mutter zugehört. So ist sie heute in der Lage, uns über Vorgänge vergangener Zeiten zu berichten, die nie aufgeschrieben worden sind und der Vergessenheit anheimfallen würden.

Da die Ursache des Kirchenbrandes nie vollständig geklärt werden konnte, gab man sich schließlich mit Vermutungen zufrieden, in denen man dem Küster Heinicke die Schuld gab; er soll bei der Vorbereitung der Weihnachtsandacht unvorsichtig gewesen sein und den Brand ausgelöst haben.

Er erlitt angesichts der brennenden Kirche einen Schlaganfall und verstarb kurze Zeit später. Die Witwe litt furchtbar unter der schweren Beschuldigung und ward des Lebens nicht mehr froh. Im Zusammenhang mit dem Kirchenbrand hat sich aber auch eine weitere, geradezu mysteriöse Geschichte erhalten: Zwei schwarzgekleidete Herren waren beim Küster erschienen und hatten um den Kirchenschlüssel gebeten. Kurz

Gedenktafel in der Kirche Gröben. Sie erinnert an den 1665 geborenen Gustav Albert von Schlaberndorff, der 1686 als Fähnrich bei der Belagerung der von den Türken verteidigten Festung Ofen ums Leben gekommen ist. Fontane schrieb dazu: „Man sieht einen Fluß (die Donau), an dessen Ufer hüben und drüben zwei bastionsartige Festungswerke: Pest und Ofen, liegen. Über dem einen Festungswerk steht eine große, rauchumhüllte Feuerkugel, die mutmaßlich als eine platzende Bombe gelten soll. Eine naive, symbolische Darstellung eines durch Bombardement erlittenen Todes". Darunter steht: „Der hochedelgeborene Herr, Herr Gustavus Albertus von Schlabrendorff ist geboren anno 1665 den 21. Juni, sein Leben aber hat er beschlossen am 15. Juli anno 1686 als Fähnrich und tapferer Soldat in Sr. Churfürstlichen Durchlaucht von Brandenburg Armee vor der Festung Ofen in Ungarn". Weiter heißt es in gutgemeinten Versen: „So griff der tapfere Held zugleich den Erbfeind an, Sein unerschrockner Mut ließ seine Kraft nicht fallen, Es war ihm nur zu Lust Carthaunen hören knallen, Und rühmet jedermann, was dieser Held gethan. Wohl, seine Tapferkeit nun auch sein Leben zeigt, Das er für's Vaterland beherzt hat hingegeben, Es soll sein Nam' und Ehr' bei Mit- und Nachwelt leben, Unsterblich der, deß Ruhm bis an die Wolken steigt!"

nachdem sie den Schlüssel zurückgebracht hatten, stand die Kirche in Flammen. Die wahre Ursache der Katastrophe wird wohl ewig ein Geheimnis bleiben.

Die Kirche wurde von dem damaligen Gutsherrn von Siethen und Gröben, Gottfried Badewitz, nach Plänen des Berliner Architekten, dem geheimen Baurat und Professor Franz Heinrich Schwechten (des Erbauers der Kaiser-Wilhelm-Gedächtniskirche in Berlin) neu aufgebaut und am 6. Februar 1910 geweiht. Die eigenwillige, aber ansprechende Ausmalung besorgte Prof. Oetken. Die Orgel kam von der Firma Sauer aus Frankfurt/Oder. Sie ist eine der letzten noch erhaltenen Original-Sauerorgeln. Daß sich die Gröbener und die evangelische Kirche in Rom so ähnlich sind, ist kein Zufall: Beide wurden vom selben Architekten gebaut.

Die Kirche von Siethen war aus „behauenen märkischen Findlingen" im frühen 13. Jahrhundert errichtet und im Laufe der Jahrhunderte wiederholt umgebaut worden. Für die Ausbesserung des Turmes im Jahre 1689 stellte Meister Tobias Land aus Luckenwalde u.a. „Steine, Kalk, Bretter, Kälberhaare und Hohlsteine" in Rechnung. 1851 fand eine gründliche Renovierung statt. Sie wurde vom Zimmermeister Schönow aus Trebbin durchgeführt. Die Fenster wurden vergrößert. Der obere Teil des Turmes bestand ursprünglich aus Holz; im 18. Jahrhundert ersetzte man ihn durch einen in massiver Bauweise. Im Jahre 1909 wurde der Turm in die jetzige Form gebracht. Weitere Veränderungen erfolgten im Kriegsjahr 1941. Die kleine Glocke aus dem Jahre 1553 trägt die Aufschrift: „Nickel Dietrich aus Lutring goss mich." Seit 1724 verfügt die Kirche über eine Uhr. Der Altar stammt aus dem Jahre 1616. Die Grundsubstanz der Kirche ist romanisch. 1914/15 fand anläßlich der bevorstehenden Konfirmation seiner beiden ältesten Kinder eine gründliche Renovierung der Kirche durch den kurz zuvor geadelten Gutsherren und Kirchenpatron von Badewitz statt. Zu dieser Zeit kam auch die Apsis hinzu. Die Glocken wurden im Ersten Weltkrieg eingeschmolzen. Von Badewitz spendete im Jahre 1920 neue Glocken. Leider dürfen die Glocken wegen Instabilität ihrer Aufhängung bzw. aus baupolizeilichen Gründen seit einiger Zeit nicht mehr geläutet werden. Edith John, seit 1966 der gute Geist der Kirchengemeinde, verfügt über eine Tonbandaufnahme, auf der der wunderschöne Klang des Geläutes konserviert ist. Es wäre ein Glück und ein Segen für Siethen, wenn die Glocken eines Tages wieder ertönen würden. In ihrem harmonischen Klang, der über den See getragen und vom Wald am gegenüberliegenden Ufer zurückgeworfen wird, schwingt etwas von der Seele des schönen und geschichtsträchtigen Ortes mit.

Kirche Siethen um 1935

Kirche Siethen (1998)

Kanzel und Taufstein der Siethener Kirche (1998)

Die Kirche wurde 1989/90 unter beachtlichem Aufwand abermals restauriert. Doch kurz danach machte man eine erschreckende Feststellung: Der Schwamm begann sich mit seiner zerstörerischen Auswirkung auszubreiten. Bei den nun erneut einsetzenden Restaurierungsarbeiten wurden zwei Grüfte und Mauerwerk eines rechteckigen Kellerraumes aus der Zeit um 1650 bis 1700 entdeckt, dann aber wieder zugemauert. Im Zusammenhang mit der Siethener Kirche sind noch etwa 50 um 1665 entstandene, in der gesamten Kirche verteilte Familienwappen aus der Verwandtschaft der Familie Schlabrendorff und (u.a.) die Patronatsloge der Familie von

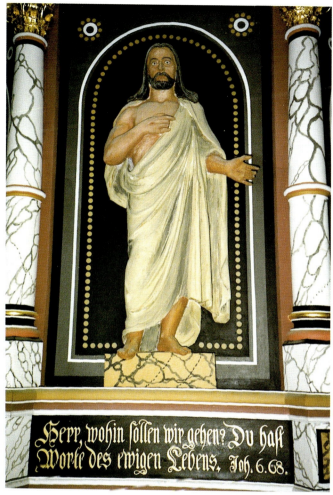

Christusfigur in der Siethener Kirche

Badewitz erwähnenswert. Und erwähnenswert ist auch eine mit Metallbeschlägen versehene Bibel, die der Kirchengemeinde 1915 von der Kaiserin Auguste Viktoria gestiftet worden ist.

Die Kirche von Wendisch- bzw. Großbeuthen wurde 1713/14 auf Veranlassung der Gutsherren und Patronatsherren von Schlabrendorff und von Goertzke an jener Stelle inmitten der Dorfaue errichtet, wo zuvor eine alte Feldsteinkirche gestanden hat. In einer Kirchenbucheintragung von 1600 ist von einem „Kirchlein" in Wendisch Beuthen die Rede.

„Beim Neubau der Kirche hat der Zimmermann bekommen 64 Thlr., der Maurer pro fundamento sollte 6 Thlr. bekommen, hat aber nur 2 Thlr. 19 gr. gekriegt, weil die Kirchenkasse erschöpft war." Der Kirchenneubau hatte 525 Thlr. und 16 gr. 10 Pfg. gekostet. Das Geld hatten die Patronatsherren von Goertzke bzw. von Hake (auf Genshagen)

Großbeuthen. Inneres der Kirche um 1930

Kirche von Großbeuthen (1998)

als Vormund der Goertzkeschen Kinder vorgeschossen. Der Vorschuß mußte „nach und nach von den Kircheneinkommen restituieret werden." Wesentlicher Bestandteil des Kircheneinkommens war der Ertrag aus dem Klingelbeutel.

Der Turm der Kirche, er bestand aus Holz, mußte 1798 wegen Baufälligkeit abgerissen werden. In den folgenden 50 Jahren blieb die Kirche ohne Turm. Erst 1847 wurde auf Kosten des Patrons, des Herrn von Goertzke, ein neuer Turm errichtet; er stiftete auch eine neue Glocke und eine Uhr, damit die Leute im Ort, besonders aber jene, die auf den Feldern arbeiteten, wußten, was die Glocke geschlagen hat. Die Gemeinde hatte beim Bau des Gotteshauses Hand- und Spanndienste zu verrichten. Die Ausführung des Turmbaus hatten ein Zimmermann und ein Maurermeister aus Trebbin übernommen.

Die Sprache der Glocken
Besser klein Gebimmel als gar kein Geläut

Das Läuten der Glocken fand in Gröben nach einem festen Plan statt, den der jeweilige Küster genauestens kennen mußte. Das Läuten gab praktisch den Tagesrhythmus vor. Täglich läutete die kleine Glocke eine Viertelstunde vor Schulanfang. Niemand konnte sich damit herausreden, diesen Weckruf nicht gehört zu haben. Damit jedermann, vor allem aber die Leute auf den Feldern, wußte, wie spät es ist, wurde die Glocke zum Mittag mit dreimal fünf Schlägen angeschlagen. Feierabend war erst dann, wenn zum Abend die Glocke abermals mit dreimal fünf Schlägen ertönte. Sonnabends wurde bei Sonnenuntergang mit allen Glocken „in einem Puls" (5 Minuten lang) geläutet.

Hochzeit in Siethen, v.l.: Edith John, Klaus Grüneisen, Inge Busse, geb. Köppen, Erich Busse

Kirche Gröben 1905

Altarschrein in der Gröbener Kirche, 1908 verbrannt

Kirchenwiederaufbau 1909 in Gröben

Kirchenschiff Gröben nach dem Wiederaufbau. Einweihung 6. Februar 1910

Am Sonntag ertönte eine Stunde vor dem Gottesdienst die mittlere Glocke. Der Gottesdienst selbst wurde volltönend mit allen drei Glocken eingeläutet. Am Abend des Sonntags erklangen bei Sonnenuntergang abermals alle drei Glocken.

Am Sonnabend vor einem Festtag wurde mit allen drei Glocken in drei Pulsen (je 5 Minuten) geläutet. Am Heiligen Abend ertönen bis zum heutigen Tage zur Erinnerung an den Brand der Kirche am 24.12.1908 alle drei Glocken mit vollem Geläut. In der Silvesternacht um 24 Uhr erklangen alle Glocken zehn Minuten lang. Als sich niemand mehr fand, die Glocken zu läuten, tat es der Pastor selbst oder eines seiner Kinder.

Bei Taufen ertönte nur die kleine Glocke, zu Hochzeiten und Beerdigungen erklangen alle Glocken, und zwar zwischen 11 und 12 Uhr in drei Pulsen, wenn das Grab ausgehoben wurde. Die Glocken läuteten abermals in der Zeit, in der der Sarg vom Sterbehaus bis zum Friedhof getragen wurde.

In Jütchendorf, das zur Parochie Gröben gehörte, gab es keine Kirche, und immer dann, wenn der Leichenzug von Jütchendorf her aus dem Walde herauskam, begannen die Glocken zu läuten.

In Siethen hingegen galten völlig andere Läute-Regeln. Hier ertönte auf Anordnung des Gutsherren und Kirchenpatrons beispielsweise die mittlere Glocke um sechs Uhr, um den Gutsarbeitern den Arbeitsbeginn zu signalisieren.

Auch Großbeuthen hatte eigene Regeln. Nur das Silvesterläuten erklang in allen Gemeinden zur gleichen Zeit, so daß praktisch im ganzen Lande die Glocken zugleich zu vernehmen waren, was derartigen Höhepunkten im Alltagsleben ein festlich-feierliches Gepräge gab. Starb ein Kirchenpatron, wurde in der Regel acht Tage lang mittags eine Stunde lang in drei Pulsen geläutet.

Pfarrer Lembke, ansonsten sehr patriotisch, war verbittert, als im Kriegsjahr 1917 die uralten Kirchenglocken von Siethen abgebaut, mühsam herabgelassen und abgeholt wurden, um für die Herstellung von Waffen eingeschmolzen zu werden. Die vom Hofglockengießer Ohlson in Lübeck gegossenen Glokken, die man nach den Stiftern Hermann und Gottfried (Badewitz) benannt hatte, läuteten am Abend des 15. Juli 1917 zwischen 20 und 21 Uhr zum letzten Male. Pfarrer Lembke schrieb: „Auf der Nordseite des Turmes wurde unmittelbar über dem Gesims ein Loch ausgestemmt, in dieses zwei starke Balken gelegt, und auf diesen wurde die Glocke vorgeschoben, bis sie vornüber gekippt werden konnte ... Ein wehmütiger, feierlicher Augenblick, als sie herabfiel ..."

Am 20. Juli 1917 wurden die Glocken, von denen eine allein 675 Kilogramm wog, nach Trebbin gebracht. Wie schwer der Gemeinde der Abschied von den Schallgeräten fiel, zeigte sich daran, daß ihnen der Geistliche im Ornat, Mitglieder des Gemeindekirchenrates und der Gemeinde wie auch die Schulkinder in Festtagskleidung bis zum Thyrower Weg ein trauriges Abschiedsgeleit gaben. Anstelle des volltönenden Glockengeläuts, das bis dahin über Dorf, See, Feld und Wald erklungen war, vernahm man fortan das klägliche Gebimmel der kleinsten Glocke, die man ihnen gelassen hatte.

Die 1880 installierten Orgelpfeifen waren ebenfalls zum Zwecke des Einschmelzens demontiert und abtransportiert worden. Als sie auf dem Bahnhof Trebbin eintrafen, war der

Pfarrhaus Gröben (1998)

Historische Aufnahme der Gröbener Kirche

Krieg zu Ende. Die Pfeifen der Königin unter den Musikinstrumenten kamen nach Siethen zurück und sind nach wie vor eine Zier der Kirche.

Auch Großbeuthen mußte seine Glocken abgeben. Eine von ihnen konnte dank der Bemühungen des Pfarrers zurückgekauft werden. Gröben konnte seine Glocken behalten, weil sie aus Gußstahl bestanden. Für Siethen endete der glockenlose Zustand im Jahre 1920: Der Gutsherr und Kirchenpatron Dr. Gottfried von Badewitz stiftete drei neue Gußstahl-Glocken, die am 28. November 1920 geweiht wurden. Sie trugen die Namen Hermann, Gottfried und Werner, also die Vornamen von Mitgliedern der Familie von Badewitz.

Kirchenbücher der besonderen Art
Wie der Schreiber, so das Buch

Kirchenbücher waren ursprünglich, d.h. seit Ende des 16. Jahrhunderts, kirchliche Tauf-, Trau- und Beerdigungsregister. Beurkundete Auszüge aus diesen pfarramtlichen Eintragungen galten bis zur Einführung der Zivilstandsgesetzgebung (1876) uneingeschränkt als öffentliche Urkunden.

Das Führen von Kirchenbüchern in der Mark Brandenburg wurde durch die Konsistorialordnung aus dem Jahre 1573 geregelt. Im Abschnitt 38 heißt es dort: „Aus sonderlichen Bedenken und vielen erheblichen Ursachen legen wir allen

Kirchenbuch, begonnen 1578. Linke Seite: eingeklebte Abschrift eines Melanchthon-Briefes. Melanchthon war ein Mitstreiter des Reformators Martin Luther. In diesem in Latein verfaßten Schreiben von 1544 fordert Melanchthon den Beuthener Pfarrer Selinstadt auf, sich dem Rat der Stadt Jüterbog zwecks Übernahme einer Pfarrstelle zur Verfügung zu stellen. [34].

und jeglichen Pfarren auf, daß sie ein sonderlich Register halten und darinnen alle und jeden Namen der Personen, so sie und ihre Kapläne oder jemand von ihretwegen in ihren Kirchen trauen und taufen, registrieren desgleichen die Namen der Toten, so zu ihren Zeiten verstorben, mit Fleiße verzeichnen ..." Damit begann die offizielle Geschichte der Kirchenbücher. Es dauerte nur fünf Jahre, bis diese Order Gröben erreicht hatte.

Von Urkunden und alten Akten geht – das empfinden wohl nicht nur Historiker – eine große Faszination aus. Dies trifft auch für Kirchenbücher zu, ganz besonders aber für die Gröbener. Sie stellen einen historischen Quellenfundus der besonderen Art dar.

Der historische Wert der Gröbener Kirchenbücher ist auch deshalb sehr groß, weil kein anderer als der Seelenhirt einen so tiefen Einblick in das Alltagsleben, in das Fühlen und Denken seiner „Schäfchen" hatte. Da ist nichts erdichtet, nichts erdacht, und darin liegt ihre große Bedeutung. Tausende von Namen tauchen auf, tausende von Menschenleben werden erwähnt; es wird auf Schicksale hingewiesen, auf Glück und Leid unserer Ahnen, die lange vor uns den Erdball betreten hatten. Ohne die Kirchenbücher wären die meisten dieser Namen, dieser einstmals blutvollen Menschen, längst verschollen und vergessen. Wir erfahren von Dingen, die uns heute unvorstellbar sind, so beispielsweise vom kalten Winter, in dem die Wölfe bis in die Dörfer kamen. „Das alte Gröbener Kirchenbuch", so schrieb ein ungenannter Autor im Teltower Kreiskalender von 1906, „schaut uns Menschlein von heute aus seinem Runzelgesicht mit klugen Augen an, wie eine Großmutter ihre Enkelschar und erzählt von vergangenen Tagen."

Rezepte aus dem Kirchenbuch
Das Mittel ist oft schlimmer als die Krankheit

Der zwischen 1769 und 1806 in Gröben tätige Pfarrer Redde war auch „Arzt für Mensch und Vieh gewesen." Zu diesem Zwecke hatte er alle erreichbaren medizinischen Bücher studiert. „Von seiner Hand stammen", so schrieb der Chronist, „mannigfache Recepte, die er in bunter Reihenfolge dem Kirchenbuch einverleibt hat." Er fügt – augenzwinkernd

Seite aus dem 1578 begonnenen Kirchenbuch mit Rezepten

– hinzu: „Wer sie nicht ernsthaft nehmen möchte, wird jedenfalls seine Freude an ihnen haben."

Gegen die Maul- und Klauenseuche des Rindviehs empfahl er: „Nimm kaltes Wasser in einen Eimer, giesse dazu ein paar Löffel voll Bleyessig und setze dann den Fuss des Viehes hinein, sodass derselbe ein paar Zoll über der Klaue und 5 Minuten darin stehe. Man kann auch von diesem Wasser Umschläge machen mit davon angefeuchteten Lappen, auch Umschläge von Lehm, angefeuchtet mit Essig und Wasser von jedem gleich viel, dazu ebenfalls Bleyessig. Löst sich der Horn ab oder verborgkt, so bestreiche man die Stelle mit Basiliken-Salbe, auch auf Flachs oder Werk gestrichen bindet man solche zwischen die Klaue. Man tränkt es mit Mehl und Weizenkleie" [C4].

Gegen die Maulseuche, bei der das Vieh „Hitze im Maul" und „ausfließenden Speichel", begleitet von „üblem Geruch" und wackelnden Zähnen und Zahnbluten hat, nehme man „ein Essig, 1/4 Maass Wasser, einen Löffel voll Salz und ebensoviel Honig, löse es zusammen auf und pinsele damit das Maul des Tieres öfters aus, wozu ein an einem Stock festgebundener

Lappen gebraucht wird. Zum Trank nimm Mehl, Kleye, gekochtes Brodt und etwas Salz."

Schließlich schrieb der Chronist auch folgendes „Recept" ins Kirchenbuch: „Damit die Sau nicht ranzig (rauschig) werde", empfahl er, ihr mit dem Futter „die Eingeweide eines Aals frisch oder gedörrt zu fressen" zu geben. Ist sie gegen den Willen des Halters tragend geworden, „so gebe man ihr im Futter Seifwasser, wie der Barbier es gebraucht, so geht die Frucht ab."

Auch „wider die Ratzen" kannte er ein Mittel: „Man grabe am Johannistage Bilsenkraut (hyoscyamus) samt der Wurzel aus, trocknet es, hebt es zum Gebrauch auf und wirft es da, wo die Ratzen sind, hin, die davon fliehen, weil sie den Geruch nicht vertragen können." Er kannte auch ein Mittel für „lahme und gichtische Hunde", „wider den Kropf der Pferde" usw.

Pfarrer Redde hatte aber auch Küchenrezepte parat, so z.B. für „einen angenehmen Kaffee". Dazu waren getrocknete und zerriebene Wacholderbeeren vonnöten. Einen halben Löffel des Pulvers gebe man in „ein Maass kochendes Wasser, das man damit aufwallen läßt, seiht es als dann durch ein sauberes Tuch und trinkt es mit Zucker wie Kaffee." Es gebe, so hob Redde hervor, „kein besseres Mittel als dieses", besonders „für hypochondrische, hysterische Weiber, Wassersüchtige, Gichtbrüchige und Steinkranke".

Ein Küchenrezept gibt die Anleitung für die Herstellung einer „Rumfordischen Suppe für 300 Personen." Pfarrer Lembke hielt dazu fest: „Weshalb Redde gerade für eine so grosse Zahl von Menschen eine Suppe bereitet haben will, ist schwer zu sagen. Vielleicht hat er an eine große Bauernhochzeit oder Einquartierung gedacht."

Er gibt also folgendes Rezept: „Nimm 1 $^{1}/_{2}$ Metze Gerstengraupen (sächsisches Maass, id est 3 Metzen Berliner), lass diese sanft aufsieden, ca. 100 Berliner Quart Wasser. Schütte dazu 1 $^{1}/_{2}$ Metzen (sächs. Maass) oder 3 Metzen Berliner Maass Erbsen. Koche solches zusammen 2 Stunden, 6 Metzen (sächs. Maas oder 12 Metzen Berliner maass) abgeschälte Erdtoffel, lass solche in obigem Wasser unter beständigem Umrühren noch eine Stunde kochen. Alsdann schütte dazu 5 Maass schwachen Essig, 1 Metze (Berliner Maass) Salz, schneide in kleine Brocken 17 $^{1}/_{2}$ Pfund Brodt und röste sie auf einem eisernen Bleche, giess einem jeden seine Portion Suppe auf seine Portion Brodt. Man kann auch, sie noch schmackhafter zu machen, geräucherten Speck in Würfel geschnitten oder 2 bis 4 Stück klein gehackte Ochsennieren nach den Erbsen mit kochen lassen." Ein Rezept zur Herstellung von Essig ist ebenso enthalten wie so praktische Hinweise, „wollene Tücher wasserdicht zu machen".

Ja selbst für die Herstellung von Tinte wußte er ein praktikables Rezept:

„Zu einem Vorrath von 10 Maass ist folgendes nötig: 4 Maass Regenwasser, 3 Maass Essigwein, 3 Maass schlechter Wein, 6 Loth Galläpfel, 4 Loth Eisenvitriol, 4 Loth Gummi arabicum. Zubereitung: Nimm 1 $^{1}/_{2}$ Maass Wasser, 1 $^{1}/_{2}$ Maass Wein und ebensoviel Essig. Mische es und giess es auf 6 Loth klein gestossene und durchgesichtete Galläpfel. In das Übrige des Gemisches von Wasser, Essig und Wein schütte zur Hälfte einmal den zerstossenen Vitriol und in die andere Hälfte die 4 Loth verstossenen Gummi arabicum.

Diese 3 infusa werden 4 bis 8 Tage lang bedeckt verwahrt, doch oft umgeschüttet. Alsdann die Galläpfel cum infuso ins Feuer gesetzt, ohne dass es koche, heissgemacht, durchgeseiht und sodann zu denselben die beyden andern Auflösungen hinzugetan 1. vom Vitriol 2. vom Gummi. Der Grund gibt davon ein fundamentum zu künftig guter Tinte."

Auch für die Ausmerzung überflüssiger Haare wußte er ein Mittel: „Schneide im Frühling eine Weinrebe ab. Lege das eine Ende davon ins Feuer und bestreiche mit dem aus dem andern Ende laufenden Saft warm auf den Ort, wo die Haare vertilgt werden sollen." „Ob das Mittel geholfen hat", so fragt der Chronist Lembke, „bleibt ein Geheimnis vergangener Zeiten." Im Kirchenbuch sind weitere Rezepte enthalten, die Hinweise geben, wie man „erfrorene Glieder" heilt, man den Bandwurm bekämpft oder „Warzen auf den Händen" los wird. Auch Rezepte gegen Otterbisse, gegen das Bettnässen, für Lungensüchtige, gegen Skorbut, „wider Flechten und Quesen", gegen Krätze, gegen Bandwürmer, zur Stärkung der Zähne etc. etc. sind vorhanden, ebenso wie die Herstellung eines Brechmittels.

Redde hat seinen Zeitgenossen stets selbstlos zu helfen versucht. Er ging als einer der beliebtesten Pfarrer der Parochie in die Geschichte ein.

Mechthild, die Tochter des Pastors Lembke, erzählte, daß ihre Mutter die von Pastor Redde im Kirchenbuch verewigten Kochrezepte fast alle kannte und manche davon auch ausprobiert habe.

Geschichten aus alter Zeit
Neue Seuchen verlangen neue Arzneien

Der Gröbener Pfarrer Ernst Lembke veröffentlichte im Teltower Kreisblatt vom November 1924 einen Artikel unter der Überschrift „Bilder aus früher Vergangenheit". Darin hebt er vor allem die große Bedeutung der alten Kirchenbücher als „Geschichtsbücher" hervor und fordert, bei ihr, der Lehrmeisterin Geschichte, in die Schule zu gehen:

Vor mir liegt das alte Kirchenbuch der Parochie. Es ist ein dicker Band in Querformat.

Aeußerlich unscheinbar und zerrissen, aber innen voll reichen Lebens. Es beginnt mit dem Jahre 1578 und schließt mit 1769, umfaßt also zwei Jahrhunderte. Acht Pfarrer haben an ihm gearbeitet und mit ihrem Herzblut daran geschrieben. Es ist kein trockenes Register, sondern eine Fundgrube voll lebensvoller Begebenheiten aus der Orts- und Weltgeschichte. Schon Fontane hat über ihm studiert und Auszüge in seinem „Spreeland" in den Artikeln über Gröben und Siethen gebracht. Eins der interessantesten Kapitel in ihm ist die Zeit des 30jährigen Krieges. Da ist ein Pfarrer in Gröben gewesen, der in dem kleinen, abgelegenen Dorfe mit offenen Augen in die weite Welt geschaut und das, was seine Seele erfüllte, dem Kirchenbuch anvertraut hat.

Johannes Tile ist sein Name. Folgen wir seinen Spuren.

Der Vorbote des Krieges war die Pest.

Schon 1598 ging sie um und bedrohte das Mutterdorf Gröben. Der junge Pfarrer, der soeben sein Pfarramt angetreten hatte, suchte auf den Rat der Kirchenpatrone der Welt zu entfliehen und sich der Gemeinde zu erhalten. Er siedelte in eine seiner Filialen (Wendisch Beuten) über und wenige Tage später lag er auf der Totenbahr. 1611 kommt die Pest wieder und tritt mit erneuter Kraft auf. 46 Personen fallen ihr zum Opfer. Aber zu einer Geißel wird sie im Kriege selber. Wie in dem letzten Weltkrieg der Hunger an dem Mark unseres Volkes gezehrt und Hunderttausende gefordert hat, so war die Pest damals der Würgeengel unseres Volkes ...

Heute zählen die Dörfer insgesamt rund 1000 Seelen, damals waren sie an Umfang und Seelenzahl sicher kleiner. Wenn man sich gegenwärtig hält, daß der Kietz nur 8 Familien umfaßte, so kann man ermessen, wieviel Seelen bei einem Sterben von 34 Personen übrig geblieben sind ...

Die Bilder aus trüber Vergangenheit sind noch nicht zu Ende. Ich blättere weiter in dem Kirchenbuch und in den Kirchenrechnungen, und stoße auf folgende Notizen:

Ernst Lembke, Pfarrer und Chronist von Gröben (1911)

1760 am 11., 12. und 13. Oktober ist Gröben von einigen herumschweifenden Oesterreichern, nebst etlichen von der Reichsarmee, heimgesucht worden. Bei welcher Gelegenheit dieser Ort nicht allein an 700 Thaler Brandschatzung hat geben müssen, sondern sind noch die Einwohner geplündert und ihnen ihre Pferde weggenommen worden. Desgleichen ist auch die Kirche und das Pfarrhaus nicht verschont geblieben. In ersterer ist der Kirchkasten aufgebrochen und das darin von etwa vier Jahren her befindliche Klingelbeutelgeld geraubt worden. In dem Pfarrhause haben sie Jegliches unten und oben umgewühlt, wodurch dem Prediger über 250 Thaler Schaden verursacht worden. Gott behüt' uns vor fernerem Einfall und Räuberhaufen ...

Die Friedenssehnsucht hat sich leider nicht erfüllt. Und gerade deshalb macht es schon Sinn, hin und wieder bei der Geschichte in die Lehre zu gehen. Viele Sprichwörter als Widerspiegelung von Volksweisheit machen uns darauf aufmerksam, so z.B.: Betrachte die Vergangenheit, und du wirst die Zukunft erkennen oder: Die Geschichte ist das Gewissen des Volkes.

Die Suche nach Heimat
ist ein nie endender Prozeß oder:
Ein guter Kopf kommt nirgends in die Fremde

Bevor wir uns der weiteren Geschichte der Parochie Gröben zuwenden, seien einige Worte über jenen Mann gesagt, der einen reichen Quellenfundus schuf und damit auch wesentliche Grundlagen für die Entstehung des vorliegenden Buches legte, nämlich: Pastor Joachim Gustav Ernst Lembke (1867-1940).

Im Jahre 1911 trat Pfarrer Lembke seinen Dienst in der Mutterkirche Gröben an, zu der die Gemeinden Siethen und Jütchendorf sowie Klein- und Großbeuthen gehörten. Er war zuvor in einer der ältesten und größten „Idioten- und Epileptiker-Anstalten" Deutschlands, den Alsdorfer Anstalten in Hamburg, als Oberhelfer und schließlich als stellvertretender Direktor tätig gewesen. Da Hamburg keine Preußen ordinierte, ging er nach Thale/Harz, wo er als Hilfsprediger tätig war. Er selbst schrieb dazu: „Eine reiche Tätigkeit in dieser gemischten Bevölkerung, die aus Hüttenarbeitern, Gast- und Logierhausbesitzern und pensionierten Beamten bestand und sich freute, die durchziehenden Fremden etwas rupfen zu können, wenn sie das schöne Bodethal mit dem Hexentanzplatz und der Roßtrappe besuchten"[C4]. Der Lohn war hier so gering, daß ans Heiraten nicht zu denken war. So folgte er einem Ruf des Grafen von Hagen nach Möckern bei Magdeburg. In diesem Landstädtchen gab es eine Kirche und zwei Pfarrer. Also auch hier keine Aufstiegschancen! Abermals sah er sich nach besseren Verdienstmöglichkeiten um und folgte schließlich der Berufung der Gutsherren von Badewitz/Siethen und von Goertzke/Großbeuthen, um die Parochie Gröben mit mehreren Filialen zu übernehmen. Er kam abermals in die Fremde, in Orte, von deren Existenz er zuvor noch nichts gehört hatte. Der Umstand, daß er und seine rasch anwachsende Familie fortan fern der Heimat leben mußte, machte ihm zu schaffen. Da ihm heimatliche Beziehungen so wichtig wie die Luft zum atmen waren, begann er, sich die Geschichte seines neuen Lebensbereiches zu erschließen, um sich auf diese Art und Weise „die Fremde zur Heimat zu machen". Das Ergebnis seines rühmlichen Bestrebens lag zwei Jahrzehnte später in Gestalt einer schließlich mehr als 400 Seiten umfassenden Chronik vor [37, 38]. Diese umfangreichen Aufzeichnungen, die er aus den unterschiedlichsten Quellen, so aus alten Akten, Kirchenbüchern und mündlichen Überlieferungen und eigenen Erlebnissen schöpfte, waren als „Handbuch", das seinen „Nachfolgern im Amte" dienen sollte, gedacht. Auf die Idee, diesen einmaligen kulturgeschichtlichen Fundus für einen größeren Personenkreis aufzubereiten, ist seinerzeit und auch später niemand gekommen, dies um so weniger, da das schwer lesbare und hier und dort in Latein verfaßte Kompendium von vornherein nicht für die Veröffentlichung angelegt war und eine Vervielfältigung bzw. eine Drucklegung nur nach einer aufwendigen wissenschaftlichen Bearbeitung möglich wäre. Damit die in langjähriger mühsamer Arbeit zusammengestellte Chronik, diese unerschöpfliche Fundgrube märkischer Geschichte, nicht auch weiterhin im Verborgenen blühen muß, wird hier mit diesem Buch der Versuch unternommen, einen Bruchteil des Schatzes zu heben.

Pfarrer Lembke hat viele Jahre an dem Schlüssel gefeilt, mit dem er schließlich das Tor zu dem, was man Heimat nennt, zu öffnen vermochte; es war nicht das Tor zum himmlischen Frieden, aber wer auf dieser Welt auch nur etwas Zufriedenheit erstrebt, wird sie nicht auf blindwütiger Jagd nach Geld und Geltung, sondern vor allem bei der Suche nach dem, was man unter Heimat im weitesten Sinne versteht, finden.

Man hat ein anderes Verhältnis zu seiner natürlichen wie auch von Menschenhand gestalteten Umwelt, seiner Heimat, wenn man dies oder jenes weiß und kennt, und man geht beispielsweise anders durch den verwilderten Schloßpark von Siethen, wenn man weiß, daß dort, wo heute das Gestrüpp wild wuchert, eine ehemalige Schloßherrin ihre letzte Ruhestätte gefunden hat, wenn man weiß, daß an der uralten Eiche bei Kleinbeuthen Menschen „ohne Sang und (Glocken-)Klang" begraben worden sind oder wenn man weiß, was es mit den beiden Gräbern von Mutter und Tochter mit dem gemeinsamen Namen Johanna von Scharnhorst auf dem Siethener Friedhof auf sich hat. Wer weiß heute noch, daß es sich um Angehörige des wohlhabenden Adels handelt, die ihr Leben – allerdings erst, nachdem sie selbst von furchtbaren Schicksalsschlägen heimgesucht worden waren – den Bedürftigen, Notleidenden und Armen widmeten?

Familie Lembke (1925) hinten v.l.: Ernst, Mutter, Vater, Joachim, vorn v.l.: Johanna, Mechthild, Siegfried, Elfriede

Pfarrer Lembke und Gattin (1934)

Der Blick des Pfarrers und Chronisten Lembke ging auch über die Grenzen seiner Parochie hinaus. So stellte er in der Rückschau auf das 19. Jahrhundert, die Industrialisierung und die ihm Furcht einflößende Sozialdemokratie voller Wehmut

Pfarrer Lembke und Tochter Mechthild

fest: „Ein Unkrautsamen wurde in jenen Jahrzehnten ausgestreut, dem die kirchliche Sitte kaum noch widerstehen konnte ..." Die Zeit der großen Umbrüche mit großartigen Erwartungen und Versprechungen hatte begonnen. Den Weg zur Glückseligkeit, zum Paradies auf Erden und den blühenden Gärten hat man bislang nicht gefunden.

Pfarrer Lembke wußte, daß er ohne die Versuche, sich die Heimat auch von der geschichtlichen Seite her zu erschließen, ohne das Wissen über das Fühlen und Denken und die Hoffnungen der Menschen seiner Aufgabe als Seelsorger kaum hätte gerecht werden können. Diese Erfahrung gilt nicht nur für Geistliche: Sie ist von ganz allgemeiner Bedeutung. Sie gilt ganz besonders für jene, die es mit Menschen zu tun haben, also für den gewählten Volksvertreter, den Beamten und Lehrer ebenso wie für Väter und Mütter.

Wie sagte doch schon Johann Wolfgang von Goethe: „Es gibt nichts Vergangenes, das man zurücksehnen dürfte; es gibt nur ewig Neues, das man sich aus den erweiterten Elementen der Vergangenheit gestaltet." Voraussetzung dafür ist, daß man etwas über die Heimatgeschichte als spezifische Reflexion der National- und Weltgeschichte weiß und sich die Fähigkeit bewahrt hat, Heimatgefühle zu empfinden.

Kämpfe des Pfarrers
Gottes Wege sind unerforschlich

Während bis zum Ersten Weltkrieg der Dorfpfarrer noch eine bemerkenswerte Autorität verkörperte, wurde seine Position mit dem Anwachsen der materialistischen Weltanschauung immer mehr in Frage gestellt. Dies zeigte sich unter anderem darin, daß sich viele, auch wohlhabende Leute, weigerten, die Kirchensteuer zu zahlen. Pfarrer Lembke empfand es als im höchsten Grade beschämend, als in Großbeuthen von einem Kossäten der Antrag gestellt wurde, jede Kirchensteuer abzulehnen, da eine kleine Wirtschaft nicht imstande sei, im Jahr 10 Reichsmark für die Kirchensteuer aufzubringen. Dieses Verhalten ärgerte den Pfarrer um so mehr, da der Antragsteller bis dahin zu den kirchentreuesten Einwohnern gehörte und gerade die Hochzeit seiner Tochter mit 120 Personen ausgerichtet hatte.

Diese Kämpfe zehrten mehr an den Kräften des Pfarrers als die furchtbare, aber vermeintlich gottgewollte Kriegszeit. Die hier skizzierte Verhaltensweise der Einwohner hatte für den Geistlichen allerdings einen existentiellen Aspekt, denn die Gemeinde hatte es auch abgelehnt, die Beihilfe von 135 RM für das Pfarrergehalt aufzubringen. In Siethen setzten sich zum Entsetzen des Pfarrers der Gemeinderat und der Gemeindekirchenrat schließlich fast vollständig aus Männern zusammen, die der „umstürzlerischen Sozialdemokratie" angehörten bzw. ihr nahestanden.

Als die Siethener Sozialdemokraten die kirchliche Erziehung als „Hindernis der freien geistigen Entwicklung" bezeichneten und sogar von Verdummung sprachen und als 1928 in Siethen die erste Eheschließung in der Parochie ohne kirchliche Trauung stattfand, brach für den Pfarrer eine Welt zusammen. Auch an eine harmonische Zusammenarbeit von Pfarrer und Lehrer war nicht mehr zu denken, was sich für die Gemeinde als sehr nachteilig auswirkte.

Die einsamen Kämpfe des Pfarrers gegen die Verweltlichung nahmen kein Ende. Es erregte nicht nur seinen Unwillen, sondern es rief seinen Zorn hervor, als 1928 ein verstorbener Großbeuthener Bürger, ein Freidenker, nicht nach

Hochzeit Steinberg/Jung (ca. 1935)

Silberhochzeit von Emma und Max Parey und Hochzeit Erna Parey und Friedrich Grüneisen 31. Juli 1935

Hierdurch beehren wir uns, die Verlobung unserer Kinder **Agnes** und **Reinhold** ganz ergebenst anzuzeigen

Gustav Grunack und Frau
Wilhelmine geb. Mertens

Hermann Köppen und Frau
Bertha geb. Erdmann

Mietgendorf-Siethen, den 1. November 1925.

**Agnes Grunack
Reinhold Köppen**

Verlobte

Wer etwas auf sich hielt, ließ nicht nur anläßlich der Hochzeit Karten drucken und Fotos anfertigen.

herkömmlichen Regeln beigesetzt, sondern in Berlin eingeäschert wurde. Mit dieser ersten Einäscherung in der Parochie, „und zwar ohne kirchliche Beteiligung", kündigte sich für Pfarrer Lembke eine verhängnisvolle Entwicklung an.

Die Urne des Verstorbenen wurde auf dem Freidenkerfriedhof in Trebbin beigesetzt. Groß war auch die Empörung des Pastors, als die Zahl derer, die sich nicht trauen oder ihre Kinder nicht taufen ließen, zunahm.

Der hier skizzierte Prozeß fand unter den Bedingungen der kirchenfeindlichen NS-Diktatur, des Zweiten Weltkrieges und dann auch unter sozialistischen Bedingungen nicht nur seine Fortsetzung, sondern eine Steigerung; diesem Prozeß fielen Traditionen, die das Alltagsleben jahrhundertelang begleitet und geprägt hatten, mehr und mehr zum Opfer. Der Verlust dieser Traditionen wiederum ging mit einem Nachlassen von Sitte und Moral einher.

Ob hier Reserven für eine lebenswertere Zukunft liegen?

Des Pfarrers Sorgen
Zweifel ist des Glaubens Feind

1925 schrieb Pfarrer Lembke die nachfolgenden Zeilen, die uns am Beispiel von Siethen einen tiefen Einblick ins Denken und Fühlen der Bewohner der berlinnahen Dörfer geben:

Das Dorf Siethen ist seit langer Zeit in kirchlicher Hinsicht ein Schmerzenskind. Das liegt an der ganz anders zusammengesetzten Bevölkerung als der in Gröben. Hier überwiegen die alteingesessenen Familien, die in jahrzehnte-, ja jahrhundertelanger Arbeit mit dem Boden gerungen haben. Sie haben wohl in größerer Zurückgezogenheit gelebt und sind schwerfälliger geblieben, was ihnen von der Außenwelt den Vorwurf der „Rückständigkeit" eingetragen hat. Aber sie haben sich dafür einen schlichten Sinn, starkes Heimatgefühl und ein ausgeprägtes religiöses Empfinden bewahrt. Dazu kommt die stete Berührung mit dem Pfarrhaus.

In Siethen ist die bäuerliche Bevölkerung zurückgetreten – der Drekesche Bauernhof ist zudem noch bei freiwilligem Verkauf vom Rittergut übernommen –, und es bestehen nur noch 3 Bauernhöfe neben 2 bis 3 Kossäten. Dafür sind die Kolonisten zu einer Macht im Dorfe geworden. Diese Leute, die vor 125 Jahren gerade ihr Obdach und einen kleinen Garten ihr Eigen nannten, dabei freilich, wie es die Akten ausweisen, ein etwas oppositionelles Geschlecht waren, sind durch anerkennenswerten Fleiß zu einer gewissen Wohlhabenheit gekommen. Jeder verfügt über sein Haus und 5 bis 10 Morgen Eigenland und hat sich vom Rittergut oder der Pfarre weiteres gepachtet, so daß die meisten von ihnen 2 Pferde halten. Der Mann geht seiner Profession nach und fährt als Maurer oder Zimmermann täglich nach Berlin, während die Frau die Bestellung (des Ackers – Bi.) mit einem Kinde besorgt, und der Mann nur nach Rückkehr von der Arbeit und Sonntags zufassen kann. Hier liegt schon ein starkes Hemmnis der Sonntagsheiligung. Aber was schlimmer ist: Die Leute haben durch den täglichen Verkehr mit Berlin den Großstadtgeist – und sicher nicht in seiner besten Form – in sich aufgenommen. Sie sind wohl äusserlich beweglicher und moderner geworden, aber ihr Inneres hat darunter gelitten ... Und so ist es gekommen, daß sich die Gottesdienste von den Männern bis auf wenige Ausnahmen entleert haben. Die Gutsarbeiter stehen ebenfalls unter politischem Druck, und die Kolonisten haben sich nicht nur zurückgezogen, sondern versuchen – wie in der politischen Gemeinde, so auch in der Kirche – ihren Einfluß geltend zu machen, was ihnen auch gelegentlich der letzten Kirchenwahlen geglückt ist, so daß 3 Leute ihrer Anschauung in den Gemeindekirchenrat gekommen sind. Ich habe es nicht gewehrt in der Zuversicht, daß Nörgler am besten dadurch zu kurieren sind, daß man ihnen eine Verantwortung gibt ... [38].

Bier und Verstand gehen selten Hand in Hand

Pfarrer Lembke war die verheerende Wirkung des Alkohols aus mehreren Beispielen in seiner Parochie sehr wohl bekannt. So war es kein Zufall, daß er in seinen Predigten gelegentlich Friedrich den Großen als Kronzeugen zur Bekräftigung seiner stets heftigen Kritik am Alkoholgenuß heranzog:

Friedrich der Große schätzte für seine Krieger als Getränk einfaches Essigwasser und wollte vom Trunk beim Militär nichts wissen. Ein Soldat, der im Dienst betrunken war, mußte zwölfmal Spießruten laufen, und dem „Soff" ergebene Offiziere sollten im Heer überhaupt nicht geduldet werden.

Friedrich der Große schrieb auf ein Gesuch um Konzession zur Errichtung einer Arrak- und Rumfabrik bei Potsdam: „Ich will's den Teufel tun; ich wünschte, daß das giftig garstige Zeug gar nicht da wäre und getrunken würde!"

Im Streit verliert man die Wahrheit

Wie schon des öfteren zuvor vertraute Pfarrer Lembke 1925 der Chronik an, daß das Nachbardorf Siethen politisch in zwei Lager gespalten sei, worunter auch die Kirche zu leiden habe.

Pfarrer Lembke 1926 in Gröben (hinter ihm die Kirche).

Da waren einerseits die kirchentreuen und konservativen Nationalen und andererseits die gegen die Kirche eingestellten und vom Pfarrer angefeindeten Sozialdemokraten. Daß Letztere seinerzeit die Oberhand hatten, beunruhigte den Pastor sehr, dies um so mehr, als sie dann auch noch den Gemeindevorsteher stellten. Mit Hilfe des Kriegervereins wurde das Wirken der Roten, wie man sie auch nannte, wieder enorm eingeschränkt, und viele Sozialdemokraten gerieten in Gewissenskonflikte, als sie plötzlich von den Kriegsvereinstraditionen einerseits und der Parteilinie andererseits hin- und hergerissen wurden. Die Reden des Gemeindevorstehers waren eine Mischung aus politischer Agitation und „ein paar vaterländischen Worten".

Am Ende „war doch immer wieder die Zerrissenheit da, denn an dem Kaffee, den der Kriegsverein den Gästen und Teilnehmern (an einer Gedenkfeier am Kriegerdenkmal – Bi.) gab, nahmen der linksgerichtete Radfahrverein Siethen und der (der Sozialdemokratie nahestehende) Sportverein nicht teil."

Die Heiligen haben auch ihr Pech

Der Erste Weltkrieg hatte den allgemeinen Moralverfall enorm beschleunigt. Manchen Menschen war nichts mehr heilig. Die Pfarrer, die die Moral ihrer Gemeinde stets genauestens im Auge zu behalten versuchten, konnten den Moralverfall allein daran beobachten, daß die Zahl der Kirchgänger immer geringer und die Bereitschaft zum sündhaften Leben immer größer wurde. Immer mehr Menschen fühlten sich enttäuscht von ihren geistlichen und weltlichen Herren angesichts der Grausamkeiten des Krieges und der häufig zu raschen Bereitschaft der Geistlichkeit, selbst die schrecklichsten Waffen zu segnen und sich auf Seiten der Kriegsparteien zu schlagen.

Und als das Volk begann, die Großen der Zeit, die sich durch den Krieg bereicherten, im kleinen nachzuahmen und nach dem Eigentum des Nachbarn zu greifen, wurde das Entsetzen all jener, die dazu da waren, die Moral des kleinen

Mannes zu überwachen, immer größer. Dem Gröbener Pfarrer wurde der Grad der sinkenden Moral in vollem Ausmaße bewußt, als man ihm während der Ausübung seines Pfarrdienstes in Großbeuthen das Fahrrad stahl.

Nachdenken über Friedhöfe
Friedhofserde reibt den Rost von der Seele

Schon im Ruhestand, aber nach wie vor aktiv, schrieb Pfarrer Lembke 1935, er wohnte inzwischen in Bergholz-Rehbrücke, seine nach wie vor aktuellen Gedanken über Friedhöfe nieder: ... *Es gibt Menschen, die nicht gern zum Friedhof gehen. Ich habe Männer kennengelernt, die bei einer Beerdigung dem Toten nur bis zur Friedhofspforte das letzte Geleit gaben, aber dann umkehrten, weil sie der Gedanke an die Stätte des Todes schreckte ... Jeder Dorffriedhof trägt seinen eigenen, heimatlichen Charakter. Aber die erste Bedingung ist, daß er gepflegt ist. Das ist leider nicht immer der Fall. Es gibt Friedhöfe, die der Verwahrlosung anheim fallen. Der Zaun ist eingefallen, das Unkraut wuchert auf den Wegen, das Gebüsch ist übermächtig geworden, Hühner gehen ein und aus ... An der Pflege der Friedhöfe erkennt man den Sinn des nachlebenden Geschlechtes ... Wo es nicht geschieht, da ist die Pietät gegen die Vorfahren geschwunden ...*

Etwas abseits vom Dorfe ist der Friedhof der Gemeinden Groß- und Kleinbeuthen, der mitten im Kiefernwalde liegt. Aber selbst da, wo der Friedhof aus hygienischen Gründen vor das Dorf verlegt ist, kann er doch durch seinen alten Baumbestand und das Fliedergebüsch wie in Gröben einen schönen, landschaftlichen Charakter tragen, und wenn er auch wie in Siethen noch um die Kirche mitten im Dorf, an einer belebten Dorfstrasse liegt, so kann er doch durch die Anlage und Bepflanzung anheimeln und den Eindruck einer wirklichen Ruhestatt machen.

Die Denksteine auf dem Grabe sollen niemals Selbstzweck sein, sondern nur dazu dienen, den Namen des Verstorbenen, seinen Geburts- und Todestag und noch einen kurzen Bibelspruch zu verzeichnen. Die Form und der Wert der Steine wird je nach der Vermögenslage der Hinterbliebenen verschieden sein, aber ein Grabdenkmal soll nicht die Empfindung wecken, als wolle es prunken. Das sollte schon aus sozialem Empfinden heraus nicht geschehen ...

(Ein gutes Beispiel gibt – dies sei hier eingefügt – die Johannitische Kirche, auch Weißenberger genannt; bei ihnen sind alle Grabsteine gleich, ebenso wie die Menschen im Tode alle gleich sind.)

Ein altes Sprichwort sagt: Friedhofserde reibt den Rost von der Seele. Das soll heißen, sie macht die Seele blank – in dem Sinne, daß auch für sie schon ein Grab bestimmt ist ...

Die Frage nach dem Sinn des Lebens beantwortete Pfarrer Lembke auf seine Art: *Unser Leben ist kein bloßes Wandern in den Tod, sondern ein Pilgern zu Gott. Davon sollen Friedhöfe zeugen, dann sind sie das, was ihr Name besagt, nämlich Höfe des Friedens, und werden zugleich das, was die alten Kirchhöfe, die um die Kirche herumlagen, waren, nämlich Stätten, wo die Toten im Schatten der Kirche ruhen, die mit ihrem Turm als aufgehobener Finger nach oben weist und den Lebenden zuruft: „Schickt das Herze da hinein, wo ihr ewig wünscht zu sein"* [C 4].

Pfarrer Lembke als Literaturwissenschaftler
Wissen macht bescheiden

Ernst Lembke und der bis in die Gegenwart sehr unterschiedlich bewertete (Heide-)Dichter, Schriftsteller, zeitweilige Sozialdemokrat und spätere Verfechter vaterländischer Ideen, Hermann Löns, sind 1887/1888 Studienkollegen an der Universität Greifswald gewesen. Dieser Tatbestand und ein umfangreicher Briefwechsel zwischen ihnen waren für den späteren Pfarrer Lembke i.R. Anlaß, eine wissenschaftliche Abhandlung über Löns zu verfassen, die anläßlich seines 20. Todestages unter der Überschrift „Kämpfer und Künder – Persönliche Erinnerungen an Hermann Löns" in der Potsdamer Tageszeitung (24. Dezember 1934) veröffentlicht worden ist. Löns, der „Dichter der Lüneburger Heide", ist als Kriegsfreiwilliger am 27. September 1914 in Frankreich gefallen. Er konnte sein Versprechen, die Patenschaft über Lembkes 1914 geborenen Sohn Siegfried zu übernehmen, nicht mehr einlösen.

2. Reihe v.o. 2. v.l.: Ernst Lembke; u.r.: Hermann Löns

Letzter Gruß von H. Löns aus Frankreich

Brief von Hermann Löns an Pfarrer Lembke

Hermann Löns ist der Verfasser mehrerer Romane („Da hinten in der Heide", „Der Werwolf", „Das zweite Gesicht"), vieler Gedichte und schöner Lieder (so z.B. „In der Lüneburger Heide/ in dem wunderschönen Land,/ ging ich auf und ging ich nieder,/ allerlei am Weg ich fand.")

Über seine Ende des vergangenen Jahrhunderts vollzogene Hinwendung zur Sozialdemokratie schrieb Lembke, daß Löns bald bemerkte, „daß in der sozialdemokratischen Partei nicht bloß Idealismus, sondern auch Eigennutz regierte. Die schönen Ideen, die ihn aus der Ferne begeisterten, sahen in der Nähe viel anders aus. Es kam zum Bruch." Die Hinwendung zum völkischen Ideengut machte ihn scheinbar auch nicht glücklich. Er befand sich unentwegt auf der Suche. Mit seiner Hinwendung zum deutschen Bauerntum leistete er – vermutlich ungewollt – der Blut- und Bodenmythologie der Nazis Vorschub bzw. wurden von diesen maßlos mißbraucht. Bei seiner Suche nach einer sinnvollen Zukunft sah er im naturverbundenen Bauerntum mehr Zukunft als im Irrgarten der Großstädte. So schreibt Lembke wohl mit vollem Recht: „Löns ist bis zum Tode ein Suchender gewesen." Sein Glück fand er allein in der Natur. Ein Jahr vor seinem Tode (1913) hatte er an Lembke geschrieben: „Jedes Dörfchen ist mir lieber, als dieser unorganische Ameisenhaufen Berlin." An Gröben und der wildreichen Nuthe/Nieplitz-Niederung hätte Löns seine Freude gehabt. (Vielleicht war er ein Vorbote der „Grünen"?)

In ein Exemplar seines Romans „Der letzte Hausbur", den er Lembke schenkte, trug er als Widmung die Worte „Heide ist besser als Asphalt" ein. In der Liebe zur Natur und zu den vom Großstadtleben noch nicht verdorbenen Menschen lag die verbindende Gemeinsamkeit zwischen dem Pfarrer und dem Dichter.

Pfarrer Lembke tat stets mehr, als sein Amt von ihm verlangte; er wußte viel und gab dieses Wissen in aller Bescheidenheit, ganz unaufdringlich, weiter. Er hat sein Leben lang unendlich viel geschrieben. Manche Nacht hatte er – ehe das elektrische Licht kam – bei flackerndem Kerzenlicht oder bei blakender Petroleumlampe seine Gedanken mit kratzender Gänsefeder bzw. dem Federhalter, den man unentwegt ins Tintenfaß tauchen mußte, dem Papier anvertraut. Frühzeitig hatte er sich die Augen verdorben. Anfangs der 30er Jahre mußte er sich mehreren Augenoperationen unterziehen [C4].

Pfarrer Lic. Paul Wätzel (1916-1978)
1968 zog die Pfarrersfamilie Wätzel ins Gröbener Pfarrhaus. Pfarrer Wätzel war dort bis 1978 aber nur nebenamtlich als Pfarrer tätig, ansonsten ging der Oberkirchenrat als Ausbildungsdezernent der EKU (Evangelische Kirche der Union) einer verantwortungsvollen Tätigkeit in Berlin nach, wo er im Umfeld des Vorsitzenden des Bundes der evangelischen Kirchen in der DDR, Konsistorialpräsident Dr. Manfred Stolpe, dem späteren Ministerpräsidenten des Landes Brandenburg, tätig war.

Pfarrer Wätzel stellte stets sehr hohe Anforderungen an sich. Seine Predigten waren berühmt. 1978, acht Tage vor Pfingsten, führte er noch die Konfirmation durch; Freitag nach Pfingsten ist er verstorben.
Seine Verantwortung gegenüber den Mitmenschen und seine selbstlose Dienstauffassung sucht ihresgleichen.
In seiner umfangreichen Arbeit wurde er stets tatkräftig von seiner Ehefrau Hildegard unterstützt. Und wenn es sich ergibt, führt Frau Wätzel auch heute noch mit großem Sachverstand und Engagement Orts- bzw. Kirchenführungen durch. Gröben hat seit dem Tode von Pfarrer Wätzel keinen ortsansässigen Pfarrer mehr.
Den Gottesdienst für Siethen und Gröben (mit Jütchendorf) führt seither Pfarrer Peter Collatz, Ahrensdorf, durch. Groß- und Kleinbeuthen sind seit 1975 nach Trebbin umgepfarrt worden.

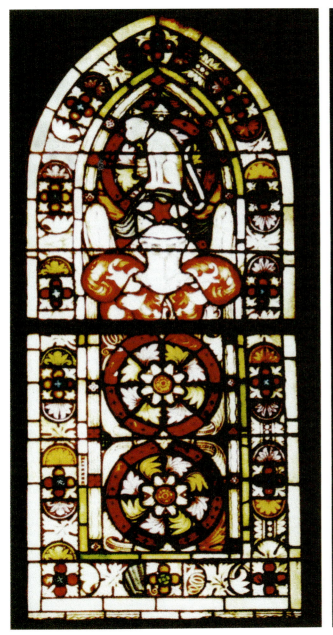

Anmerkungen zur Schulgeschichte

Das traurige Lied vom armen Dorfschulmeister
Ein guter Meister macht gute Jünger

Nachdem sich Gröben Ende des 16. Jahrhunderts eine Turmuhr zugelegt hatte, mußte jemand gefunden werden, der sie betreute. Das war natürlich der Küster. Die Gemeinde stellte dafür bzw. für die „Stellung des Seygers" (Zeigers) pro Jahr vier Scheffel Roggen zur Verfügung.

Der Küster teilte durch eine Niederschrift der Nachwelt mit: *Solch Korn habe ich fünf Jahre empfangen, weil sich aber die Gemeinde des Korns wegen nicht einigen konnte, hat sie sich „gegen mir erboten, mein Rind-Vieh und Schweine dafür hüten zu lassen, dass ich also dem Hirten kein Korn geben müßte, womit ich endlich, doch so lange ich lebe, zufrieden gewesen. Geschehen zu Groeben Montags nach Michaelis des 1594. Jahres*

Valtin Schmid. Küster daselbst.

Dieses Schriftstück läßt erkennen, daß Gröben um diese Zeit einen Schulmeister hatte, der erstaunlich gut schreiben konnte, denn seinerzeit gab es gelegentlich Lehrer, „die des Schreibens nicht kundig" waren. Schulmeister Schmid starb 1598 an der Pest. Sein Nachfolger, Martin Ilenburg, hatte sicher große Probleme, denn es war gewiß nicht leicht, neun Kinder in der nicht gerade geräumigen und schließlich windschiefen und einsturzgefährdeten Küsterei unterzubringen. Die räumliche Enge zeigte sich unter anderem darin, daß immer mehrere Kinder des Küsters in einem Bett schlafen mußten. Auch Ilenburg wurde von der Pest befallen. Es geschah etwas sehr Seltenes: Er erholte sich von dieser in der Regel tödlichen Krankheit und starb am 7. Oktober 1631 an der Rose, einer seinerzeit verbreiteten Krankheit, der die Medizin hilflos gegenüberstand. Wer die Rose (Gürtel- oder Gesichtsrose) bekam, war weniger auf den Arzt, sondern mehr auf die Kräuter- oder Bötefrau angewiesen; letztere versuchte, der Krankheit durch Besprechen zu Leibe zu rücken.

Bilder links: Kirchenfenster Gröben (1998)

Der Nachfolger Ilenburgs, Michael Steinhausen, war 48 Jahre lang Küster und Schulmeister in Gröben. Ihm folgte David Scheffer. Dieser wiederum wurde durch Johann Heinrich Seebaldt ersetzt. Er war fortan Schulmeister und Küster von Gröben, Siethen und Beuthen. Er hatte „den Patronis und dem Prediger alle schuldige Ehrerbietung und Gehorsam" zu erweisen und sein Amt ordentlich zu verrichten, nämlich dem Pfarrer zu assistieren, ihn gelegentlich zu vertreten und die Kinder fleißig zu unterrichten. „Er soll", so besagte ein lokales Reglement, „wie die Vorfahren (sprich: Vorgänger) die Uhr in Gröben stellen, den Seyger in guter Ordnung halten, das Abendläuten zu Gröben, welches nur zum Ruin der Glocken gereicht, unterlassen, hingegen aber zu gewöhnlicher Zeit die Bittglocke schlagen ..."

Es war üblich bzw. eine Tradition, daß der neue Lehrer eine Tochter des Vorgängers heiratete. Diese Tradition fand nur deshalb eine Unterbrechung, weil David Scheffer keine Tochter hatte. So heiratete Seebaldt 1722 die Tochter des Krügers; die brachte wenigstens eine ordentliche Aussteuer mit, denn der Wirt gehörte in der Regel zu den wohlhabenden Leuten der Gemeinde.

Am 28. September 1717 wurde in Preußen die Schulpflicht eingeführt. Die Verordnung galt vorerst nur für Orte, in denen bereits Schulen existierten. Der Tatbestand, daß in der Folgezeit 2000 neue Schulen entstanden, änderte nicht viel, da es an ausgebildeten Lehrern mangelte. So wurden vielerorts der Schneider oder ein ausgedienter Soldat Schulmeister. Während mancher von ihnen mit dem Lesen und Schreiben noch Probleme hatte, war ihnen der Umgang mit dem Rohrstock geläufiger. Doch kehren wir nach Gröben zurück: Nach dem Tode Seebaldts, er starb nach fast 37 Jahren Schuldienst mit 57 Jahren, wurde Gottfried Henning zum „Küster und Kantor" berufen. Man baute vor und stellte bei der Einstellung des neuen Lehrers die Bedingung, daß er Orgel spielen kann, denn er sollte, sobald eine Orgel angeschafft ist, „gehörig musizieren". Henning griff die althergebrachte Tradition wieder auf und ehelichte die Tochter seines Vorgängers. „Aber die Ehe ist keine glückliche gewesen." Sie zerbrach beizeiten. Er heiratete aufs neue. Da er seinen Beruf nicht sehr ernst nahm bzw. wegen der hohen Belastung nicht wie gewünscht ausüben konnte, fiel er in Ungnade. Er kam seiner Entlassung zuvor und entsagte in einer Eingabe an den König 1770 seinem Dienst. Als Grund gab er die endlosen „Bedrückungen, die er von der Generalin von Schlabrendorff und einigen Gemeindemitgliedern unverschuldet hat erleiden müssen", an. Außerdem beklagte er sich, daß er „wegen Schwachheit und Alter den Pastor Voss sechs Jahre lang vertreten und das Predigeramt mit versehen mußte." Frau von Schlabrendorff ließ daraufhin das Küsterhaus, bis auf das Bett der Küsterfrau, ausräumen. Henning verschuldete. Er machte später in Berlin Karriere und wurde Kammersekretär.

Frau von Schlabrendorff, Patronin von Gröben, ließ es zu einer Kraftprobe kommen und stellte 1770 gegen den Willen einiger Opponenten Friedrich Ernst Johl (auch Joel), einen ehemaligen Soldaten, von Beruf Schneider, „als Küster von Gröben, Siethen, Groß- und Kleinbeuthen, Jütchendorf und Kietz" ein. Dagegen erhoben Joachim Ernst von Schlabrendorff auf Siethen und die Gemeinden Siethen, Jütchendorf, Groß- und Kleinbeuthen energischen Protest. Sie wollten ihren eigenen Küster haben, weil der Weg nach Gröben für die Schulkinder zu weit, zu beschwerlich und auch zu gefährlich sei. Um ihrer Forderung Nachdruck zu verleihen, behaupteten sie, daß der avisierte Lehrer „weder recht lesen, noch orthographisch schreiben könne." Nach sechs Jahren heftigster Auseinandersetzungen wurde Johl schließlich doch fest eingestellt.

Das tragische Schicksal dieses 1804 verstorbenen Mannes kommt im Nachruf des Pfarrers Redde sehr deutlich zum Ausdruck. Redde schrieb bzw. sprach in der Predigt: „Johl war in den jüngeren Jahren ein thätiger Lehrer. Er ermüdete bey zunehmenden Alter von Eltern, deren Kinder er bessern wollte ... Sie alle aber achteten ihn weniger als den Kälberhirten." Redde fuhr fort: „Aus dem Hause selber hatte er keinen Beystand, und als Witwer mußte er zufrieden seyn und seine Hülfe ausser sich suchen." Er beschrieb ihn als „hager und schwächlich" und kleinwüchsig. „Wir beyde haben in Einigkeit gelebet, waren munter und fröhlich, wenn einer den anderen gestärkt und ermuntert hatte, wiewohl ein jeder seine Last tragen und sich ermuntern mußte ... Er war willig zu allem, was Pflicht erfordert und wozu man ihn aus Freundschaft aufforderte ... Er war ein guter Singer und Lehrer, den die Gemeinde ... aber nicht achtete."

Diese lobenden Worte für einen zu Unrecht verteufelten Mann riefen tiefes Unbehagen bei jenen hervor, die ihm das Leben so unendlich schwer gemacht hatten. In ihren Augen war er stets nur einer gewesen, der die Kinder von der Arbeit abhielt und dafür auch noch entlohnt werden wollte. Der Dichter Karl Kunschke aus dem nahen Trebbin stellt 1790 aus eigener Erfahrung die Situation des Lehrers in seinem Roman „Der Ton in kleinen Städten oder Revolution im Städtchen ... drei Meilen von Berlin" treffend dar: „In des Junkers Auge stand ein Dorfschulmeister gerade zwischen dem Hirten und dem Schmidt mitten inne, und das ist auch für einen abgedankten Soldaten, für einen verstümperten Schneider oder Leinenweber immer genug, der im Winterhalbjahr für circa 15 bis 20 Thaler jährlichen Lohns das mühsame Geschäft besorgt, der lieben Dorfjugend mittelst der Ruthe ... den Katechismus und die Lesekunst beizubringen, denn mehr ... ist von solchen und so schlecht besoldeten Leuten nicht zu erwarten, und ... mehr geschieht in den meisten Dörfern und kleinen Städten unseres Vaterlandes nicht." Mehr noch: Karl Kunschke rechnet die meisten Dorfschullehrer seiner Zeit „ihrer Dummheit, Unwissenheit, oft auch ihrer schlechten Sitten und zum Teil ihres verdorbenen Herzens wegen ... sehr füglich zum Ausschuß der Menschheit ..." Kunschke kannte Schulmeister, die „nur mit Mühe ihren Namen kritzeln und fünf und drei nur an den Fingern zusammenzählen konnten." Von Natur, Vaterlandsgeschichte und Erdbeschreibung wüßten sie gerade so viel „als meine Katze von der Religion."

Um 1800 besuchten die 43 Gröbener Schulkinder zur Winterszeit zwischen 8-11 Uhr und 13-16 Uhr und zur Sommerszeit zwischen 7 Uhr und 10 Uhr die Schule. Zur Sommerszeit kamen kaum, zur Erntezeit gar keine Kinder zur Schule.

1808 verfügte die Schule über insgesamt drei Bücher, nämlich die „Christliche Lehre", den „Rochowschen Kinderfreund" und das „Seilersche Lesebuch".

Johann Georg Maschke, Schwiegersohn des Friedrich Ernst Johl, trat 1805 die Nachfolge an. Die Bewohner des Kirchspiels mochten ihn nicht, da ihm ein schlechter Leumund vorausgeeilt war. Als er sich dann auch noch zu der Äußerung hinreißen ließ, Gröben sei im Vergleich zu anderen Orten 100 Jahre zurück, weil kaum ein Kind lesen könne, hatte er vorerst kaum noch Freunde.

Siethener Schulkinder (ca. 1910)

Schüler der 5. - 8. Klasse, Schule Siethen, 1953

Schüler vor der Kirche Siethen (ca. 1916)

Konfirmation 1952, Pfarrer Meckelburg

Konfirmation 1947 in Trebbin, aus Mietgendorf dabei: Karl-Heinz Nöthe (oben, 3.v.l), Rudolf Spliesstößer (oben, 5.v.l.) und Werner Deute (4.v.r.o.), und einige aus Schiaß.

In Maschkes Dienstzeit wurden von amtlicher Seite her geradezu revolutionäre Ideen propagiert. So forderte man, die Kinder „nicht bloß ans Stillsitzen" zu gewöhnen, sie nicht „dumpf und stumm, ohne geistige Anregung" die Zeit absitzen zu lassen, sie von „sinnlosem Nachsprechen einiger Gebetsverse" zu verschonen, „sondern es muß auf die Entwicklung ihres Anschauungs- und Denkvermögens, ihrer Sprachorgane, Sprechfertigkeit und Sprachfähigkeit, auf Bildung ihres Herzens und auf Veredlung ihrer Gesinnnung Obacht gegeben werden." Da viele Kinder der Arbeit in Haus und Hof wegen zu oft der Schule fernblieben, wurden Schulversäumnisstrafen eingeführt. Lehrern wurde eine 2-3jährige Probezeit auferlegt.

Maschke starb 1843 an Brustwassersucht. Neuer Küster wurde der in Siethen geborene Karl August Hoffmann. Er hatte den Beruf eines Schmiedes erlernt, war dann aber als Diener bei einem Grafen tätig gewesen. Danach besuchte er das Potsdamer Lehrerbildungsseminar. Auch er hatte die Tochter seines Vorgängers geheiratet.

Sein Sohn Reinhold tritt 1871 die Nachfolge an. Sein Ende war tragisch. Wegen angeblicher sexueller Vergehen an Schülerinnen kam er ins Gefängnis, wo er sich das Leben nahm. 1878 kam Friedrich Wilhelm Bünger, er war zuvor Schulmeister in Thyrow gewesen, nach Gröben. [s.a.: Birk, Historisches Mosaik von Thyrow, 1996].

Er tat seinen Dienst „voller Hingabe für seine Schule, getragen von christlicher Frömmigkeit und Vaterlandsliebe." Mit ihm starb, so schreibt der Chronist Lembke, „das Geschlecht der alten Lehrer" aus. Seit 1906 pensioniert, starb er im Jahre 1918. „Den äußeren Anlaß zu seinem Tode gab ihm die Umwälzung", sprich die Novemberrevolution und die Absetzung des Kaisers.

Fortan wechselten die Lehrer häufig. Viele zog es fort vom Lande in die Stadt. So weilte Wilhelm Langmann nur zwischen 1906 und 1908 in Gröben. Karl Hübner folgte ihm, wurde aber schon 1909 nach Birkholz versetzt. Ewald Weinholtz wirkte von 1909 bis 1918 in Gröben. Zwischendurch war er zwei Jahre im Krieg, kehrte 1917 verletzt zurück. 1918 wurde die geistliche Ortsschulinspektion offiziell aufgehoben.

Im Jahre 1919 kam der Reserveoffizier Albert Grothe, zuvor Lehrer in Wietstock, nach Gröben. Er machte von dem Recht, seinen Dienst unabhängig von der Kirche auszuüben, voll Gebrauch, was viel Konfliktstoff in sich barg. So nimmt es nicht wunder, daß 1926 schon wieder ein neuer Lehrer, nämlich Hubert Baumgart, in Gröben erschien. Er wurde ein Jahr später nach Langen bei Neuruppin versetzt.

Für ihn wurde Richard Kieser eingesetzt, der sich auch als Heimathistoriker einen Namen machte.

Die spärlichen Einkünfte der Küster sind über Jahrhunderte hinweg in Naturalien, die die Gutsbesitzer, Bauern und Handwerker zu entrichten hatten, berechnet worden. So bekamen sie neben Acker- und Wiesennutzung Holz, Getreide, Brot, Eier etc. Diese Rechte mußten sie sich fast jährlich aufs neue erstreiten.

Die Reallasten an die Küster wurden seit den 90er Jahren des 19. Jahrhunderts in Geldleistungen umgewandelt. Die Küster konnten nur dann überleben, wenn sie selbst etwas Ackerbau und Viehzucht oder ein Handwerk nebenbei betrieben. Die Größe des zur Küsterstelle gehörenden Dienstlandes (Acker, Wiesen) betrug etwa 7 ha.

Nach der neuen Besoldungsordnung von 1897 belief sich das Jahresgrundgehalt des Lehrers auf 1000,- Mark, zusätzlich 200,- Mark für das Kirchenamt.

Jütchendorf verfügte seit dem Erlaß des General-Land-Schulreglements (1763) über eine eigene Schule.

Zu den Aufgaben des Schulmeisters gehörte es unter anderem, an hohen Festtagen in den Filialkirchen die Predigt zu lesen, zu singen und zu beten.

Die Jütchendorfer Lehrer waren durch die Bank ausgediente Militärs oder Schneider. Lehrer H. Heinicke (um 1830) hatte kein Lehrerseminar besucht, sondern seine – wie auch immer gearteten – beruflichen Voraussetzungen „während seiner Dienstzeit im Garde-Husaren-Regiment" erworben. Im Nebenerwerb war auch er als Schneider tätig.

Der arme Schlucker von Schiaß
Armen Mann kennt niemand

In die entlegensten Dörfer, irgendwo am Rande der Welt, kamen früher selten die besten Lehrer. Und wenn es sich dann auch noch um einen Ort wie Schiaß handelte, zu dem seinerzeit kein fester Weg führte und der obendrein auch noch regelmäßig vom Hochwasser bedroht war und häufig überschwemmt wurde, war es schon schwer, einen guten Lehrer zu gewinnen.

Da der Weg zur Kirche weit und in bestimmten Jahreszeiten ohnehin unpassierbar war, stand der jeweilige Dorfschullehrer von Schiaß des öfteren vor der Aufgabe, die vom zuständigen Pfarrer vorbereitete Predigt vom Blatt abzulesen. Als 1803 ein neuer Lehrer benötigt wurde, gab es auch eine Bewerbung. Die kleine Gemeinde wollte die Katze nicht im Sack kaufen und testete den Anwärter, der mit drei Tagen Verspätung eingetroffen war, da er sich hoffnungslos verirrt hatte. Obwohl das Ablesen eines vorgelegten Textes „nur sehr mangelhaft, ohne Komma zu halten, ohne die Wörter richtig auszusprechen" geschah, obwohl der arme Schlucker „ganz unfähig (war), jemals eine Predigt der Gemeinde vorlesen zu können", wurde er mangels weiterer Bewerber dennoch eingestellt [A2].

Wie der Lehrer, so die Schüler

Der Bericht des Zossener Superintendenten Bauer aus dem Jahre 1800 über das märkische Schulwesen [8, 96] ist nicht sehr schmeichelhaft; er kann auch für die Parochie Gröben als durchaus zutreffend betrachtet werden:

Der Dorfschulunterricht ist an den meisten Orten noch sehr schlecht bestellt und die Eltern und die Herrschaften wissen unter allerlei Vorwänden die Kinder ein ganzes halbes Jahr hindurch und darüber dem Besuche der Schule zu entziehen. Den ganzen Sommer hindurch, d.h. von Ostern bis Michaelis, ruht der Schulunterricht in vielen Dörfern, weil die Eltern ihre Kinder zur Feld- und Dorfarbeit, die ihnen notwendiger scheint, als der Anbau des Verstandes, brauchen und zu brauchen vorgeben. Der Schulmeister, der öfter ein bloßer Schneidergesell, ein abgelebter Invalide, bisweilen einer der übrigen Untertanen ist, der dabei noch herrschaftliche Dienste tun muß, und der oft selbst kaum das Lesen versteht oder den Katechismus mechanisch herbeten kann, hat dann beide Hände voll zu tun, der verwilderten Jugend das Vergessene im Winter wieder einzubläuen. Daher ist die Unwissenheit unter den geringeren Landbewohnern der Mark immer noch sehr groß. Viele Kinder können nicht ordentlich lesen, nur wenige lernen schreiben. Gehörig gebildete Lehrer trifft man auf dem Lande höchst selten. Die Besoldung ist durchgängig schlecht. Die meisten Schullehrer sind Professionisten, die noch ein Handwerk nebenher pfuschen müssen, um nicht Hungers zu sterben.

Im Kruge hört man viel Neues

Mit dem Wort Küsterei war das Anwesen des Schulmeisters gemeint. In Gröben gab es schon vor 1570 eine Küsterei. Der Küster Valentin Schmid, der 1589 an der Pest starb, hatte ein bescheidenes Haus, mehr eine Hütte, in der er wohnte und auch unterrichtete. Außer dem Häuschen mit Scheune, Stall und Garten („ohngefähr ³/₄ Morgen") standen ihm „3 Enden Land und hinter dem Garten über dem Graben rauf eine Wiese von ohngefähr 8 Fuder Heu" zu. Der dem Pfarrer unterstehende Lehrer war, da er vom Lehrerberuf allein nicht leben konnte, in der Regel zugleich Schneider und Kleinstbauer. Häufig wurde das eine mit dem anderen verbunden. So war es durchaus keine Ausnahme, daß der Lehrer während des Unterrichtes in der Einklassenschule im Schneidersitz auf dem Tisch saß und nähte oder den Kindern eine Stillbeschäftigung gab und allieweil den Stall ausmistete.

1721 ist anstelle des windschiefen und baufälligen Küsterhauses ein neues Gebäude errichtet worden.

„Die Herren Patroni (das waren die Gutsbesitzer und gleichzeitig Kirchpatrone – Bi.) haben laut königlicher Verordnung das Holz, Steine und Kalk gegeben, die Unterthanen haben die Fuhren gethan, den Zimmermann gelohnt" und hier und dort selbst mit Hand angelegt.

1812 brannte mit dem Wirschaftsgebäude des Gutes Gröben auch das gesamte Gehöft des Küsters Maschke nieder. Der Wiedererrichtung der Küsterei ging ein jahrelanger Streit zwischen Regierung, dem Patronatsherrn und der Gemeinde über die Aufteilung der Kosten voraus. In der Zwischenzeit fand der Unterricht im Dorfkrug statt.

Der Küster mußte seine bescheidenen Ernteerträge bei verschiedenen Leuten unterbringen. Die 1816 fertiggestellte neue Küsterei war so dürftig, daß schon 1859 ein neues Küster- bzw. Schulhaus gebaut werden mußte. Die Hauptlast trug diesmal die vom Leben hart getroffene und sozial denkende und handelnde Frau von Scharnhorst. Schon 1863 waren grundlegende Reparaturen am Schulgebäude vonnöten gewesen, da sich der Schwamm ausgebreitet hatte. An den jeweils anfallenden Kosten für die Erhaltung der Kirche, Pfarrei und Küsterei mußten sich auch die eingepfarrten Gemeinden beteiligen. Später errichteten sich die einzelnen Gemeinden eigene Schulen. Bis dahin mußten die Patronatsherren bzw. -damen

von Gröben	ca. 10%
von Siethen	ca. 5%
von Großbeuthen	ca. 5%
die Gemeinden Gröben und Kietz	ca. 40%
Jütchendorf, Siethen, Groß- und Kleinbeuthen	ca. 40%

für die Erhaltung der Küsterei aufbringen.

Lehrer Lourrant, Schulkinder von Siethen (ältere Gruppe) ca. 1920

Die Einklassen-Schule Jütchendorf 1928 mit Lehrer Paul Schumann; v.l.: Dora Pope, Irene Schmidt (vereh. Eichler), Frieda Bastian (Hannemann), Ella Mertsch (Kawecki), Elisabeth Schmegg (Pieper), Elfriede Dörre (Thielicke); oben, v.l.: Walter Pape, Erich Busse (späterer Gastwirt), Hermann Gerres, Fritz Reuter, Alfred Liefeld

Schule Siethen 1937, Lehrer Jeske

1.-3. Klasse der Schule Siethen, Lehrer Höfel (1958)

Über die Gröbener Schule schrieb Pfarrer Lembke 1935: *Die Lage der Küsterei ist sehr schön. Sie liegt am südlichen Ausgang des Dorfes am Wege nach dem Kietz, ohne unmittelbaren Nachbar. Das Grundstück wird begrenzt von dem sogenannten Küsterfliess, das mit Kröpfweiden bestanden ist. Von der ersten Etage sieht man im Osten über den Gröbener See bis zum Jütchendorfer Weinberg, im Westen schweift der Blick über das Nuthetal bis zu den Tremsdorfer Höhen* [C4].

In den 90er Jahren des 20. Jahrhunderts etablierte sich hier das Landhotel *Theodore F.* des Ehepaares Welz.

Wer lehren will, findet überall eine Schule

In Siethen war zu Beginn des 19. Jahrhunderts zwar ein Lehrer, aber kein eigenes Schulhaus vorhanden. Als Lehrer war hier der aus einer Hugenottenfamilie stammende Schneider Johann Gottfried Roy, der nie ein Lehrerseminar von innen gesehen hatte, tätig. Seine fachlichen Qualitäten wurden als „sehr gering" eingeschätzt, was er aber durch seinen „strammen Sinn", der „heilsam wirkte", auszugleichen verstand. Roy hatte die Witwe seines Vorgängers, die zehn Jahre ältere Marie Louise Unger, geb. Astfalk, geheiratet. Da es zu seiner Zeit in Siethen kein Schulhaus gab, unterrichtete er die zeitweilig 40 bis 60 Kinder in seiner Wohnstube [39]. Fanden nicht alle Schüler Platz, schickte er einige von ihnen in Hof und Garten, wo es stets etwas zu tun gab. Man sagte, daß die Kinder lieber den Ziegenstall ausmisteten, als im engen, muffigen Raum an dem, was man Unterricht nannte, teilzunehmen. In der bedrängenden Enge erwies sich das Fehlen an Schulinventar und Lehrmitteln vermutlich als Vorteil. „Nur das Einfachste war vorhanden"; und dies war Privateigentum des Lehrers. Die „nöthigen Tische, Bänke, Dintenfässer ... und die Schiefertafeln" waren von den Kindern bzw. deren Eltern „selbst angeschafft" worden. (Im nahen Fahlhorst, wo es ebenfalls an einem Schulraum mangelte, war man einfallsreich: Hier fand der Unterricht in der fast die ganze Woche über ungenutzten Kirche statt.)

Mechthild Lembke besuchte eine Potsdamer Internatsschule. Eines Tages im Jahre 1929 charterte die Lehrerin einen LKW und folgte mit der gesamten Klasse einer Einladung ins Gröbener Pfarrhaus. Ein Ausflug zum Gröbener See, wo es seinerzeit noch mehrere Badestellen gab, gehörte zu einem der Höhepunkte.

Wie der Lehrer, so die Schule

Die Schulstube des Jütchendorfer Lehrers war ein größerer Raum, in dem sich neben einem langen Tisch das mit einem Strohsack gefüllte Bett des Lehrers und ein Schneidertisch befanden, auf dem er – häufig auch während des Unterrichts – seinen zweiten Beruf ausübte. An dem Tisch hatten zur Linken die Knaben und zur Rechten die Mädchen ihre Plätze. Schulinventar war nicht vorhanden. In jenen Zeiten, in denen kein Lehrer am Orte war, besuchten die Jütchendorfer Kinder die Siethener Schule. Die Einschätzung des Lehrers Heinicke durch seinen Vorgesetzten, den Pfarrer, lautete: „Heinicke schreibt eine gute Handschrift, ist im Rechnen bewandert, ziehmlich auch in der Orthographie, singt bei freilich schwacher Brust die gangbaren Kirchenlieder, führt einen rechtschaffenen Lebenswandel, die Kinder lernen lesen, den Katechismus, biblische Sprüche, empfangen Bibelkenntnis."

Die Lebenserwartung der Lehrer war nicht sehr hoch. Lehrer Heinicke starb im Alter von 61 Jahren, seine Frau mit 41 Jahren. Einer seiner Nachfolger, Hermann Dreets, starb mit 36 Jahren an Schwindsucht. Der Schulmeister und Schneider Heinrich Niese aus Kleinbeuthen starb mit 30 Jahren an Auszehrung. Das Lehrerdasein war das Dasein von Hungerleidern.

Zwischen 1862 und 1906 sind acht Lehrer in Jütchendorf tätig gewesen. 1793 war neben anderen Gebäuden auch die Schule bei einem großen Brand Opfer der Flammen geworden.

Kinderalltag in Jütchendorf in den 30er Jahren

Knabe aus Schiaß, Anfang des Jahrhunderts

Jütchendorfer Rangen anno dazumal

Wer den Schaden hat, braucht für den Spott nicht zu sorgen
(Der Dorfschullehrer im zeitgenössischen Witz)

In eine märkische Irrenanstalt wird ein Mann eingeliefert, der bemerkenswerte Symptome zeigt. Er ruft dauernd „Hoch", singt abwechselnd Choräle und vaterländische Lieder und klagt zwischendurch über Hunger. Mitleidig sagt der untersuchende Arzt: „Der arme Teufel hält sich für einen preußischen Volksschullehrer."

***

Ein preußischer Dorfschullehrer erhält neben dem Gehalt und freier Wohnung auch gewisse Naturalien. Infolgedessen hält ... eines Tages der Schullehrer den kleinen Georg ... auf der Straße an: „Nu Jorgele – wie steht's denn mit dem Spanferkel, das mir der Herr Vater neulich versprochen hat?" „Damit werds nischte, Herr Lehrer. Es ist wieder gesund geworden."

***

Die hübsche Pfarrerstochter hat, den inständigen Gebeten des Vaters wie den verzweifelten Migräneanfällen der Mutter zum Trotz, ihren geliebten Lehramts-Kandidaten geheiratet. Nach anderthalb Jahren kommt sie, ein Kind auf dem Arm, ein weiteres unter dem Herzen, zum erstenmal zu Besuch ins Elternhaus. „Nun, Friedchen ...?", sagt die Mutter bang. „Frag nicht, Mama. Wenn ich die Wahrheit sagen wollte – ich müßte lügen."

***

Der Lehrer ... kommt beim Schulamtsvorsteher um eine Gehaltsaufbesserung ein. Mit 180 Mark jährlich ist – so die Darstellung des Lehrers – eine achtköpfige Familie nur mühsam zu ernähren und zu bekleiden. Das Auge des Oberamtmanns bleibt an dem Wort „mühsam" haften, und er entscheidet: „Das Gesuch ist abzulehnen. Den einschl. Bestimmungen ist unmißverständlich zu entnehmen, daß Kgl. preuß. Schullehrer Persönlichkeiten zu sein haben, welche der ihnen anvertrauten Jugend als Vorbilder dienen können, demgemäß auch in der Hinsicht, wie wenig ein Mensch für seine Existenz im alleräußersten Falle wirklich nötig habe" [26/1].

Das ABC macht das meiste Weh

Während des Befreiungskrieges 1813-1815 wie auch in den Jahren zuvor und danach herrschte – wie überall im Lande – auch in Siethen große Not. Des Überlebens willen mußten auch die Kinder voll in den Arbeitsprozeß einbezogen werden. So blieb die Schule häufig leer. Jeder, „sei er Bauer oder Kolonist, ist genötigt" – so schreibt der Chronist – „selbst die jüngsten Kinder zur Arbeit anzuhalten ... ". Das hatte zur Folge, daß viele weder lesen noch schreiben konnten.

Als nun auch Siethener Männer in den Krieg zogen oder in Gefangenschaft gerieten, sahen sich einige von ihnen nicht in der Lage, den Angehörigen in der fernen Heimat mitzuteilen, daß sie noch am Leben sind.

Mit der allmählichen Verbesserung der Schulverhältnisse wurde nicht nur das Analphabetentum mehr und mehr verringert, sondern auch die plattdeutsche Sprech- und Schreibweise zusehends verdrängt und durch die hochdeutsche Sprache abgelöst. In der hier im Blickfeld liegenden Region setzte sich seit etwa 1900 das Hochdeutsche mit Berliner Dialekt durch. In Gröben, Siethen, besonders aber auch in Groß- und Kleinbeuthen, sprachen einzelne Personen bis zu ihrem Tode in den 50er/60er Jahren des 20. Jahrhunderts das sogenannte Teltower Platt.

Es gehen viele geduldige Schafe in einen Stall

Bis zum Jahre 1844 verfügte die Schule in Großbeuthen über kein eigenes Haus. Der Unterricht fand im Hause des Schulmeisters Hinze statt, der zugleich Büdner war, also kleiner Bauer, der nur mit Nebenerwerb existieren konnte. Für die Nutzung seines Wohnzimmers als Unterrichtsraum der Einklassenschule erhielt er drei Thaler pro Jahr. Die Schulstube war 16 Fuß breit, 16 Fuß lang und 6 ½ Fuß hoch, das entsprach einer Raumgröße von etwa 21 Quadratmetern. Das Schulinventar, eine schwarze Tafel, ein Globus und eine Europakarte, war Eigentum des Lehrers. Die zwei Tische und drei Bänke gehörten der Gemeinde.

1844 wurde der neue Schulbau „auf herrschaftlichem Grund und Boden" errichtet. Die Einweihung, die mit der Einführung des neuen Lehrers einherging, fand am 19. Januar 1845 statt. Das Schulhaus bestand aus der Lehrer- bzw. Küsterwohnung und einem Klassenraum. Das Schulzimmer maß 7 mal 5 Meter.

Da die Schulstube zu eng für die 56 Schüler war, die 1886 die Schule besuchten, wurde sie schließlich auf 13 x 10 Meter erweitert.

Zur Schule gehörte ein strohgedeckter Stall. Die Toilette befand sich außerhalb des Hauses. 1912 bekam die Gemeinde eine neue Schule. Die Schulstube und die Lehrerwohnung wurden erweitert. Die Kinder von Kleinbeuthen besuchten über lange Zeit hinweg die Schule von Großbeuthen.

Eine Hand voll Achtung ist mehr als eine Metze Gold

Der Siethener Lehrer Gentzel soll ein tüchtiger Mann gewesen sein, bei dem die Kinder etwas gelernt haben, dies um so mehr, da er neben seiner eigentlichen Berufsausübung „Kochmaschinen und Lokomotiven zu bauen verstand, die in Gang gesetzt werden konnten, um sie den Kindern zu erklären." Er stellte aber auch Handwagen und Bienenkörbe her. Außerdem betätigte er sich als Imker und Uhrmacher; er

Elisabeth Grüneisen, Siethen (1927)

Ansammlung braver Kinder vor der Siethener Kirche (1912)

war aber auch ein erfolgreicher Gärtner. Darüber hinaus war er „ein allzeit beliebter Tier- und Menschenarzt des Dorfes, der mit seinen Hausmitteln half", auch wenn es mitten in der Nacht war.

Seine „strenge Zucht" sei heilsam gewesen. Sie hatte unter anderem zur Folge, daß die Kinder, wenn sie an seinem Hause vorüberkamen, auch dann die Mütze zogen bzw. einen Knicks machten, wenn der Lehrer gar nicht zu sehen war.

Gentzel „säuberte abends das Dorf und brachte die Jugend von der Straße." Wen er in der Kirche beim Dösen erwischte, der mußte die Stichworte der Predigt aufschreiben. Bis zum Beginn des Ruhestandes im Jahre 1905 war Lehrer Gentzel in Personalunion auch der Glöckner von Siethen.

Wenn die Hirten sich streiten, hat der Wolf gewonnenes Spiel

Während die Chefposition der Pfarrer gegenüber der Untergebenenposition der Lehrer bis zur Novemberrevolution unbestritten war, veränderte sich diese Konstellation mehr und mehr. Häufig standen sich nun Pfarrer und Lehrer wie zwei Hirsche gegenüber, die das Platzrecht beanspruchen. Dies war auch im Verhältnis zwischen Pfarrer Lembke und dem seit 1919 in Gröben tätigen Lehrer Albert Grothe, einem Verfechter der modernen Reformideen in der Volksschule und „politisch linksgerichtet", der Fall. Pastor Lembke hielt dazu fest: Grothe ist ein Mann vom „Typus des modernen Lehrers, der dem Pfarrer beweisen will, daß er nichts mehr zu sagen hat und daß der Lehrer König im Dorfe ist."

Die Kämpfe zwischen dem Geistlichen und dem um

Kartoffelernte 1920, Heimfahrt vom Feld.
Dabei: Die Pfarrerskinder.
Ernten war schwere Arbeit – aber stets aufs neue auch ein Fest.

Schule Siethen (1920), später Konsumverkaufsstelle

Schule Siethen um 1925. Lehrer Streichert

Klasse 1–4 der Schule Siethen 1949. Lehrerin Hannelore Jeske, Tochter des Lehrers Jeske

Emanzipation ringenden Lehrer waren gnadenlos. Dem Pfarrer ging es, wie er selbst schreibt, darum, dem „Lehrer das Genick zu brechen." Das langwierige Ringen der „Platzhirsche" fand mit dem Weggang des Lehrers Grothe im Jahre 1921 sein Ende. Er wurde Rektor in Liebenwalde.

Seit dem Machtantritt der Nazis führten kaum noch die Pfarrer, sondern die NS-Lehrer das Wort.

Es begann die Zeit, in der die staatstragende Partei immer Recht hatte, ein Zustand, der sich nach 1945 fortsetzte.

Die Dorf- bzw. Zwerg- oder Einklassenschulen, so unter anderem auch in Großbeuthen, bestanden bis in die 50er Jahre. Bis 1954 gab es beispielsweise in Jütchendorf eine Grundschule, in der ein Lehrer alle Kinder von der ersten bis zur achten Klasse unterrichtete. Die Jütchendorfer Schule wurde mit der in Gröben zusammengelegt. Später wurden die Schüler mit Bussen in die Ludwigsfelder Schule gebracht.

Lokale Ereignisse, Besonderheiten und Höhepunkte

Siethen: Die Schönheit der Landschaft ...
Wo die Natur aufhört, fängt der Unsinn an

Im Jahre 1878 erwarb der Berliner Großkaufmann Gottfried Badewitz (sein Sohn Hermann wurde 1914 geadelt) Gröben und Siethen für 180.000 Taler. Das Gut befand sich, wenn man vom etwas veralteten Herrenhaus absieht, in gutem Zustand. Unter Badewitz ist ein großer Kuhstall, ein Wohnhaus für Beamte, eine Gutsschmiede, ein Schafstall, ein Pferdestall, eine Försterwohnung und eine neue, moderne Brennerei errichtet worden. Die Brennerei erwies sich als recht ökonomisch, da ein großer Teil der Kartoffelernte vor Ort und mit geringem Transportaufwand gewinnbringend verarbeitet und die Rückstände als Viehfutter verwendet werden konnten. Der Nachteil bestand darin, daß die Brennerei vor der Kartoffelernte mangels Rohstoffe monatelang in eine Zwangspause eintreten mußte. Auch Gröben ist modernisiert worden. Ein neuer Kuhstall, ein Wirtschaftshaus, in dem die Meier- und die Melkerfamilie wohnte, waren entstanden. Der Reichtum des neuen Gutsherrn, der besonders im Deutsch-Französischen Krieg von 1870/71 gute Geschäfte gemacht hatte, gab ihm die Möglichkeit, das eher bescheidene Herrenhaus zu einem Schloß auszubauen und einen herrlichen

Revierförster Edwin Ruge machte Generationen von Schülern mit Geheimnissen der Natur vertraut.

Altes Herrenhaus in Siethen im Jahre 1848, erbaut in der ersten Hälfte des 19. Jahrhunderts.

Neue Aussicht (1896)

Schloß Siethen, Vorderseite (1896)

Verwalterhaus des Gutes Siethen

Park anzulegen, daß alle Gutsnachbarn vor Neid erblaßten. Zwischen diesen und Badewitz bestand allerdings ein gewaltiger Unterschied: Während erstere von ihren Gütern nur recht bescheiden leben konnten, war der Siethener Besitz für Badewitz in erster Linie Luxus und erst in zweiter Linie auf Gewinn angelegt. Die eigentlichen Einkommen des Gutsherren lagen in Engros-Handelsgeschäften.

Badewitz war geradezu besessen in seinem Bestreben, den etwas eintönigen Charakter des Dorfes aufzuhellen. Er ließ nicht nur Bäume, sondern auch Ziersträucher und Blumen in

Ehemaliger Kutsch- und Pferdestall

„Schöne Aussicht" – Uferanlage am Siethener Schloß einst (1920)

Hühnerstall und Taubenturm auf dem Gutshof Siethen

Park am Siethener See (1946)

großer Zahl anpflanzen. Auch eine Eichenallee am Ludwigsfelder Pechpfuhl, der bis 1943 zum Badewitzschen Besitz gehörte, ist auf den Gutsherren zurückzuführen – ebenso wie eine malerische Jagdhütte mit Bootssteg, der in den seinerzeit noch weitaus größeren Pechpfuhl hineinragte.

Hier entstand eine Robinien- oder Birken-, dort eine Eichen- oder Kastanienallee, woanders wurde eine Kirschallee angelegt. Und am Weinberg, auf dem sich unter anderen Laubbäumen uralte Eichen befanden, standen und stehen noch heute an höchster Stelle drei Edelkastanien. „Jedes Jahr", so schrieb der oben erwähnte Chronist, „warfen sie einen bis zwei Zentner Maronen ab", die man rösten, mit denen man aber auch den Gänsebraten füllen konnte. Von dem selben Chronisten erfährt man auch, daß sich im Siethener Tertian einstmals ein Brennofen befunden hat, in dem Mauersteine gebrannt worden sind. Der Chronist vermerkte desweiteren, daß der Siethener See ursprünglich einen weitaus höheren Wasserstand hatte und sich ringsumher (so z.B. auch dort, wo

Die „Schöne Aussicht" im Schloßpark Siethen ist überwuchert. Die einstige Schönheit ist aber noch zu spüren (Foto von 1998)

sich heute zwischen Siethen und Ahrensdorf die Autobahn erstreckt) Sümpfe und kleine Wasserflächen befanden.

Der Holzeinschlag konnte dort nur bei starkem Frost durchgeführt werden; die Sumpfgebiete waren nur über aufgeschüttete Dämme und Holzwege begeh- bzw. befahrbar [C5].

Der am See gelegene Schloßpark war mit uralten Bäumen bewachsen. Am Seeufer befand sich ein Badehäuschen auf Pfählen, das – mit einem langen Steg verbunden – in einem dichten Schilfgürtel verborgen war. Ein Stück weiter hatte man die sogenannte neue Aussicht, einen gemauerten tribünenartigen Vorbau mit eisernem Geländer, errichtet. Von hier aus, direkt neben einer fröhlich sprudelnden Quelle, hatte man einen freien Blick über den gesamten See in seiner vollendeten Schönheit. Viele Gäste der Familie von Badewitz waren begeistert vom Schloß, dem Park, dem gepflegten Ort, den schönen Alleen, der paradiesischen Umgebung, dem klaren Wasser des Sees und der Bäche und nicht zuletzt auch dem Wildreichtum. Wie sagte doch Fontane? „Ein märkisches Idyll ..."

Mehrere kleine Bäche, die von den Feldern ringsumher dem See zustrebten, sind durch die intensive landwirtschaftliche Nutzung versiegt.

Der seine Heimat grenzenlos liebende Gerhard von Badewitz erwähnte schließlich auch den Metstock, eine ursprünglich ganz schmale Landenge zwischen dem Siethener und Gröbener See. Sie wird durch einen Graben, der die beiden Seen miteinander verbindet, durchquert. Die Bezeichnung Metstock geht, so sagt der Volksmund, auf das Wort für Meßstock zurück, weil man dort mit einem Meßstab den Wasserstand gemessen habe. Die Wissenschaft hat eine andere Deutung parat: Das Wort ist eine Abwandlung der aus dem Slawischen stammenden Bezeichnung für „Zusammenfluß zweier Gewässer". Im Metstock, durch den bis etwa 1800 eine Furt führte, waren, so ist überliefert, manchmal derart viele Fische unterwegs, daß sie sich fast selbst aus dem Wasser hoben. Die Strömung dieses Verbindungsgrabens trieb in alten Zeiten eine Mühle an. Später befand sich dort in der Nähe eine Windmühle, nach ihrem Verfall eine elektrische Motormühle (Heese-Mühle). Einstmals, so schreibt ein Chronist [7, 132], war der Graben flößbar. Das an den Ufern des Siethener Sees geschlagene Holz wurde zu kleinen Flößen zusammengefügt und durch den Metstock geflößt, um dann über den Gröbener See in die Nuthe und weiter nach Potsdam, teilweise sogar über die Havel und die Elbe bis nach Hamburg gebracht zu werden.

Jütchendorf. Man kann sehr alte Häuser durchaus jung und schön erhalten. (1998)

Gerhard von Badewitz schrieb in seinen Erinnerungen wehmutsvoll: *Hinter Gröben versinkt die Sonne als feuerrote Scheibe und ein mildes Abendrot überzieht den Himmel. Die Frösche quaken, das Zirpen der Heuschrecken und Grillen verstummt. Enten fliegen mit pfeifendem Flügelschlag über uns hinweg. Die Dunkelheit läßt die Schönheit der Landschaft verwischen, und mit der Finsternis versinken auch unsere Gedanken an die Heimat. – Vorbei; es war einmal. Amen* [C5].

Das „märkische Idyll" ist 1941, mitten im Zweiten Weltkrieg, von seinem Besitzer Dr. Leopold von Badewitz aufgegeben worden. Das Gut ging – wie schon bemerkt – an die Berliner Stadtgüterverwaltung über, das Schloß wurde von der SS belegt.

Fasziniert vom Odem der Geschichte
Wenn die Natur stirbt, stirbt auch der Mensch

Schon lange vor Fontane hatte die Komponistin Fanny Hensel (1805-1847), Schwester des Pianisten und Komponisten Felix Mendelssohn-Bartholdy (1809-1847), verheiratet mit dem berühmten Maler Wilhelm Hensel, Gröben entdeckt. Wilhelm Hensel, der Mann, bei dem „die Seele griechisch, der Geist altenfritzig, der Charakter märkisch" [16,1] war, war der Sohn des Trebbiner und seit 1796 Linumer Pfarrers Johann Ludwig Hensel.

Fannys seelenvolles Klavierspiel blieb für alle, die ihr jemals zuhören durften, unvergessen. Auch die in Linum geborene Schwester von Wilhelm Hensel, Luise Hensel (1798-1876), die Dichterin solcher schlichten, aber anrührenden Kindergebete und Lieder wie „Müde bin ich, geh zur Ruh", hielt sich häufig, zum Teil wochenlang, in Gröben auf. Man sagt, sie hätte im Schloßpark von Gröben, den es seit der Bodenreform nicht mehr gibt, des öfteren gesessen und gedichtet. Die mit Clemens Brentano befreundete Dichterin war von der reizvollen Umgebung, der intakten Natur und dem auf Schritt und Tritt spürbaren Odem der Geschichte fasziniert; sie empfand Gröben und Siethen, Groß- und Kleinbeuthen,

Straßenkreuzung in Siethen (um 1930)

Jütchendorf, den Kietz, den „Nuthestrom", die Sümpfe, Seen und Wälder so, als wären sie vollendete Lyrik; die Geräusche der Abende, der Nächte empfand sie wie eine göttliche Sinfonie.

Zum Chorus der Natur gehörte – noch bis ins vergangene Jahrhundert hinein – eine vielfältige Tierwelt. In den feuchten Niederungen, den weiten Wäldern und den Nuthesümpfen waren Teich- und Sumpfrohrsänger, Fischadler, Kraniche,

Siethener See (1997)

Siethener Idylle

Schwarzstörche, Schnepfenvögel (wie Uferschnepfen, Kiebitze, Brachvögel und Rotschenkel), Bekassinen, Wasserrallen, große Rohrdommeln (im Volksmund wegen ihres dumpfen „Brüllens" Moorochsen genannt), Wiedehopfe, hier und dort auch Großtrappen, Birkhähne, Rebhühner, Fasane, Regenpfeifer, Rohrweihen, Zwergtaucher etc. und ein bunter Strauß von Singvögeln zu Hause. Stück für Stück hat man ihnen ihren Lebensraum genommen. Der Ornithologe Gerhard

Natur pur am Siethener See

Kretlow stellt [Märk. Allg. Zeitung 3./4.1. 1998] sachlich, aber wehmutsvoll fest: „In den Abendstunden war die Luft erfüllt vom Meckern der Himmelsziegen, wie die Bekassinen im Volksmund genannt wurden. (Das Meckern erzeugt der Vogel im Sturzflug, indem er die Flügelspitzen so gegen den gefächerten Schwanz stellt, daß die Außenfedern vibrieren und so das Meckern einer Ziege entstehen lassen.)"

Auch Biber und Fischotter waren hier in großer Zahl zu Hause. Nur die Gold- und Fischadler hatten sich schon stark dezimiert.

Georg Reuter aus Großbeuthen erinnert sich: „Ich fuhr früher", das war in den zwanziger Jahren, „eher zur Arbeit, um die Auerhähne bei der Balz zu beobachten."

Noch zu Fontanes Zeiten „pfiff der Regenvogel in langen Pausen, und das dumpfe Gurgeln der Rohrdommel klang vom Flusse her" [16]. Heute brüten hier und dort nur noch einige Kiebitze, wenige Rohrammern, Teichrohrsänger und Sumpfrohrsänger.

Mit der Vielfalt der ausgestorbenen, ausgerotteten Tierwelt gingen der Menschheit auch die Noten der großartigen Sinfonien der Natur unwiederbringlich verloren. Wie arm sind wir doch geworden. Es sollte uns gelingen, die Reste des Lebens in der freien Natur zu retten, denn: Wenn die Natur stirbt, stirbt auch der Mensch.

Schon Alexander von Humboldt stellte fest: „Habt Ehrfurcht vor dem Baum. Er ist ein einziges großes Wunder und den Vorfahren war er heilig. Die Feindschaft gegen den Baum ist ein Zeichen von Minderwertigkeit eines Volkes und von niederer Gesinnung."

Den Kietzern wurde das Wasser abgegraben
Auf dem Trockenen ist nicht gut fischen

Die Kietzer hatten jahrhundertelang in erster Linie von der Fischerei gelebt. Nur nebenbei wurde auch Ackerbau und Viehzucht betrieben. Zur Zeit des Großen Kurfürsten (1640-1688) gab es auf dem Kietz acht Fischerkossäten. Über Jahrhunderte hinweg hatten die Kietzer Fischer das Fischereirecht auf der Nuthe zwischen dem Thyrower Damm bei Trebbin und dem Hakedamm bei Bergholz-Rehbrücke sowie das Recht zur Kleinfischerei auf dem Gröbener See, d.h., hier durften sie nur mit Reusen und kleinen Netzen dem Fischfang nachgehen. Nur der jeweilige Gutsherr hatte das Recht, den See mit großen Schleppnetzen abzufischen.

Die in der Nuthe gefangenen Fische wurden aus dem Kahn heraus an die Bewohner der angrenzenden Orte wie Saarmund und Rehbrücke verkauft.

Seit Ende des vorigen Jahrhunderts trat für die Kietzer eine gravierende Veränderung ein. Während die Nuthe seit Jahrtausenden in großen und kleinen Bögen fröhlich durch eine scheinbar unendliche Sumpf- und Niederungslandschaft mäandrierte, setzte man seit den 80er Jahren des 19. Jahrhunderts (1883-1885) die bereits unter Friedrich dem Großen 1775 begonnene Regulierung, sprich Begradigung der Nuthe fort.

Auf diese Art und Weise gewann man einerseits 4300 Morgen Land [7], andererseits grub man den Kietzer Fischern praktisch das Wasser ab. Während die fischreiche, hier 30 bis 40 m breite Nuthe bis dahin unmittelbar am Gröbener See und am Kietz vorbei gemächlich der Havel zugestrebt war, strömte sie fortan begradigt und durch die Wehre im nun viel schnelleren Lauf gebremst gen Potsdam. Dieser einer Vergewaltigung entsprechende Eingriff in die Natur brachte einerseits den Vorteil, daß die jährlichen Überschwemmungen, die die endlosen Niederungen längs der Nuthe zu einem riesigen See anschwellen ließen, verringert und der Gütertransport (z.B. Holz und Mauersteine) gesteigert werden konnte. Er zog aber viel tiefgreifendere Folgen nach sich, als man vor Beginn der Arbeiten auch nur vermutet hatte. Der Fischreichtum ging rapide zurück und mehrere Tierarten verloren infolge der

König Friedrich der Große besichtigt die Meliorationsarbeiten an der Nuthe. (Nach einem Gemälde von Prof. C. Koch)

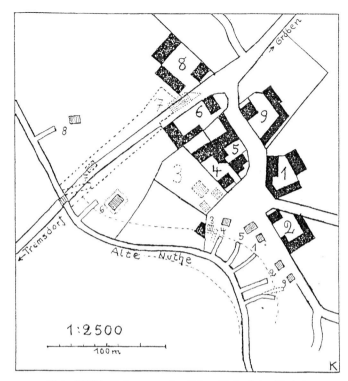

Idylle im Kietz (1998)

Kietz 1930 (mit dem ursprünglichen Verlauf der Nuthe). Die Ziffern sind die Nummern der Höfe. Die eingegangenen Höfe 7 und 3 sind mit punktierten Linien gekennzeichnet, auch ihre Kahnsteige und Fischerhütten. An jedem Kahnsteig befand sich eine Hütte. Die Nummern der Hütten weisen auf ihre Zugehörigkeit zu den Höfen hin. Die punktierten Linien längs der Nuthe weisen auf ihre ehemalige Breite hin. Die punktierte Linie im Osten macht auf die Rüsternbepflanzung aufmerksam, die zum Schutz der Hütten und Kahnsteige 4, 5, 1, 2 und 9 angelegt worden war.

Der Fischkasten am Kietz erinnert an die hier über Jahrhunderte hinweg intensiv betriebene Fischerei. (Foto von 1998)

neuen Bedingungen ihre Lebensgrundlagen. Der Wasserspiegel sank; Gräben und Feuchtgebiete trockneten aus. Gewiß, man gewann viel Wiesen- und Weideland wie auch größere Anbauflächen, aber die langfristigen Folgeschäden waren ums Mehrfache größer und die Zerstörung der einmaligen Naturlandschaft letztendlich irreparabel. Anstelle der einstmaligen hauptberuflich betriebenen Fischerei trat die Landwirtschaft; aus den Fischern wurden Bauern. Der Fluß, der sich bis dahin selbst gereinigt hatte, verkrautete und mußte fortan stets aufs neue entkrautet werden. Man hatte einer „Lebensader" Gewalt angetan, ihre Lebensfähigkeit stark beeinträchtigt. Obwohl die endgültige Nuthebegradigung mehr als hundert Jahre zurückliegt, kann man im Kietz noch immer

Am verträumten, idyllischen Kietz. Hier spürt man den Atem der Geschichte. (Aufnahme von 1998)

Eine der alten Fischerhütten vom Kietz (1998)

einige Fischerhütten und einen Fischerkahn sehen; es scheint so, als wartete man auf die Rückkehr des Wassers. Die Fischerhütten, früher auch Packhütten genannt, dienten einstmals zur Aufbewahrung der Fischereigeräte bzw. des Torfes, der seinerzeit für Heizzwecke gewonnen wurde. Jeder Fischer hatte mindestens eine sogenannte Torfkute, wo er dieses fossile Brennmaterial für den Eigenbedarf, aber auch für den Verkauf gewann.

Am ursprünglichen Verlauf der Nuthe, unweit vom Kietz, und zwar in Richtung Tremsdorf, befindet sich ein Flurstück, das nach wie vor „der Burgwall" genannt wird. Man kann also davon ausgehen, daß sich auch dort eine Nutheburg bzw. eine Befestigungsanlage befunden hat. Zwischen Gröben und dem Kietz gab es einen Verbindungsweg, der im Kietz endete.

Danach, also jenseits der Nuthe, begann eine fremde Welt, die man die Zauche nannte.

Der Verbindungsweg zwischen Gröben und Kietz, bis dahin ein Sandweg, ist – im Zusammenhang mit der Eingemeindung nach Gröben – 1895 befestigt worden. Diese Pflasterchaussee wurde, was eine Überbrückung der alten und neuen Nuthe erforderlich machte, schließlich bis Tremsdorf fortgeführt. Die Pflasterung der Straße konnte 1906 beendet werden.

Der Kietz war stets etwas Besonderes, und „eine kleine Welt für sich ist er bis heute geblieben" [23a].

Auffallend ist nach wie vor die Ruhe, die Sauberkeit und die Ordnung; auffallend ist auch das von den Bewohnern gepflegte historische Ambiente.

Hochzeitsfoto (1928), kniend 3.v.l.: Willi Lehmann, Kietz

Sensationeller Fund in Schiaß
𝔚𝔬 𝔖𝔠𝔥𝔴𝔢𝔯𝔱𝔢𝔯 𝔰𝔦𝔫𝔡, 𝔡𝔞 𝔰𝔦𝔫𝔡 𝔞𝔲𝔠𝔥 𝔖𝔠𝔥𝔦𝔩𝔡𝔢

Im Jahre 1912 machte man in Schiaß einen sensationellen Fund:

Bauersleute stießen beim Anlegen einer Kartoffelmiete auf ein senkrecht in der Erde steckendes 54,5 Zentimeter langes Bronzeschwert. Der Finder bewahrte diese Stichwaffe in seiner Wohnung auf, ohne vorerst zu wissen, welch ein wertvoller Gegenstand die gute Stube zierte. Erst später erfuhren Fachleute von diesem aus der Bronzezeit (etwa 7. Jh.v.u.Z.)

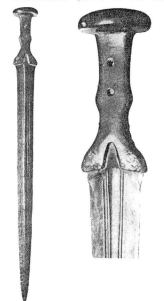

Bronzeschwert von Schiaß

stammenden und somit mehr als 2500 Jahre alten Fund. 1938 gelangte er in den Besitz des Märkischen Museums. Die Wissenschaftler gehen davon aus, daß es in der Region, vielleicht sogar unweit des Fundortes, hergestellt worden ist. Der ursprüngliche Besitzer wird „ein Privilegierter gewesen sein, vielleicht der Dorfälteste".

Die senkrechte Stellung gibt der Wissenschaft Rätsel auf. Man vermutet, daß es sich um einen Weihefund handelt, eine Gabe an einen Erdgott vielleicht [20].

Lichtball in Schiaß
ℜ𝔦𝔠𝔥𝔱 𝔧𝔢𝔡𝔢𝔰 𝔏𝔦𝔠𝔥𝔱 𝔨𝔬𝔪𝔪𝔱 𝔳𝔬𝔫 𝔡𝔢𝔯 𝔖𝔬𝔫𝔫𝔢

Die Schiaßer hatten sich damit abgefunden, weitab der großen Welt leben zu müssen, zumal dieses Leben in heiler Umwelt viele Vorteile bot. So konnte die Hektik der sich zunehmend urbanisierenden Welt weitestgehend ferngehalten werden. Bestimmte Neuerungen, so der elektrische Strom, hielten aber schließlich auch in Schiaß Einzug. 1924 war es soweit: Dort, wo bis dahin die übelriechende und zumeist blakende Petroleumlampe vorgeherrscht hatte, verdrängte

Schiaß vor dem Brand (Foto von 1914)

fortan geruchsfreies, helles Licht die Finsternis. Das gesamte Alltagsleben war fortan einen Schimmer heller, die Tage wurden länger, das Leben intensiver. Da die alten Häuschen nur mit kleinen Fenstern versehen waren, herrschte in den Räumen selbst an hellen Tagen stets nur ein schwaches, diffuses Licht, daß man erst seit der Einführung des elektrischen Lichtes bemerkte, wie schwarz die Wände vom Ruß der Kerzen bzw. der Petroleumlampen waren.

Selma Turley (geb. Habich, 1910 geboren) empfand das elektrische Licht als Sensation, dies allein deshalb, weil die Kinder bis dahin mit dem Anzünden der Petroleumlampen stets warten mußten, bis die Eltern kamen; nun genügte die

Betätigung eines Drehschalters, den selbst die kleineren Kinder anfassen durften.

Zwei Familien waren allerdings nicht bereit, sich dem Risiko Elektroenergie auszusetzen, eben jener Kraft, die man nicht sah, die aber dennoch in der Lage war, wahre Wunder zu vollbringen, so zum Beispiel Maschinen anzutreiben, aber auch – wie in einem Nachbarort geschehen – alle Kühe eines Bauern auf einem Schlag zu töten, weil man ihre Ketten, mit denen sie angebunden waren, versehentlich unter Strom gesetzt hatte. Vielleicht sind die beiden Familien aber auch nicht in der Lage gewesen, die 2000 DM Eigenanteil für den jeweiligen Hausanschluß aufzubringen. Auch die Furcht vor Nachfolgekosten könnte eine Rolle gespielt haben. Hinzu kam aber auch, daß manche alten Leute – im Gegensatz zu ihren Kindern und Kindeskindern – das moderne Teufelszeug schlichtweg ablehnten. Die zwei Schiaßer Familien blieben bis in die Nachkriegszeit also ohne Stromanschluß. Ob sie dennoch am Lichtfest teilnahmen, ist nicht bekannt.

Das historische Ereignis wurde natürlich gebührend gefeiert. Da es seit dem Brand von 1921 weder ein Wirtshaus, geschweige denn einen Tanzsaal gab, errichtete man inmitten des Rundlings einen sogenannten Pariser, das war eine aus Brettern zusammengenagelte, erhöhte Tanzfläche. Die Musikkapelle nahm neben der Tanzfläche Platz und spielte unter freiem Himmel kräftig auf. Derartige Feste, die an den Tanz unter der Dorflinde erinnern, waren absolute Höhepunkte im Alltagsleben und trugen zur Festigung der Dorfgemeinschaft bei. Alle Einwohner nahmen auf ihre Art am Feste teil, und sei es als „Kiekeweib" auf einer Bank, als spielendes Kind unter dem Pariser oder als verliebtes Paar in einem dunklen Winkel des Rundlings.

Die Schiaßer waren nie reich, aber zeitweilig kehrte ein mäßiger Wohlstand ein. Die Elektrifizierung erwies sich, zumal der Ort sehr abgelegen war und lange Leitungen gelegt werden mußten, als recht teuer. Die Gemeinde, die damals noch einen eigenen Bürgermeister hatte, brachte das erforderliche Geld für die Freileitungen dennoch zusammen, weil sie gutes Geld von einem reichen Berliner bekam, der ihre wildreichen Wälder und Felder in Jagdpacht genommen hatte.

Katastrophe in Schiaß
Stroh muß man nicht zum Feuer legen

Selma Turley erinnert sich: Am 29. Januar 1921 war bei der Familie Zimmermann Brotbacken angesagt. Frau Zimmermann hatte, als der mit Sauerteig versehene und mehrmals in schweißtreibender Arbeit durchgeknetete Brotteig noch still vor sich hin gärte, das Reisig im Backofen angezündet. Um die danach geformten Brotlaibe mit einem langen Holzschieber in den Backofen schieben zu können, mußten die Asche und die restliche Glut vorher herausgekratzt werden. Frau Zimmermann hatte schon hundertmal Brot gebacken, und nichts war passiert. Dieses Mal aber muß etwas Stroh herumgelegen haben, das sich durch die Hitze des Backofens oder die herausgekratzte Asche entzündete und sich das Feuer von Halm zu Halm bis zum Wohnhaus, in dem sich auch der Kuhstall befand, weiterfraß. Binnen weniger Minuten standen die mit Stroh gedeckten und aus Fachwerk gefertigten Gebäude, die z.T. mit Heu und Stroh angefüllt waren, hell in Flammen. Ein heftiger Ostwind trieb die Funken auf die Nachbargehöfte.

Selma Habich war angesichts des Feuers furchtbar erschrocken; dies um so mehr, da sich ihr Vater, der sich neben seinem Beruf als Steinsetzer nebenberuflich als Jagdaufseher betätigte, mit dem Bürgermeister Schulze gerade auf der Gänsejagd befand. Aber die beiden Männer hatten den Rauch gesehen und sind eiligst ins Dorf gerannt, um sich an den Löscharbeiten zu beteiligen. Man konnte zwar die meisten Haustiere retten, aber der Zimmermannsche, Braunesche und Grünebergsche Hof brannten bis auf die Grundmauern nieder, ehe die von Pferden gezogene Feuerspritze aus Tremsdorf Schiaß erreicht hatte. Da es (bis 1924) noch kein Telefon gab, hatte es seine Zeit gedauert, ehe der Bote nach Tremsdorf gelangt war. Als es endlich ans Löschen gehen sollte, ließ der starke Frost das Wasser im Schlauch gefrieren. Mit den drei Höfen, die ein Raub der Flammen geworden waren, ist ein Drittel des gesamten Ortes vernichtet worden. Auch die strohgedeckte Gastwirtschaft brannte ab, eine neue wurde bis zum heutigen Tage nicht errichtet.

Bei Brüggemanns war nur noch ein Keller erhalten geblieben, in dem man sich auf zwei Jahre wohnlich einzurichten versuchte.

Stille Wasser sind tief

Das Jahr 1920 war für die Familie des Steinsetzers Habich ein sehr trauriges Jahr. Selma erinnert sich: Meine zwei Schwestern, acht und neun Jahre alt, sind hinunter an den See zum Baden gegangen. Weil sie nicht nach Hause kamen, begann ein großes Suchen. Erst am nächsten Tag fand man sie. Sie waren gemeinsam ertrunken. Niemand weiß, welche Tragödie sich dort abgespielt hatte. Vermutlich hatte eine die andere retten wollen.

Der Duft der Heimat
Jede Blume hat ihren Duft

Wenn sich Johanna Naase an ihre Kindheit in Gröben erinnert, steigen nicht nur viele Bilder vor ihrem geistigen Auge auf; auch Geräusche (wie die Froschkonzerte, die Erntegeräusche, das Donnern des Eises im Winter oder auch die endlose Stille kalter Wintertage) und Gerüche runden die Bilder der Vergangenheit ab.

So lag im Frühjahr ein satter Wohlgeruch des üppig blühenden Flieders über dem Ort. War der Flieder verblüht, setzte sich der honigsüße Duft der von Bienen umschwirrten Lindenbäume durch.

Danach war es der Duft des gemähten Grases bzw. des frischen Heus, der selbst den letzten Winkel des Ortes durchdrang.

Mit dem Herbst kam der Geruch der abgeernteten Felder. So hatte jede Jahreszeit ihre eigenen Duftnoten, zu denen natürlich auch der Geruch gehörte, der sich beim Ausfahren des dampfenden Stalldungs (Mistfahren) und der Jauche ausbreitete.

Unwetter
Auf Liebe und Wetter ist kein Verlaß

Es war am Sonntag, dem 15. Juli 1923. Gegen Abend zog von Süden her ein schweres Gewitter auf, „wie es von den Lebenden hier (in Gröben und Siethen – Bi.) noch niemand erlebt hatte". Der Himmel zeigte sich als ein Feuermeer. Das Gewitter wurde von einem orkanartigen Sturm begleitet, der nicht nur das Getreide niederwalzte, sondern auch massenhaft Bäume umwarf. Der Hinterausgang des Pfarrhauses war durch einen umgestürzten Ahornbaum versperrt. In einen anderen Baum des Pfarrgartens schlug der Blitz ein. So schwer das Gewitter auch war, zu einem Brand ist es nicht gekommen, aber ein großer Teil der Ernte ist vernichtet worden. Alle Wege und Straßen waren durch herabgefallene Äste und umgestürzte Bäume versperrt. Es dauerte Tage, ehe sie wieder befahrbar waren. Bei ähnlichen Unwettern waren wiederholt Menschen zu Schaden, manche ums Leben gekommen.

Am 14. August 1924 schlug der Blitz in die Scheune des Kossäten Gerres in Jütchendorf ein. Sie ging in Flammen auf. Die Getreideernte war kurz zuvor eingebracht; sie ist restlos vernichtet worden.

Schweres Gewitter
Bei gutem Wetter kann jeder Steuermann sein

Wie die Chronik berichtet, setzte am 16. Juli 1927 ein schweres Gewitter mit starken Regenfällen nicht nur Straßen und Felder, sondern auch Keller unter Wasser. Auf manchen Wiesen und Feldern stand das Wasser fußhoch und große Teile der Ernte waren vernichtet.

Pfarrer Lembke sah in derartigen Katastrophen einen Hinweis Gottes auf das anmaßende Verhalten der Menschen gegenüber der Schöpfung. Er zitierte eine Berliner Zeitung, „die ansonsten für religiöse Gedanken nicht viel übrig hatte": „Es ist, als ob uns Menschen der alle Natur siegreich bewältigenden Technik die Macht der Elemente in Erschütterung und Größe vor Augen geführt werden sollte. Wir sind wieder hilflose arme Wesen. Man sieht, wie klein wir alle in der Hand des ewig großen Schicksals liegen. Mitten im Leben sind wir vom Tod umgeben ... Wir sind im Glanz der Technik arm und beklommen."

Mit dem Winter 1928/29 kam die nächste Katastrophe; er brachte die stärksten Fröste seit Menschengedenken. In Gröben wurden mehr als minus 32 Grad gemessen, in anderen Regionen Deutschlands noch tiefere Temperaturen. Mensch und Vieh litten furchtbar. Selbst die Ostsee und das Wattenmeer waren in jenem Winter zugefroren und wurden sogar von Autos befahren. Das Wild ist vielfach bis zu 50 % erfroren bzw. verhungert. Überall lagen Kadaver herum. Wegen der niedrigen Temperaturen mußte die Schule geschlossen werden. Die Gottesdienste fielen aus.

Die Nahrungsmittel für Mensch und Tier gingen zu Ende. Auf vielen Höfen gab es kein Wasser mehr. „In der Küche konnte man nicht abwaschen, weil das Wasser unter der Hand zu Eis wurde." Selbst die Eier erfroren im Hühnerstall und platzten auf. Die Frostschäden hinterließen zum Teil schreckliche Spuren. So kam es vor, „daß sich an den Ohren Blasen von Eiergröße bildeten."

Im nahen Gütergotz (Güterfelde) mußte man zusehen, wie die Schule niederbrannte, weil bei den Löschversuchen das Wasser in den Schläuchen gefror. Als die Temperaturen wieder stiegen, begannen die in Wald und Flur herumliegenden verwesten Tierkadaver furchtbar zu stinken.

Bei einem durch Blitzschlag entstandenen Feuer brannte am 26. Juni 1928 der Kuhstall des Gutes Gröben nieder. Die Katastrophe hätte verhindert werden können, aber erst war kein Wasser da, dann erwiesen sich die Schläuche als undicht.

1929 kam eine große Dürre übers Land. Die gleißende Hitze machte Mensch und Tier arg zu schaffen. Im Hinblick auf die Hackfrüchte kam es zu einer Mißernte. In der Nuthe war der Wasserstand derart gesunken, daß die sogenannten Hungersteine sichtbar wurden. Brunnen versiegten, die Dorfteiche trockneten aus, Gärten veröderten, und Bäume gingen ein. Das Jahr 1930 wurde zum Katastrophenjahr. Dürre, übermäßiger Regen, Hagelschlag und Hochwasser lösten sich ab.

Flugtag in Siethen
Kein Himmel ohne Wolken

Am 11. Oktober 1931 fand auf dem Gelände des Rittergutes an der Chaussee von Siethen nach Großbeuthen ein Flugtag statt, zu dem vier Flugzeuge, nämlich ein Segelflugzeug, zwei sogenannte Rennflugzeuge und ein Passagierflugzeug (Doppeldecker), gekommen waren. Es wurden Kunst-, vor allem Trudelstürze, aber auch ein in jenen Tagen noch als Sensation empfundener Fallschirmsprung gezeigt. Mit dem Doppeldecker, er nahm jeweils vier Passagiere auf, wurden Rundflüge veranstaltet. Zu den Passagieren gehörte auch Pfarrer Lembke. Er wollte sich seine in eine herrliche Seen- und Waldlandschaft eingebettete Parochie einmal von oben, aus der Perspektive seines obersten Chefs, ansehen. Er war grenzenlos begeistert. Tausende von Menschen aus den umliegenden Orten waren zu diesem sensationellen Ereignis erschienen.

Reit- und Fahrturnier in Siethen
Besser auf dem rechten Wege hinken, als auf dem falschen reiten

In Siethen fanden wiederholt Reit- und Fahrturniere, 1934 ein Jubiläumsturnier und 1935 ein Großturnier statt. Der Siethen-Gröbener Verein stand unter der Führung der Brüder Werner und Gerhard von Badewitz. Auf dem Großturnier im Jahre 1935 „beherrschten die Farben Feldgrau, Schwarz und Braun das Bild des Turnierplatzes, hatte doch das Artillerie-Lehrregiment Jüterbog eine starke Abordnung entsandt", aber auch „die SA-Reiter der näheren Umgebung beteiligten sich an zahlreichen Prüfungen. Die schönen Kämpfe, die große Massen von Besuchern herbeigelockt hatten, riefen immer wieder den stürmischen Beifall der Zuschauer hervor, unter denen sich Kreisbauernführer Mette und SS-Brigadeführer Kaul befanden" (Zitat nach einem undatierten Zeitungsausschnitt).

Reiterfest der in die Reiter-SS überführten Reitervereine 1934 in Siethen

„Besonderes Interesse der Zuschauer fand der Geländeritt Klasse L, der über 8 km rund um den wunderschönen Siethener See führte" [ebd.].

Siethens Bürgermeister und begabter Reitersmann Köppen „fegte ohne jeden Fehler über den Kurs" und siegte dann auch noch in der Eignungsprüfung für Zweispänner und gewann den Ehrenpreis des Kreises Teltow [ebd.].

Diese sportlichen Traditionen könnten, vom ideologischen Ballast befreit, zur Belebung des ländlichen Lebens durchaus wieder aufgegriffen werden.

Willi Köppen in Aktion

Hitlereiche in Gröben
Irren ist menschlich

Wer Bäume pflanzt, glaubt an die Zukunft. Werden aber Bäume zu Ehren von Personen gepflanzt, grünt der Baum noch immer, wenn die Namen der Personen längst zu Schall und Rauch geworden sind.

Das menschliche Leben ist sehr begrenzt; die Natur ist ewig.

Wie Millionen seiner Landsleute begrüßte auch der Gröbener Pfarrer die als „nationale Wiedergeburt Deutschlands" gefeierte Machtergreifung der Nationalsozialisten unter Führung Adolf Hitlers.

Nach dem Ende der Monarchie, nach dem Vertrag von Versailles, nach der Inflation, den Hungerzeiten, der Massenarbeitslosigkeit erwartete man mit einem (vielfach als Ersatzkaiser empfundenen) „Führer" eine Beendigung des großen Chaos, einen „nationalen Aufbruch", ohne auch nur ahnen zu können, wo und wie er enden würde.

Unter dem Eindruck dieser Stimmung war der Pfarrer von Gröben geradezu gerührt, als sich die neue Regierung an der Gruft des Alten Fritzen lautstark zum Geist von Potsdam bekannte. Nicht ohne Begeisterung fügte er hinzu: „Man braucht sich nicht mehr zu schämen, ein Deutscher zu sein." So beteiligte er sich am 1. Mai, dem „Tag der Arbeit", maßgeblich an der Pflanzung der Hitlereiche, ohne auch nur im entferntesten zu ahnen, was dieser Hitlerismus Deutschland, aber auch der Kirche bringen wird. „Das Dorf, vor allem durch den Krieger- und Gesangverein vertreten, versammelte sich im Beisein des Siethener Reitervereins und einer Abordnung der dortigen Nationalsozialisten auf der Dorfaue neben der 1913 (zur Erinnerung an die nationale Erhebung von 1813) gepflanzten Eiche. Pfarrer Lembke hielt die Festansprache. Ein Lautsprecher im Gasthof Thielicke übertrug die Rede Hitlers auf dem Tempelhofer Feld.

In Gröben war dieser 1. Mai ein großer Festtag, in den die Dorfjugend mit Sang und Klang, mit bunten Lampions und Fackeln, mit Sport und Spiel einbezogen wurde. Mit Hingabe und geistlichem Segen gab man sich der Illusion hin, beim

Aufbruch in eine grandiose Zukunft dabeigewesen zu sein. Der Pfarrer irrte sich nicht, wenn er im Mai 1933 die Hoffnung aussprach, daß die überall zu beobachtende vaterländische Begeisterung auch jene, die bisher links eingestellt waren, in ihren Bann ziehen würde.

Doch keine fünf Monate später war die grenzenlose Begeisterung des Pfarrers in Ernüchterung umgeschlagen. Verunsichert und sehr nachdenklich geworden stellte er die bange Frage: „Wohin wird die Reise gehen?" Diese Frage war sehr berechtigt, denn die Nazis engten auch den Spielraum der Kirche immer mehr ein. Sie allein wollten das Sagen haben. Sie erhoben sich selbst zu Göttern, die keine andere Meinung außer der ihren gelten ließen.

Schließlich wurden vor allem auch die Geistlichen zur Rechtfertigung der NS-Rassenideologie einbezogen. So wurden nicht nur Sondergottesdienste anläßlich der Berufung Hitlers zum Reichskanzler, zum Tag der Arbeit etc. durchgeführt, sondern Pfarrer Lembke erhielt wie alle Pfarrer den Auftrag, die Ariernachweise der Einwohner seiner Parochie zu erbringen. Mit Genugtuung stellte er fest, daß alle seine Gemeindemitglieder „reinen Blutes" waren.

Er konnte es nicht wissen, daß das Blut all derer, in deren Adern kein „deutsches Blut" floß, aber auch das Blut Deutscher bald in Strömen vergossen werden sollte.

Als Pfarrer Lembke 1934 erfuhr, daß seinem Antrag auf Versetzung in den Ruhestand stattgegeben war, atmete er auf, denn es wurde immer schwerer, die Welt (bzw. die Absichten Gottes im Hinblick auf diese Welt) zu verstehen. In bezug auf Hitler und die Nationalsozialisten hatte sich Pfarrer Lembke geirrt. Das ist vielen Menschen vor wie auch nach ihm so gegangen.

Keiner gibt uns das Recht, über sie zu richten. Wer ist schon gegen einen historischen Irrtum gefeit? Und wie viele Menschen beteiligten sich ehrlichen Glaubens und bester Hoffnung am großen Experiment Sozialismus, um schließlich die bittere Erfahrung machen zu müssen, daß es sich um eine Utopie handelt, zumal die Menschen für diese dem Himmelreich ähnliche Gesellschaftsordnung nicht geschaffen sind und sie außerdem auch gar nicht wollen.

Gut Großbeuthen
Nur Leid ist ohne Neid

Wegen des kargen Bodens warf das Gut Großbeuthen keine großen Erträge ab. Etwas mehr Gewinn brachten die Brennerei und später auch der Kiesabbau, der die ohnehin schöne Landschaft um weitere malerische Seen bereicherte. Als profitabel erwies sich auch der Verkauf von Bau- und Brennholz sowie der Handel mit Weihnachtsbäumen. Ein großer Teil der hier

Erntearbeiten auf dem Gutsacker (1900, ob. und unt.)

erzielten Gewinne wurde durch die weniger ergiebige Landwirtschaft aufgezehrt. Besonders Wilhelm von Goertzke (1875-1961) hatte keine Kosten gescheut, technische Neuerungen einzuführen, um die Produktivität zu erhöhen.

Die Kinder des Gutsherren besuchten bis zu ihrer Enteignung und Vertreibung der Familie im Jahre 1945 die Einklassenschule im Ort. Von der Gutsherrin ist bekannt, daß sie Erbsen „auspahlte" und Bohnen schnipselte wie jede andere Hausfrau auch.

An den Erntefesten beteiligte sich das ganze Dorf.

V.l.: Wilhelm von Goertzke, Frieda von Goertzke, Luise von Goertzke (geb. von Ribbeck), Achim von Goertzke, Elisabeth von Werder (geb. von Goertzke) mit Hans-Christoph von Werder. (Aufnahme von 1899 – man beachte den Kinderwagen mit Holzrädern!)

Kartoffeln legen (um 1900)

Wilhelm von Goertzke im „Stoewer" (um 1925)

Die Lokomotive wird mit Steinkohle beheizt, die hier per Pferdewagen herbeigebracht wird.

Gewiß gab es dann und wann auch soziale Spannungen, aber die von Goertzkes waren als eine Gutsherrenfamilie mit einer „sozialen Ader" bekannt. So wurden beispielsweise 1901 zwei alte Tagelöhnerhäuschen abgerissen und vier neue Landarbeiterhäuser errichtet. Das Herrenhaus selbst war – verglichen mit den Schlössern in Siethen, Kerzendorf und Genshagen – eher bescheiden.

Erntefest 1924 in Großbeuthen (ob., unt. und re.)

unten: zwei alte Tagelöhnerhäuser, sie wurden 1901 abgerissen.

Gross-Beuthen.

Gutshaus Großbeuthen (Hofseite, vor 1914)

1942 waren in Gröben Soldaten stationiert

Über viele Generationen hinweg hatte die Familie von Goertzke in Großbeuthen gelebt, bis sie 1945 nicht nur Hab und Gut, sondern – wie 11 Millionen deutsche Umsiedler – auch die Heimat verlassen mußten und somit unendlich viele emotionale Verknüpfungen gnadenlos zerrissen wurden.

Wie wird man diese Vorgänge, die endlos viele Fragen aufwerfen, späteren Generationen, unseren Kindern und Kindeskindern zu erklären versuchen?

Von Diktatur zu Diktatur
Macht ist nicht Recht

Die Euphorie des „nationalen Aufbruchs" ließ auch die hier im Blickfeld liegenden Ortschaften nicht unberührt. Der eine und der andere sprang auf den bereits in Bewegung geratenen Zug auf bzw. wurde hineingerissen oder -gestoßen, bevor er begriff, wohin die Reise ging. Eines schien fast allen klar zu sein: Es konnte eigentlich nur besser werden. Mancher gefiel sich in der Uniform, die ihm die Nazis gaben. Man war plötzlich jemand. Das tat gut. Aber da war auch die andere Seite, nämlich der Zwang der Diktatur. Dem einen oder anderen blieb die Luft weg in der Uniform, die man ihm überstülpte.

Auch Siethener Männer (links Reinhold Köppen) mußten im 2. Weltkrieg ihre Haut zu Markte tragen.

Mehrere Siethener (hier l.a. Reinhold Köppen, 1944) kämpften und einige starben irgendwo in der Welt.

Wer nicht mitlief, nicht mitmarschierte, nicht mitgröhlte, war nicht nur suspekt, sondern lief Gefahr, überrannt, zerquetscht, zermalmt zu werden. Das Mitlaufen oder Zurückbleiben war eine Frage der Existenz. Wie andernorts auch waren die Sozis und jene, die kommunistischen Lehren das Ohr geliehen hatten, rasch verstummt; mancherorts schien es so, als hätte es sie nie gegeben. So wehten schließlich selbst von Kirchtürmen die Hakenkreuzfahnen.

Im Gleichschritt marschierte man hinein in den Krieg, in den ruhmlosen Untergang, ins Chaos, ins Endzeitalter. Der zweite und dritte Sohn des Bauern, der Wehrbauer irgendwo im weiten Rußland werden sollte und wollte, wühlte schließlich in russischer Erde, aber nicht als deutscher Bauer im

Sogenannte Arbeitsmaiden (aus Berlin) 1941 in Mietgendorf

Landarbeit 1940
Alfred Grunack (mit Peitsche) und Pflegekind Ursula Saß †

eroberten Land, sondern als Kriegsgefangener und Zwangsarbeiter. Genauso viele waren längst in fremder Erde verscharrt worden. Und für jene, die irgendwann heimkehrten, hatte – ebenso wie für die nach Millionen zu zählenden Umsiedler, Flüchtlinge und Vertriebenen aus dem vom Hitlerstaat aufs Spiel gesetzten und verlorenen deutschen Ostgebieten und den ebenfalls nach Millionen zu zählenden ausgebombten Menschen – seit 1945 ein erneuter Aufbruch begonnen. Da dieser Aufbruch – im Vergleich zur NS-Diktatur vorerst durchaus mit demokratischen Zügen – einerseits mit der Macht des Siegers erzwungen und anderer-

Rübenernte manuell während des 2. Weltkrieges

Frieda Busse, Jütchendorf (40er Jahre)

seits als durchaus überzeugende Alternative zum hoffnungslos gescheiterten Nationalsozialismus empfunden wurde, ging die absolute Mehrheit der Bevölkerung – mehr oder minder zwangsläufig – mit. Als sich die so schön anmutende Theorie als Utopie erwies, die sich nicht verwirklichen läßt, war es wieder einmal zu spät. All jene, die ein Leben lang kräftig zugepackt hatten, sahen sich schließlich um die Früchte ihrer mühevollen Arbeit betrogen. Statt im sozialistischen Paradies fand man sich abermals in der Diktatur wieder. Auch auf die hier im Blickfeld liegenden Orte bezogen heißt das, daß sich der Aufbau des Sozialismus als ausweglose Irrweg erwiesen hat. Man war teils begeistert, zumindest hoffnungsvoll, teils skeptisch, aber immer zwangsläufig an einem Experiment beteiligt, das gescheitert ist, weil es scheitern mußte; aber das wußten die meisten erst, als es längst zu spät war. Und wer es eher erkannt hatte, konnte auch nicht ausbrechen, nicht einmal aufbegehren, denn dazu war die Bewegungsfreiheit unter den Bedingungen der neuen Diktatur viel zu eng. Bis 1961, dem Jahr des Mauerbaus, war ein Ausbruch unter Aufgabe all dessen, was man sich erarbeitet, ererbt hatte und was Heimat bedeutete, wenn auch nicht ohne Gefahr, möglich. Auch aus Gröben, Siethen, Jütchendorf, Groß- und Kleinbeuthen flohen Einzelpersonen und ganze Familien in den *Westen*. All jene, die hierblieben, mußten 1989 – auch

Kindergarten Siethen. Kremserfahrt anläßlich des Kindertages 1984

wenn sie sich vor dem Kapitalismus fürchteten oder ihn gar haßten – zur Kenntnis nehmen, daß der Sozialismus, bevor er sein Ziel, den Kommunismus erreicht hatte, sich in der Praxis als lebensunfähig erwiesen hat. Es galt, sich in der plötzlich großen Welt außerhalb der *Mauer* und der Grenzzäune zurechtzufinden. Das war besonders für jene sehr schwer, die in den Sozialismus hineingeboren worden sind und ihn

Jugendweihe 1972
darunter, 2.v.l.: Wolfgang Grabe; 4.v.l.: Uwe Hohlock;
6.v.l.: Klaus Romaniuk; 7.v.l.: Marie-Luise Fahle, vereh. Börner

Edith John mit Kindern des Kinderheimes Käthe Kollwitz (70er Jahre). r.: Gabriele Felgentreu mit ihren Kindern Bianca und Marko. Die Kinder singen anläßlich der Volkswahl.

zwangsläufig mit der Muttermilch in sich aufgenommen hatten. Und es war auch für jene nicht leicht, die in den zu Halbgöttern hochstilisierten Kommunistenführern plötzlich ganz normale Sterbliche erkennen mußten, die den von ihnen verteufelten kapitalistischen Wölfen glichen wie ein Ei dem anderen und die sich die Wolfsgesetze des Kapitalismus längst zu eigen gemacht hatten. Die Bevölkerung kam aus dem Staunen nicht heraus. Aber das Leben ging weiter. Unsicher noch tastete man sich voran, suchte einen Ausweg, einen neuen Weg. Jeder hofft für sich, den richtigen Weg zu finden, ohne zu wissen, wer ihn gebaut, wozu man ihn gebaut hat und wohin er führen wird. Diese Menschen ein weiteres Mal hinters Licht, auf Irrwege zu führen, sie gläubig zu machen und die Gläubigkeit zu ihrer Irreführung zu instrumentalisieren, das haben sie nicht verdient; das wäre unmenschlich. Es scheint so, als wiche der Nebel auch über Gröben, Siethen, Jütchendorf, Groß- und Kleinbeuthen, Schiaß und Mietgendorf. Keiner erwartet das früher so oft versprochene Himmelreich auf Erden, aber ein menschenwürdiges Dasein sollte schon möglich sein, auch in historisch gewachsenen Bauerndörfern, in denen es die Bauern im ursprünglichen Sinne, die althergebrachten Formen des Lebensunterhaltes und ein entsprechendes Alltagsleben nicht mehr gibt.

Zweites Frühstück
Wer reichlich frühstückt, muß sparsam vespern

Der Gutsherr von Siethen hatte für seinen Forstmeister Kallenbach am Ortsausgang nach Ludwigsfelde ein Haus errichten lassen, wo der seriöse alte Herr fortan wohnte und dann auch seinen Ruhestand verbrachte.

Wie manch anderer alte Förstersmann trank er recht gern, aber immer in Maßen, einen guten Tropfen. Da es sich für einen langjährigen Bediensteten in einem Adelshause nicht geziemte, vor den Augen der Herrschaft bzw. den Augen der Dorfbewohner seine Gelüste zu stillen, mied er den Gasthof im eigenen Dorfe und machte jeden Vormittag einen „Spaziergang" zum Gasthof des Willy Busse in Jütchendorf. Pünktlich um 9.30 Uhr verließ der Grünrock Siethen, so daß man die Uhr danach stellen konnte, um Punkt 10.00 Uhr am Jütchendorfer Gasthof einzutreffen. Dort nahm er sein „zweites Frühstück" (in Form eines bereitgestellten Glases Rotspon) ein.

Förster Kallenbach

So, wie er glaubte, keiner wisse etwas über sein „zweites Frühstück", so kannte ein jeder im Ort das „große Geheimnis" des alten Försters.

Kriegs- und Nachkriegszeit
Besser das Dach verloren als das ganze Haus

In der Siethener Gaststätte fand im Februar 1945 die Musterung der letzten noch vorhandenen Männer, sprich: des letzten Aufgebotes, statt. Auch die Männer aus Gröben und Jütchendorf mußten sich der Kommission unter Leitung eines Stabsarztes vorstellen. Willi Köppen als Bürgermeister saß mit in der Musterungskommission, so daß er folgende Geschichte übermitteln konnte:

Einer der zur Musterung angetretenen Männer, nämlich Georg Grunewald aus Gröben, der kurz zuvor einen Bombenabwurf auf sein Gehöft überlebt hatte, redete unentwegt von diesem Vorfall. Da er in seinem Redefluß nicht zu bremsen war, fragte der Stabsarzt den Bürgermeister hinter

Bombeneinschlag hinterm Tabea-Haus (1943). In Siethen sind gegen Ende des Zweiten Weltkrieges mehrere Bomben eingeschlagen; ein Blindgänger beispielsweise hatte sich in der Seeschänke vom Dach bis in den Keller gebohrt.

vorgehaltener Hand: „Hat der einen kleinen Dachschaden?" Georg Grunewald hatte es gehört, und ehe Willi Köppen die Frage des Stabsarztes beantworten konnte, sprudelte es aus Georg Grunewald heraus: „Einen kleinen Dachschaden?! I wo. Dett janze Dach is wech!" – Er wurde ausgemustert.

Die Strafe sollte nicht größer sein als die Schuld

Werner Schmegg erinnert sich: Während des Zweiten Weltkrieges befand sich in Ludwigsfelde ein Straflager der SS. Während ein Teil der Gefangenen, die gegen den Ehrenkodex der SS verstoßen hatten, zur Strafarbeit im Ludwigsfelder Flugzeugmotorenwerk eingesetzt wurde, kam ein anderer Teil in Glau, wo die Waffen-SS eine Ausbildungsstätte unterhielt und wo Schallmeßbatterien etc. stationiert waren, zum Einsatz. Eines Tages sah Werner Schmegg etwas Unvergeßliches: 30 Strafgefangene mußten, begleitet von bewaffneten SS-Leuten, einen mit Koks beladenen Sechstonnenhänger vom Bahnhof Ludwigsfelde bis nach Glau bewegen.

Bomben auf Großbeuthen
Das Unglück schickt keine Boten

Ob die bei Großbeuthen stationierte Flak-Scheinwerferstellung die Bomberpiloten veranlaßt hatte, Bomben über dem kleinen Ort abzuwerfen oder ob es Notabwürfe von verfolgten oder beschossenen Flugzeugen waren, ist nicht bekannt, jedenfalls richteten im Spätsommer 1943 mehrere Bomben beträchtliche Schäden an. Auch Kleinbeuthen wurde in Mitleidenschaft gezogen.

Blick über den zerstörten „Ochsenstall" zur Brennerei; hier wird auch heute (1999) noch Sprit gebrannt.

Weder die Besatzungen noch die Bomben fragten, wen es treffen werde, und so beschädigten oder zerstörten die Sprengbomben, Luftminen und Stabbrandbomben Landarbeiterhäuser ebenso wie Bauernhöfe und Gebäude des Gutes.

Hin und wieder traf es aber die Flugzeugbesatzungen selbst. Eine Zeitzeugin erinnert sich: Ein Flugzeug ist von der Flak getroffen worden. Es hatte eine lange Schneise in den Wald geschlagen und sich dann irgendwo in die Erde gebohrt. Da man davon ausging, daß es Überlebende gegeben habe, wurden auch Schulkinder losgeschickt, sie zu suchen. Sie sahen das Bild der Verwüstung, sahen Kleidungsstücke in den Zweigen hängen, hier eine Uniformjacke, dort ein Halstuch, woanders Flugzeugteile, Fallschirme im Geäst der Bäume, schließlich auch verstümmelte Tote. Und eines der Mädchen, gerade zehn Jahre alt, entdeckte im Gebüsch einen blutüberströmten, in sich zusammengekauerten und furchtbar zitternden Mann, der sie mit flehenden Blicken anschaute ...

Der Krieg verschonte kein Dorf; auch dort, wo keine Bomben fielen, keine Granaten einschlugen, keine MG-Salven ertönten, war das Elend groß.

Viele Bauern, Landarbeiter, Handwerker und Gutsbesitzer bzw. deren Söhne und Enkel, waren längst gefallen, in Kriegsgefangenschaft geraten oder kehrten als Krüppel heim.

22. April 1945: Schreckenstag für Siethen
Der Krieg hat ein gräßlich Antlitz

Eine Siethenerin, damals acht Jahre alt, erinnert sich: Siethen glich einem Heerlager. Auf dem Acker rechts vom Ortsausgang in Richtung Trebbin befanden sich 18 Fliegerabwehrgeschütze. Ihre Aufgabe bestand darin, die gegnerischen Bombengeschwader, die gen Berlin bzw. gegen das Daimler-Benz-Werk anflogen, abzuwehren. Im Siethener Schloß hatten Angehörige der SS, die zur SS-Schule in Glau gehörten, Quartier genommen. Als sich am 22. April 1945 russische Truppen mit Panzern näherten, kamen etwa 200 in Glau stationierte SS-Soldaten mit Fahrrädern aus Glau nach Siethen, um das Dorf zu verteidigen. Der Ort war schließlich mit Fahrrädern übersät. Mehr als 200 Fahrräder standen und lagen herum. Die meisten der Soldaten fanden kurze Zeit später den Tod; nur wenigen gelang es zu fliehen. Halbwüchsige, denen der Stahlhelm viel zu groß war, liefen wie aufgeschreckte Hühner umher und kamen sich mit der Panzerfaust unterm Arm sehr wichtig vor und erteilten den Zivilisten Befehle. Bald hörte man das Brummen der Motoren und das Rasseln der Panzerketten. Die Einwohner versteckten sich in Kellern, die man zum großen Teil wegen der häufigen Bombenabwürfe mit dicken Baumstämmen abgestützt hatte,

und harrten verängstigt der Dinge, die da auf sie zukommen sollten. An allen Zufahrtsstraßen zum Ort waren Panzersperren errichtet worden. Die Sperre in Richtung Ahrensdorf reichte bis an das Ufer des Sees. Die Panzersperre am Ortsausgang (in Richtung Thyrow/Großbeuthen) wurde von den sowjetischen Panzern bald überwunden. Im Gegensatz zu Ludwigsfelde, Kerzendorf und anderen Orten, wo man weiße Fahnen als Zeichen der Kapitulation heraushängte, befahlen fanatische Offiziere, den Ort unter Einbeziehung der SS-Schüler und des Volkssturmes „bis zum letzten Blutstropfen" zu verteidigen. Doch ehe die Verteidiger so recht zum Zuge kamen, war Siethen eingenommen. Die Sowjetsoldaten kamen schließlich von drei Seiten, denn als sie den Widerstand bemerkten, umfuhren einige Panzer den Ort und griffen von der Flanke und schließlich auch vom Forsthaus her an. Um 14 Uhr war Siethen erobert. Mehrere Gebäude standen in Flammen. Auch die Gutsscheunen brannten. Edith John erinnert sich: Als sie nach dem kurzen Gefecht am Ortseingang aus dem Fenster blickte, sah sie tote Soldaten und Zivilisten herumliegen. Ein Soldat, dem eine Panzergranate ein Bein abgerissen hatte, war durch die Explosion ins Geäst eines Baumes geschleudert worden. Einem anderen war der halbe Schädel abgeschossen worden. Einem toten Offizier, der auf dem Pflaster lag, hatten die Panzerketten den Schädel zermalmt. Unter den toten Soldaten befand sich auch ein Geistlicher.

In den folgenden Tagen rollten fast ununterbrochen Panzer durch den Ort. Später wagte man sich aus den Häusern bzw. Kellern und anderen Verstecken. Ein damals achtjähriges Mädchen erinnert sich: Sie ging auf den Offizier ohne Kopf zu. Aus seiner offenen Meldetasche war ein Bleistift gefallen. Das Mädchen hob ihn auf und rannte davon. Der Tod, das war der Alltag; mit einem Bleistift aber konnte man schreiben und malen – vielleicht auch Bilder von einer besseren Welt.

Nun war der Krieg, den man bis dahin nur aus der Ferne, durch Fliegeralarm, gelegentliche Bombenabwürfe, Todesanzeigen und aus den Erzählungen von Flüchtlingen kennengelernt hatte, in seiner ganzen Grausamkeit auch nach Siethen und Gröben gekommen. Hier und dort, so zum Beispiel im Keller des Schlosses, erschossen die Russen verwundete SS-

Soldaten, das gleiche Schicksal widerfuhr einigen Zivilisten, die der Nazipartei angehörten oder die man für Nazis hielt. Frauen liefen davon und versuchten, sich zu verstecken oder als alte Frauen zu verkleiden. Frieda Becker erinnert sich: Sie hatte sich mit anderen Frauen vier Wochen lang in einem Keller verborgen gehalten. Die Lehrersfrau, sie war herzkrank, bekam Platzangst und mußte in gebotener Vorsicht bei Nacht den Keller verlassen. Als das Schlimmste vorbei war, kamen die Frauen und Mädchen aus ihren Verstecken hervor. Ein Einwohner wurde von den Soldaten nach seiner Frau gefragt. Er stellte sich dumm. Als man die Frau fand, erschoß man den Mann; mehrere Soldaten fielen über die Frau her. Ein Menschenleben galt nichts in einem Krieg, der schon viele Millionen Tote gefordert hatte. Zu verbergen versuchten sich auch die übriggebliebenen und versprengten deutschen Soldaten. Einige zogen sich ins Schilf des Sees zurück. Wurden sie entdeckt, fiel ein einzelner Schuß oder ein Feuerstoß aus einer MPi verstreute seine totbringende Saat. Mancher Tote versank im See.

Während beispielsweise einzelne Wasserunfälle im Siethener See über Jahrhunderte in der Erinnerung der Menschen fortlebten, weitererzählt und auch aufgeschrieben wurden und somit in die Geschichte eingingen, weiß heute – wenn man von den wenigen Augenzeugen absieht – niemand etwas über das große Sterben von 1945 ganz in der Nähe, vor der eigenen Haustür. Es ist höchstnotwendig und brandeilig, auch diesen Teil unserer Geschichte festzuhalten, ehe er völlig der Vergessenheit anheimfällt. Das Geschichtsbild nachfolgender Generationen könnte ansonsten stark von der historischen Wirklichkeit abweichen und möglicherweise zu völlig falschen Lehren aus der Geschichte führen.

Der Krieg hat – im allgemeinen wie auch in der Parochie Gröben selbst – furchtbar gewütet und gräßliche Wunden geschlagen. Der von Deutschland ausgegangene Krieg hatte seine verheerenden psychischen und physischen Spuren selbst in kleinsten Orten hinterlassen. Doch kehren wir nach Siethen zurück: Der Friseur von Siethen, Willi May, er war wegen seiner geringen Körpergröße nicht zum Militär eingezogen worden, war einer der wenigen Männer im Ort. Er begann am Tag nach dem Einmarsch der sowjetischen Soldaten damit, die Toten mit einer Karre zusammenzutragen und in mehreren Massengräbern, eines davon im Schloßpark, zu beerdigen. May gab den Toten jeweils einen Teil der zweiteiligen Erkennungsmarke mit ins Grab, den jeweils anderen Teil nahm er an sich; die so gesammelten Erkennungsmarken übergab er später dem Roten Kreuz, wo die Gefallenen registriert wurden. Die meisten Toten wurden 1947 umgebettet.

Von der Begeisterung des nationalsozialistischen Aufbruchs konnte – so meint man – nichts übriggeblieben sein als eine schmerzlich-traurige Erfahrung. Fragt sich nur, was größer ist: die Erfahrung oder die Vergeßlichkeit?

Das Kirchenbuch auf dem Misthaufen
Mut hat Kraft

Sehr viele der alten Kirchenbücher sind im Verlaufe von Jahrhunderten durch Brände oder Feuersbrünste, in Kriegen, besonders aber während des Dreißigjährigen und des Zweiten Weltkrieges, aber auch durch Unwetter, Wurm- und Mäusefraß, Diebstahl etc. verlorengegangen. Gröben kann sich glücklich schätzen, daß die Kirchenbücher der einstigen Parochie erhalten geblieben sind.

Mechthild Lembke mit „Hexe" am Gröbener See (1929)

Das Mädchen in der 1. Reihe ist Mechthild Lembke auf der Hochzeit Irmgard von Badewitz mit Max von Künssberg am 4. Mai 1926 in Siethen.

Mechthild von Koeller, geb. Lembke, im Januar 1999

Als die Tochter des ehemaligen Gröbener Pfarrers Lembke, die OP-Schwester Mechthild von Köller, nach dem Einmarsch der Roten Armee mit ihrer Schwester Hanna ihren ehemaligen Wohnort Gröben besuchte, sah sie mit Entsetzen, daß die Soldaten der Siegermacht arg gehaust hatten. Jene, denen man die eigenen Kulturgüter zerstört oder geraubt hatte, empfanden keine Achtung vor den Kulturgütern der Deutschen. So plünderten sie auch das alte Pfarrhaus und warfen das 1578 begonnene Kirchenbuch, das schon den alten Fontane fasziniert hatte, mit anderen Pfarrakten auf den Misthaufen.

Mechthild und Hanna, die in der Weltuntergangsstimmung dieser Tage als einzige den kulturhistorischen Wert der auf den Abfallhaufen gelangten Kulturgüter erkannten, bargen mit gebotener Vorsicht das nicht nur für die Ortsgeschichte so wichtige Kirchenbuch, indem sie es säuberten und wieder in den mannsgroßen Tresor legten.

Den beiden Frauen ist es zu verdanken, daß das unersetzliche Stück Kulturgut erhalten geblieben ist. Eine Fotokopie des annähernd 1000 Seiten umfassenden Kirchenbuches kann man im Evangelischen Zentralarchiv Berlin, Jebenstraße 3, einsehen.

Grabschändung in Großbeuthen
Ein Tag sollte des andern Lehrmeister sein

Nach Kriegsende bzw. im Rahmen der Umgestaltung der SBZ/DDR nach den Vorstellungen der sowjetischen Sieger- und Besatzungsmacht wurden umfangreiche Maßnahmen ergriffen, um alles, was nicht ins Bild einer sozialistisch/kommunistischen Zukunft paßte, zu eliminieren; alles „Reaktionäre" sollte mit Stumpf und Stiel ausgerottet werden. Daß in diesem Prozeß Herrenhäuser und Schlösser in großer Zahl zweckentfremdet oder gar als Steinbrüche freigegeben wurden, um daraus Neubauernhäuser zu errichten, in denen Mensch und Tier wieder unter einem Dach lebten, war schon ein fragwürdiger Vorgang, daß man aber auch gußeiserne Grabkreuze von verstorbenen Angehörigen enteigneter und vertriebener Gutsbesitzerfamilien – so unter anderem geschehen in Großbeuthen – mit der fadenscheinigen Begründung, Rohstoffe für den Aufbau einer neuen Gesellschaftsordnung zu gewinnen, zerschlug, abtransportierte und einschmolz, ist ein Vorgang, der mehr als nur Unbehagen bereitet. Die sowjetische

Teilansicht des Goertzkeschen Familienfriedhofs, auf dem auch Angehörige des Gutspersonals ihre letzte Ruhestätte fanden (im Wald, 1 km vom Ort entfernt).

Siegermacht und ihre Statthalter in der SBZ bzw. der 1949 entstandenen DDR wollten – im wahrsten Sinne des Wortes – ein neues Staatswesen aus dem Boden stampfen und bemerkten in ihrer Verblendung nicht, daß sie erst ein historisch gewachsenes Fundament zerstörten und dann versuchten, auf geschichtslosem Treibsand das neue Gebäude zu errichten. Die grenzenlose Tragik bestand darin, daß Millionen von Menschen angesichts der zerstörten Welt voller Fleiß und Emsigkeit und unter Bedingungen, die man sich nicht aussuchen konnte, wie auch in der Hoffnung, es biete ihnen eines Tages Schutz und Sicherheit, am Aufbau eines Gebäudes mitwirkten, dessen Einsturz vorprogrammiert war.

Wer Geschichte ignoriert, wer in Barbarenmanier Kirchenglocken zu Waffen umschmilzt und Grabkreuze für den Aufbau einer neuen Gesellschaftsordnung verwendet, kann weder das Mandat zur Beherrschung der Welt beanspruchen noch Sieger der Geschichte sein.

Auf dem Gutsfriedhof von Großbeuthen, der dem Erdboden gleichgemacht wurde, ruhen Mitglieder der Familie von Goertzke neben Angehörigen des Gutspersonals.

Es gab vier Brüder. Sie hatten sich in den Befreiungskriegen gegen die napoleonischen Eroberer verdient gemacht; es gab einen Hauptmann von Goertzke, der bei Stalingrad schwer verwundet wurde und sein Augenlicht verlor; und es gab den Major im Generalstab Egbert Hayessen (ein Bruder der Frau von Goertzke), der nach dem 20. Juli 1944 in Plötzensee erhängt worden ist, weil er sich am Widerstand gegen Hitler beteiligt hatte. Der eine wie der andere gehört zu unserer Geschichte, ebenso wie a l l e unsere Väter, Groß-, Ur- und Ururgroßväter mit all ihren Verdiensten und all ihren Fehlern.

Karl Albrecht von Goertzke, Foto von 1939. Er wurde als Hauptmann vor Stalingrad schwer verletzt und erblindete.

Man kann sich seine Geschichte nicht nach Belieben aussuchen, ebenso wie man Kirchen nicht ihres Glockenschlages und Gräber nicht ihrer Kreuze berauben darf, weil ansonsten der Anstand und die Moral, aber auch die humanistischen Überlieferungen auf der Strecke bleiben; ohne sie kann es aber weder eine sozial gerechte, noch eine lebenswerte Zukunft geben.

Rückblick ohne Zorn
𝔚𝔬 𝔎𝔯𝔦𝔢𝔤 𝔦𝔰𝔱, 𝔡𝔞 𝔰𝔦𝔫𝔡 𝔚𝔲𝔫𝔡𝔢𝔫

Der von Deutschland ausgegangene Kriegsbrand war mehr und mehr aufs Urheberland zurückgeschlagen. Fliegeralarme gehörten zum Alltagsleben. Wie sich der Krieg auf Gröben auswirkte, schilderte Erika Kirstein, ehemals Bäuerin in Gröben, in ihren handgeschriebenen Erinnerungen. Das mit dem Krieg ins Dorf gekommene Elend war grenzenlos.

Erika Kirstein schreibt über die letzten Tage vor dem Einmarsch der Roten Armee:

Post von meinem Mann erhielt ich nicht und meine Briefe kamen zurück, aber so ging es allen, deren Männer oder Söhne an der Front im Osten standen, also mußten wir annehmen, daß unsere Soldaten auf dem Rückmarsch waren oder etwa noch Schlimmeres erleben mußten. Was wird nun noch alles geschehen? Will der Krieg immer noch kein Ende nehmen, muß das viele Blutvergießen sinnlos weitergehen?

Meine einzige Freude war, daß mein Bruder Paulchen aus Berlin immer einen Tag in der Woche zu mir kam, und wir konnten uns miteinander aussprechen. Er freute sich, wenn er etwas Eßbares mitbekam. Im März hatte ich noch einmal ein großes Schwein geschlachtet und durfte alles wieder behalten. Paulchen gab ich genügend mit, denn keiner wußte, was morgen ist.

Ende März kam der Ortsgruppenleiter zu mir und sagte: „Die Gänse müssen weg, die verraten mit ihrem Geschrei unser ganzes Dorf; alle haben ihre Gänse schon beseitigt, nur du nicht."

Erika Kirstein mit ihren Brüdern (1935)

Erika Kirstein und Ehemann (1939)

Hermann (1940), Sohn von Erika Kirstein

*Ehemann von Erika Kirstein 1942
auf Urlaub von der Front, um Ernte einzubringen.*

Was sollte ich tun? Drei hatte ich schon vor Weihnachten geschlachtet, zwei Gänse und einen Ganter habe ich zur Zucht behalten... was nun wieder tun? Eier zum Brüten habe ich schon weggegeben. Was mache ich nun? Man versprach, mir Gössel zu geben, aber was gilt ein Versprechen in schrecklichen Kriegszeiten? Nun mußten die restlichen Gänse dran glauben. Unter vielen Tränen habe ich sie geschlachtet. Eine bekam Paulchen noch mit, die beiden anderen weckte ich ein; die Gänsebrust wurde wie gewohnt geräuchert.

Der Russe kam nun immer näher, und Paulchen konnte nicht mehr aus Berlin zu mir rauskommen. Die letzten fünf Wochen wurden mir vierzig Mann Volkssturm zur Verteidigung des Ortes auf meinen Hof gebracht, sowie Munition, Panzerfäuste und Handgranaten. Die Unruhe wurde immer größer und die Angst stieg bei allen ins Unermeßliche. Auf der Straße in Richtung Potsdam bewegten sich große Kolonnen deutscher Soldaten; die sollten den Russen vor Berlin aufhalten. Verwundete aus den Lazaretten, die noch laufen konnten, waren auf der Flucht. Mein kleiner Sohn Hermännche fragte mich: „Ist Vati auch dabei?" An diesem Tag hatte ich gerade Brot gebacken und mit Klein-Hermann und Sonja (der mir zugeteilten Ostarbeiterin) das ganze Brot verteilt ...

Die Russen schossen schon schwer mit der Stalinorgel über die Dörfer und die Tiefflieger kreisten über uns; es war furchtbar. Sie rückten immer näher. Wegen des Volkssturms auf meinem Hof mußte ich mit dem Jungen und Sonja zu Kapusts zum Schlafen gehen, aber wir fanden keinen Schlaf, denn wir waren nur einige Meter von der eventuellen Gefahrenzone weg. In unserer größten Angst beschlossen wir, uns am Waldesrand am Osterberg zu verstecken; in einer Lehmkuhle wollten wir Schutz suchen. Auf dem Weg dorthin sausten uns die Geschosse um die Ohren. Die Angst, daß einem was passieren könnte, war riesengroß und wir beteten: „Lieber Gott, hilf uns, bewahre uns vor dem Bösen!"

Wir hatten den Handwagen mit Eßbarem, den wichtigsten Papieren sowie mit Decken beladen und hofften, geschützt zu sein. Den Handwagen fuhren wir in die Grube, legten Decken auf die Erde und befestigten alles mit frisch geschlagenem

Reisig. In unserer grenzenlosen Angst glaubten wir fest daran, daß uns unsichtbare Kräfte und Engel schützen würden. Die Kinder legten sich hin und schliefen schnell und fest ein, was uns sehr beruhigte. Es war das erste Mal, daß ich sie nicht wegen Fliegeralarm aus dem Schlaf reißen mußte. Aber was war das? Ein Panzer kam unseren Weg hoch, blieb vor uns stehen. Sind es Deutsche, oder? Uns blieb vor Angst fast das Herz stehen. Mit einem Mal hörten wir Stimmen. Russen! Wir machten uns vor Angst bald in die Hosen, aber wir wurden nicht entdeckt. Es hallten Schreie und Befehle durch die dunkle Nacht. Ein großes Glück dabei war, daß die Kinder so fest geschlafen haben und von dem ganzen Geschehen um uns herum nichts mitbekamen. Der Panzer fuhr schließlich wieder fort und es wurde unheimlich still.

Die Nacht hatten wir überstanden. Es wurde hell und Onkel Fritz, Tante Annas Mann, der auch wußte, wo wir waren, holte uns und sagte: „Wir haben uns ergeben, es wurde nicht gekämpft. Alle sind fort, die Russen, der Volkssturm wie auch die Munition." Wir gingen zurück ins Dorf. In den wenigen Stunden, die wir fort gewesen sind, ist alles auf den Kopf gestellt worden. Aber meine Tiere waren alle noch da, und ich machte mich gleich an die gewohnte Arbeit.

Nun fing eine schwere Zeit für uns an. Die russischen Kampfgruppen waren für uns nicht gefährlich. Einige versuchten, sich Frauen zu greifen, aber den meisten gelang es, sich zu verstecken, was ich unmöglich konnte, denn ich war allein. Sonja war noch einige Tage da und stellte sich schützend vor mich. Auf russisch sagte sie zu den Soldaten und dann auf deutsch: „Ihr dürft Chefa nix tun, Chefa lieb, gute Mamuschka" – und ich blieb verschont. Doch das währte nicht lange. Bald hieß es, das ganze Dorf muß geräumt werden. Nichts durfte man mitnehmen. Was sollte nun werden? Die Tiere müssen doch versorgt werden! Ich war mit meiner Kraft am Ende. Wir gingen alle nach Blankensee, zwei Dörfer entfernt, wo die kämpfenden russischen Truppen schon durchgezogen waren. In der Schule in Blankensee fanden wir Unterkunft. Auf Stroh und Decken hatten wir unser Lager zurechtgemacht. Es waren über vierzig Leute, die da Schutz suchten. In Blankensee haben wir viel Erschreckendes,

Erika Kirstein mit Sohn (1944)

Trauriges, aber auch Freudiges erlebt. Die Russen gaben allen aus der Gulaschkanone zu essen. Aber einige versuchten immer, sich Frauen vorzunehmen und zu vergewaltigen. Viele Frauen versuchten – allerdings meist ohne Erfolg – sich auf ganz alt, schmutzig oder als Schwangere zurechtzumachen. Wir mußten alle auf dem Fußboden schlafen, Teddy, der Hund, sowie Hermännche waren auch mit unter der Decke; Teddy ließ uns nicht im Stich, aber er verriet uns auch nicht; er war sehr folgsam und lieb. Die Russen, die mitunter bei uns übernachteten, schliefen auf den zusammengestellten Schulbänken im selben Raum.

Unter den Geflüchteten aus Gröben waren unter anderem auch der Gutsbesitzer und seine Frau. Sie hatten sich beide so gut wie möglich getarnt, aber ich erkannte sie und habe sie zur Rede gestellt. Ich fragte, warum und weshalb er zu mir so niederträchtig und gemein gewesen sei und trotz anderer Bestimmungen meinen Mann mit an die Front geschickt habe. Er sagte, daß nicht er Schuld daran gehabt hätte, sondern, daß mein Mann sowieso eingezogen worden und an die Front gekommen wäre. Ob es stimmt? Oder waren doch Intrigen im Spiel? Die Herren im Dorf wollten nach oben glänzen und ihre Ruhe haben, aber der kleine Mann mußte bluten.

Eine Woche war schon vergangen, als nur russische Offiziere kamen und alles auf den Kopf stellten. Mich verschone man, und alle Kinder, die dort waren, blieben immer bei mir; alle sagten Mama zu mir. Das wurde von den Russen respektiert ... Den Kindern gaben sie gut zu essen. So konnten auch jene Leute mit versorgt werden, die sich versteckt hielten.

Die Russen hatten mehrere Rehe geschossen und wollten so recht schmausen, aber daraus wurde nichts. Sie bekamen Order und mußten schnell weiterziehen.

Da warfen sie mir die Rehe vor die Füße. Ich saß auf einem Sack, in dem sich noch mindestens ein guter Zentner Weizenmehl befand. Den wollte ich für uns retten, was mir auch gelang. Der eine Russe sprach gut deutsch und sagte: „Du die Rehe braten und Mehl auch behalten, damit ihr zu essen habt, auch die im Versteck." Also wußten sie es und schonten sie. Unter ihnen gab es, wie man sieht, böse und gute Menschen.

Nun wurde es ruhiger, und wir beschlossen, in unser Dorf zurückzukehren. Was wird uns dort erwarten? Wir zogen mit unserem Handwagen zurück, aber wie sah es da aus? Oh weh! Alles war zertrümmert, alle Tiere fort, und was nicht niet- und nagelfest war, hatte man geklaut; geöffnetes Eingewecktes stand auf der Dreschmaschine, und im Keller waren Löcher gebuddelt worden (der Fußboden war mit gelben Klinkern ausgelegt). Was hat man dort gesucht? Ich weiß nicht, wer das gewesen ist. Jedenfalls nicht die Russen, die hatten dazu gar keine Zeit gehabt.

Nun kam die Frage: Wo schlafen? Bei mir war nichts mehr, kein Bett, kein Schrank. Wäsche, Geschirr, Besteck, alles fehlte oder war total verschmutzt mit Unrat und Kot. Was soll ich nun tun? Niemand half mir. Nur die Kinder blieben alle bei mir und halfen tüchtig auf ihre Art. Jetzt hieß es, alles aufzuräumen, sauberzumachen und zu sehen, woher Bett, Tisch, Stuhl, Schrank und weitere lebenswichtige Sachen zu bekommen sind. Bei meinem ehemaligen Chef bekam ich einiges sowie von Kochs auf dem Kietz. Man brachte es mir, aber andere im Dorf habe ich nicht gefragt, denn Bitten oder Betteln konnte ich nicht, dazu war ich zu stolz.

Ich war im festen Glauben, daß mein Mann doch bald nach Hause kommt und wir mit vereinten Kräften alles wieder in Ordnung bringen und so weit wie möglich wieder aufbauen können. Einige Sachen, die mir gehörten und bei anderen standen, holte ich mir zurück. Viele Tränen habe ich vergossen. Ich konnte es nicht verstehen, daß ausgerechnet bei mir so gehaust worden ist. Sicher, unser Gehöft stand an der Hauptstraße. Das Dorf war gute 100 Meter weit entfernt, aber so arg? Alle Tiere waren von den Russen mitgenommen worden, aber viele Geräte haben die lieben Leute aus dem Dorf gestohlen, so den Strohschneider, die Jauchepumpe, den Rübenschneider usw., eben alles, was rasch zu transportieren war. Sah ich es bei einem Nachbarn und sagte: „Ihr habt ja mein Gerät", dann war die Antwort: „Wenn du es brauchst, kannst du es dir ja borgen."

Ich war allein und obendrein hoch in Hoffnung. Mit allem stand ich allein da. Meine Heizsonne fand ich auch bei anderen, nahm sie mit und stellte sie auf den Schrank, denn es gab ja keinen Strom. Ein Bettgestell hatte ich auch schon und habe es mit Stroh und Decken zurechtgemacht. Plötzlich kamen Russen. Der eine sah die Heizsonne, wartete, bis die anderen raus waren, sprang dann auf das Bett und schüttelte das Gerät. Er glaubte wohl, es sei ein Radio. Enttäuscht rannte er hinaus. Da zeigte Hermännche aufs Bett und sagte: „Mutti, da liegt was, das ist dem Russen eben aus der Hosentasche gefallen". Ich traute meinen Augen nicht, es waren 600,– Mark alliiertes Geld. Da habe ich mich riesig gefreut und sagte zu meinem Jungen und den anderen Kindern: Da kaufen wir uns eine Kuh. Bei einem Bauern im Ort wurden Kühe verkauft. Für 400,— Mark alliiertes Geld habe ich eine Kuh erworben, Futter hatte ich noch vorrätig. Abends habe ich die Kuh gemolken; mit Freuden genossen wir die frische Milch. Doch die Freude währte nicht lange. Als ich sie am nächsten Morgen milchen wollte, war der Stall leer. Man hatte mir die Kuh gestohlen. Wer ist das gewesen? Wie kann man nur so gemein sein? Ich war verzweifelt ... Keiner half mir! Wie sagt man so schön: In der allergrößten Not gehen alle Freunde auf ein Lot. Auch meine Freunde, denen ich geholfen und vertraut hatte, die mein Brot aßen, ließen mich im Stich ... Ich war seelisch am Ende.

Bis Anfang Juli hatten wir mit der Bedingung bei Tante Anna geschlafen, daß ich, wenn es soweit ist und ich entbinde, in mein Haus zurückkehre. Jeden Tag, wenn ich mich fühlte, war ich im Hause und im Hof, um Ordnung zu schaffen, aber laufend kamen Russen, und immerzu mußten wir uns verstecken. Die Angst vor den Russen war riesengroß. Unsere Verstecke waren meistens im Getreide- und Kartoffelfeld. Zu essen stellte uns Frau Böttcher (die Frau vom Hausschlächter) etwas auf die Kartoffelklapper; wollte sie was gutmachen? Ich hatte keine Ahnung, und zum Nachdenken fehlte die Zeit.

Türen durften wir nicht verschließen, sonst wurden sie gewaltsam geöffnet. Einmal des Nachts kamen zwei Russen und bedrängten uns. Wir waren neun Personen: Onkel Fritz, vier Frauen und vier Kinder. Die Kinder hatten vor Angst geweint, und ich stellte mich schützend vor alle und sagte: „Frauen sehr viel krank, nicht gut", weil ich glaubte, daß man mich als Hochschwangere verschont und nicht anfaßt. Aber weit gefehlt. Sie zerrten mich in das leere Zimmer, rissen mir die Kleidung vom Leibe und wollten sich an mir vergehen. Ich habe mich gewehrt, gebissen, mit Füßen und Händen um mich geschlagen und dabei dem einen Zähne und Nase blutig geschlagen. Da drückte der andere seine Zigarette, die er immer im Mund gehabt hatte, auf meinem linken Arm aus. Und meinen Trauring, den ich nicht abziehen konnte, schnitten sie runter. Vor Wut, daß ihr ganzes Vorhaben nicht klappte, schossen sie mehrmals in die Jalousie und einer sagte zu sich

auf russisch: „Jetzt holen wir die anderen und machen alle fertig", schlossen alle Türen ab und liefen raus, um ihre Kameraden zu holen. Nun wußten beide nicht, daß ich russisch verstand. Ich habe die Türfüllungen rausgetreten und sagte: „Los, schnell alle weg, die kommen gleich mit ihren Kameraden und wollen alle fertig machen!" Wir waren gerade durch den Gartenzaun beim Nachbarn, da hörten wir viele Schritte auf dem gepflasterten Hof. Als wir uns in Sicherheit befanden, haben wir die Hände gefaltet und gebetet, dem Herrgott gedankt, daß alles noch einmal gut gegangen war.

Es verging kein Tag ohne Aufregung. Wir wohnten nun schon wieder in unserem Haus, und ich sah mit Bangen meiner Niederkunft entgegen. Hermännche sollte bei Tante Anna schlafen. Nun war ich mit unserem Teddy nachts allein im Haus, er bewachte mich auf Schritt und Tritt. Meine Freundin brachte mir Kinderwäsche. Die Wäsche, die man mir beschmutzt und zerrissen hatte, habe ich, so gut es ging, gewaschen und, so weit sie noch zu gebrauchen war, wieder zurechtgemacht. Es war alles so schwer, und wenn ich mich allein wähnte, weinte ich unentwegt. Warum mußte mir das alles geschehen, was habe ich denn getan? Aber ich durfte nicht verzweifeln, nicht aufgeben, ich hatte ja den Jungen, erwartete mit Hoffen und Bangen unser zweites Kind und hoffte auf die Rückkehr meines Mannes.

Nun fragten Dorfbewohner des öfteren nach meinem Befinden und mancher bot mir Hilfe an. Am Abend des 10. Juli war es dann so weit. Erika, die Gemeindeschwester Grete sowie der Nachtwächter mit der Stallaterne waren da, denn es war Stromsperre, und wir mußten uns mit der Petroleumlampe behelfen.

August Brösicke wollte die Hebamme aus dem Nachbardorf holen, aber die Russen ließen ihn nicht über die Autobahnbrücke, und er mußte umkehren. Am Abend, so gegen neun Uhr, setzten die Wehen ein; aber was war das? Wir hörten ein Auto, Russen! Erika und die Schwester krochen unter das Bett und drei Russen kamen reingestürmt mit aufgepflanztem Seitengewehr. Sie schrieen den Nachtwächter an, der am ganzen Körper zitterte, und ich sah im Geist die Lampe schon ins Bett aufs Stroh fallen, was Gott sei Dank nicht passierte. Sie schrieen: „Wo Dein Frau?" Da sahen sie mich im Bett liegen und das Köpfchen des Neugeborenen war schon da. Ich hatte furchtbare Angst. Alle drei stellten sich mit aufgepflanztem Bajonett zielbewußt an mein Bett, und es ging nicht weiter. Ich hatte so eine panische Angst, wollte aufspringen, da wurde ich zurückgedrückt. Ich glaubte, jeden Moment werden sie mich erschießen. Ich faltete die Hände und betete: Lieber Gott, laß es nicht geschehen, ich habe doch den Jungen, sowie das Kind, welches ich gebäre. Bitte hilf und steh uns bei! – Mit einem Mal ging es weiter – das Kind war da. Da sagte der Russe zu den beiden anderen: „Stoi!" Das heißt „Halt!" Er nahm das Baby, guckte und sagte: „Gut, Klein-Paninka, kleines Mädchen", nabelte uns ab, gab ihr den ersten Klaps, das Kind schrie – da war alles gut. Die Russen gratulierten mir und gingen fort. Das war geschehen am 10. Juli 1945 um 23.30 Uhr russischer Zeit, denn wir mußten alle die Uhren um zwei Stunden vorstellen. Nun weinten wir alle Freudentränen; der liebe Gott hat mein Gebet erhört und uns geholfen. Wäre es ein Junge gewesen, was wäre dann geschehen? Es ist nicht auszudenken. Sie hätten ihn bestimmt getötet, was anderwärts des öfteren geschehen ist.

Es war nicht zu umgehen, ich mußte Leute in mein Haus aufnehmen. Es kam der Nachtwächter mit Mutter, Frau und Sohn, aber die Einquartierung wechselte oft. Alle hatten Angst, am Dorfeingang zu wohnen. Alle versuchten, zu überleben; die meisten dachten nur an sich.

Die Getreideernte war nun im vollen Gange. Unabhängig von den Besitzverhältnissen wurde das Getreide mit Mähbindern gemäht und die Fuder durften nicht auf den eigenen Hof, sondern mußten auf den Gutshof gefahren werden und wurden dort abgedroschen. Man holte auch meine fahrbare Dreschmaschine mit Motor (der ebenfalls fahrbar und vielfach verwendbar war) weg zum Einsatz für die Allgemeinheit, aber ich bekam nicht ein Korn. Durch das Dreschen bei Tag und Nacht machten sich wiederholt Reparaturen erforderlich. Dann brachte man mir die Maschine auf den Hof, und ich mußte die Instandsetzung auch noch bezahlen. Warum war niemand da, der mir half; ich war am Verzweifeln. Jeder suchte nur seine Vorteile. Durch die strenge Erziehung, die ich als Kind erfahren hatte, war ich es gewohnt, immer zu gehorchen, nicht zu widersprechen; so war ich nicht im Stande, mich zu wehren. Wäre doch nur einer dagewesen, der mir Beistand und Kraft gegeben hätte.

Meinen Vorrat aus Räucher- und Speisekammer hatte ich gut und sicher hinter der Scheune eingegraben und gut getarnt. Doch als ich es holen wollte, war alles restlos gestohlen. Das konnte nur Tante Anna gewesen sein, aber sie stritt es entschieden ab, bis andere es ihr ins Gesicht sagten. Da meinte sie nur: Wir haben auch Hunger, die, also ich, hätte ja ohnehin genug zu essen. – Was der Krieg aus den Menschen alles machen kann!

Auf dem Boden hatte ich viel Getreide, das zum Leben und Füttern bis zur neuen Ernte bestimmt war. Onkel Fritz und der Nachtwächter waren so gemein und holten sich das ganze Getreide runter. Als ich es ihnen untersagte, stieß man mich in die Küche und schloß die Tür zu. Was nun? Es war zum Verzweifeln! An wen sollte ich mich wenden?

So verging die Zeit mit guten und schlechten Ereignissen. Die guten waren, daß wir satt zu Essen hatten und gesund waren. Die schlechten, daß man mir nahm, was man wollte und ich völlig wehrlos war.

Mein Vater kam am 22.9.1945 im sowjetischen Internierungslager um.

Eines Tages kam Doktor Elsner zu mir und sagte, daß er in der Nähe von Trebbin unsere Mottel, das uns gestohlene Pferd, gesehen hatte. Nun ging für mich das Suchen los; alle Tage legte ich viele Kilometer zurück. Die Kinder wurden von Erika und Familie Götz versorgt, die in meinem Haus wohnten. Endlich war es so weit, daß ich meine Mottel bei einem Bauern, der beim Mistfahren war, fand; sie lief im Dreispänner. Nun rief ich „Mottel!" Sie erkannte meine Stimme, wieherte und sprang, als wollte sie zu mir laufen. Da holte der Bauer mit der Peitsche aus und schlug nach ihr. Ich sprang hinzu, riß ihm die Peitsche aus der Hand und folgte dem Gespann bis auf den Hof in Schünow, wo der Sohn, den ich zuvor schon vergeblich nach dem Pferd gefragt hatte, beim Mistladen war. Auf dem Hof angekommen, hetzte man den Hund auf mich, und ich mußte den Hof fluchtartig verlassen. Ich ging zum Bürgermeister, wo ich abermals verjagt wurde, da der Bauer mit dem Fahrrad vor mir dagewesen war. Ich hingegen war immer zu Fuß, denn auch unsere Fahrräder waren alle gestohlen. Weinend trat ich den Heimweg an; was sollte ich tun? Unterwegs traf ich den Pferdehändler, dem erzählte ich den Hergang, zumal ich Mottel während des Krieges bei ihm gekauft hatte. Er hatte geglaubt, ich hätte sie verkauft, da er sie des öfteren in Schünow gesehen hatte.

Jetzt ging es im Trab nach Trebbin zu Doktor Elsner, um von dort den Gemeindevorsteher von Gröben anzurufen, denn das waren seinerzeit die einzigen, die Telefon hatten: Arzt und Gemeindeverwaltung. Frau Elsner war im Garten. Sofort erzählte ich Frau Elsner ganz aufgeregt das Erlebte. Doktor Elsner, der in der Praxis war, hörte, was geschehen war und rief sofort Gröben an, von wo aus alles seinen weiteren Verlauf nahm.

Am folgenden Tag ging der Kampf auf Gewinn oder Verlust los. Der Bürgermeister, ehemaliger Ortsgruppenleiter, und Thielickes Willi, fuhren mit mir nach Schünow zu dem Bauern, aber der verweigerte uns, den Stall zu betreten. Den Tag darauf fuhren wir abermals, diesesmal mit der Polizei, hin. Nun mußte er uns in den Stall lassen. Mottel wieherte und kratzte mit dem Vorderbein, als ob sie sagen wollte: Hole mich bitte! Nun ging ich hin zu ihr. Da schrie der Bauer heuchlerisch: „Gehen sie von dem Pferd weg, ich komme nicht dafür auf, wenn es sie schlägt!" Aber ich kannte meine Mottel, ich streichelte sie, da legte sie ihren Kopf auf meine Schulter und strich mit den Nüstern immer wieder über mein Gesicht. Außerdem bewies ich durch alle Merkmale und weitere Eigenheiten, daß es sich um mein Pferd handelte. Der Bauer war sprachlos, aber er gab das Pferd nicht raus. Da sagte der Polizist zu dem Bauern: „Ich verfüge: Das Pferd darf den Stall nicht verlassen, wir werden die Rückgabe gerichtlich erzwingen. Es ist bewiesen, daß das Pferd der Frau Kirstein gehört." Das Gericht schaltete sich ein und der Bauer mußte zahlen und das Pferd herausgeben. Einige Zeit später lief ich den weiten Weg bis nach Schünow, um die Mottel heimzuholen. Vorher jedoch wollte der gewissenlose Bauer von mir noch Futtergeld für vier Monate haben. Schließlich ließ der

Sohn meine Mottel ohne Zaumzeug aus dem Stall. Sie lief sogleich zu mir, wieherte und blieb vor mir stehen. Da griff ich sie an der Mähne und marschierte mit ihr ab. Den Bauern hörte ich höhnisch lachen und sagen: „Damit kommt die nicht weit!" Aber er hatte die Rechnung ohne den Wirt gemacht. Außerhalb des Dorfes flocht ich vom langen Gras, das am Chausseerand stand, einen langen Zopf, legte ihn Mottel an, stieg auf und ritt mit ihr bis Gröben. Den Weg fand sie ganz allein. Kurz vor dem Ort setzte sie sich in Galopp, wieherte und freute sich, wieder daheim zu sein.

Aber was war das? Mutter und Onkel Schorch standen auf dem Hof. Onkel Schorsch sagte: „Sieh dir das verrückte Weib an!"

Nun teilte mir Mutter mit, daß Bruder Paulchen geschrieben hat: Er liegt in Frankfurt/Oder im Lazarett. Er hat kein Schuhwerk und fühlt sich schwach. Da sagte ich: Mutter, bleib du bei meinen Kindern! Ich werde mit Onkel Schorsch Paulchen holen. Leider war es zu spät: Er starb am 24.11.1945.

Meine Mottel habe ich bei Herrn Kapust mit in den Stall gestellt. Er hat sie mit gefüttert und auch mit ihr gearbeitet. Wenn ich Mottel haben wollte, bekam ich sie anstandslos.

Meine kleine Tochter wurde am 15. Oktober 1945 auf die Namen Elvira-Kriemhild getauft. Mit weißem Roggenmehl habe ich Pflaumenkuchen gebacken. Statt Hefe, die es noch nicht gab, habe ich Sauerteig angesetzt. Wie man das macht, hatte mir der Müller verraten.

Nun glaubte ich, daß alles allmählich besser wird. Aber weit gefehlt. Meine Kartoffeln, die ich im April gesetzt hatte, habe ich fast allein gebuddelt. Zum Schluß half mir noch Thielickes Willi mit Familie. Die guten fuhr er auf seinen Hof und hat sie eingemietet, die Futterkartoffeln kamen in meinen Keller. Die Kartoffelernte war sehr gut. Möhren und Kohl habe ich allein geerntet und mit Handwagen heimgefahren. Hermännche war immer dabei und Elvira wurde von den Leuten, die mit im Haus wohnten, betreut.

Alles war nun unter Dach und Fach, auch Wintergetreide war mit Hilfe von Thielickes Willi in die Erde gebracht worden.

Jetzt brachen in Gröben Krankheiten, so Diphtherie, Typhus und Scharlach aus. Elvira bekam auch Diphtherie und Typhus, ich ebenfalls. Nur Hermännche blieb von allem verschont. In meiner Angst bin ich mit beiden Kindern nach Trebbin zu Doktor Elsner gelaufen. Beide Kinder behielt er bei sich im Haus, und ich kam in eine Krankenbaracke, die er selbst betreute. Nach gründlicher Untersuchung stellte er fest, daß mein Blut und Urin in Ordnung waren. Er riet mir, mit dem Urin zu gurgeln: Das tötet die Diphtheriebakterien. In Ermangelung besserer Medikamente trank ich Tee, der aus frischem Kuhmist zubereitet war. Arzneien gab es höchstens auf dem Schwarzmarkt. Nach vierzehn Tagen konnte ich die Baracke gesund verlassen und ich bin mit Hermännche nach Hause, dem es beim Doktor sehr gut gefallen hatte. Nur Elvira behielt er bis Ende März da, also vier Monate lang. Uns beiden hatte Doktor Elsner Pferdeserum gespritzt, das hat uns sehr gut getan. Aber für mich war das Schlimmste, daß ich mein Haar völlig verloren hatte; wird es wieder wachsen und wie?

Russische Einquartierung gab es in jedem Haus; ich mußte auch zwei Soldaten aufnehmen. Es wurde verlangt, daß ausnahmslos alle Frauen zum Tanzen gehen, die Russen machten Musik. Wer nicht kommt, wird bestraft, hieß es. Der Kommandant hat versprochen, daß keine Frau belästigt werden darf. Ich ging zwangsläufig mit kahlem Kopf zum Tanz. Zu Weihnachten 1945 hatten wir das erste Mal wieder elektrisches Licht. Die Türen durften aber immer noch nicht verschlossen werden. Als ich vom Tanz heim kam, lag einer der Russen, die bei mir über die Feiertage Quartier genommen hatten, in meinem Bett. Ich bat meinen Mieter, mir bei der Entfernung des Russen behilflich zu sein, aber der Russe weigerte sich, mein Bett zu verlassen. In meiner Angst lief ich zum Ortskommandanten, und der ließ ihn entfernen. Sein Lastwagen stand schwer beladen mit Säcken voller Zwiebeln auf meinem Hof. Da habe ich einen Sack geklaut. Ich hatte große Angst, daß man es bemerken könnte, aber es ging alles gut. Mein Sohn schlief so gut, daß er vom ganzen Vorgang nichts mitbekommen hatte. Und die Tochter war ja noch bis März in Trebbin beim Doktor Elsner. Seit 1946 wurden alle Feldarbeiten gemeinsam in großen Gruppen erledigt. Die

Frauen mit Säuglingen und Kleinkindern brauchten nicht mit aufs Feld. Später kam das Kartoffelkäfersammeln dazu. Die Zeit verging, Hermännche kam zur Schule, aber das Verstecken und Fortrennen vor den Russen gehörte noch zur Tagesordnung. Nun kamen hier und da schon die ersten Männer aus der Gefangenschaft zurück. Jetzt stieg auch bei mir die Hoffnung, daß mein Mann bald heimkommt. Anfang November erhielt ich die erste Nachricht von ihm aus russischer Gefangenschaft. Die Freude und Erwartung auf seine Heimkehr war riesengroß, denn ich glaubte fest daran. An der Karte befand sich eine Antwortkarte, die ich mit nur zwölf Worten beschreiben und zurücksenden durfte. Wie gern hätte ich ihm unsere ganze Lage geschildert, aber es war nicht möglich.

Eines Tages kam mein Bruder Georg zu Besuch. Zur gleichen Zeit erhielt ich eine Karte von meinem Mann. Wir haben beide die Antwort geschrieben und Georg nahm sie mit nach Berlin, steckte sie dort ein. Jetzt kommt der Schock: Einige Tage später sagte die Post-Anni zu mir: „Du hast die Antwortkarte an Hermann gar nicht geschrieben; der Bürgermeister fragt laufend danach." Damit hatte sie unbemerkt verraten, was ich nicht wissen sollte. Man hatte die Post kontrolliert und teilweise vernichtet, denn später schrieb ich Briefe an meinen Mann, die er nie erhalten hat. Hatte man Angst vor der Wahrheit? Die hätte er ja doch erfahren, so die vielen Schandtaten, die man sich mit mir erlaubte.

Jetzt bekam ich regelmäßig Post und die Hoffnung, daß wir bald wieder vereint sein dürfen, wuchs in uns. Hermännche sagte immer: „Mein Vati kommt bald und schafft dann Ordnung, und du, Mutti, mußt dann nicht mehr weinen." Ein lieber Trost von einem Kind. Elvira konnte auch schon laufen und plappern. Sie hatte einen Lockenkopf und rotes Haar. Ich hatte zwei hübsche Kinder und war stolz auf sie.

Nun rechnete man täglich mit der Heimkehr meines Mannes. Dennoch wurde von den neuen Herren festgelegt, unsere Felder zu verpachten bis auf einen Morgen, den ich für mich behalten und bearbeiten sollte. Das war im Februar 1947, ohne mich darüber vorher in Kenntnis zu setzen, beschlossen worden. Die Regelung galt für ein Jahr. Bei Rückkehr meines Mannes sollte die Rückgabe der Felder und des gesamten Saatgutes erfolgen. Man zwang mich zur Unterschrift.

Bald nach dem Krieg gab es Lebensmittelkarten. Meine Kinder und ich hatten nur die Selbstversorgerkarten für Salz und Zucker. Man wollte mich auf diese Art zwingen, bei den Bauern zu arbeiten und zu helfen, denn jeder wußte, daß ich sehr stark zupacken konnte. Aber ich tat es nicht, sondern half nur, wo und wann ich wollte und wo ich auch meine Kinder mitbringen konnte.

Das Jahr verging. Von meinem Mann erhielt ich bis Oktober regelmäßig Post. Danach setzte ein banges Warten ein. Wird er jetzt kommen oder ist er krank? Mich befiel die Angst. Mit wem sollte ich sprechen? Viele Männer waren schon aus der Gefangenschaft zurückgekehrt, aber meiner nicht.

Das Jahr ging zu Ende und Weihnachten stand vor der Tür. Es war der vierte Adventssonntag. Wir waren beim Mittagessen, da kommt der Schweinekoch (Trichinenbeschauer) aus dem Nachbardorf Siethen und fragt nach meinem Mann. Da sagte ich: „Wir warten auf ihn, zumindestens auf eine Nachricht von ihm." Da meinte er: „Der kommt nicht mehr – der ist tot -, mein Vetter war mit ihm zusammen."

Das traf mich wie ein Hammerschlag. Ich wollte und konnte es nicht glauben, es war schrecklich. Wie sollte ich es nur den Kindern sagen? War es vielleicht doch ein Irrtum? Aber ich konnte meine Tränen nicht verbergen und die Kinder weinten mit.

Zu Weihnachten hatte ich das erste Mal Fleischmarken bekommen. Da bin ich mit den Kindern mit dem Schlitten ins Nachbardorf gegangen, um das Fleisch für das Weihnachtsfest zu kaufen. Aber was war das? Ich habe in meinem Kummer und Aufregung das Geld und die Fleischmarken verloren. Nun schneite es aber tüchtig, da war alles Suchen vergeblich. Aber der Metzger hatte Verständnis, denn er war schon vom Nachbarn, dem Schweinekoch, informiert worden über den Tod meines Mannes, da gab er uns kostenlos Fleisch und Wurst mit.

Nun begann für uns drei ein schwerer Weg. Was wird auf uns zukommen, was erwartet uns? Anfangs bemühte man sich im Dorf, für uns einen Ausweg zu finden. Aber bald ließ diese Freundlichkeit nach. Jeder war auf seine Vorteile bedacht. Es war so schwer, den rechten Weg zu erkennen und zu gehen. Aber ich gab die Hoffnung nicht auf, daß mein Mann vielleicht doch noch kommt, denn mitunter kamen Totgeglaubte oder Vermißte zurück, warum sollte nicht auch mein Mann darunter sein?

Nun bekam ich eines Tages Post von einem fremden Mann. Im Brief waren Bilder von uns, die meinem Mann gehört hatten, sowie die Bestätigung über das Ableben meines Mannes, welches er mir vorsichtig und mitfühlend schilderte. Er schrieb: „Er war ein guter Kamerad und mein bester Freund." Dem Mann glaubte ich, aber ich geriet in neue seelische Konflikte. Ich gab mein Hoffen und meinen Glauben nicht auf.

Anfang 1948 kehrte Schwager Fritz aus russischer Gefangenschaft heim. Er hatte Wohnrecht bei mir, denn es war sein Elternhaus. Da mußten meine Mieter ausziehen und mein Schwager machte sich breit. Jetzt wollte man ein Komplott schmieden. Ich sollte mich mit Fritz zusammentun. Kurz gesagt: Wir sollten heiraten. Die Kinder hätten wieder einen Vater und der Hof könnte wieder bewirtschaftet werden.

Fritz kam zu mir und machte mir einen Heiratsantrag, den ich strikt ablehnte mit der Begründung: Wir haben uns beide nie verstanden und sollen nun gemeinsam durchs Leben gehen? Nein und nochmals nein! Ich gab ihm zu verstehen: Du hast das Wohnen und Essen frei laut Testament, solange du ledig bist. Such dir eine Frau, die du lieb und gern hast und heirate! Und wenn du anständig bist, darfst du uns auch besuchen, außerdem warte ich immer noch auf Hermann. Noch habe ich keine amtliche Nachricht über den Tod meines Mannes. Ich gebe die Hoffnung nicht auf. Das schlug ein wie eine Bombe. Im Dorf versuchte man, mich umzustimmen, aber ich blieb hart ...

Am Gröbener See wurde Ende 1950 auf dem Lührshof eine Parteischule von der Deutschen Demokratischen Republik eröffnet. Da wurden Arbeitskräfte gesucht. Ich bewarb mich und wurde als Zweitköchin und Serviererin ab 1. Januar 1951 angestellt. Meine Kinder durften jederzeit hinkommen und wurden dort auch verpflegt. Nun war es auch so weit, daß Schwager Fritz eine Bauerntochter aus einem Nachbardorf geheiratet hat und ich nach meinem Ermessen Leute, die mir zusagten, in mein Haus aufnehmen konnte. Mieter aufzunehmen, war Vorschrift.

Im Dezember 1952 wurde allen Arbeitskräften der Parteischule gekündigt, die Schule wurde zu klein und zog um nach Buckow in der Märkischen Schweiz. Wie schade! Wir waren alle arbeitslos ...

In meiner Not begann ich, Karten zu legen, das hatte ich mir als junges Mädchen von einer alten Zigeunerin abgeguckt, als ich in Pommern auf einem Bauerngut in Stellung war. Vorerst ging alles gut. Wir hatten reichlich Nahrung und Geld, daß mir schon fast unheimlich wurde.

Eines Abends kam der Bürgermeister Neumann, der war mir gut gesonnen und sagte: „Erika, hör auf mit Kartenlegen! Man will Dir an den Kragen." Nun machte ich es nur noch heimlich, bis ich wieder Arbeit bekam.

Das Frühjahr 1953 kam mit großen Schritten und brachte viele furchtbare Ereignisse, die jeden betrafen, am meisten die Großbauern. Die flüchteten fast alle von ihren Höfen, versteckten sich in den Feldern und gingen meistens bei Nacht und Nebel nach Westberlin. Aber auch ich blieb nicht verschont ...

In jenen Tagen ging die amtliche Nachricht ein, daß mein Mann tot ist. Der Schock saß mir in den Knochen, dazu die ganze Aufregung im Dorf, die Großbauern alle weg. Der Aufstand vom 17. Juni 1953 hatte alles durcheinandergebracht, alles hatte Angst, die Stasi und Vopos waren unentwegt im Einsatz.

Die Ernte war reif, es mangelte an Leuten, da wurden 30 Jugendliche aus dem Jugendwerkhof Struveshof (angeblich Schwererziehbare) zum Arbeitseinsatz geschickt. Mich beauftragte man, für die Jungen zu kochen, und zwar auf einem Bauernhof, denn die Besitzer waren fort und Lebensmittel waren bei allen Geflüchteten reichlich vorhanden. Ablehnen durfte ich es nicht, sonst wäre ich in Gewahrsam gekommen. Meine Kinder kamen nach Schulschluß zu mir und hatten dann auch ihr Essen. Das ging bis zum Herbst. Da bewarb ich mich dann in der staatlichen Forstwirtschaft und habe dort ein Jahr gearbeitet. Die Kinder waren nach der Schule allein, aber meine Mieter sahen die zwei Stunden nach ihnen, bis ich wieder daheim war.

Wir fuhren öfter nach Westberlin und nutzten die Möglichkeit, von dem, was wir übrig hatten, zu tauschen oder zu verkaufen. Das waren meist frische Eier, Gemüse, auch Geflügel und kauften uns dafür Kaffee, Kakao, Schokolade, Tee, Backpulver, Wolle, Strümpfe ... Natürlich nur in geringen Mengen, denn die Kontrollen waren sehr streng und wenn man Pech hatte, wurde einem alles weggenommen.

Der Bruder eines Arbeitskollegen war bei der Vopo und oft in Teltow zur Kontrolle eingesetzt, der ließ mich nie durch, stets mußte ich zur Kontrolle. Aber er sagte mir, was ich ihm

Haus Kirstein (1962)

mitbringen sollte und zu welcher Zeit ich zurück zu sein hätte. Besonders, wenn Vopo-Frauen Dienst hatten, mußten sich viele Leute völlig entkleiden ... Das war sehr schlimm, auch die Verhöre. Auf dem Bahnhof Berlin-Papestraße, wo viele Leute umstiegen, mischten sich häufig auch Vopos und Stasimitarbeiter unter die Passanten und schnappten bei der Heimfahrt zu. Es war eine Schande, wie man mit den eigenen Leuten umging, denn fast alles, was sie den Leuten wegnahmen, behielten sie für sich. Auch mich kontrollierte man häufig im Zug, aber man fand nichts.

So ging alles seinen Gang. Eines Tages fiel ich in meinem Haus die Kellertreppe hinunter und zog mir eine schwere Verletzung zu. Eine Operation war unvermeidlich. Dank des schnellen Handelns des Betriebsarztes bekam ich, kurz bevor er sich im Sommer 1957 in den Westen absetzte, noch eine Kur nach Bad-Tennstedt verordnet.

Dann kam das verhängnisvolle Jahr 1958, das sehr viel Angst und Schrecken bei vielen Menschen auslöste, denn es

Erika Kirstein (1997)

wurden Kolchosen nach russischer Art eingeführt. Ein jeder durfte nur eine Kuh und ein Schwein behalten, sowie ein paar Hühner. Die Eier mußten zur Sammelstelle gebracht werden und wurden nach Gewicht bezahlt. Die Bauern, Frauen und Kinder ab 12 Jahre, bekamen Stundenlohn und wurden arbeitsmäßig eingeteilt. Mein Land sollte ich zurücknehmen, in die Kolchose eintreten und in der Kolchosküche mitkochen, denn es gab fortan eine Gemeinschaftsküche. Ich habe abgelehnt ...

So weit der Bericht Erika Kirsteins. Und wie ging es weiter? Ihr Sohn floh in den Westen. Die Bespitzelung von Mutter und Schwester nahm unerträgliche Ausmaße an. Schließlich flohen auch sie, indem sie auf Fahrrädern nach Babelsberg radelten und von dort mit der S-Bahn ins nahe Westberlin fuhren. Erika Kirstein schloß das Kapitel DDR mit den Worten ab: „Gröben ade! Lieber ein Ende mit Schrecken, als ein Schrecken ohne Ende."

Sie kam in ein Westberliner Auffanglager. Dort befanden sich über 30 Personen, Männer, Frauen, Kinder, Hunde, Katzen, Vögel etc. – alles in einem Raum. Das Haus war voll bis unters Dach.

Später kam sie ins Schwerbehindertenlager Stukenbrok in Nordrhein-Westfalen. Erst 1960 „hatten wir endlich eine Wohnung" und es galt, sich in Westdeutschland eine neue Heimat zu schaffen.

(Der Auszug aus den umfangreichen, handgeschriebenen Lebenserinnerungen wurde mit Zustimmung von Erika Kirstein leicht gekürzt, der Text hier und dort bearbeitet, ohne die Aussagen der Autorin zu verändern.)

Siethen am Meer?
Es ersetzt nie der Sieg, was verloren wird durch Krieg

1945, etwa eine Stunde vor dem Einmarsch der Russen, wurde das Munitionsdepot zwischen Ludwigsfelde und Siethen in die Luft gesprengt. Die Explosion war derart heftig, daß Bäume wie Streichhölzer abgeknickt wurden und in Siethen nicht nur die Hof- und Scheunentore aufsprangen, sondern auch Fensterscheiben zu Bruch gingen. Ein alter Einwohner erinnert sich: „Uns blieb reene die Luft weg." Einem Kind war kurze Zeit zuvor durch den Luftdruck einer detonierenden Luftmine die Lunge geplatzt. Ältere Einwohner erzählten, die Explosion sei so heftig gewesen, da man in dem Depot – wohl irrtümlich – auch Seeminen gelagert hatte. Riesige Trichter in diesem Areal, das bis 1989/90 auch von der Nationalen Volksarmee genutzt wurde, erinnern noch heute an die Explosion von 1945.

Der Tod ist gewiß, doch ungewiß die Stunde

Paul Krenz aus Siethen war während des Zweiten Weltkrieges Pförtner in der Nordwache des Daimler-Benz-Werkes in Ludwigsfelde. Am Sonntag, dem 6. August 1944, endete sein zwölfstündiger Dienst um 13.00 Uhr. Er begab sich mit dem Fahrrad nach Hause. Er hörte Bombengeschwader, die sich, erst brummend, dann dröhnend, in Richtung Berlin fortbewegten, dachte aber, sie würden – wie zumeist – gen Berlin fliegen, um sich dort ihrer Bombenlast zu entledigen. Obwohl sie in großer Höhe flogen, zitterte die Luft. Die um das Werk herum stationierten Flak-Einheiten eröffneten zwar das Feuer, aber die Pulks flogen unbeirrt weiter. Um 13.30 Uhr begann plötzlich die Erde zu beben. Die Bomber hatten ihre tödliche Last über dem Werk abgeworfen. Da die ansonsten übliche Vernebelung des Werkes aus unerklärlichen Gründen ausblieb, konnten die Piloten ihre Ziele unbehindert und nun erstmalig bei Tageslicht aussuchen. Große Teile des Werkes wurden zerstört; viele Menschen fanden den Tod. Auch die Nordwache, die Paul Krenz 30 Minuten zuvor verlassen hatte, ist getroffen worden. Bei einem weiteren Bombenangriff explodierte eine Luftmine über dem Gröbener See. Pfiffige Leute wußten, daß durch die Explosion Tausende von Fischen getötet worden sind. Sowie die britischen Bombenflugzeuge verschwunden waren, machte sich die ausgehungerte Bevölkerung auf zum See, um Fische einzusammeln.

Flüchtlinge in Jütchendorf
Gegen Kanonen gilt das Recht nicht

Seit Kriegsende strömten Millionen von Flüchtlingen auf der Flucht vor der herannahenden Front aus den im Zweiten Weltkrieg aufs Spiel gesetzten und verlorenen deutschen Ostgebieten westwärts. Hinzu kamen noch die aus den kriegszerstörten Großstädten fliehenden Menschen. Allein in das kleine Jütchendorf kamen laut Meldebuch 125 Flüchtlinge [B3], so daß etwa 50 % der Einwohner aus Zugezogenen bestand. Selbst in Ställen und Scheunen hausten diese bedauernswerten Menschen, die Hab und Gut und ihre Heimat verloren hatten. Für die Einheimischen hieß es, nicht nur den Wohnraum, sondern auch die immer knapper werdenden Nahrungsmittel zu teilen. Obwohl viele dieser Personen nach und nach (so zum Beispiel im Rahmen der Familienzusammenführung) weiterzogen, blieben Wohnungs- und Hungersnot noch lange bestehen. Eine Reihe der Flüchtlinge meldete sich nach Zossen, Jüterbog, Luckenwalde und Trebbin ab, andere nach Wiesbaden, Göttingen und anderen Orten in den Westzonen, und wieder andere gingen nach Berlin zurück, manche sind „ohne Abmeldung verschwunden". Viele der zum Teil kinderreichen Familien hatten keinen Vater mehr. Er war im Krieg gefallen oder befand sich irgendwo in der Sowjetunion, in Amerika, Kanada oder England in Kriegsgefangenschaft.

Die soziale Zusammensetzung der Umsiedler in Jütchendorf sah wie folgt aus:

Bauern, Kleinbauern	16 %
Arbeiter	9 %
Landarbeiter	5 %
Angestellte	7 %
Handwerker, Geschäftstreibende	5 %
Jugendliche, Kinder	58 %

Die hier für Jütchendorf geschilderten Verhältnisse treffen gewissermaßen auch für alle anderen Orte der Region zu. In Siethen waren alle freien Räume, ja selbst Scheunen, aber auch die Schule mit Flüchtlingen belegt. Als der Schulunterricht wieder begann, mußte die Einklassenschule ins Tabea-Haus umziehen.

Seeschänke Siethen (1998). Hier am Dorfanger war früher das Zentrum des Dorfes.

Hinterm Ofen fängt man keinen Hasen

Edith John erinnert sich: Das Schloß in Siethen war 1945/46 bis unters Dach mit Flüchtlingen belegt. Eine der Flüchtlingsfamilien war irgendwie in den Besitz eines Kaninchens gekommen und hegte und pflegte es, denn so ein kleines Tierchen hatte seinerzeit, vor allem dann, wenn es schlachtreif war, einen unbeschreiblich hohen Wert. Da Mensch und Tier zwangsläufig eng zusammenlebten, blieb dem Kaninchen nichts weiter übrig, als sich zwischen den ebenerdigen Liegestätten und dem Hab und Gut der Flüchtlinge und diesen selbst aufzuhalten. So hoppelte es auf der Suche nach einem tiergerechten Aufenthaltsort hierhin und dorthin. Und als es wieder einmal recht laut herging und die Leute hin und her rannten, zu allem Unglück auch noch die Tür des Kachelofens offenstand, schlüpfte das verängstigte Kaninchen dort hinein. Der Besitzer des Häschens hatte den

Vorgang beobachtet und versuchte fieberhaft, das Kaninchen aus dem Ofen zu ziehen. So weit er auch hineinlangte: Er bekam es nicht zu fassen. Ob es nun Tierliebe oder die Angst um den Verlust des Bratens (oder auch beides) war, ist nicht bekannt, jedenfalls begann man unter aufgeregtem Geschrei in schlesischer Mundart den Kachelofen abzureißen. Schließlich hoppelte das vormals weiße Kaninchen verstört aus den Trümmern. Der Ofen war kaputt, aber bei den Besitzern des Kaninchens herrschte eitel Freude.

Siegesrausch
Wo Recht keine Gewalt hat, da wird Gewalt Recht

Zum Gute Siethen gehörte eine Brennerei, in der seit Jahr und Tag aus Kartoffeln Sprit gebrannt wurde. Frieda Löwendorf (geb. 1902) erinnert sich: Der Brennmeister hieß Steinberg. 1945, als die Russen kamen, hielten sie, obwohl sie zum Teil schon mehrere Uhren am Arm hatten, nach „Uhri, Uhri", nach Frauen und nach Schnaps Ausschau. Was man ihnen nicht gab, nahmen sie sich. Die MPi im Anschlag war ein überzeugendes Argument. Auch Fahrräder wurden häufig weggenommen. Bei Steinberg wurden sie lange fündig, wenn sie ihrem Siegesrausch neue Nahrung zu geben gedachten. Aber wenn es keinen Nachschub gibt, geht auch dem besten Brenner der Hochprozentige aus; so war es auch bei Steinberg. Das erzürnte die Soldaten sehr. Wütend setzten sie sein Haus in Brand und hinderten den Besitzer daran, es zu löschen. Es brannte bis auf die Grundmauern nieder. Bis heute befindet sich dort (hinter der Bushaltestelle) die Baulücke.

Besser eine alte Mähre als gar kein Pferd

Nach dem Krieg befanden sich nur noch drei Pferde in Siethen. Was sind Bauern ohne Pferde? Die drei Tiere wurden gehegt und gepflegt. Eines Tages bekam eines der Pferde ein geschwollenes Bein. Da keine Medikamente vorhanden waren und es weit und breit keinen Tierarzt gab, besann man sich auf ein altes Hausmittel: Kühlen.

Pferdewäsche im Siethener See – Reinhold Köppen und Herbert John (1960)

Man dachte praktisch und schickte einen Jungen mit dem Pferd zum See. Er sollte das Pferd ins Wasser führen und festhalten. Dem Jungen war die Sache zu langweilig. Also band er das Pferd an einen Steg und rannte nach Hause, um ein Buch zu holen. Doch schon unterwegs las er sich fest an der spannenden Lektüre von Karl May und vergaß das Pferd. Als er sich besann und zum Ufer rannte, sah er kein Pferd mehr. Entweder war es wegen Unterkühlung umgefallen und ertrunken, im Schlamm versunken oder gestohlen worden. Nun hieß es für das ganze Dorf, mit nur zwei Pferden auszukommen.

Bodenreform
Kein Acker ohne Disteln

Der Entschluß vieler Umsiedler und Flüchtlinge in der SBZ, Neubauern zu werden, war in der Regel weniger das Ergebnis der von der sowjetischen Besatzungsmacht gesteuerten politischen Agitation und Propaganda, sondern Ausdruck des Überlebenswillens der Menschen im kleiner gewordenen und kriegszerstörten Deutschland. Hunderttausende von Familien bekamen 0,5 bis 10 Hektar Land als vererbbares Eigentum zugewiesen, das man zuvor durch die entschädigungslose Enteignung der sogenannten Großbauern und Großgrundbesitzer bzw. NS-Kriegsverbrecher gewonnen hatte. Die Neubauern wagten den Neubeginn, ohne vorerst über Haus und Hof, über landwirtschaftliches Gerät, Saatgut, Zugvieh und andere Haustiere zu verfügen. Als zwei Jahre nach Beginn der Bodenreform noch immer Tausende von Brandenburger Neubauern weder über Wohn- noch Stallgebäude verfügten, ordnete die SMAD im September 1947 in Gestalt des Befehls Nr. 209 an, 37.000 Neubauernhöfe zu errichten, 10.000 allein im Land Brandenburg. Doch was nutzten alle Befehle, wenn es an Baumaterial und Bauleuten fehlt? Die SMAD gab schließlich die Reste des Daimler-Benz-Werkes als Materialquelle für Neubauernhäuser frei. So entstanden die Neubauernhäuser – jeweils Stall- und Wohntrakt unter einem Dach – in Gröben (ebenso wie die in Ludwigsfelde, Genshagen, Thyrow und Löwenbruch) aus Abbruchmaterial, das man aus dem weitestgehend zerbombten und schließlich gesprengten ehemaligen Rüstungsbetrieb holte. Andernorts gab man Herrenhäuser und Schlösser bzw. deren Reste als „Steinbrüche" frei, um aus Schlössern Katen zu errichten. Die politische Symbolik dieses Vorganges war gewollt. Das Herrenhaus in Gröben wurde im Oktober 1945 durch die Gemeindebodenkommission an die Gemeinde Gröben übergeben. Doch davon hatten die Einwohner vorerst nichts, da das Herrenhaus noch von einer Einheit der sowjetischen Besatzungsmacht belegt war. Der Versuch des evangelisch-lutherischen Pfarramtes, den in den Bodenfonds gelangten Vermögenswert Herrenhaus für kirchliche Zwecke übertragen zu bekommen, schlug fehl, da man kirchlichen Einrichtungen in jenen Tagen äußerst skeptisch gegenüberstand. Am 27. Oktober 1950 wurde das Herrenhaus offiziell in Volkseigentum überführt und die Gemeinde Gröben als Rechtsträger mit der Verwaltung betraut.

Doch blicken wir noch einmal in das Jahr 1946 zurück: Im November diesen Jahres verließen die sowjetischen Soldaten Gröben. Das Land, das zum Teil von den Militärs bewirtschaftet worden war, wurde an 16 Neubauern aufgeteilt. Zehn landarme Bauern bekamen 1 bis 5 Hektar, sieben Industrie- und Landarbeiterfamilien 0,5 bis 8 Hektar und 13 Flüchtlingsfamilien 7,5 bis 8 Hektar zugeteilt, das ihnen mit einer Urkunde und Eintragung ins Grundbuch je nach Größe des Areals für 450 bis 1560 Mark als vererbbares Eigentum übertragen wurde.

Habt Ihr schon vergessen?

Im Kreise Teltow lagen am Kriegsende in den Gemeinden mit über 10 000 Einwohnern 70 % aller Gebäude in Trümmern. Allein in Halbe war ein Drittel aller Wohnungen zerstört.

Im nächsten Krieg würden die Atomwaffen dafür sorgen, daß kein Ziegelstein mehr auf dem anderen bleibt.

Die Stadt Teltow zählte 1944/45 von 13 146 Einwohnern allein 407 Bombengetötete, der gesamte Krieg erforderte hier ein Vielfaches dieser ungeheuerlichen Zahl an Opfern.

Im nächsten Weltkrieg würde es kaum noch Überlebende geben!

Wir haben wieder aufgebaut!

Dank planmäßiger Aufbauarbeit erhielten 106 ehemalige Umsiedler im Kreise Teltow einen eigenen Bauernhof. In Diepensee entstand ein ganzes Neubauerndorf, anderorts bilden die Neubauernhöfe große Ortsteile.

Der Viehbestand war am Kriegsende im gesamten Kreisgebiet auf ein Minimum herabgesunken und die Ernährungsgrundlage für die Kreisbevölkerung auf das schwerste gefährdet. Der gesamte Viehbestand betrug z. B. in Genshagen nach dem Zusammenbruch ein Schwein. Im Dezember 1950 aber füllten dort schon wieder 520 Stück Schwarzvieh die Ställe. Der Rindviehbestand des gesamten Kreisgebiets hat sich seit Oktober 1945 nahezu verdreifacht, der Bestand an Schweinen fast das Elffache erreicht, und Geflügel ist fast sechsmal soviel vorhanden, als im Oktober 1945 gezählt wurde.

Während nach dem Zusammenbruch alle Betriebe stillagen, wurden durch die Initiative der Arbeiter und der Intelligenz die zerstörten Betriebe wieder aufgebaut und tragen heute dazu bei, unseren Lebensstandard täglich zu verbessern.

Wollt Ihr das wieder verlieren?

Wenn Ihr Krieg und Vernichtung ablehnt und den Frieden wollt, so stimmt bereits am 3. Juni mit **JA**

Wenn die in ganz Deutschland durchgeführte Volksbefragung den unerschütterlichen Friedenswillen des deutschen Volkes unmißverständlich zum Ausdruck bringt, ist den Kriegstreibern jede Möglichkeit versperrt, deutschen Menschen die Waffe in die Hand zu zwingen. Der Weg zur Verständigung zwischen Ost- und Westdeutschland wird dadurch frei, und damit ist auch die Gewähr gegeben, daß ein geeintes demokratisches, unabhängiges und friedliches Deutschland bahnbrechend wirkt für den Weltfrieden.

DEMOKRATISCHER BLOCK DES KREISES TELTOW

MDV KW/Rüd. H-19b Br. (T1)-H 357076 70000 5 51 1130

Agitation und Propaganda

Aufruf

1947

an alle Bewohner der Mark Brandenburg!

Eine furchtbare Hochwasserkatastrophe hat den Osten unserer Mark Brandenburg betroffen. Fast 70 000 Hektar Land sind vom Wasser der Oder überflutet. Mehr als 20 000 Menschen, unter ihnen viele, ja die Mehrzahl, die schon durch den Hitlerkrieg einmal alles verloren haben, sind in tiefstes Unglück gestürzt. Vielen ist Haus und Hof, ist das Wenige, was sie in fleißiger Arbeit wieder geschaffen hatten, in den Fluten verlorengegangen.

Groß ist die Not, die Männer und Frauen und Kinder betroffen hat.

Gleich am ersten Tage haben die Provinzialregierung Potsdam, die Märkische Volkssolidarität, die Kreise Niederbarnim, Beeskow-Storkow, Oberbarnim u. a., viele Einheiten der Roten Armee jede mögliche Hilfe und Unterstützung geleistet und viele Bedrohte in Sicherheit gebracht.

Durch diese Hilfe ist die erste ärgste Not abgewehrt worden.

Über diese Hilfe hinaus gilt es jetzt die Hilfe aller zu entfalten, um die unverschuldete Not in gemeinsamer Anstrengung zu überwinden.

Frauen und Männer der Mark Brandenburg!

Auf Eure Hilfe kommt es an! Kein Mann, keine Frau darf sich ausschließen! Eine Welle der Solidarität muß über unser ganzes Land gehen. Jeder tue, was in seinen Kräften steht, um den Opfern der Hochwasserkatastrophe zu helfen.

Die vielen Tausende, die wenig oder nichts zu retten vermochten, brauchen Kleidung und Hausrat, sie brauchen Geräte für Feld und Stall, sie brauchen Geldmittel und Materialien, um nach Abzug des Wassers neu aufzubauen.

Veranstaltet in den Dörfern und Städten, Betrieben und Verwaltungen Sammlungen von Geldspenden, Bekleidungsstücken (Kleider, Wäsche, Anzüge, Schuhe usw.), Lebensmitteln, Hausrat und Möbeln.

Öffnen wir Herzen und Hände, lassen wir denen unsere tatkräftige Hilfe zuteil werden, die so dringend helfende Hände bedürfen.

Keiner versäume nach seinen Kräften das Schwere mitzutragen, keiner versäume die Not zu lindern.

Präsidium des Landtags Der Präsident gez. Ebert	Provinzialregierung Mark Brandenburg Der Ministerpräsident gez. Dr. Steinhoff	Provinzialausschuß „Märkische Volkssolidarität" gez. Gerda Sucker

Antifaschistisch-Demokratischer Einheitsblock der Mark Brandenburg

Sozialistische Einheitspartei Deutschlands Landesvorstand Mark Brandenburg gez. Sägebrecht	Christlich-Demokratische Union Landesverband Mark Brandenburg gez. Dr. Wolf	Liberal-Demokratische Partei Landesverband Mark Brandenburg gez. Dr. Kunze
Freier Deutscher Gewerkschaftsbund Provinzialvorstand gez. Moericke	Vereinigung der gegenseitigen Bauernhilfe Provinzialvorstand gez. Albrecht	Revisions- und Wirtschaftsverband Brandenburgischer Konsumgenossenschaften gez. Riedel
Industrie und Handelskammer (Mark Brandenburg) Hauptgeschäftsstelle Der Präsident gez. Schwartz	Handwerkskammer Mark Brandenburg Der Präsident gez. Hannemann	Kulturbund zur demokratischen Erneuerung Deutschlands Landesleitung Brandenburg gez. Nagel
Provinzialausschuß der Jugend gez. Martha Domnisch	Freie Deutsche Jugend Provinzialleitung gez. Wiesner	Werk der Jugend Mark Brandenburg gez. Koblitz
Die innere Mission und das Hilfswerk der evangelischen Kirche gez. Dr. Wenzel	Caritasverband der katholischen Kirche in der Mark Brandenburg gez. Dr. Albs	

Annahme von Geldspenden:
Sekretariat der Märkischen Volkssolidarität, Potsdam, „Katastrophenhilfe Oberbruch", Konto 16 9121
Provinzialbank Mark Brandenburg
Sachspenden:
Provinzialausschuß der Märkischen Volkssolidarität, Potsdam, Friedrich-Ebert-Straße 38.

Der Rat des Kreises Teltow
— Bodenordnung —

Personalfragebogen zum Erwerb einer Siedlerstelle

1. Name .... ~~P...~~
2. Vorname .... Wilhelm
3. Wohnort und Straße .... Gröben - Kietz Kr. Zossen
4. Geburtsdatum und Ort 8. 9. 1897
5. Staatsangehörigkeit .... deutsch
6. Erlernter Beruf .... Bauer
7. Ausgeübter Beruf .... Bauer
8. Familienstand .... verheiratet
9. Anzahl der Kinder .... keine
10. Zahl und Alter der sonstigen Familienangehörigen .... —
11. Umsiedler ja — nein
12. Größe der früher gehabten Wirtschaft ....
13. Ist totes u. lebendes Inventar vorhanden? .... ja
14. Waren Sie Mitglied der NSDAP oder deren Gliederungen? .... nein
15. Sind Sie anerkanntes Opfer des Faschismus? .... nein
16. Bemerkungen ....

Ich versichere an Eidesstatt, alle Angaben wahrheitsgetreu und vollständig gemacht zu haben. Es ist mir bekannt, daß mir bei wissentlich falschen Angaben das Eigentum an der Siedlerstelle wieder abgesprochen werden kann.

Gröben , den 1. Juni 1956

Wilhelm ~~P~~
(Unterschrift)

Alle Fragen sind genauest auszufüllen, nicht mit einem Strich zu versehen.

Die Neubauernfamilien besaßen vorerst zwar Grund und Boden, aber damit noch keinen Bauernhof. Sie hatten teils in den ehemaligen Gutsleutehäusern, teils bei Altbauern Unterkunft gefunden bzw. zugeteilt bekommen. Das Zusammenleben auf engstem Raum brachte viele Reibereien und Probleme mit sich, die später durch den Bau von Neubauernhäusern verringert werden konnten. Doch ehe die Neubauernhäuser fertig waren und ein mehr oder minder geordneter Tages- und Jahresablauf möglich war, gab es viele Schwierigkeiten zu überwinden. Sie bestanden unter anderem darin, daß die Rote Armee, die „Vieh und Pferde" hatte, diese auf die Koppeln und Weiden der Neubauern trieb oder die

Erntearbeit

Erntefest Stadtgut Berlin in Siethen (1947)

Heuernte 1950 in Siethen – Agnes und Hermann Köppen

Neubauern zwangsweise zu den unterschiedlichsten Arbeiten herangezogen wurden. Die Vernachlässigung der Neubauernwirtschaft wiederum zog weitere Probleme nach sich, für die die von sowjetischen Offizieren kontrollierten deutschen Behörden kaum Verständnis aufbrachten. Die Erfüllung des Ablieferungssolls war eine Pflicht, der man sich nur bei Strafe entziehen konnte. Erst, nachdem die Soldaten das als Versorgungsgut genutzte Gut Gröben endgültig verlassen hatten, trat eine spürbare Verbesserung der Lage ein. Nun konnten das Herrenhaus für Wohnzwecke und die Scheunen und Stallgebäude von den Neubauern genutzt werden. Das Leben der Neubauern war angesichts der allgemeinen Mangelerscheinungen, des Mangels an Zuchttieren, Saatgut, Landmaschinen, Düngemitteln, aber nicht selten auch mangels der erforderlichen Erfahrungen sowie wegen des hohen Ablieferungssolls zumeist sehr entbehrungsreich. Oft kam es zur Aufgabe der Siedlungen. Die Ursachen waren vielfältiger Natur. Da war die Ablehnung der Neubauern durch die Altbauern, hinzu kamen häufig die fehlenden Fachkenntnisse für die Führung eines – wenn auch kleinen – landwirtschaftlichen Betriebes, falsche

Erntefest in Siethen am 12. Oktober 1953 (ebenso beide Fotos unt.)

Vorstellungen vom entbehrungsreichen Landleben etc. In den Akten heißt es sehr oft: „Nicht in der Lage, das Land zu bearbeiten" oder schlicht: „Republikflucht".

Die Neubauernhäuser von Gröben, die zwischen Gröben und Siethen errichtet wurden, sind inzwischen – zumindest teilweise – zu Einfamilienhäusern umgebaut worden. Das Neubauerndasein auch dieser Siedler fand mit der 1958

einsetzenden Kollektivierung der Landwirtschaft und der Bildung von Genossenschaften sein Ende. Das Land der ehemaligen Neubauern ging in landwirtschaftlichen Produktionsgenossenschaften auf. Die kleinen Neubauerngehöfte hatten sich nicht als Zukunftsmodell einer funktionierenden effektiven Landwirtschaft erwiesen.

Zempern 23.2.1958 in Siethen (ob. und unt.)

Der Trabi ist da
Wer nicht warten kann, muß laufen

Im Jahre 1963 fiel für Paul N. aus Gröben Weihnachten, Neujahr und Ostern auf einen Tag, der ihm unvergeßlich geblieben sein wird und auf den er jahrelang gewartet hatte. Was war geschehen?

Das Protokollbuch der Gemeinde (Protokoll vom 19. April 1963) gibt uns die Antwort: „Der zur Verteilung gelangte PKW vom Typ Trabant wird dem Kollegen Paul N. zugesprochen" [B5].

Die dicke Edith
Man soll essen, um zu leben, und nicht leben, um zu essen

Anita Höfel, Witwe des langjährigen Siethener Lehrers, erinnert sich an zwei Siethener Originale, nämlich an Edith und an Pistolen-Franz:

Jeder kannte Edith, die Siethener wie auch die Gröbener.

In Siethen war ihre Arbeitsstelle, in Gröben war sie zu Hause, unverheiratet lebte sie bei ihrer Mutter. Als Landarbeiterin mußte sie täglich schwere Arbeiten verrichten, die ihr wegen ihrer Körperfülle, schätzungsweise 130 kg, sicher nicht sehr leicht fielen.

Eigentlich mußte man annehmen, daß sie sich ihre überflüssigen Kilos bei der Arbeit und dem täglichen Fußmarsch zwischen Gröben und Siethen wieder abstrampelt, aber dem war nicht so. Ihre ausgeprägte Freßsucht ließ kein einziges Gramm verschwinden.

Ging Edith zum Dorf-Konsum, staunten die Leute, welche Mengen an Wurst und Fleisch und Kuchen sie einkaufte. Ihren Appetit konnte sie absolut nicht zügeln; die Lust aufs Essen übermannte sie manchmal sofort nach Verlassen des Ladens. Vor dem Konsum war eine Bank, auf der sie sich niederließ und genüßlich schmatzte.

An einem schönen Augusttag kam sie in den Schulgarten, um sich einen Strauß Gladiolen zu holen. Ich bot ihr Platz im

Gartenstuhl an; sichtlich mit Schwierigkeiten, die ich taktvoll übersah, setzte sie sich. Als ich ihr den gewünschten Strauß übergab, wollte sie sich erheben, klemmte aber so fest zwischen den Seitenlehnen des Stuhles, daß wir große Mühe hatten, sie aus dieser Situation zu befreien, ohne ihr und dem Stuhl Schaden zuzufügen. Das Problem konnte schließlich ohne die Feuerwehr gelöst werden.

Hin und wieder ergab es sich, daß mein Mann, wenn er mit dem Trabi zum Grundstück in Richtung Gröben fuhr, Edith auf der Chaussee traf. Anstandshalber hielt er an, um sie ein Stück mitzunehmen, und Edith nahm dies stets dankbar an. Der Trabi ächzte, wenn sich Edith umständlich hineinzwängte, und mein Mann schwor sich jedesmal aufs neue, sie nie wieder mitzunehmen; er brachte es aber nicht fertig.

Wegen eines Todesfalles fuhr ich für einige Tage nach Leipzig. Wieder zu Hause, stehe ich am nächsten Tag am Herd, hinter mir unsere etwa fünfjährige Tochter. Ganz unvermittelt sagt sie: „Mutti, du hast aber schöne Beine."

„Wie kommst du denn darauf?" fragte ich. „Na ja, deine Beine sind schöner als die von Papas anderer Frau." „Welch andere Frau?" wollte ich wissen. „Die, die Papa immer mit dem Auto mitnimmt." In mir stieg ein Anflug von Eifersucht hoch und ich mußte den Dingen auf den Grund gehen!

Mein Mann hatte mir bis dahin nie von der Ritterlichkeit gegenüber Edith erzählt, um zu verhindern, daß ich mir noch Sorgen um die Lebensdauer unseres Trabis mache.

Pistolen-Franz
Abends vull, morgens null

Wie in jeder ländlichen Gemeinde gab es zu DDR-Zeiten auch in Siethen einen Hüter der Gesetze, der sich für Recht, Ordnung und Sicherheit im Dorf einzusetzen bemühte. Der kleine, fast zierliche Mann in mittleren Jahren, uniformiert und ausgerüstet mit Fahrrad, Strafblock und Pistole, erfüllte seine ihm von der Obrigkeit aufgetragenen Pflichten nach bestem Wissen und Gewissen. Er war absolut keine furcht- oder respekteinflößende Persönlichkeit, sondern eher die Karikatur eines Polizisten. Es schien so, als ginge nicht er mit der Uniform, sondern die Uniform mit ihm spazieren.

Bürgermeister von Siethen, Ewald Kuhlmey; Lothar Höfel, Schulleiter; Franz Herder, ABV; (1960)

Von den Bürgern Siethens wurde er aber akzeptiert, denn er war ja einer von ihnen; und außerdem tat er keinem etwas zuleide.

Damals war das Wort „Kriminalität" für die Bewohner des Dorfes fast ein Fremdwort, so daß es für den „Dorf-Sheriff", so wurde er im Ort genannt, nicht viel zu tun gab.

Wie jeder Mensch hatte auch Franz seine Schwächen und Fehler, denen er nicht zu widerstehen vermochte: Er trank gern Alkohol, und dies im Laufe der Jahre immer öfter und in ständig steigenden Mengen. Manchmal half der eine oder der andere auch nach, um irgend ein Vergehen vergessen zu machen. Gelegentlich kam es vor, daß der alkoholisierte Polizist einem Betrunkenen aufs Motorrad half und ihn dann auch noch anschob, wenn der Motor nicht anspringen wollte.

Jahrelang ging alles gut, bis man ihn eines Tages volltrunken und friedlich schlafend im Chausseegraben fand, neben sich die Dienstpistole und sein Fahrrad. Einige waren entsetzt, andere schmunzelten, und wieder andere – so wohl auch seine Vorgesetzten – konnten sich das Lachen nicht verkneifen; der Vorfall hatte jedenfalls keine disziplinarischen Folgen.

Von Stund an hieß der Dorf-Sheriff Pistolen-Franz. Und da er viel zu bescheiden war, sich dagegen zu wehren, wurde er den Spitznamen nicht mehr los.

Pistolen-Franz war kein Einzelfall. Ein anderer Uniformträger, nämlich der Briefträger, der früher die Post in Kleinbeuthen austrug, kehrte ebenfalls gern ins Wirtshaus ein und war gelegentlich – bevor er die Post ausgetragen hatte – sturzbetrunken. Auch hier löste man das Problem – wie sich Georg Reuter erinnert – innerhalb des Dorfes, indem die Kinder die Post austrugen.

Schloß Siethen im Krieg und nach 1945
Wenn die Schlösser stürzen, gibt's viel Staub

Das Siethener Schloß hat generell, besonders aber seit dem Zweiten Weltkrieg, eine sehr wechselhafte Geschichte.

1941 verkaufte Dr. von Badewitz das Gut an die Stadt Berlin; Gut und Schloß waren fortan Bestandteil der Berliner Stadtgüter. Die Familie von Badewitz hatte sich für den südlichen Teil des Schlosses das Wohnrecht auf Lebenszeit ausbedungen.

1945 verlorengegangenes Bildnis aus dem Schloß Siethen

Nach dem Verkauf des Gutes, dessen Gewinn wohl nicht mehr den Vorstellungen des letzten Gutsherrn (er verstarb 1944) entsprach, hatte er ein wahrscheinlich mehrversprechenderes Gut in Jeschkendorf in Schlesien gekauft. (Es wurde im Krieg völlig zerstört.)

Gut Gröben war schon 1936 an den Hauptmann a. D. Schrage und der Gröbener See an Dr. Lühr, der sich dort ein Sommerhaus errichtet hatte, verkauft worden.

Auch die Jagdrechte hatte Dr. von Badewitz an Dr. Fabian, einen Direktor des IG-Farben-Konzerns, verpachtet. Der Versuch, mit ca. 40 Wochenendhäusern längs des Seeufers, die er für 365 Mark pro Jahr (zusätzlich 36 Mark für Seebenutzung) verpachtete, brachte auch nicht den großen Gewinn. Damit die Sommerfrischler die Ruhe vorm Schloß bzw. vorm Schloßpark nicht stören, hatte der Gutsherr den hinteren Teil des Sees mit einem mit Bojen versehenen Seil, das über den gesamten See reichte, absperren lassen.

Während des Krieges wurden die Wochenendhäuser (Blockhütten) des öfteren von Ausgebombten als Notunterkünfte benutzt. Der eine und der andere, der die Bombenangriffe in Berlin miterlebt hatte, legte sich in Siethen einen kleinen Bunker an.

Seit 1942 hielt eine SS-Schule Einzug in Siethen. Im Schloß wohnten die Offiziere, die Unteroffiziere und Mannschaften waren im Ort einquartiert. Nach der blutigen Vertreibung der SS aus Siethen durch die Sowjetarmee wurden im Schloß die Kommandantur und ein Lazarett eingerichtet. Nachdem die Rote Armee Siethen verlassen hatte, wurde das Schloß bis unters Dach mit Flüchtlingen belegt. Diesem Umstand war es zu verdanken, daß es nicht wie viele andere Schlösser und Herrenhäuser als Steinbruch für Neubauernhäuser verwendet wurde. Das Schloß als Gebäude blieb zwar erhalten, das architektonische Kunstwerk allerdings wurde durch eine unsachgemäße Aufstockung und die Entfernung von Stuck und anderen Verzierungen zerstört. Schließlich wurde das, was vom Schloß übriggeblieben ist, als Internatsbildungsstätte für Kinder von Staats- und Parteifunktionaren genutzt.

Wie jeder vorausgegangene Krieg brachte auch der Zweite Weltkrieg einen Moralverfall von bis dahin unbekannten Ausmaßen mit sich. Kriegsopfer besonderer Art waren die Kinder, deren Eltern den Tod gefunden hatten. Der Überlebenskampf der Waisenkinder trieb viele von ihnen in die Verwahrlosung. So entstand in der Nachkriegszeit im verstümmelten Schloß von Siethen ein Kinderheim für Verwahrloste und Hilfsschüler aus Berlin.

Als die Zahl schwererziehbarer Jugendlicher in der DDR zunahm, richtete man im Siethener Schloß 1985 einen Jugendwerkhof ein, der bis 1990 fortbestand.

Begegnung unterschiedlicher Stilelemente im Siethener Schloß

Der Glanz von einst läßt sich erahnen – Schloß Siethen

Kinder des Kinderheimes Siethen unternahmen während der Ferien Ausflüge, hier im Juli 1983 in den Spreewald.

Seit 1990 befindet sich dort ein Heim für zeitweilig bis zu 80 sozial gefährdeter Jugendlicher. Zur Zeit (1998) sind 36 Jugendliche im Heim, das neuerdings der Stiftung Waisenhaus Potsdam angeschlossen ist. Die Jugendlichen erfahren in Betrieben und Einrichtungen der näheren Umgebung, aber zum Teil auch im Heim selbst (z.B. als Koch) eine Berufsausbildung. Die Altersstruktur bewegt sich zwischen 14 und 24 Jahren.

Siethen hat, wenn man das Tabea-Haus als Waisenhaus und Kleinkinderschule mit in die Betrachtung einbezieht, schon eine sehr lange sozialfürsorgerische Tradition, die bis in die Mitte des 19. Jahrhunderts zurückreicht.

Schloß Siethen 1999

R. Grohmann, Leiter des Jugendwerkhofes, mit Jugendlichen/ Lehrlingen (1988)

Seit der Nachkriegszeit haben im Schloß Siethen Kinder und Jugendliche eine Ersatzheimat, ein „Ersatzzuhause" gefunden. Sehr vielen von ihnen konnte der Weg in eine sinnvolle Zukunft geebnet werden.

Rudolf Grohmann, der Direktor der Einrichtung, betont: „Unser Ziel besteht darin, die Jugendlichen darauf vorzubereiten, daß sie früher oder später dazu in der Lage sind, ihr Leben selbst zu meistern." Sie lernen es, den Alltag selbst zu organisieren.

Alle Liebesmüh ist des öfteren allerdings vergeblich, wenn die jungen Leute beispielsweise nach erfolgreich abgeschlossener Lehre keine feste Anstellung finden.

Aus dem Leben eines Siethener Zöglings
Aus den rotzigsten Jungen werden die besten Kerle

Zur Wendezeit ist ein Jugendlicher ins Jugendheim gekommen, weil man bei ihm zu Hause nicht nur Waffen, die von abziehenden GUS-Soldaten stammten, gefunden, sondern auch rechtsradikale Tendenzen bemerkt hatte. Der pubertierende Jugendliche hatte großes Glück, daß er knapp am Strafvollzug vorbei und ins Jugendheim gekommen ist. Er schloß eine Maurerlehre erfolgreich ab. Mit 19 Jahren verließ er das Heim und entwickelte sich zu einem anerkannten Facharbeiter. Er ist inzwischen Familienvater.

Rudolf Grohmann, Leiter des Jugendheimes und seine Mitarbeiter und Mitarbeiterinnen wären glücklich, wenn derartige Erziehungserfolge die Regel wären. Dies ist um so schwieriger, wenn die jungen Leute stark verhaltensgestört sind oder schon eine kriminelle Vergangenheit hinter sich haben. Manche neigen dazu, sich mit körperlicher Gewalt Achtung zu verschaffen.

Eine Reihe von Pädagogen und Pädagoginnen sind als Erzieher und Ausbilder tätig und bemühen sich redlich, den jungen Menschen, eben auch jenen, die Erziehung und Bildung ablehnen, in ein sinnvolles, ein erfülltes Leben zu begleiten.

Rechenschaftsbericht 1972
Auf Lügen läßt sich kein Kohl kochen

Einzelne Dokumente sagen oft mehr aus, als lange und vielleicht sogar subjektiv gefärbte Kommentare; deshalb sei hier ein Rechenschaftsbericht der Gemeinde Jütchendorf vom Januar 1972 eingefügt. Derartige Berichte waren (im Rahmen des DDR-Berichtswesens) nach bestimmten Vorgaben zu erstellen. Vor allem mußten sie Optimismus ausstrahlen. So kamen aus allen Ebenen und Bereichen des gesellschaftlichen Lebens Berichte, die in der jeweils höheren Verwaltungsebene (unter weiterer Anreicherung von Optimismus) zusammengefaßt wurden und zu einem Berichts(un)wesen führten, in dem Zustände dargestellt wurden, die sich fernab aller Realität bewegten und im Endeffekt nichts weiter als das Wunschdenken von Utopisten widerspiegelten. Das Mißverhältnis zwischen hohlen Phrasen und realen Verhältnissen vor Ort unterschied sich häufig wie der Tag von der Nacht. Und wer konnte es sich schon leisten, als Pessimist in Erscheinung zu treten, zumal ein derartiges Verhalten als mangelndes Vertrauen in die Partei- und Staatsführung ausgelegt wurde und in der

Walderneuerungsbrigade des Forstreviers Siethen mit Männern und Frauen aus Siethen, Ahrensdorf und Gröben (1950)

Nach der Arbeit kommt das Vergnügen: Ausflug der Walderneuerungsbrigade (mit Partnern, -innen) in den Wörlitzer Park. Ein großer Teil der Brigade setzte sich aus Flüchtlingen zusammen.

Ein Siethener von altem Schrot und Korn: Hermann Hinze, † 1965

Ausflug der LPG-Mitglieder Jütchendorf

Emilie und Hermann Hinze, Siethen 1951. Stolzes Roß – stolze Besitzer

Regel nicht ohne Folgen blieb. Der nachfolgend zitierte, mit hohlen, aufgeblähten, aus der Tageszeitung „Neues Deutschland" entlehnten Phrasen gespickte „Rechenschaftsbericht" der kleinen Landgemeinde spricht für sich und bedarf wohl keiner weiteren Erläuterung:

Rechenschaftsbericht
der Gemeinde Jütchendorf für das Jahr 1971

Werte Abgeordnete, werte Gäste!

Das Jahr 1971 ist zu Ende und folglich legen wir Rechenschaft über die geleistete Arbeit ab.

Im vergangenen Jahr sind eine Reihe bedeutsamer Ereignisse und Gedenktage zu verzeichnen.

Im Januar 1971 verstarb das Mitglied des Politbüros des Zentralkomitees der Sozialistischen Einheitspartei Deutschlands und Vorsitzender der zentralen Parteikontrollkommission, sowie Stellvertreter des Präsidenten der höchsten Volksvertretung unserer Republik, Hermann Matern.

Am 18. März war der 100. Jahrestag der Pariser Kommune. An diesem Tag wurde der heroische Versuch unternommen, die erste proletarische Staatsmacht zu errichten.

Am 30. März nahm der XXIV. Parteitag der KPdSU seinen Anfang, wo notwendige Schlußfolgerungen für die Zukunft festgelegt wurden. Das IX. Parlament der Freien Deutschen Jugend fand am 25. Mai statt.

Im Juni tagte der VIII. Parteitag der sozialistischen Einheitspartei Deutschlands, wo Aufgaben für die Erhaltung des Friedens zum Wohle der Menschheit festgelegt wurden.

Am 13. August feierte die Arbeiterklasse den 100. Geburtstag von Karl Liebknecht, dem Todfeind des deutschen Imperialismus.

Es war der 9. November 1918. Karl Liebknecht sprach zu den Massen: Mit der Proklamation einer deutschen sozialistischen Republik verband er die Forderung, den Imperialismus in unserem Land mit der Wurzel auszurotten. Eine tiefgreifende demokratische Umgestaltung sollte eingeleitet, Frieden in Europa und Glück der werktätigen Massen sollten in brüderlicher Gemeinsamkeit mit Rußland und dem revolutionären Proletariat der anderen Länder für immer gesichert werden. Gegen dieses Programm mobilisierte sich die ganze Reaktion, tausende Arbeiter wurden ermordet. Reichskanzler war ein rechter Sozialdemokrat. Damit hatte der alte Hauptfeind, die Großbourgeoisie und die aggressive Generalität, nach Abdankung des Kaisers eine neue Geschäftsführung gefunden. Ebert und Scheidemann retteten den deutschen Imperialismus vor dem Ansturm der Volksmassen. Karl Liebknecht und Rosa Luxemburg wurden aus dem Wege geräumt, sie wurden am 16. Januar 1919 ermordet. Im Landwehrkanal in Berlin fand man sie.

Am 20. August trat das Landeskulturgesetz in Kraft. Im September erschien der Wahlaufruf des Nationalrates der Nationalen Front. Hier begannen die Vorarbeiten zu den Wahlen zur Volkskammer und der Bezirkstage. Ich möchte es nicht unterlassen, hier an dieser Stelle all denen zu danken, die mitgeholfen haben, die am 14. November durchgeführte Wahl zu einem großen Erfolg werden zu lassen.

Wir hatten 11 401 090 Wahlberechtigte in der DDR. Die Zahl der abgegebenen Stimmen war 11 227 535, die Wahlbeteiligung betrug 98,48 %.

Hier bei uns hatten wir eine 100 %ige Wahlbeteiligung und waren auch somit eine von den Gemeinden im Kreis, die eine frühzeitige Durchführung melden konnten.

Zu bedeutsamen Ereignissen sei aber auch erwähnt, daß im Januar diesen Jahres für Reisende in die CSSR und Polen keine Paß- u. Visapflicht mehr besteht. Das bisherige Genehmigungsverfahren durch die Organe der Deutschen Volkspolizei wird für Reisen aufgehoben. Das ist ein Erfolg der Kontinuität unserer Republik. Die sozialistischen Staaten rücken immer enger zusammen. Ein wichtiges Ereignis muß noch erwähnt werden, daß am Dienstag, dem 25. Januar 1972 auf der Prager Burg in der CSSR eine Beratung der Warschauer Vertragsstaaten eröffnet wurde.

Auf dieser Tagesordnung standen Probleme des Friedens, der Sicherheit und Zusammenarbeit in Europa.

Die erwähnten Maßnahmen zur Erleichterung des Reiseverkehrs werden zu immer besserem Kennenlernen und zur weiteren Vertiefung der Freundschaft der Völker der DDR und der CSSR sowie des polnischen Volkes beitragen. Sie ermöglichen es den Bürgern, sich mit den Erfolgen bei der Gestaltung der sozialistischen Gesellschaftsordnung in unseren brüderlich verbundenen Nachbarstaaten noch besser vertraut zu machen, die Sehenswürdigkeiten und Naturschönheiten kennenzulernen sowie Urlaub und Freizeit interessant und erlebnisreich zu verbringen. Ich möchte nun über die Durchführung des Volkswirtschaftsplanes 1971 etwas sagen und gehe von der Mitteilung der staatlichen Zentralverwaltung für Statistik aus.

Die Arbeiter, Genossenschaftsbauern, Angehörige der Intelligenz und alle anderen Werktätigen vollbrachten im Jahre 1971, dem 1. Jahr des Fünfjahrplanes, im sozialistischen Wettbewerb hohe Leistungen. Mit großer Initiative, Ideenreichtum und Einsatzbereitschaft begannen sie, unter der Führung der Partei der Arbeiterklasse, die Beschlüsse des VIII. Parteitages zu verwirklichen. Richtschnur allen Handelns ist die vom Parteitag beschlossene Hauptaufgabe, das materielle und kulturelle Lebensniveau des Volkes auf der Grundlage eines hohen Entwicklungstempos der sozialistischen Produktion, der Erhöhung der Effektivität, des wissenschaftlich-technischen Fortschritts und des Wachstums der Arbeitsproduktivität weiter zu erhöhen. Mit dem Fortschreiten der sozialistischen ökonomischen Integration erlangen die Beziehungen zur Sowjetunion und den anderen Mitgliedsländern des Rates für gegenseitige Wirtschaftshilfe eine neue Qualität. Das trägt, wie in den anderen Mitgliedsländern, so auch in der DDR, entscheidend dazu bei, die Leistungsfähigkeit der Volkswirtschaft zu steigern. Im Jahre 1971 konnten gute wirtschaftliche Ergebnisse erzielt werden. Die Aufgaben des Volkswirtschaftsplanes sind in den wesentlichen Kennziffern erfüllt. Auf der Grundlage der Planerfüllung und der Steigerung der Arbeitsproduktivität war es möglich, die Arbeits- und Lebensbedingungen der Bevölkerung, vor allem der Arbeiterklasse, weiter zu verbessern. Ungünstige Witterungseinflüsse, die nun schon in drei aufeinanderfolgenden Jahren erhebliche Ernteeinbußen verursachten, wie auch bestimmte Disproportionen, die zum Teil erst im Verlaufe einiger Jahre überwunden werden können, führten zu Anspannungen in der Wirtschaft. Aber dessen ungeachtet haben die Genossenschaftsbauern die sozialistische Intensivierung der Produktion erfolgreich fortgesetzt und weitere Ergebnisse beim schrittweisen Übergang zur industriemäßigen Produktion auf dem Weg der Kooperation erreicht.

Durch fleißige Arbeit kamen sie ihrer Bündnispflicht nach, die Bevölkerung mit Nahrungsmitteln und die Industrie mit Rohstoffen zu versorgen.

Was wurde bei uns erreicht – was zeigt unsere Planerfüllung auf? Die LPG hatte sich für das Jahr 1971 hohe Ziele gestellt, aber auch hier wirkte sich das extreme Wetter des Sommers aus: Das Ziel in der Milchproduktion konnte nicht erreicht werden, so auch in der pflanzlichen Produktion.

	Plan	*Ist*
Milchplan	2.280,00 dt	2.103,00 dt
Schlachtvieh		
Schweinefleisch	1.076,00 dt	1.051,00 dt
Rindfleisch	432,00 dt	446,00 dt
Mastkälber	24,50 dt	32,00 dt
gesamt:	1.532,50 dt	1.529,00 dt
		./. 3,50 dt

In der pflanzlichen Produktion wurden bei:		
	produziert	*Plan*
Getreide	500 dt	500 dt
Kartoffeln	2.417 dt	3.550 dt
Möhren	2.300 dt	900 dt

Die allgemeine Landwirtschaft:
Es wurden 4.000 Stück Eier gebracht und 2 Schweine. Die LPG-Mitglieder hatten ein Aufkommen von 60.000 Stück Eiern; erreicht wurden 64.000 Stück.
Im Wettbewerb „Mach schöner unsere Städte und Gemeinden" wurden 11.150,- M erreicht [B4].
Der „Rechenschaftsbericht", dem es an ungewollter Tragikomik nicht mangelt, ist eine spezielle Widerspiegelung von Geist und Sprache unter den Bedingungen einer Diktatur; er ist die Widerspiegelung von Stumpfsinn, Stupidität und Selbstbetrug, was nicht den Autoren, sondern dem verkrusteten, erstarrten System anzulasten ist.

Man kann sich gut vorstellen, mit welcher Begeisterung die von ihrer schweren körperlichen Arbeit ermüdeten werktätigen Bauern und Bäuerinnen auf den regelmäßigen Versammlungen dieser Phraseologie zugehört haben; es bedarf keiner großen Phantasie, um sie gähnen zu sehen. Auf diese Art und Weise wurden selbst Ansätze sozialistischer Denkweise effektiver als mit der Peitsche ausgetrieben.

Förster Monsky, ein Siethener Original
Erst raucht es, ehe es brennt

Der bekannte Filmregisseur Lothar Bellag, der sich zu DDR-Zeiten zuerst in Siethen, später in Schiaß ein stilles Refugium geschaffen hatte, erinnert sich – sekundiert von seiner Ehefrau – mit Vergnügen an den alten Siethener Förster Monsky: Der mit einem langen, weißen Rauschebart versehene Förster war ein Original. Jedermann mochte den ehemaligen Gutsförster, der bis 1945 im Forsthaus am Siethener See mit einem Hilfsförster sein Amt ausgeübt hatte. 1945 wurde er zwar entnazifiziert, aber dennoch seines Amtes als Förster enthoben.

Monsky war sehr tierliebend. Mal zog er ein verwaistes Reh, ein andermal einen Fischotter auf; schließlich kam auch ein Frischling dazu, so daß am Forsthaus ein kleines Tiergehege entstand, das von Naturfreunden und auch von Schulklassen gern aufgesucht wurde. Förster Monsky bereitete es Freude, Menschen zur Liebe zur Natur aufzuschließen.

Hin und wieder kam der inzwischen steinalte Förster, der seit 1945 in einer Blockhütte am Siethener See wohnte, mit einem in Ludwigsfelde hergestellten Motorroller des Typs Troll I zum Siethener Konsum. Wenn ihm das Antreten des Rollers nicht gelingen wollte, rief er einen Jugendlichen herbei und bat, den Motor in Bewegung zu setzen. Als Opa Monsky wieder einmal – das war im Jahre 1964 – zum Konsum kam, steckte er die brennende Tabakspfeife wie gewohnt in die Tasche seiner grünen Lodenjoppe.

Nachdem er seinen Einkauf getätigt, alles im Rucksack verstaut und eine hilfreiche Person seinen Roller gestartet hatte, knatterte Opa Monsky davon. Der Fahrtwind pfiff ihm nicht nur ums Gesicht, sondern er blies auch fröhlich in die Jackentasche, in der sich die glimmende Tabakspfeife befand. Der Wind fachte die Glut derart stark an, daß der Stoff der Joppe Feuer fing. Die Rauchfahne, die der alte Rollerfahrer hinter sich herzog, war bald viel stärker als der Qualm, der dem Auspuff entwich. Einige Leute wollten ihn durch laute Zurufe warnen, aber das Knattern des Motors übertönte alle Warnungen. Zu Hause angekommen, merkte er den Schaden. Rasch löschte er den Brand. Es soll ihm gelungen sein, den Schaden vor seiner resoluten Ehefrau bis zu seinem Tode zu verbergen.

Augen zu und durch
Besser schlecht gefahren als gut gegangen

Förster Monsky galt als ältester Kraftfahrer der DDR. Noch mit 85 Jahren fuhr er mit seinem „Troll" durch die Gegend, denn er war, da er sehr abgelegen wohnte, auf Gedeih

Förster Erich Monsky

und Verderb auf sein Zweirad angewiesen. Der Umstand, daß er stets unfallfrei gefahren sei, wurde Ende der 50er Jahre in einem Zeitungsartikel mit Foto gewürdigt.

Edwin Ruge, Förster wie Erich Monsky, erinnert sich: Was da im Zeitungsartikel steht, enthält eine kleine Ungenauigkeit, denn einmal hatte es doch einen Unfall gegeben.

Monsky war wieder einmal – seinerzeit noch mit einer RT – unterwegs gewesen. Auch Bauer Lehmann benutzte mit einem Pferdewagen, an den er einen weiteren Wagen angehängt hatte, diese Straße, um Kartoffeln abzuliefern. Als sich Monsky dem Gespann näherte, machte er durch lautes Hupen auf sich aufmerksam. Lehmann lenkte seine Pferde nach rechts, um dem Motorradfahrer Platz zu machen. Ehe der zweite Wagen aber die rechte Straßenseite erreicht hatte, brauste Förster Monsky schon heran und versuchte, das Gespann rechts zu überholen. – Mit geprellten Rippen und Abschürfungen brachte er eine Woche im Ludwigsfelder Krankenhaus zu.

Ob Monsky einen Führerschein besaß, ist nicht bekannt; und wenn er einen hatte, so stammte er sicher aus einer Zeit, als man es mit den Verkehrsregeln noch nicht so genau nahm; mit den Verkehrszeichen stand er auf Kriegsfuß, besser gesagt: Er ignorierte sie – oder konnte er sie gar nicht erkennen? Vielleicht fürchtete er aber auch, daß bei einem Halt am Stoppschild der Motor ausgeht oder sich der Gang nicht wieder einlegen läßt.

Daß er sein Ziel (bis auf die oben geschilderte Ausnahme) dennoch immer wieder erreichte, lag wohl daran, daß er einen tüchtigen Schutzengel hatte und daß die Leute die etwas eigenwillige Fahrweise von Opa Monsky kannten und sich darauf eingestellt hatten.

Hörte man irgendwo lautes Knattern oder näherte sich eine Rauchwolke, sah man nach den Kindern und scheuchte die Hühner und Gänse von der Straße. Man sagte, Opa Monskys Augen hätten nur noch eine Sichtweite von fünf Metern gehabt.

So fuhr er vielleicht nach dem Grundsatz: Augen zu und durch; oder: Man wird mich schon hören?

Die Humeniuks in Mietgendorf
Frisch gewagt ist halb gewonnen

Kurz nach Kriegsende, noch im Jahre 1945, machten sich Ursula und Nikolaus Humeniuk von Luckenwalde aus auf den Weg, um sich drei vakante Lehrerstellen, nämlich in Glau, in Blankensee und in Mietgendorf, anzusehen.

Als sie die dicht bewaldeten Glauer Berge überschritten hatten und Mietgendorf inmitten der Nuthe-Nieplitz-Niederung vor sich liegen sahen, waren sie von der Schönheit der Landschaft und dem von sattem Grün eingebetteten, stillen Ort, zu dem noch keine feste Straße führte, sehr angetan. „Hier würde ich gern bleiben", sagte Ursula. Die erste Person, der sie begegneten, war den beiden Fremden gegenüber sehr freundlich und aufgeschlossen. Sie kamen am Gasthof vorüber. Der Saal war mit Kulturschätzen, vor allem Gemälden, die die SS dort versteckt hatte, vollgestopft. Der Bürgermeister Kurt Deute, hoch erfreut, daß nach vielen Jahren endlich wieder ein Lehrer ins Dorf kam, zeigte ihnen den Ort und die verwaiste Einklassenschule. Der letzte Lehrer war 1941 eingezogen worden und nicht zurückgekehrt. Kurt Deute sagte schließlich: „Sie haben sicher Hunger?" Oh ja, den hatten sie. Er führte sie in sein Haus und gab ihnen zu essen. Ursula erinnert sich: „Das war das Schönste!"

Die Schule, zu dieser Zeit bis unters Dach noch mit Flüchtlingen belegt, war zwar klein, aber neben dem Klassenraum fanden sie eine anheimelnde Wohnung vor, in der sie sich binnen kurzer Zeit wohnlich einrichteten und sich ein neues Zuhause, eine neue Heimat für ihre bald anwachsende Familie schufen.

Einschulung an der Einklassenschule Mietgendorf 1950, Lehrer Humeniuk. Auch die Kinder von Schiaß besuchten diese Schule. Unter den Schülern eine Reihe von Flüchtlingskindern.

Daß Nikolaus Humeniuk vorerst nur gebrochen Deutsch sprach, fiel in jenen Tagen, als alle Orte mit Flüchtlingen, Umsiedlern, Ausgebombten und weiteren Heimatlosen aus allen Himmelsrichtungen und mit den unterschiedlichsten Dialekten vollgestopft waren, nicht weiter auf. Nikolaus Humeniuk war eigentlich Ukrainer. Sein Vater ist als Forstmeister und Landvermesser noch zaristischer Beamter gewesen.

Nikolaus hatte vor dem Zweiten Weltkrieg ein polnisches Lehrerseminar besucht und ist dann als Lehrer in Polen tätig gewesen. Schon als Student war er Reserveoffizier geworden. Bei Kriegsbeginn wurde er zur polnischen Armee eingezogen, 1941 jedoch entlassen, da er kein Pole war. Nun stand er vor der Frage, entweder ostwärts in die Ukraine oder westwärts ins Ungewisse zu gehen. Er tat letzteres und geriet in Gefangenschaft. Er kam zuerst in ein Sammellager in Prenzlau und später ins Offlag (Offizierslager) in Luckenwalde. Aus diesem Lager wurde er schließlich entlassen und bekam Arbeit in der Luckenwalder Metallwarenfabrik Bartosik. Er lebte fortan zwar als Zivilist, mußte sich aber regelmäßig bei der Polizei melden. Später wurde er Mitarbeiter einer Vermessungsfirma. Dies entsprach eher seinen Intentionen und brachte auch den Vorteil mit sich, daß er auf den Dörfern tätig war, und dort konnte man sich eher als in der Stadt Lebensmittel besorgen.

Als Ursula Nikolaus Humeniuk kennenlernte, hatte sie gerade eine sehr bewegte Zeit hinter sich. Da waren nicht nur die Kriegsereignisse, die Bombardierungen und der Hunger, was ihr sehr zu schaffen machte. Ihr Bruder war in den Besitz einer gedruckten Predigt des katholischen Bischofs Graf von Galen gelangt. Die Gestapo fand im Dezember 1941 diese Schrift, in der sich Graf von Galen gegen die Euthanasie ausgesprochen hatte, bei ihrem Bruder. Ursula ist wiederholt verhört worden; ihr Zimmer wurde auf den Kopf gestellt. Der Bruder wurde abgeholt und kam nach einem längeren Aufenthalt im KZ Sachsenhausen im Dezember 1943 im KZ Dachau um. Auch Ursula war der Gestapo schon seit langem aufgefallen, da sie weder dem BDM angehörte noch sich zum Arbeitsdienst gemeldet hatte. Schließlich verpflichtete man sie, auf dem Jüterboger Flugplatz als Offizierssachbearbeiterin tätig zu werden.

Als sie vom Tode des Bruders erfahren hatte, legte sie Trauerkleidung an. Dies wurde ihr als Defaitismus und unpatriotisches Verhalten angelastet. Sie wurde als Offizierssachbearbeiterin entpflichtet und mußte fortan auf dem Standesamt arbeiten.

Inzwischen hatte sie Nikolaus Humeniuk kennengelernt. Sie half ihm, die deutsche Sprache zu erlernen. Als Ursula ihrem Chef, einem NS-Beamten, mitteilte, daß sie den Ausländer heiraten möchte, war dieser entsetzt. Ursula gab nicht auf. 1944 fuhr sie sogar nach Berlin, um im Rasse- und Siedlungshauptamt die Heirat zu beantragen. Ihr wurde eine strikte Ablehnung erteilt.

Da ihr Verhältnis zu einem Ausländer argwöhnisch beobachtet wurde, kam er schließlich nur noch bei Fliegeralarm zu Besuch.

Als im April 1945 die sowjetische Siegermacht Einzug hielt, zog man ihn des öfteren als Dolmetscher heran.

Nun, nach der Niederschlagung des NS-Regimes, unternahmen Ursula und Nikolaus abermals den Versuch zu heiraten. Im Juni 1945 fand die Eheschließung in Luckenwalde statt. Bevor es zur kirchlichen Trauung kam, mußten abermals viele Hürden genommen werden.

Die Hochzeitsgeschenke fielen, angesichts der allgemeinen Not, recht spärlich aus. Eine Flüchtlingsfrau, es war eine Sängerin aus Breslau, brachte ein Geschenk der besonderen Art: Sie sang, und das blieb für alle Beteiligten ein unvergeßliches Erlebnis, das Ave Maria von Schubert.

Das Leben in Mietgendorf war nicht immer leicht. Besonders der Anfang war schwer.

Sie hatten vorerst zwar ein Dach überm Kopf, aber an Möbeln und Hausrat mangelte es. Doch vor dem düsteren Hintergrund der NS- und Kriegszeit hob sich alles erst einmal als schön und lebenswert ab. Ursula ist 12 Jahre als Handarbeitslehrerin an der Seite ihres Gatten (er verstarb 1990) und später 11 Jahre als Buchhalterin in der LPG tätig gewesen. 21 Jahre lang besserte sie die Haushaltskasse auf, indem sie aus Wachs, das bei der Bienenzucht des Ehemannes abfiel, Kerzen herstellte. Zu ihrem festen Kundenkreis gehörte auch Pfarrer Böhm aus Ludwigsfelde.

Nikolaus übte den Lehrerberuf zwischen 1945 und 1957 aus. Danach besuchten die Mietgendorfer Schüler die Blankenseer Schule.

Humeniuks hatten in Mietgendorf Heimat gefunden, aber als 1961 die Berliner Mauer errichtet wurde, hätten sie beinahe den Ort, die DDR verlassen. Schließlich sind sie – vor allem der Kinder wegen – geblieben.

1978 wurde die Schule von Mietgendorf zum Verkauf angeboten. Und da Humeniuks schon seit 1945 dort wohnten und auch nicht mehr die Absicht hatten, Mietgendorf zu verlassen, erwarben sie das Haus und später auch das Land rundherum.

Nikolaus Humeniuk (1915-1990)

Nikolaus und Ursula Humeniuk hatten großen Anteil am geistig-kulturellen Leben der kleinen Gemeinde. Er, selbst sehr musisch veranlagt, legte stets großen Wert auf die musische Erziehung. So gesehen hat er die Seele des Dorfes nachhaltig mitgeprägt. Allein die von ihm ins Leben gerufene Mandolinengruppe und die Theateraufführungen hinterließen nicht nur tiefe Spuren, sondern hatten auch eine bemerkenswerte integrative Wirkung.

Mietgendorf
𝔚𝔬 𝔢𝔦𝔫 𝔚𝔦𝔩𝔩𝔢 𝔦𝔰𝔱, 𝔦𝔰𝔱 𝔞𝔲𝔠𝔥 𝔢𝔦𝔫 𝔚𝔢𝔤

Mietgendorf lag, wie eingangs schon bemerkt, über Jahrhunderte hinweg „am Rande der Welt". Das hinderte die Einwohner des zwischen Schiaß, Jütchendorf, Kleinbeuthen und Blankensee gelegenen Runddorfes nicht daran, den Ort stets liebevoll zu pflegen und blitzsauber zu halten.

Zu DDR-Zeiten erregte Mietgendorf einmal großes Aufsehen. Jahrein, jahraus hatten sich die Mietgendorfer darüber geärgert, daß ihr Ort nur über Feldwege zu erreichen war. Kurz vor den Volkswahlen erklärten sie in fester Geschlossenheit, nicht zur Wahl zu gehen, wenn man ihnen keine Ortszufahrt baut. Das kam fast einem Aufstand gleich. Die Funktionäre des Rates des Kreises und der SED-Kreisleitung gerieten in helle Aufregung. Auch die Staatssicherheit wurde aktiv. Doch angesichts der bevorstehenden Wahlen blieb den Behörden nichts weiter übrig, als der nachdrücklichen Forderung der Mietgendorfer zu entsprechen. Auf diese Art und Weise kamen sie zu einer festen Straße, die ihren Ort mit der Landstraße zwischen Schiaß und Blankensee bzw. mit der großen Welt verband. Nun, da man eine Straße hatte, brachte man auch den Dorfplatz in Ordnung. Er ist eine Zier des Ortes. Natürlich waren mit der Befestigung der Straße nicht alle Probleme der Einwohner von Mietgendorf aus der Welt geschafft. Bis heute gibt es weder Wasserleitung noch Kanalisation. Die Wasserqualität aus der Hauswasserversorgung ist zum Teil miserabel. Eine junge Frau erzählt: „Ich wasche meine weiße Wäsche bei Verwandten in Ludwigsfelde." Es ist zu erwarten, daß sich die Mietgendorfer etwas einfallen lassen, um eines Tages zu einer modernen Wasserversorgung zu gelangen. Die Einwohner von Mietgendorf, nun Ortsteil von Ludwigsfelde, erwarten keine Wunder von der Fusion, aber daß man ihnen den Anschluß an wesentliche Errungenschaften der Zivilisation ermöglicht, erhoffen sie schon. Man hat sie in der Geschichte wiederholt vergessen; das soll so nicht bleiben.

Natur- und Pferdefreunde und andere Luftlungrige haben Mietgendorf, dieses Kleinod im Grünen, längst entdeckt. Die Freiwillige Feuerwehr unter Leitung von Holger Zander übt neben ihrer lebenserhaltenden Funktion eine weitere Aufgabe aus: Sie ist praktisch das geistig-kulturelle Zentrum des Ortsteils. Sie kümmert sich nicht nur um den Brandschutz, sondern auch um die Ordnung im Ortsteil, und um die Fest- und Feiergestaltung. Was wäre Mietgendorf ohne seine Feuerwehr?

Mietgendorf – aus der Vogelperspektive gesehen (1997)

Wendezeit

Frau Romaniuk erinnert sich
𝔈𝔰 𝔦𝔰𝔱 𝔫𝔦𝔠𝔥𝔱 𝔞𝔩𝔩𝔢𝔰 𝔊𝔬𝔩𝔡, 𝔴𝔞𝔰 𝔤𝔩ä𝔫𝔷𝔱

Im Herbst 1989 war Ursula Romaniuk krank. Am 9. November schaltete sie den Fernseher ein und erfuhr: Die Grenze zu Westberlin ist offen. Diese Nachricht kam so unerwartet, daß es schwerfiel, ihr Glauben zu schenken. „Das kann doch nicht wahr sein", dachte sie, denn die Grenze aus Stahl und Beton hatte immerhin 28 Jahre lang Ost- von Westdeutschland getrennt. Ebenso ehern, wie sie das Land geteilt hatte, hatte sie sich auch in den Köpfen der Menschen verankert.

Schließlich kam ihr Mann von der Arbeit aus dem VEB IFA-Automobilwerke Ludwigsfelde nach Hause. Er berichtete von der allgemeinen Aufregung und davon, daß die Hälfte seiner Arbeitskollegen nicht zur Arbeit erschienen sei, weil sie nach Westberlin gefahren waren. Nun erst wurde ihr die ganze Bedeutung der Nachricht bewußt.

Auch aus den Dörfern machten sich mehrere Personen auf den Weg, um den Wahrheitsgehalt der Meldung zu überprüfen. Selbst Kinder und Jugendliche erschlossen sich nach und nach die plötzlich größer gewordene Welt. Eine Mutter aus Siethen war sehr erschrocken, als sie erfuhr, daß ihr noch

Ursel Romaniuk mit Urgroßmutter vor dem Haus in der Potsdamer Straße 3 (1930)

Ministerpräsident Dr. Manfred Stolpe besucht Siethen, hinter ihm Bürgermeister Wegner (1996)

schulpflichtiger Sohn die Schule geschwänzt hatte und mit dem Moped nach Westberlin gefahren sei. „Mein Gott! Wenn die ihn schnappen!" entfuhr es ihr. Aber es war keiner mehr da, der jemanden schnappen oder gar auf ihn schießen wollte. Immer mehr Menschen entdeckten, daß die Welt viel größer war als die DDR. Der Blick hinter die *Mauer* war begleitet von grenzenloser Neugier auf die große weite Welt. Es gab unendlich viel zu entdecken. Daß nicht alles Gold war, was so verführerisch glänzte, erkannte der eine früher, der andere später: Dies gehörte zum Preis, den es für die Freiheit zu entrichten galt.

Ministerpräsident Dr. M. Stolpe als „Wandersmann" in Gröben (anläßlich der Einweihung der Kirchturmuhr) am 6. Juli 1996, mit Frau Wätzel und Herrn Welz

Theater in Gröben
Die Kunst und die Weisheit sind Geschwister

Warum – so mag der renommierte Regisseur Peter Zadeck gedacht haben – soll man im schönen Dorf Gröben nicht auch Theater, alternatives Theater machen? Der Thielickesche Hof mit historisch-ländlichem Ambiente und einer zauberhaften Atmosphäre bot sich geradezu an; ein Saal als Schlechtwettervariante war auch vorhanden. Es war also keine Laune oder Marotte des Meisters, sondern die ernste Absicht, hier einen kleinen Musentempel zu errichten.

Die erste Gröbener Theatersaison begann im Juni 1994 mit Brechts 1930 geschriebener Schuloper „Der Jasager und der Neinsager". Sie wurde von Künstlern des Berliner Ensembles erfolgreich aufgeführt. Im September folgte der 1950 entstandene Einakter „Die kahle Sängerin" von Eugene Ionesco. Die Aufführung war schon zwei Monate vorher ausverkauft. Es folgten weitere Vorstellungen.

Wer etwas auf sich hält, fährt nicht nur nach Berlin oder Potsdam, nach Salzburg oder Bayreuth, sondern eben auch einmal nach Gröben ins Theater. In diesem Zusammenhang darf nicht unerwähnt bleiben, daß – so läßt uns Fontane wissen – Gröben bzw. das Gröbener Herrenhaus in der Mitte des vergangenen Jahrhunderts schon einmal ein „Sammel- und Mittelpunkt geistiger Interessen" gewesen ist.

Es bleibt zu hoffen, daß diese Traditionen ihre Fortsetzung finden.

Wer mit etwas Phantasie gesegnet ist, kann bei den Gröbener Theaterabenden sogar diesen oder jenen Schlabrendorff, einen von der Gröben oder von Scharnhorst, vielleicht auch einen der in die Geschichte eingegangenen Pfarrer, den *Trommler von Gröben* oder auch Fontane unter den Zuschauern ausmachen. Man befindet sich also in guter Gesellschaft.

Doch nicht nur Theater spielt man in Gröben. Auch Teile des Films „Sandmann" mit Götz George wurden 1995 im Gasthaus Naase gedreht. Zur Zeit (Sommer 1998) ist Gröben zum wiederholten Male Drehort für einen Film.

Christian Schreiber: eine (ost-)deutsche Biografie
Nicht alles Neue ist gut, nicht alles Alte ist schlecht

Nach dem Krieg zog die Familie Schreiber zur Mutter des Vaters, der in Greiz ein Architekturbüro betrieb, aufs Land, weil dort die Überlebenschancen größer waren.

Der 1938 geborene Christian fand beizeiten Gefallen am Landleben und bald auch an der Landarbeit. Sie hatte bei ihm zeitweilig einen höheren Stellenwert als der Schulbesuch in der Kühdorfer Einklassenschule. So lernte er die Landarbeit von der Pike auf kennen, dies vor allem auch deshalb, da es in der Nachkriegszeit kaum Maschinen und Zugtiere gab und die landwirtschaftliche Produktion zum Teil wieder mit großväterlichen Mitteln und Methoden betrieben werden mußte.

Nachdem die Amerikaner die Region an die sowjetische Besatzungsmacht abgetreten hatten, richtete man sich zwangsläufig auf ein Leben in der SBZ bzw. seit 1949 in der DDR ein. Obwohl das Landleben entbehrungsreich und schwer war, hielt Christian Schreiber an diesem Beruf fest. Er erinnert sich: „Das lag bei mir von Anfang an im Blut." So ist es nicht weiter verwunderlich, daß er schließlich die landwirtschaftliche Fachschule in Oberlosa bei Plauen besuchte. Der Umstand, daß die Schule 1957 von Oberlosa im Vogtländischen nach Genshagen im Brandenburgischen (bis 1952 Kreis Teltow, dann Kreis Zossen) verlegt wurde, brachte es mit sich, daß Christian Schreiber hier im Norden ansässig wurde. Nach Beendigung der Fachschule im Jahre 1958 wurde der junge Agronom bei einem Nettogehalt von immerhin 427,30 Mark im Monat Mitarbeiter der MAS in Ludwigsfelde, die ihn in die neu gegründete LPG in Mietgendorf entsandte. Den täglichen Weg zur Arbeit (12 km) legte er mit dem Fahrrad zurück. Bei der MAS handelte es sich um eine Einrichtung, die vor allem den Neubauern und den entstehenden LPGs materielle und politische Hilfe leisten sollte.

Christian Schreiber hatte die Fachschule zu einem Zeitpunkt beendet, als der „sozialistische Frühling" und die Kollektivierung der Landwirtschaft nach sowjetischem Vorbild voll einsetzte. Der junge Agronom hatte gelernt und begriffen, daß die herkömmliche und durch den Krieg geschwächte Landwirtschaft unter den neuen Bedingungen der Nachkriegszeit den Anforderungen nicht mehr gewachsen sein konnte. Außerdem verfügte er als Agronom über Kenntnisse und Fähigkeiten, die er ungern auf einer kleinen Klitsche, sondern viel lieber in einem großen landwirtschaftlichen Betrieb anwenden wollte. So gesehen war die Bildung der landwirtschaftlichen Produktionsgenossenschaften für ihn eine große Herausforderung. Ein großer Betrieb entsprach seinen Vorstellungen. Doch zwischen Order aus Moskau und Theorie einerseits und der Praxis andererseits lagen Welten. Selbst der unstudierte Bauer erkannte die Vorteile der Großraumwirtschaft, aber dennoch fiel den meisten von ihnen der Schritt vom Ich zum Wir, vom selbständigen Einzelbauern zum Mitarbeiter einer LPG nicht nur unendlich schwer, sondern kam den meisten vor wie die Aufforderung, über den eigenen Schatten springen zu müssen. In Jahrhunderten gewachsene Produktions- und Lebensweisen von heut auf morgen über Bord zu werfen, war ohne Zwang nicht möglich. Und eben diese Zwänge waren es, die eine mehr emotionale als rationale Ablehnung dieser Produktionsweise entstehen und fortleben ließ.

Viele Familien waren diesen gravierenden Eingriffen in ihr Leben nicht gewachsen und verließen die DDR bei Nacht und Nebel; sie gaben Hab und Gut auf und suchten sich in Westdeutschland eine neue Existenz. Während Christian Schreiber sich in Gedanken verständlicherweise schon als Agronom eines großen Betriebes sah, sah er gleichzeitig aber auch die Bäuerin, die schreiend und heulend ihre Kuh am Schwanze festzuhalten versuchte, als sie in den LPG-Stall getrieben werden mußte. Diese Widersprüche – teils heftiger, teils geringer, im nachhinein teils von zeitweiligen Erfolgen, Urlaubsreisen und großen Festen überlagert – blieben eine ständige Begleiterscheinung dieser Entwicklung. Die mit der Macht einer höheren Gewalt einhergehenden gravierenden Veränderungen in der Landwirtschaft als Bestandteil der politischen Zielsetzungen der Siegermacht waren die eine Seite der Medaille. Diese hatte aus seiner Sicht aber auch eine andere Seite: Er war jung, voller Energie und Tatendrang; er liebte nicht nur die Arbeit, sondern auch das Leben. Wenn er mit dem Fahrrad, später mit seiner 125er RT über die Dörfer fuhr, genoß er es schon, wenn die Bauernmädchen, deren Eltern und Großeltern sich vielleicht noch weigerten, in die „Kolchose" einzutreten, ihm – dem gutaussehenden langhaarigen, hoffnungsvollen studierten Bauern, der nicht nur die moderne, sondern die sozialistische Landwirtschaft verkörperte – sehnsüchtig hinterherschauten. Sein aufgeschlossenes, kontaktfreudiges Wesen, aber auch sein wissenschaftlich fundierter Sachverstand hinterließen nicht nur bei den jungen Mädchen, sondern bald auch bei manchen ihrer „konservativen" Väter einen guten Eindruck. So kam es schon vor, daß ihm die jungen Bauernmädchen sein Motorrad „entwendeten", um seine Aufmerksamkeit auf sich zu lenken. Er, der dann schon in Brigitta Grunack eine feste Partnerin hatte, zog es gelegentlich vor, beim abendlichen Wirtshausbesuch das Motorrad lieber neben der Theke abzustellen.

Nach einem Zwischenspiel als Brigadier der MAS in Diedersdorf, einem halben Jahr als Viehzuchtbrigadier in der LPG Märkisch Wilmersdorf und einigen Monaten als Agronom in Jütchendorf, kam Christian Schreiber 1960 im Auftrage der MAS Ludwigsfelde wieder nach Mietgendorf. Dort war, wie überall in der DDR, gegen den Widerstand vieler Bauern unter konfliktreichen Umständen die Kollektivierung der Landwirtschaft als administrativer Vorgang durchgesetzt worden.

Christian Schreiber wurde 1960 LPG-Mitglied und 1964 zum Vorsitzenden der am 15.6.1958 gebildeten LPG Typ III mit dem Namen „Empor" gewählt. Die LPG setzte sich aus Schiaßer und Mietgendorfer Bauern und dem ÖLB zusammen. (Die ÖLB waren Betriebe, die die verlassenen Bauernhöfe bewirtschafteten.) Christian Schreiber hatte inzwischen ein Zimmer in Mietgendorf bezogen und wurde mehr und mehr ein Einheimischer. 1968 kam zur bereits bestehenden LPG die LPG Typ I Kleinbeuthen hinzu.

Mit Diedersdorf, seinerzeit nahe der noch offenen Grenze zu Westberlin, verbinden sich noch viele bewegende Erlebnisse; nicht auf alle kann hier eingegangen werden.

Er denkt dabei unter anderem an jene Freunde, die die günstige Gelegenheit nutzten und heimlich, still und leise in den Westen „abgehauen" sind.

Einer von ihnen hatte in der Nachtschicht den Auftrag, unmittelbar an der Grenze den Acker zu pflügen. Nach und nach transportierte er auf dem Traktor all das, was ihm wichtig erschien, selbst Hausrat und schließlich die ganze Familie, an die Grenze, fuhr den Traktor in eine Mulde und verschwand auf Nimmerwiedersehen.

So etwas brachte Ärger mit sich, denn dem Brigadier fehlte nicht nur ein Traktorist, sondern man warf ihm auch politisches Versagen vor.

Unter diesen Umständen kam es nicht selten vor, daß man sich zusammensetzte und bei Korn und Bier Zuflucht oder Trost suchte.

Er denkt zurück: Er wohnte seinerzeit schon in Mietgendorf. Der Weg von Diedersdorf bis nach Hause war lang. Auch dann, wenn sie wieder einmal etwas – oder auch etwas mehr – getrunken hatten, fuhr er mit seiner RT nach Hause. Er wußte genau, daß sich auf dem Heimweg drei Stoppschilder befanden. Er hielt sicherlich auch dreimal an; ob es aber an den Stoppschildern war, bezweifelt er heute selbst.

Christian Schreiber lächelt: „Ja, auch das ist ein Stück meines Lebens. Ich müßte lügen, wenn ich heute sagen würde, daß es kein schönes Leben war." Er ist zu klug, um in Nostalgie zu verfallen, aber er kann und will diesen Lebensabschnitt nicht aus seiner Erinnerung streichen; und er geniert sich auch nicht, damals strebsam und fleißig gewesen zu sein.

Christian, der Agronom der LPG, kam immer öfter auf den Hof des Vaters seiner Freundin Brigitta Grunack.

Ihre Eltern hatten zu dem aufgeweckten Fremden mit ungewohntem Dialekt, der etwas von der Landwirtschaft verstand und auch tüchtig zupacken konnte, anfangs ein zwiespäl-

Hochzeit Christian und Brigitta Schreiber am 20. April 1963 in Mietgendorf

207

tiges Verhältnis. Einerseits war er die Verkörperung der modernen Landwirtschaft, die ihnen wegen der von ihnen im tiefsten Inneren abgelehnten Begleiterscheinungen tiefes Unbehagen bereitete, andererseits war er aber auch ein Mann, den man sich als Schwiegersohn wünschte. Die Zuneigung zwischen Christian und Brigitta tat das Ihrige. 1963 schlossen sie den Bund fürs Leben. Im November 1963 wurde Sohn Jörg geboren. Christian Schreiber hatte eine neue Heimat gefunden. Der Grundwehrdienst auf dem Potsdamer Ruinenberg zwischen 1964 und 1966 war nur eine kleine Episode. Danach setzte er seine Tätigkeit als LPG-Vorsitzender fort. Er erinnert sich: „Wir waren keine reiche LPG, aber wir wirtschafteten effektiv. Die Mitglieder verfügten über einen hohen Sachverstand und waren fleißig." Seine Frau Brigitta beispielsweise fuhr mehrere Jahre den Mähdrescher, ehe sie Bürgermeisterin wurde.

(Die Grunacks leben, wie den Kirchenbüchern der evangelischen Pfarrkirche St. Marien in Trebbin zu entnehmen ist, schon über viele Generationen in Mietgendorf. Mehrere von ihnen übten öffentliche Ämter aus, so war beispielsweise der 1769 geborene Christian Grunack „Bauer und Gerichtsschulze". Der 1832 geborene Johann Friedrich Grunack war „Amtsvorsteher und Gerichtsschulze" und „hatte über 14 Ortschaften zu befinden und Recht zu sprechen." So gesehen nimmt es nicht wunder, daß Brigitta Grunack zu DDR-Zeiten Bürgermeisterin von Mietgendorf wurde.)

Hof Grunack 1908 (mit Storchennest)

Hof Grunack, hier noch mit Plumps-Klo (1946)

Hof Grunack (1908)

Karoline Grunack, Mietgendorf (ca. 1910)

Wilhelmine Grunack; Inge Köppen, verh. Busse; Christel Köppen, verh. Höhne; Elfriede Grunack

Klara Grunack, verh. Stoof; Gustav Grunack; Willi Grunack; Alfred Grunack; Wilhelmine Grunack; Agnes Grunack, verh. Köppen

Elfriede und Alfred Grunack, Baby links: Brigitta Grunack, verh. Schreiber; Baby rechts: Ingrid Grunack, verh. Bergemann

Brigitta Grunack (1943)

Das 1934 neuerbaute Haus Grunack, v.l.: Elfriede und Alfred Grunack

Hof Grunack (1950). Nicht nur das Mistfahren und Miststreuen waren schwere körperliche Arbeiten.

1963/64 wurde in Mietgendorf der große Rinderstall für 112 Milchkühe errichtet, eben jenes Gebäude, das im Leben Christian Schreibers 30 Jahre später eine herausragende Bedeutung erlangen sollte.

Mitte der 70er Jahre erfolgte eine grundlegende Umgestaltung der LPGs, indem einerseits eine riesige KAP mit rund 3500 Hektar LN und anderseits zwei große Betriebe für Tierproduktion (Schweineaufzucht, -mast; Milchproduktion, Rindermast und Schafhaltung) gebildet wurden, nämlich die LPG Tierproduktion Gröben und das VEG Siethen.

Christian Schreiber (r.) als NVA-Soldat (1964 – 1966)

o.R. v.l.: Wilfried Redanz; Walli Geißler, verh. Zachmann; Renate Prestel, verh. Jungermann; Brigitta Grunack, verh. Schreiber; Gerda Michaelis, verh. Bein
u.R. v.l.: Gerhard Kieburg; Regina Werner, verh. Frank; Regina Redanz, verh. Knaps; Georg Michaelis

Moderne Technik hielt Einzug; Brigitta Schreiber fährt den Mähdrescher E 512.

Christian Schreiber hatte sich für die Pflanzenproduktion entschieden, wo er als Bereichsleiter und Abteilungsleiter bis 1980 tätig war. Danach wurde er als Leiter des ACZ nach Trebbin delegiert.

Solange die LPG „Empor" in Mietgendorf ihr eigenständiges Dasein geführt hatte, wurde – gemeinsam mit der Feuerwehr – ein reges kulturelles Leben gepflegt, an das man sich bis heute noch gern erinnert; es kam sogar eine gewisse Harmonie auf. Die Ausflüge und Feste waren absolute Höhepunkte. Diese Harmonie ist durch die Bildung der Großbetriebe zerrissen worden. Bestehende soziale Strukturen und Beziehungen zerfielen allein wegen der neuen Arbeitsplätze in verschiedenen Orten.

Christian Schreiber war gesund und kräftig; seinen Grundwehrdienst hatte er auch absolviert. So verstand es sich von selbst, Mitglied der Kampfgruppen der Arbeiterklasse zu werden. Dies um so mehr, da ein Leiter Vorbild zu sein hatte. Außerdem war es schwer, auf die Frage: Bist du für den Frieden? und: Bist du gegen den Weltimperialismus? mit Nein zu antworten. Also nahm man die Waffe „zum Schutz des Friedens und zur Abwehr des aggressiven Weltimperialismus" in die Hand. Dies war auch dann so, wenn man sich als Kampfgruppenmann mit einer Kalaschnikow unter den Bedingungen des Atomzeitalters als Anachronismus empfand. Die Parteidisziplin ließ derartige ketzerische Gedanken nicht zu. Das bekam auch Christian Schreiber zu spüren, als er sich einmal zu kritisch verhielt und (befristet) aus der Partei ausgeschlossen wurde.

Mit der Wende von 1989 kam auch das Ende von LPG und ACZ. Diese Entwicklung brachte für viele Menschen auch das Ende einer langen beruflichen Laufbahn. Auch Christian Schreiber mußte sich umorientieren. Vorerst kehrte er in die LPG, deren Mitglied er nach wie vor war, zurück. Doch da es dort keine Perspektive mehr gab, zog er sich auf den Hof seiner Ehefrau Brigitta zurück und wurde als sogenannter Wiedereinrichter tätig. Dem studierten Landwirt gelang es in relativ kurzer Zeit, sich eine neue Existenz aufzubauen. Das Vorhaben, mit einigen Mietgendorfer Familien eine örtliche Agrargenossenschaft zu bilden, kam nicht zustande. Die Ursachen sind vielfältiger Natur. Einige wollten erst einmal abwarten, andere störte vielleicht der politisch belastete Begriff Genossenschaft – wer weiß es?

Schließlich baute Familie Schreiber den Hof aus und richtete ihn für die Unterbringung von Pferden her.

Am 1. Mai 1991 gründeten Christian und Brigitta Schreiber den Familienbetrieb im Haupterwerb. Als Grundlage dienten neben Haus, Hof und Stall 20 Hektar eigenes und 60 Hektar gepachtetes Land. Sohn Jörg, der zu DDR-Zeiten Elektriker gelernt hatte und in der LPG als Betriebselektriker auch alle anderen anfallenden Arbeiten verrichtet hatte, stieg am 1.3.1993 in den Familienbetrieb ein. Bald kam noch der Mitarbeiter Dirk Koch hinzu. So sieht man den einen oder anderen nicht nur im mit PC ausgerüsteten Büro sitzen, sondern eben auch bei den Pferden, beim Reparieren der Koppeln, beim Heumachen, beim Schleppen, Eggen und Walzen der von Pferdehufen aufgewühlten Wege etc. Jeder macht praktisch alles. Natürlich werden inzwischen auch spezielle Arbeiten an Firmen vergeben.

Vor allem Berliner Pferdebesitzer gaben sich nun die Türklinke in die Hand. Am 26. Mai 1991 kamen die ersten 6 Pferde in Kost und Logis. Jede neu gefertigte Box war binnen kurzer Zeit belegt. Christian Schreiber resümiert: „Das war eine harte Zeit. Die meisten Arbeiten, so beispielsweise die Errichtung der Boxen oder den Bau der 44 Koppeln (mit 16.000 m Koppelzaun), erledigten wir mit eigener Kraft. Das Heu wird selbst gemacht ..." Natürlich wurden, zum Beispiel im Zusammenhang mit der Anlegung von Windschutzstreifen, auch Fördermittel in Anspruch genommen. 1993 wurde dann der ehemalige LPG-Rinderstall in Mietgendorf gekauft und dort fortan die Rinderherde gehalten. Um den Stall für Pferdehaltung umrüsten zu können, stellte man sich auf die Mastrasse Galloway um, eine Rinderrasse, die ganzjährig auf der Weide gehalten werden kann. Der Stall wurde 1994 modernisiert und mit 48 Pferdeboxen versehen. Noch im selben Jahr hielten dort rund 50 Pferde eines Berliner Trabrenn-Trainers Einzug. Um der großen Nachfrage auch nur halbwegs entgegenzukommen, wurde ein weiterer Stall (Schutzhütte) mit 16 Plätzen errichtet.

Die derzeitige Betriebsgröße der von Christian, Brigitta und Sohn Jörg geführten Pferdepension Schreiber GbR liegt bei 208 Hektar. Rund 140 Pferde führen dort unter besten Bedingungen in herrlicher, streßfreier märkischer Landschaft an Nuthe und Nieplitz ein schönes Pferdeleben ohne Autos und ohne Fluglärm in abgasfreier Luft. Die Markenzeichen des Unternehmens sind fundierter Sachverstand, Zuverlässigkeit und solide Arbeit. Unter diesen Bedingungen war bislang keine Werbung vonnöten, denn ein guter Ruf ist die beste Werbung. Zu den unsichtbaren Reklameschildern gehört auch eine sach- und fachgerechte Versorgung der Tiere und die Beschaffung guten Futters für die zumeist edlen Rösser, die für die meisten Besitzer die Bedeutung eines guten Freundes, manchmal sogar die eines Kindes haben. Und der in Berlin wohnende Besitzer möchte seinen Liebling auf dem Lande schon gut versorgt und gepflegt wissen.

Wenn bis hier Vater, Mutter und Sohn der Familie Schreiber ins Blickfeld gerückt worden sind, so darf natürlich die 1976 geborene Tochter Jana nicht vergessen werden. Sie hat nach der zehnjährigen Schulzeit ländliche Hauswirtschaft gelernt, 1998 die Fachschule für Hauswirtschaft absolviert und wird sich nun auf dem Wege eines Praktikantenaustausches in Neuseeland und Australien weitere Voraussetzungen für ihre künftige berufliche Tätigkeit schaffen bzw. versuchen, durch das Anschauen der Welt zu einer ausgewogenen Weltanschauung zu gelangen.

Der Weg des in Greiz geborenen Knaben über den Agronom und Betriebsleiter in der sozialistischen Landwirtschaft bis hin zum Besitzer der Pferdepension Schreiber GbR in der wunderschönen Nuthe-Nieplitz-Niederung war lang und zeitweise voller Hürden, Rückschläge und Hindernisse. Es war ein Weg, den er unter vorgegebenen historischen Bedingungen gegangen ist, gehen mußte, aber schließlich auch gehen wollte. Er hat zu jeder Zeit und unter wechselnden Bedingungen – wie Millionen seiner Zeitgenossen auch – stets aufs neue versucht, den Idealweg in eine sinnvolle Zukunft zu finden. Daß der Suchende, der Strebende gelegentlich auch irrt, ist so unvermeidlich wie das Amen in der Kirche.

Fachliche Qualifikation, Lern- und Entwicklungsfähigkeit sind Werte und Eigenschaften, die unabhängig sind von der jeweiligen Gesellschaftsordnung. Und: Warum sollten nicht auch ehemalige DDR-Bürger erfolgreich sein?

Abschließend sei noch bemerkt, daß dem „zugereisten" Christian Schreiber die Ortsgeschichte von Mietgendorf sehr am Herzen liegt und daß er sich in der Geschichte der Region sehr gut auskennt. Er weiß sehr wohl, daß die Kenntnis der Orts- und Regionalgeschichte eine wesentliche Voraussetzung zur Heimatfindung ist; und schließlich benötigt man ein bestimmtes Maß an Kenntnissen vom Gestern, um zu wissen, wie das Morgen aussehen wird.

Die engen Beziehungen zur Heimat und ihrer Geschichte spiegeln sich nicht zuletzt auch darin wieder, daß er aktives Mitglied der Gröbener Singegemeinschaft ist.

Wohnpark Siethen
Auf gutem Grund ist gut bauen

Die künftigen Bewohner jener Flurstücken, die die Bezeichnung Seestücken tragen, haben ihr Domizil auf historischem Grund und Boden errichtet. Sie können davon ausgehen, daß vor ihnen viele Generationen über viele Jahrhunderte hinweg den Acker bearbeitet haben, nachdem der Urwald gerodet worden war. Hier, wo einst die Auerochsen,

Seestücken (1998)

Abendstimmung in Siethen – Winter 1995, Birkenweg

Siethen, Lindenstraße: Dörfliche Stille, ländlicher Frieden – ein Bild zum Träumen.

die Hirsch- und Wildschweinrudel auf dem Wege zur Tränke durchs Unterholz brachen bzw. sich auf in Jahrhunderten ausgetretenen Wechseln fortbewegten, hier, wo ursprünglich Buchweizen, dann Getreide und Hackfrüchte angebaut wurden, wo die Bauernfamilien säten, hegten, pflegten und ernteten, wo die Gutsherren jagten und manchen kapitalen Hirsch erlegten, werden sich Menschen niederlassen, die auf ihre Art Heimat suchen und mit Sicherheit auch finden werden.

Die Kenntnis der Geschichte des Lebensumfeldes ist ein tragendes Element für das, was wir als Heimat bezeichnen.

Wir wissen, daß die Brandenburger, insbesondere aber die Bewohner der Dörfer, allem Neuen und allem Fremden, so vor allem auch fremden Menschen gegenüber, stets mißtrauisch, nicht selten sogar ablehnend gegenüberstanden; sie hatten in der Regel auch ihre Gründe für diese Verhaltensweise, denn sehr oft in der Geschichte kamen Fremde, teils mit Waffengewalt, teils mit raffinierten Tricks, teils mit ungewohnten Lebensformen und Ansichten, die sich nicht selten schädlich auf das dörfliche Leben auswirkten und altüberlieferte Traditionen zerstörten. Inzwischen haben sich die ländliche und städtische Kultur und Lebensweise so sehr angenähert, daß diese Klüfte kaum noch bestehen. Der Zuzug von Neubürgern wird deshalb nicht mehr als Bedrohung, sondern in zunehmendem Maße und mit gutem Recht auch als Bereicherung empfunden, dies um so mehr, wenn es gelingt, alle Einwohner ins dörfliche Leben zu integrieren. Das Vereinsleben beispielsweise stellt eine gute Möglichkeit dar, die gottlob noch nicht völlig verlorengegangenen schönen Traditionen des dörflichen Zusammenlebens, der fröhlichen Geselligkeit, des Sporttreibens, des Singens etc. wieder aufleben zu lassen, diese Formen des sozialen Zusammenlebens zu erhalten und zu entfalten.

Eine wichtige Voraussetzung für ein harmonisches Zusammenleben ist die gegenseitige Achtung. Keiner hat einen Grund, auf den anderen herabzuschauen.

Wohnsiedlung „Gröben am See"
Nur ein Narr sägt den Ast ab, auf dem er sitzt

Der Gröbener Pfarrer und Chronist Lembke schrieb angesichts der unberührten Natur zwischen dem Dorf Gröben und dem Gröbener See und angesichts der ersten Wochenendhäuser am Siethener See Anfang der dreißiger Jahre in düsterer Vorahnung: „Wie lange wird es dauern, dann stehen auch am Gröbener See die ersten Häuschen."

Nun, im Jahre 1998, wurde der Beschluß gefaßt, eben dort eine neue Wohnsiedlung im offenen Naturraum zu errichten. In einer Werbebroschüre ist von einer „herrlichen Lage am

Am Gröbener See (1960)

Naturschutzgebiet" die Rede; „das in sich geschlossene Ensemble liegt auf einer kleinen Anhöhe und öffnet sich nach Süden und Westen in den offenen Landschaftsraum der Nuthe-Niederung. Kühe und Pferde stehen dort auf satten Wiesen."

Es bleibt zu hoffen, daß sich der Investor und die künftigen Bewohner des Privilegs bewußt sind, der Natur und der Geschichte auf Dauer so nahe sein zu dürfen, denn hier hört man nicht nur „den lieben Gott atmen", sondern spürt gleichermaßen den Odem der Geschichte. Dort zu leben heißt aber nicht nur, der Natur, der Geschichte nahe sein zu dürfen, sondern auch, diese Besonderheiten zu respektieren und zu schützen, denn viel zu schnell ist der Ast abgesägt, auf dem man sitzt.

Der Lührshof
𝔇𝔞𝔥𝔢𝔦𝔪 𝔦𝔰𝔱 𝔡𝔢𝔯 𝔖𝔦𝔪𝔪𝔢𝔩 𝔟𝔩𝔞𝔲𝔢𝔯

Bei den Feldforschungen zur Geschichte der ehemaligen Parochie Gröben hörte ich immer wieder das Wort Lührshof, ohne daß jemand etwas Genaueres dazu sagen konnte oder wollte.

Soviel erfuhr ich: Dr. Ing. Wilhelm Lühr hatte 1936 Wald- und Ackerflächen und den Gröbener See mit dem dazugehörigen Fischereirecht erworben. Den Kietzern stand nach wie vor das sogenannte Kossätenfischereirecht, das ihnen das altüberlieferte Recht auf die Kleinfischerei gab, zu. Binnen kurzer Zeit entstand der sogenannte Lührshof, der fortan nicht nur ein stilles Refugium des Besitzers war, sondern sich in einen richtigen Bauernhof verwandelte. Die Felder ringsumher wurden bewirtschaftet. Im Stall wieherten bald Pferde, grunzten Schweine; auf dem Hofe gackerten Hühner; auf der Weide grasten Kühe; Enten und Gänse tummelten sich in einem eigens dazu angelegten Tümpel am See; die Wildwasservögel sahen sich dadurch angesichts der vielen Seen, Flüsse und Fließe ringsumher keinesfalls in ihrer Existenz bedroht.

Lührshof am Gröbener See (1937)

Der Lührshof war praktisch eine ländliche Idylle in heiler Natur. Doch es war ein trügerischer Frieden in einer vom Krieg bedrohten Welt. Da Berlin unter den Bedingungen des Zweiten Weltkrieges großen Bedrohungen und Gefährdungen durch Bombenangriffe der alliierten Kriegsgegner Deutschlands ausgesetzt war, verließ die Familie Lühr 1942 die Reichshauptstadt und ließ sich auf dem Lührshof, der bis dahin als Sommersitz bzw. als Wochenendgrundstück gedient hatte, häuslich nieder. Mit dem Krieg kamen schließlich die fremden Soldaten ins Land.

Wolfgang Lühr, der Sohn von Dr. Wilhelm Lühr, ist 1943 Luftwaffenhelfer und Soldat geworden. Er erlebte den Einmarsch der Roten Armee mit ihren schrecklichen Begleitumständen nicht mit. Dennoch ist er heute aufgrund von Zeitzeugenerinnerungen in der Lage, über das, was sich seinerzeit auf dem Lührshof zutrug, zu berichten. Trotz des großen zeitlichen Abstandes von mehr als 50 Jahren kann der promovierte Ingenieur noch immer nicht emotionslos über das, was sich seinerzeit auf dem Lührshof zugetragen hat, berichten. Was war geschehen?

Der Lührshof war mit Kriegsflüchtlingen voll belegt. Es handelte sich um Verwandte und Freunde aus Breslau und Frankfurt/Oder, Ehepaare und Mütter mit ihren Kindern; die wehrfähigen Männer befanden sich noch im Krieg, waren gefallen oder in Gefangenschaft geraten.

Beim Einmarsch der Roten Armee hielten sich alle, die auf dem Lührshof lebten, im Keller versteckt. Unter ihnen befanden sich auch Mutter und Schwester von Wolfgang Lühr. Da erschien ein russischer Offizier und verlangte Hilfe, um einen festgefahrenen LKW wieder flott zu machen. Dr. Lühr mußte mitgehen. Seine Frau befürchtete das Schlimmste. Aus Sorge um ihren Mann verließ sie nach langer Wartezeit ihr Versteck und hielt Ausschau nach ihm. Da entdeckte sie der Offizier, der ihren Mann geholt hatte und stürzte sich in unverkennbarer Absicht auf sie. Frau Lühr wehrte sich heftig und rief um Hilfe. Ihr Mann eilte herbei, um seiner Frau bei-zustehen. In diesem Augenblick zog der Offizier seine Pistole, erschoß Frau Lühr und zielte dann auf Dr. Lühr, der, sich schnell abwendend, noch am Hinterkopf getroffen wurde.

Die Schwägerin, gelernte Krankenschwester und Mutter von vier Kindern, kümmerte sich um die Tote. Ein Gröbener Tischler fertigte aus dem Kleiderschrank einen Sarg. Frau Lühr wurde unter einer großen Birke, jener Stelle, die sie besonders geliebt hatte, mit kirchlichem Segen von Pastor Jakumeit bestattet. Ein Jahr später, als sich das Alltagsleben wieder etwas zu normalisieren begann, wurde der Leichnam

Elisabeth Lühr auf dem Lührshof in Gröben (1938)

nach Berlin-Lichterfelde überführt und eingeäschert. Später bettete der Berliner Senat die Urne in einen Ehrenhain für Kriegsopfer um.

Dr. Lühr, der durch das furchtbare Erlebnis und seine Kopfverletzung so geschockt war, daß er zeitweise wie von Sinnen umherirrte, konnte nur mit Mühe davon abgehalten werden, sich ins Verderben zu stürzen. Angesichts der Verantwortung aber, die er gegenüber seinen Kindern, insbesondere seiner damals zwölfjährigen Tochter verspürte, fing er sich rasch wieder. Sehr dazu beigetragen hatten nicht nur die eigenen Verwandten und die im Haus lebenden Freunde, sondern auch die Familie Berg-Lehmann vom Kietz, bei denen Vater und Tochter Aufnahme und Betreuung fanden, als der Lührshof auf Verlangen der Russen geräumt werden mußte. Die übrigen auf dem Lührshof lebenden Personen wurden nach Blankensee evakuiert, woran sich die heute neunzig-

Mutter, Tochter, Sohn Lühr auf dem Lührshof

jährige Tante von Wolfgang Lühr noch in allen Einzelheiten erinnern kann. Es gab damals tagaus, tagein Spargel zu essen, aber kein Körnchen Salz dazu. Um seine Tochter vor den ihren Siegesrausch auslebenden Sowjetsoldaten zu schützen und sie deshalb wie einen Jungen aussehen zu lassen, schor Dr. Lühr ihr die Haare und versteckte sie auf dem Heuboden. Die Übergriffe und Vergewaltigungen gehörten, obwohl der Ortskommandant schließlich die Todesstrafe für derartige Vergehen verhängt hatte, noch lange zur „Normalität" des Alltagslebens. Erst als sich einige Gröbener sehr handfest bei einem solchen Vorfall eingemischt hatten, hörte das schließlich auf.

In Wolfgang Lührs Erinnerungen an das Jahr 1945 schwingen sehr traurige und schmerzliche, aber auch anrührende, zutiefst menschliche, ja selbst komische Aspekte mit:

Als sich die Dinge soweit „normalisiert" hatten, daß man es wagen konnte, sich dorthin auf den Weg zu machen, wo man glaubte, am besten auf Dauer bleiben zu können, machte sich auch die Tante von Wolfgang Lühr mit ihren vier kleinen Kindern, darunter ein Baby, zu Fuß auf die Wanderschaft von Gröben nach Halle an der Saale zu ihrer Schwiegermutter. Verkehrsmittel, gleich welcher Art, standen noch nicht zur Verfügung. Das Ganze war für die Mutter mit ihren Kindern eine einzige Strapaze – bis sie vor einem geradezu unüberwindlichen Hindernis stand, nämlich an der Mulde. Die Brücken waren zerstört. So brachte sie unter Einsatz ihrer letzten Kräfte ein Kind nach dem anderen – teils watend, teils schwimmend – ans andere Ufer. Ein am Ufer Wache haltender Sowjetsoldat hatte die Anstrengungen der jungen, von den bisherigen Mühen gezeichneten Frau verfolgt. Als sie zurückkam, um das letzte Kind zu holen, sah sie, wie dem Soldaten angesichts ihrer rührenden Bemühungen die Tränen über das Gesicht liefen.

Und Wolfgang Lühr erinnert sich auch an folgende, bei aller Tragik dennoch komische Begebenheit: Als Dr. Lühr nach dem Tode seiner Frau verletzt und völlig erschöpft im Haus lag und sein aus der Nähe von Frankfurt/Oder geflüchteter, damals schon betagter Onkel neben ihm Wache hielt, kam ein russischer Soldat ins Haus, zeigte auf diesen und fragte: „Du Kommunist?" Daraufhin stand der 1,90 Meter lange Hüne auf und donnerte den Soldaten an: „Was denn, *ich* ein Kommunist? *Ich* königlich-preußischer Forstbeamter!" Das machte Eindruck. Der Soldat salutierte, machte auf der Stelle kehrt und verließ das Haus. Einem anderen alten Mann ist es zu verdanken, daß die Wertsachen der Familie Lühr erhalten blieben, nachdem Dr. Lühr Zuflucht mit seiner Tochter bei Familie Berg-Lehmann gefunden hatte. Als die Soldaten der Siegermacht auch in den Kietz kamen, um Beute zu machen, schob man Großvater Lehmann, der bettlägerig war, alles unter, was wertvoll war; und siehe da, es konnte gerettet werden.

Als die Soldaten der Besatzungsmacht den Lührshof wieder freigegeben hatten, fanden der inzwischen halbwegs genesene Vater Lühr und seine Tochter das Haus völlig verwahrlost und verschmutzt vor, die Bilder teilweise beschädigt und mit Kot beschmiert. Der Rittergutsbesitzer von Gröben, Major a.D. Schrage (er hatte das Gut 1936 käuflich von Siethens Gutsbesitzer Dr. Gottfried v. Badewitz erworben) war auf Befehl des Ortskommandanten aus dem Gutshaus Gröben vertrieben und enteignet worden. Er fand mit seiner Frau im Lührshof Asyl. Dr. Lühr mit seiner Tochter und Ehepaar Schrage hatten ein unruhiges Leben. Dr. Lühr wurde wiederholt, meist im Morgengrauen, abgeholt und über seine Vorstandstätigkeit in der Wirtschaft verhört, aber stets aufs neue wieder freigelassen. Dabei kam ihm allerdings auch sein guter Kontakt zu den Gröbenern zugute, denn mit Staunen erfuhr er von dem vernehmenden Offizier, daß frühere, feucht-fröhliche Feste mit der Gröbener Feuerwehr als besonderes soziales Engagement gewertet wurden.

Pferde für die Landwirtschaft standen kaum noch zur Verfügung. Von dem wenigen, das der Hof hergab, mußte auch noch ein gewisses Abgabe-Soll erfüllt werden. Ein Grund übrigens, warum alle Felder des Lührshofes später aufgeforstet wurden; so konnte man dem landwirtschaftlichen Abgabe-Soll entgehen. Glücklicherweise hatte Vater Lühr vor Kriegsende die gesamte Roggenernte des Vorjahres in der Mühle von Müller Heese am Metstock deponiert. So hatte man – bei aller Bedrängnis und Entbehrungen – wenigstens etwas zu essen. Hinzu kam, daß Dr. Lühr als Energiewissenschaftler – wie er seine frühere Tätigkeit sah – bald einen hohen Stellenwert für die Energieversorgung bekommen sollte. Dr. Wolfgang Lühr erinnert sich: Sein Vater war während des Krieges vom Reichsminister Speer beauftragt worden, Kupferleitungen durch Alu-Leitungen zu ersetzen, da man Kupfer dringend für die Rüstung benötigte. Als es nach dem Krieg stets aufs neue zu Engpässen in der Stromversorgung kam, wurde der Leiter des E-Werkes Trebbin vom russischen Kommandanten in Glau ultimativ aufgefordert, Strom zu liefern, ansonsten werde er erschossen. In seiner Hilflosigkeit und Todesangst wandte er sich an Dr. Wilhelm Lühr, der aufgrund der sogenannten Kupferaktion alle Trassen und Stromleitungen weit und breit bestens kannte, und bat diesen um Rat. Dr. Lühr gab entsprechende Hinweise, und es gelang tatsächlich, durch geschickte Schaltungen Strom nach Glau abzuzweigen. Der Kommandant war hocherfreut; er bedankte sich beim Kraftwerksleiter, und dieser versäumte es nicht, etwas vom Dank an Dr. Lühr weiterzugeben. So erhielt dieser in russischer Sprache ein Schreiben, praktisch einen Schutzbrief des Kommandanten, in dem sinngemäß geschrieben stand, daß Dr. Lühr, sein Haus und seine Familie unter dem Schutz der sowjetischen Siegermacht stehen. Ein solcher Zettel konnte gelegentlich durchaus von lebenserhaltender Bedeutung sein.

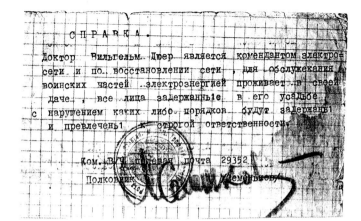

Schutzbrief; er lautete (sinngemäß): Dr. Lühr ist für die Wiederherstellung des Elektrizitätsnetzes für die Militäreinheiten zuständig. Alle Personen, die zu seinem Anwesen gehören, stehen unter dem Schutz der Besatzungsmacht.   gez. Oberst Semenkow

Doch ungeachtet dieses Schutzbriefes nahmen die Schikanen der in vorauseilendem Gehorsam gegenüber der Besatzungsmacht nicht selten übereifrigen Mitarbeiter der deutschen Behörden zu. Der promovierte Ingenieur und Hofbesitzer war manchen von ihnen suspekt. Den guten Beziehungen Dr. Lührs zu einem Funktionär der 1946 aus KPD und SPD entstandenen SED war es zu verdanken, daß er den versteckten Hinweis bekam, im Interesse seiner Sicherheit die SBZ zu verlassen. Dr. Lühr ließ sich das kein zweites Mal sagen. Er belud umgehend zwei Ackerwagen mit all dem, was nach den Plünderungen noch übrig war bzw. was er für einen Neuanfang in Westberlin für brauchbar erachtete und verließ mit seiner Tochter Haus und Hof, um per Pferdefuhrwerk nach Westberlin zu gelangen. Dort hatte sein Sohn Wolfgang inzwischen ein Studium aufgenommen.

Durch die Fluchtbewegung gingen der SBZ bzw. der 1949 gebildeten DDR Hunderttausende von zum Teil hochqualifizierten Spezialisten und Facharbeitern verloren. Man ließ sie zum großen Teil fast ungehindert ziehen, da die Besatzungsmacht und ihre deutschen Statthalter lieber auf gute Spezialisten verzichteten, als sich der Hoffnung hinzugeben, sie zu Sozialisten bzw. Kommunisten umerziehen zu können.

Und was geschah aus dem Lührshof? Nachdem die dort wohnenden Flüchtlinge und Ausgebombten andere Unterkünfte gefunden hatten, zog eine Parteischule einer der von der SED majorisierten Blockparteien ein. Später wurden die Gebäude als Alten-Pflegeheim Bestandteil des Krankenhauses Ludwigsfelde.

Dr. Wilhelm Lühr, er verstarb 1985, hatte den Lührshof (vorerst formal) an seine beiden Kinder vererbt. Doch die DDR-Behörden hatten das sogenannte Westgrundstück 1987 „wegen Überschuldung" enteignet.

Nach der Wende gingen Grund und Boden bzw. Haus und Hof wieder an die rechtmäßigen Besitzer zurück. Seither machen Dr. Wolfgang Lühr und seine Ehefrau wieder von ihrem Besitz- und Heimatrecht Gebrauch. Seine Schwester Rosemarie, sie lebt in den USA, macht jährlich Ferien auf dem Lührshof.

Wenn Wolfgang Lühr von Land und Leuten hier im Brandenburgischen spricht, schwingt eine tiefe Verbundenheit zur Natur und den Besonderheiten dieses Landstrichs mit, dessen eigenwilligen Pulsschlag er trotz langer Abwesenheit noch immer spürt, dessen Atemzüge ihm vertraut geblieben sind. Auch die Menschen hier sind ihm nicht fremd geworden. So gab es schon vor der Wende Kontakte und Freundschaften mit denen, deren Eltern schon mit seinen Eltern verkehrten.

Wolfgang Lühr ist heimgekehrt. Seine Heimatgefühle sind tief verwurzelt hier im Lande Brandenburg. Es dürfte eigentlich niemand da sein, der ihm das ererbte Besitzrecht und das Heimatrecht abzusprechen oder streitig zu machen versucht, womit die Grundlage gegeben sein dürfte, sich heimisch, sich wieder zu Hause zu fühlen.

Ein Neuer in Gröben
Wer aus der Fremde kommt, bringt Neues mit

Als der im Weserbergland geborene Jörg Welz 1990/91 das erste Mal nach Gröben kam, überkam ihn ein Gefühl, als wäre er zu Hause angekommen.

Einige Zeit später erwarben er und seine Ehefrau Juliane das am Ortsrand, gleichermaßen aber auch am wunderschönen Nuthe-Nieplitz-Naturschutzgebiet gelegene alte, im vergangenen Jahrhundert erbaute Schulhaus mit Scheune, Waschhaus und Klohäuschen und haben aus dem vom Zahn der Zeit arg angenagten Anwesen ein naturnahes Landhotel mit ländlichem Ambiente und historischem Flair gezaubert. Das Hotel mit Restaurant und Gartenlokal, das schon jetzt die Bezeichnung Erlebnis-Gastronomie verdient, wurde 1997 eröffnet.

Jörg Welz am 30. 6. 1998 vor dem Landhotel „Theodore F."

Zu den Erlebnissen gehören die Möglichkeiten, mit der Natur ein Verhältnis auf du und du aufzunehmen oder sich vom Odem der märkischen Geschichte berühren zu lassen. Zu den vielfältigen Erlebnissen gehören aber auch das Genießen von gegrillten Fischen aus umliegenden Gewässern oder eine Kremserfahrt, wenn gewünscht, auch bei Nacht.

Mit den Alteingesessenen hatte Jörg Welz bald eine verbindende Gemeinsamkeit, nämlich die Liebe zu diesem Landstrich, seinen Menschen und ihrer Geschichte. So begann er zielstrebig – vergleichbar mit dem 1911 nach Gröben gekommenen Pfarrer und Chronisten Ernst Lembke – sich Heimat zu schaffen, denn er wollte hier nicht nur schlechthin leben, sondern zu Hause sein!

Edith John
Absicht ist die Seele der Tat

Als sich der Autor dieses Buches für die Siethener Ortsgeschichte zu interessieren begann, gab ihm die damalige Gemeindesekretärin Helga Freyer, mit der sich eine sehr gute Kooperation entwickelte, eine Liste mit möglichen Ansprechpartnern in die Hand. Ganz oben stand der Name Edith John. Der für Siethen zuständige Pfarrer, Peter Collatz, hatte im Zusammenhang mit Edith John von der „guten Seele der Kirchengemeinde" gesprochen. Das machte mich neugierig.

Wo man singt, da laß dich nieder, böse Menschen haben keine Lieder. Jörg Welz dirigiert den gemischten Chor (1994).

Als Pfarrerssohn fand er auch über die Kirche und die Erforschung ihrer Geschichte rasch eine innere Beziehung zum Ort und seinen Einwohnern.

Natürlich hat er längst Fontane gelesen, was den Einstieg in die neue Heimat enorm erleichterte. So war es dann auch kein Zufall, daß er das Landhotel in Anspielung auf die hugenottische Herkunft des Dichters der Mark „THEODOR*E* F." nannte und Gröben zum Namen FONTANE-DORF verhalf.

Dank dieser Lektüre war ihm bekannt, daß die Brandenburger aufs erste allem und allen Fremden gegenüber skeptisch, manchmal sogar ablehnend bis feindselig sind. Daß es Jörg Welz dennoch gelang, heimisch zu werden, spricht für ihn, gleichermaßen aber auch für jene Familien, die hier seit Jahrhunderten ansässig sind.

Jörg Welz weiß, daß Heimatfindung nicht nur ein Prozeß schlechthin, sondern Ausdruck der schöpferischen Tätigkeit im Lebensumfeld ist. So nimmt es nicht wunder, daß er sich vielseitig engagiert und beispielsweise Initiator und Dirigent des Singekreises Gröben ist und als Vorsitzender des Fremdenverkehrs-Vereins „Teltower Land und Nuthe-Nieplitz" seit der Gründung im April 1994 aktiv mitwirkt.

Berta Köppen, geb. Erdmann, und Sohn Reinhold, Großmutter und Vater von Edith John (Aufnahme von 1903)

Als ich sie dann kennenlernte, war ich allerdings enttäuscht, denn sie erschien mir als viel zu jung, um über „alte Zeiten" zu berichten. Schließlich flossen dennoch viele Informationen, die sie mir gab, in das Buch ein. Unbezahlbar aber war ihr Engagement, als es darum ging, ältere Einwohner zusammenzuführen, sie für mein Anliegen aufzuschließen und historische Fotos zusammenzutragen. Sie tat es mit Hingabe.

Konfirmation Ingeborg Köppen 1942 (r.u.: Edith John)

Als der „gute Geist" der Siethener Kirche, Edith John, 1996 einen runden Geburtstag feierte, kamen nicht nur viele Gäste, sondern auch ein ganzer Chor. Als „Geschenk" hatte sich das Geburtstagskind Geld für die Restaurierung des Kirchturmes erbeten. Ihr liegt die Heimatgeschichte, die von der Geschichte der Kirche nicht zu trennen ist, sehr am Herzen.

Edith John und Pfarrer Peter Collatz an geschichtsträchtigem Orte, nämlich im renovierungsbedürftigen Kirchturm von Siethen, von dem über Jahrhunderte hinweg der Rhythmus des Alltagslebens bestimmt wurde. Wenn dieser Turm, diese Glocke erzählen könnten ...

Erntedankfest (1997) Blick in die Siethener Kirche

Vielleicht werden es ihr nachfolgende Generationen zu danken wissen, denn ihr Beitrag an der Aufarbeitung der Siethener Ortsgeschichte war schon bemerkenswert.

Ihr Verantwortungsgefühl gegenüber der Orts- und Heimatgeschichte zeigte sich unter anderem auch darin, daß sie ihren 60. Geburtstag und ihr 30jähriges Jubiläum im Dienst der Kirche zum Anlaß nahm, auf die Notwendigkeit der Erhaltung eines Siethener Kulturdenkmals, nämlich der Kirche, aufmerksam zu machen. So bat sie, von Geburtstagsgeschenken Abstand zu nehmen und stattdessen Geld für die Renovierung des Turmes der historisch bedeutsamen Kirche zu spenden.

Edith John liebt nicht die großen Auftritte und auch nicht die großen Worte; sie schreitet lieber zur Tat. Man sieht sie nicht nur mit der Harke auf dem Friedhof, sondern trifft sie auch mit dem Putzlappen im Innern der Kirche, oder bei Proben und Auftritten des Singekreises Gröben an.

Diese Art von Heimatverbundenheit ist leider selten geworden.

Die Krippenspiele haben in Gröben eine lange Tradition (1998 eine 25jährige). Hier Krippenspiele in der Kirche (1994).

Goldene Konfirmation
Seltener Besuch vermehrt die Freundschaft

Am 10. Mai 1998 fand der 50. Jahrestag der Einsegnung (Konfirmation) für all jene Bewohner der ehemaligen Parochie (Gröben, Siethen, Jütchendorf, Groß- und Kleinbeuthen) statt, die 1948 etwa 14 Jahre alt gewesen sind. Einige von ihnen sind am Ort oder in der Region geblieben, andere verschlug es bis ans andere Ende der Welt (Horst Mey lebt in Australien). Drei weilen nicht mehr unter den Lebenden; einer von ihnen wurde 1949 vom Blitz erschlagen.

(Auf dem Foto von 1998 ist eine Reihe von Personen vertreten, die bereits 1947 eingesegnet worden sind.)

Konfirmation 1948
1. R.v.l.: Fritz Böttcher, Gröben; Herta Klingbeil, Großbeuthen; Waltraud Wühle, Großbeuthen; Gerda Trebus, Kleinbeuthen; Johanna Pilz, Siethen; Martha Gefreiter, Jütchendorf; Siegfried Astfalk, Großbeuthen; Christel Köppen, Siethen; Waltraud Friedrich, Gröben; Hildegard Petersdorf, Großbeuthen;
2. R.v.l.: Werner Hannemann, Jütchendorf; Heinz Bergemann, Jütchendorf; Werner Mehlis, Siethen; Pfarrer Jakumeit, Gröben; oben, v.l.: Hermann Schulz, Gröben; Horst Gering †, Siethen; Adolf Rottstock, Siethen; Horst Mey, Siethen; Horst Janack, Siethen; Alwin Sobota, Siethen; Wilfried Weinert, Jütchendorf; Kurt Schade †, Großbeuthen

Goldene Konfirmation 1998
1. R.v.l.: Waltraud Friedrich, vereh. Schwarz, Köln; Wolfgang Michaelis, Ludwigsfelde (1947 eingesegnet); Werner Hannemann, Ludwigsfelde; Wilfried Weinert, Ludwigsfelde; Johanna Pilz, vereh. Knuth, Ludwigsfelde; Siegfried Astfalk, Aichstädt; Gerda Trebus, vereh. Möhring, Barnewitz; Sieglinde Michaelis, Ludwigsfelde (1947); Käte Hauf, geb. Teige, Ludwigsfelde; Gerda Rottstock, vereh. Engelmann, Schenkenhorst (1947); Hermann Schulz, Langerwisch; Helga Grabe, geb. Gericke, Siethen (1947); Fritz Böttcher, Gröben; Elfriede Kotzian, vereh. Brandenburg, Waßmannsdorf (1947); Christel Köppen, vereh. Höhnow, Großbeeren; Hildegard Petersdorf, vereh. Venterink, Hehlen; Paul Neumann, Meyenburg; Waltraud Wühle, vereh. Grimme, Bückeberg; Pfarrer Peter Collatz, Ahrensdorf; Martha Gefreiter, vereh. Schmidt, Ahlen; Ursula Durdel, vereh. Krüger, Siethen; Irmgard Neubauer, vereh. Kuschmir, Ludwigsfelde (1947); Horst Mey, Australien.

Legenden, Sagen, Märchen, Wirklichkeit

Der Trommler aus Gröben

In alten Dörfern spuken die Geister am liebsten

Setzen wir die Wirklichkeit voran: In der Schlacht zwischen der preußischen und österreichischen Armee am 10. April 1741 bei Mollwitz in Schlesien (Erster Schlesischer Krieg – 1740 bis 1742) fiel der Leutnant Johann Christian

Grabstein des Leutnants Johann Christian Sigmund von Schlabrendorff, gefallen 1741 (nach einer Aufnahme von 1905)

Sigmund von Schlabrendorff aus Gröben. Eine Musketenkugel hatte seinem jungen Leben, er war erst 29 Jahre alt, ein jähes Ende gesetzt. Jeder alte Gröbener Einwohner kannte die Legenden, die sich um dieses Familienmitglied des alten Adelsgeschlechts und seinen treuen Diener gebildet hatten. Eine Version, die noch sehr wirklichkeitsnahe Züge trägt, lautete etwa folgendermaßen: Nach der Schlacht, in der der junge Preußenkönig Friedrich II. den Sieg über die Truppen der Kaiserin von Österreich davontrug, ging ein „höriger Mann aus Gröben an der Nuthe im Kreis Teltow" [35], (der Diener des Herrn von Schlabrendorff) übers Schlachtfeld, um seinen Herrn zu suchen. Er fand ihn bleich und stumm unter den Toten. Aus tiefer Stirnwunde rieselte Blut.

Der Gröbener Hörige, der als Trommler mit in den Krieg gezogen war, trat mit seinem toten Herrn auf einem Pferdegespann die traurige Heimreise an. Nun folgt in den Erzählungen ein sagenhaftes Element: Während der langen Fahrt saß bei Tag und Nacht eine große graue Katze, die dem toten Leutnant gehört hatte, auf dem Sarg. Sie wich erst von dem Toten, als der Sarg in der Gruft der Gröbener Kirche, links vom Altar, beigesetzt worden war.

Der Trommler, dessen Namen man vergessen hat, wollte in der Nähe seines toten Herren bleiben, und da es ohnehin keine Arbeit für ihn gab, hielt er fortan den Friedhof, der sich seinerzeit noch unmittelbar an der Kirche befand, in Ordnung. Die graue Katze wich nicht von seiner Seite; sie hatte ihn als ihren neuen Herrn auserwählt. An einem späten Abend kam ein Einwohner am Friedhof vorbei. Da sah er an der Mauer, eben dort, wo sich im Innern der Kirche der Grabstein des Leutnants befand, den Trommler sitzen. Als er ihn berührte, fiel er leblos zur Seite. Man begrub ihn an eben dieser Stelle. Die graue Katze aber legte sich auf den Grabhügel und fauchte jeden an, der sich ihr näherte. Sie nahm keine Nahrung mehr auf und verendete einige Zeit später. Der Grabhügel ohne Stein wurde aber bald eingeebnet.

Während hier Sage und Wirklichkeit miteinander verwoben sind bzw. sich die Waage halten, entfernt sich die Fortsetzung der Geschichte wieder von der Realität und begibt sich in die vagen Bereiche des Volksglaubens: Die Jahre vergingen. Als sich Napoleon anschickte, mit seiner gigantischen Streitmacht Europa zu unterwerfen, da hörte man um Mitternacht in Gröben vom Kirchhof her geheimnisvolles Trommeln. „Der Trommler von Mollwitz ist aus seinem Grab aufgestanden und rührt das Kalbsfell, daß man es hören kann bis nach Saarmund und Trebbin. Auch der Leutnant von Schlabrendorff hat sich erhoben. In der friderizianischen Uniform ... und dem Degen in der Hand, ist er aus der Kirche getreten. Am Kirchturm aber sitzt die Katze, als wollte sie die Glocken läuten." Eine andere Version lautet: „Seit jener Zeit steigen die drei aus ihren Gräbern hervor, wenn für Preußen ein Krieg droht. Zuerst kommt abends die graue Katze aus dem Efeu des Grabes heraus, klettert an der Kirchwand empor und eilt über das Dach nach dem Turm, als wenn sie Sturm läuten wolle. Dann schreitet in der Nacht von elf bis zwölf Uhr der Trommler durch Gröben und den Kietz und trommelt, daß man es bis Saarmund und bis nach Trebbin hin hören kann. Um Zwölf aber steht der Leutnant vor der Tür des Schlosses, die nach dem Garten führt. Er trägt die alte Uniform, schwenkt den Dreimaster und deutet mit dem Degen nach der Himmelsrichtung, in welcher der Feind steht. Das geschieht drei Nächte hintereinander. In den Jahren 1863, 1866 und 1868 haben die Gröbener das auch erlebt" [36].

Fast 100 Jahre später, im Jahre 1908, brannte die Gröbener Kirche nieder. Dieses Fanal („Über dem Teltower Land stand eine Fackel von hellem Feuer, wehte eine dunkle Fahne von Rauch") [35] wurde vom Volksglauben als Zeichen des sagenhaften Dreigespanns Leutnant – Höriger – Katze gedeutet: „Es war das Gewaltigste, das die getreuen Warner, die märkischen Rufer zum Streit, zu geben vermocht hatten." War es eine Warnung vor dem Ersten Weltkrieg? [12]. Auch Pfarrer Lembke wandte den Erzählungen um Johann Christian Sigmund von Schlabrendorff seine Aufmerksamkeit zu. Er schrieb unter anderem: „Bei der Mobilmachung 1914 soll er den Degen um seinen Kopf geschwungen haben, zum Zeichen, daß die Feinde von allen Seiten kommen würden" [C4]. Der Grabstein des Johann Christian Sigmund von Schlabrendorff war in der Glut des Brandes zersprungen. Die Inschrift des noch vorhandenen Steines lautet:

Steh Sterblicher und betrachte die unvergängliche Kron', welche erlanget hat der Hochwohlgeborene Ritter und Herr, Herr Johann Christian Sigmund von Schlabrendorff, Sr. Königl. Majestät in Preußen bei Dero Infanterie unter dem hochlöblichen Regiment Sr. Excellenz des Herrn Generallieutenants von der Marwitz hochverdienter Lieutenant, Herr der Güter Gröben, Beuthen, Jütchendorf und Waß-

mannsdorf, welcher den 20. Dezember 1711 auf dem Hause Gröben geboren und den 10. April 1741 in der zwischen der Preußischen und der Oesterreichischen Armee bei Mollwitz in Schlesien vorgefallenen scharfen Aktion, in der auf seiten der Preußischen der Sieg geblieben, durch einen Musketenschuß, so ihn durch den Kopf getroffen, für Gottes, des Königs und des Vaterlandes Ehr' und Rechte seinen Heldengeist aufgegeben, nachdem er sein Alter gebracht auf neunundzwanzig Jahre und vier Monate. [35]

Tod auf der Nuthe – Sage und Wirklichkeit
Der Tod will eine Ursache haben

Im Gegensatz zu Märchen findet man bei Sagen häufig einen wahren Kern bzw. einen Bezug zu tatsächlichen historischen Vorgängen oder Ereignissen, so auch bei der von Theodor Fontane aufgezeichneten Sage „Tod auf der Nuthe".

Es war die Zeit, wo wieder, wie alljährlich, das zu drei, vier Stämmen zusammengebolzte Flußholz in langer, langer Linie die Nuthe herunterkam, um erst bei Potsdam in die Havel und dann bei Havelberg in die Elbe zu gehen. Und wie gewöhnlich hatte man auch diesmal wieder allerlei Mannschaften an Bord kommandiert, die mit Rudern und Stangen in der Hand, durch beständiges Abstoßen vom Ufer das Auf- und Festfahren des Floßholzes hindern mußten. Es waren ihrer elf, lauter junge Burschen von Trebbin und Thyrow her, darunter auch des Gröbener-Kietzer Schulzen ältester Sohn. Denn Gröben, obwohl es nur ein kleines Dorf ist, hat doch ein wendisches Anhängsel, einen „Kietz", auf dem die Fischer wohnen bis auf diesen Tag.

Und auf dem Floße war gute Zeit, und immer die, die nicht Dienst hatten, hatten sich's bequem gemacht und lagen auf Strohbündeln in einer großen Bretterhütte. Da vergnügten sie sich und trieben allerlei Kurzweil und trieben es arg.

Es war aber Sonntag, und um die neunte Stunde zog ein Wetter herauf, wie noch keines hier gewesen, und war ein Blitzen, als ob feurige Laken am Himmel hingen. Und einer, dem es bange ums Herz wurde, war vor die Hüttentür getreten und betete zu Gott, daß er sich ihrer erbarme und ein Ende mache und ihnen den erlösenden Regen schicken möge. Denn es war ein Trockengewitter und noch kein Tropfen gefallen.

Des Kietzer Schulzen Sohn aber und ein Kossätensohn aus Thyrow, die verspotteten ihn und luden ihn wieder hinein (hell genug sei's ja), da wollten sie knöcheln. Und sie fingen auch an, und der Thyrower warf 13, weil ihm der eine Würfel zersprang. Aber im selben Augenblick fuhr es auch nieder wie ein Blitz und Schlag, und alles entsetzte sich und stob auseinander – alles, was in der Hütte gelegen hatte.
Nur die beiden Spötter nicht, die lagen tot auf dem Fluß und lagen da bis an den anderen Morgen, wo man sie zu holen kam. Auch von Thyrow kamen welche. Des Kietzer Schulzen Sohn aber kam auf den Gröbener neuen Kirchhof und war der erste, den sie da begruben ... [16/1, 35/1931].

Die Sage enthält eine ganze Reihe von konkreten Anhaltspunkten. Alte Kirchenbucheintragungen und Chronikaufzeichnungen des ehemaligen Gröbener Pfarrers Lembke geben schließlich Aufschluß über das wahrhafte Geschehen. In der Chronik steht unter anderem geschrieben: Des Schulzen Lehmann einziger Sohn wachte am 20. Mai 1812, abends gegen 23 Uhr, „mit mehreren anderen bei dem Schwemmhaus auf der Nuthe", als sich der Himmel plötzlich verfinsterte; ein schweres Gewitter zog auf. Die beim Schwemmholz bzw. den Flößen beschäftigten elf Männer suchten Schutz in einer kleinen Hutte. Der Sohn des Schulzen und ein weiterer Mann namens Kind aus Schöneweide (bei Luckenwalde), ein Vater von fünf Kindern, wurden vom Blitz getroffen und waren auf der Stelle tot. Kind, der zuvor einige hundert Meter weiter seiner Arbeit nachgegangen war, hatte aus Furcht vor dem Gewitter die Hütte aufgesucht. „Der junge Löwendorf (das war eine Fischerfamilie auf dem Kietz und später auch in Siethen – d. A.) wurde ebenfalls getroffen." Er verlor Gehör und Sprache, litt furchtbare Schmerzen und mußte sich fortan häufig erbrechen. Christian Koch wurde am Arm verbrannt, überlebte das Unglück aber ohne nennenswerte Folgen. Letzterer hatte einem Chronisten berichtet, daß „eine

Feuerkugel auf seinem Schoße gelegen" habe; dieser Kugelblitz sei „sogleich auseinandergeplatzt" und tötete die zwei oben genannten Personen, die ihm zur Rechten gesessen hatten. Alle anderen waren furchtbar erschrocken und vorerst wie gelähmt. Die Hütte fing Feuer, aber alle Überlebenden fanden die Kraft, sich zu retten. Soweit die Tatsachen. Der Sagenerzähler hatte also einen wahrhaften historischen Vorgang, der bis dahin mündlich verbreitet worden war, aufgegriffen und entsprechend seiner Vorstellungswelt, die in jener Zeit noch stark von Unwissenheit und Aberglauben bestimmt war, weitergegeben.

Die wahre Geschichte wurde dem Geist der Zeit entsprechend mit einer „Moral" angereichert. Um einen möglichst großen erzieherischen Effekt zu erzielen, unterstellte man den Betroffenen Gotteslästerung und ließ sie teuflische Dinge treiben, wobei ein Würfel platzte und die Unglückszahl 13 zum Vorschein kam. Der „sagenhafte" Moment, daß des Schulzen Sohn als erster auf dem Gröbener Friedhof bestattet worden ist, entspricht wiederum den geschichtlichen Gegebenheiten, denn der direkt an der Kirche gelegene alte Friedhof ist 1811 geschlossen worden, weil er für die anwachsende Gemeinde zu klein geworden war und man laut Aktenlage bei Beerdigungen wiederholt auf noch nicht völlig verweste Leichen gestoßen war; zum anderen kamen seinerzeit amtliche Bestimmungen auf, die Friedhöfe inmitten der Ortschaften, vor allem auch aus hygienischen Gründen, untersagten. So wollte es der Zufall, daß der Schulzensohn der erste war, der auf dem neuen Friedhof außerhalb des Ortes begraben worden ist.

Und ganz nebenbei erfährt der historisch interessierte Einwohner, seit wann und warum es den Friedhof an der Peripherie des Ortes gibt. Auch der Tatbestand, daß Floßholz, aber auch andere Baumaterialien wie Ziegelsteine, auf der schon Jahrzehnte zuvor im Auftrage Friedrich II. eigens zu diesem Zwecke begradigten Nuthe transportiert wurden, entspricht der geschichtlichen Wahrheit. Wie hier am konkreten Beispiel aufgezeigt, können alte Volkssagen durchaus auf mehr oder minder historisch relevanten Tatsachen beruhen und haben somit nicht selten einen nicht zu unterschätzenden Wert als geschichtliche Quelle.

Wer tiefer in die Geheimnisse seiner Heimat und die Vorstellungswelt seiner Vorfahren eindringen will, findet in Sagen und Legenden unglaublich viele Denkanstöße und Anknüpfungspunkte, auch für die seriöse Heimatgeschichtsforschung.

Der Soldatenkönig und der Schulze von Jütchendorf I
Ein gerechter König ist besser als ein frommer

Friedrich Wilhelm I. ging einst von Schloß Wusterhausen aus allein ins Land hinein und kam nach Jütchendorf. Da er nun den Weg nicht weiter wußte, ging er zum Schulzen. Der las gerade ein Schreiben vom Amt Großbeeren: ein Deserteur sollte verhaftet werden, den man in dieser Gegend vermutete. In der Stube waren noch mehrere Bauern versammelt. Zu ihnen machte der Schulze, der sich um den Fremden kaum kümmerte, abfällige Bemerkungen über den Erlaß des Königs. Friedrich Wilhelm I. hörte erst eine Weile zu und erkundigte sich dann nach den Wegen nach Großbeeren und Potsdam. Der Schulze gab nicht allzu freundlichen Bescheid. Da fragte der König weiter: „Und was werdet ihr mit dem Schreiben dort machen?" Da lachte der Schulze laut und rief: „Kennt ihr die Welt so schlecht? Da steht's, was mit so einem Ding zu machen ist: L.S., das heißt bei uns: Lot schliekn! (Laß schleichen!) Ich schmeiße es hin, da kann es liegen. Kriegen tue ich den Kerl doch nicht." Das war für den König zuviel. Hastig riß er seinen Überrock auf und zeigte den Königsorden. Im selben Augenblick hieb er mit dem Stock auf den Schulzen ein und schrie ihn an: „I warte, ich will dich lesen lehren: L.S., das heißt: Lauf schnell auf Königs Befehl! Marsch, zeige mir selbst den Weg zum Amt Großbeeren. Da magst du bleiben, bis wir den Kerl wiederhaben!"

(L.S. heißt Locus Sigilata (lat.), es bedeutet: An Stelle des Siegels)
[36].

Der Soldatenkönig und der Schulze von Jütchendorf II
Könige sind auch Menschen

In Jütchendorf erzählt man noch heute, daß der Schulze nicht selten desertierten Soldaten über die Grenze geholfen habe. Die Deserteure kamen längs der Nuthe aufwärts bis nach Jütchendorf zum Schulzen. Der brachte sie des Nachts heimlich über die Nuthe, deren breites Sumpfgelände damals noch recht gefährlich war. Von dort flohen sie ins Sächsische hinein. Für diese Hilfe soll der Jütchendorfer Schulze von den Deserteuren Geld genommen haben. Friedrich Wilhelm I. hörte davon. Er ließ Spione als Deserteure verkleiden und nach Jütchendorf gehen. Dort mußten sie sich an den Schulzen wenden. Der war auch sofort zur Hilfe bereit. Als er überführt war, verhafteten sie ihn und trieben ihn unter Peitschenhieben bis nach Potsdam hin. Er wurde vor Gericht gestellt und zum Tode verurteilt. Auf Einspruch Gundlings, des Hofnarren, begnadigte ihn aber der König zu lebenslänglicher Zwangsarbeit. An eine Karre gekettet mußte er den Bassinplatz in Potsdam in Ordnung halten. Nachts schlief er in einer Hundehütte. Dort ist er auch gestorben [36].

Das Lügenmärchen vom Bauern Brüggemann (Schiaß)
Es gehen viele Lügen in einen Sack

Vor mehr als hundert Jahren fuhr ein Bauer einmal ein Faß Spiritus nach Potsdam. Als er auf der Nuthebrücke bei Schiaß war, platzte ein Reifen vom Faß, und der Spiritus floß auf die Erde. Es war aber Winter, der Boden war hart gefroren, und der Spiritus konnte nicht einziehen. Bald darauf kamen wilde Gänse angeflogen, die großen Durst hatten. Als sie das Feuchte sahen, flogen sie herbei und machten sich über den Spiritus her. Da kam gerade der Bauer Brüggemann aus Schiaß angegangen. Er griff die torkelnden Gänse, steckte sie mit den Köpfen unter seinen Leibriemen und machte sich auf den Heimweg. Da wurden die Gänse plötzlich wieder munter, flatterten ängstlich mit den Flügeln und gingen schließlich mit ihm hoch in die Luft. Als sie über dem Luch von Blankensee waren, lockerte sich der Gürtel. Die Gänse machten sich frei und Bauer Brüggemann fiel ins Moor. Er sank bis zum Halse hinein. Im nächsten Frühjahr baute eine Ente ihr Nest auf seinem Kopf und legte auch Eier hinein. Ein Fuchs spürte das Nest auf. Gerade wie er die Eier herausholen wollte, packte ihn der Bauer am Schwanze und ließ sich von ihm ans Trockene ziehen [35].

Die rote Farnkrautblüte

Vor langer Zeit soll sich die folgende Geschichte zugetragen haben: In dem Schiaß-See mit seinem dichten Schilfrohrdickicht wohnte ein junges Wasserweib, das zu gerne ein junges Menschenkind sein eigen genannt hätte. Alles mögliche hatte es schon versucht, um die Liebe eines Menschen zu gewinnen, alles war umsonst! Endlich hatte es die Nixe verstanden, sich in das Herz eines jungen Burschen einzuschleichen. In seiner großen Liebe übersah er aber die Schwimmhäute zwischen ihren Fingern und Zehen, übersah auch ihr ewig nasses Haar, das noch dazu eine grünliche Farbe hatte. Er hatte sie sehr lieb, aber die Nixe blieb kalt und berechnend. Eines Tages forderte sie von ihrem Verlobten, er solle in einer Vollmondnacht durch das endlose Moor der Nuthe bis zum Bärenberg waten. Dort blühe dann das Hexenfarnkraut mit einer roten, unaussprechlich schönen Blüte. Diese Blüte musse sie haben! Zuerst zauderte der Bursche, doch dann machte er sich in der Johannisnacht auf und watete unter ständiger Lebensgefahr durch das Moor. Er fand auch wirklich die Insel, und schon von weitem glühte ihm die wunderbare rote Blüte des Hexenfarns entgegen. Unheimlich raschelte und zischte es zu seinen Füßen, als er die Blume pflückte. Gerade wollte er sie an seiner Brust bergen, da sah er seine Verlobte plötzlich neben sich stehen. Ihr, dem Wasserweib, war der Weg durch den Sumpf leichter gefallen.

Wie konnte sie nun schön und lieblich um die rote Blüte bitten! Nur zu gern gab der Bursche die Blume aus der Hand. Er erschauerte aber bis zu den Zehenspitzen, als er das höhnische Lachen der Nixe hörte und sah, wie sie die herrliche

Blüte mit ihren scharfen Hechtzähnen zerriß und schnell im aufklatschenden Wasser des Moores verschwand. So oft er auch ihren Namen in die Nacht herausrief, keine Antwort erreichte ihn. Erst nach Sonnenaufgang getraute sich der Bursche, den gefährlichen Weg durch das Moor ins Dorf zurückzugehen. Halbtot kam er in Schiaß an. Dort erzählte man ihm, daß in dieser Nacht sein kleiner Bruder gestorben sei. Das war die Tat der bösen Nixe! Sie hatte sich durch das Vernichten der roten Farnkrautblüte in den Besitz eines Menschenkindes gesetzt.

Der arme verliebte Bursche ist wohl niemals wieder froh geworden, hatte er doch dem Wasserweib, wenn auch unwissend, bei der Tat geholfen [20].

Schlußbemerkungen / Ausblick
Ende gut, alles gut?

Der Blick in die Geschichte von Gröben, Siethen, Jütchendorf, Groß- und Kleinbeuthen löst zwangsläufig die Frage nach der Zukunft dieser Ortschaften aus. Alle genannten Dörfer (einschließlich Mietgendorf und Schiaß) haben eine sehr lange, haben eine eigene, unverwechselbare Geschichte; diese Orte waren und sind die Heimat vieler Menschen. Wenn Siethen, Gröben und damit auch Jütchendorf, aber auch Schiaß und Mietgendorf, seit 1974 als Ortsteile von Gröben, zum 31.12.1997 mit der Stadt Ludwigsfelde fusionierten, ist dies nicht das Ende einer jahrhundertelangen eigenständigen Geschichte, sondern ein neues Kapitel von Ortsgeschichte unter veränderten Verwaltungsbedingungen.

Den Tatbestand, daß Ludwigsfelde als jüngster Ort zum Zentrum der Großgemeinde geworden ist, sollte man positiv sehen, denn immerhin hat es Ludwigsfelde binnen relativ kurzer Zeit geschafft, sich aus einer zu Löwenbruch gehörenden, um 1750 gebildeten Kolonie zu einer eigenständigen Gemeinde (Februar 1928) und schließlich zu einer beachtlichen Stadt (seit 1965) zu entwickeln.

Durch die Fusion wird das an historischer Substanz relativ arme Ludwigsfelde nicht nur viel größer, sondern auch reicher und (alt-)ehrwürdiger. Durch die Fusion fällt der Stadt wertvolle historische Substanz in Gestalt von Herrenhäusern, steinalten Kirchen und vielen Denkmälern – und damit eine große Verantwortung – zu, eine Verantwortung, die die einzelnen Gemeinden allein nicht hätten tragen können. Der Zusammenschluß bildet eine gute Basis, einen stabilen Ausgangspunkt für eine gemeinsame Zukunft, in der das Grün der geschützten Natur das herausragende Merkmal sein sollte.

Ludwigsfelde war für die genannten Orte schon seit der Mitte des vergangenen Jahrhunderts der wesentliche Bezugspunkt, denn hier befand sich seit 1841 die Bahn und damit nicht nur das Tor zur größeren Welt, sondern auch der Ort, von dem man die land- und forstwirtschaftlichen Produkte zum Verkauf verfrachtete und wo sich die einzige Post weit und breit befand. Die zentrale Funktion von Ludwigsfelde nahm zu, als sich hier seit 1935/36 in Gestalt des Daimler-Benz-Flugzeugmotorenwerkes Industrie und mit ihr Geschäfte und Kulturstätten ansiedelten. Und seit den 50/60er Jahren kamen nach der Abschaffung der Dorf- bzw. Einklassenschulen Kinder aus den umliegenden Dörfern in die Zentralschulen bzw. in die EOS Ludwigsfelde. Und die Dorfjugend ging bzw. fuhr des öfteren mit dem Fahrrad nach Ludwigsfelde zum Kino oder zum Tanz, zur Maifeier oder auch zum Rummel. Nun gilt es, die oben angesprochene gemeinsame Zukunft ins Auge zu fassen. Man kann nicht davon leben, daß man seine eigene Geschichte bewundert, aber man kann diese Ortsgeschichte, die unverwechselbare brandenburgische Geschichte widerspiegelt, im Zusammenhang mit der schönen Landschaft, der historischen Substanz und der günstigen Lage (Verkehrsanbindung, Berlinnähe, touristische Anziehungspunkte) mit Hilfe eines sanften Tourismus zu einer beachtlichen Erwerbsquelle machen; und man kann die allgegenwärtige und greifbare Geschichte auch museal erschließen, Wander- und Radwege (zum Beispiel zu den ehemaligen Nutheburgen, den mittelalterlichen Kirchen und weiteren historischen Stätten) anlegen und dafür notwendige gastronomische Einrichtungen errichten bzw. ausbauen etc. Es gibt kaum ausgeprägtere märkische bzw. brandenburgische Ortschaften als Gröben und Siethen. Allein dies ist ein Geschenk des Himmels, das sich mit etwas Geschick durchaus bei der Schaffung von Erwerbsquellen umsetzen läßt, zumal das Interesse an märkischer bzw. brandenburgischer Geschichte und an Natur unverändert groß ist. Zum anderen ist zu hoffen, daß mit dem entstehenden Mittelzentrum Ludwigsfelde, dem sich entfaltenden Preußen- bzw. Brandenburg-Park und der Entwicklung der ohnehin vorhandenen Industrie von Aqua-Butzke über Daimler Chrysler bis Thyssen neue Arbeitsplätze für die Bewohner von Ludwigsfelde – nun einschließlich der neuen Ortsteile – entstehen. In den hier vorsichtig angeschlagenen Tönen von Zukunftsmusik kommt es auf Kooperation an, die sich kaum in der Vielfalt kleiner Orte optimal entfalten kann. Unter diesen Bedingungen kann das im Hinblick auf emsländische, gern aber auch auf die märkischen Bauern angewandte Sprichwort „Willst du drei Bauern unter einen Hut bringen, mußt du zwei von ihnen tothauen", auch widerlegt werden. Die Volksvertreter der Großgemeinde, die sich nun bis hinter die Nuthe erstreckt, stehen vor der sicher nicht leicht lösbaren Aufgabe, dem Wandel der Meinung zum Landleben gerecht zu werden, denn wenn man einst von der „Idiotie des Landlebens" sprach, so ist diese Auffassung heute in die Sehnsucht nach dem Leben auf dem Lande umgeschlagen. Es gilt, soviel wie möglich von den pflegenswerten ländlichen Besonderheiten zu erhalten, ohne dem Fortschritt den Weg zu verbauen. Einer allgemeinen Verstädterung und Zersiedelung sollte man entgegenwirken, da ansonsten auch die Geschichte als ein wesentlicher Bestandteil dessen, was Lebensqualität und Heimat ausmacht, unwiederbringlich verlorengeht. Die engere Heimat und das größere Vaterland verlieren auch in einem vereinten Europa nicht an Bedeutung; auch der Kosmopolit hat das eine wie das andere, ob er sich dessen bewußt ist oder nicht, ob er es will oder auch nicht will. Der sich seit 1945 und dann wieder seit 1989/90 vollziehende Strukturwandel im ländlichen Raum (nur noch 5% der bäuerlichen Bevölkerung ist heute in der Landwirtschaft tätig!) sollte nicht völlig der fortschreitenden Urbanisierung geopfert werden. Es gilt, Voraussetzungen zu schaffen, die Lebensbedingungen der Landbevölkerung attraktiver zu gestalten, ohne die noch vorhandenen typischen Elemente der Dörfer, die ländlichen Traditionen völlig zu kappen, ohne das Kind mit dem Bade auszuschütten, denn gerade diese Traditionen sind es, die einen hohen Stellenwert im Alltagsleben haben. Durch eine den dörflichen Verhältnissen angepaßte Planung mit starker Einbindung der Bürger sollten die traditionellen Werte gesichert und Impulse für eine zukunftsorientierte Entwicklung gegeben werden. Bei der Zukunftsplanung sollte man sich die Frage stellen, wie die historisch gewachsenen Gemeinden bzw. Dorfteile im Jahr 2030 oder 2050 aussehen sollen und wovon die Bewohner dann leben können. Solchen Vorhaben wie der Pflege einiger erhaltenswerter alter Gebäude, besonders aber der alten Kirchen, sollte ebenso unvermindert Aufmerksamkeit zugewendet werden wie dem Schutz der Natur.

Anmerkung des Herausgebers

Zu den stadtgeschichtlich relevanten Ereignissen von Ludwigsfelde mit Auswirkungen auf die gesamte Region gehört die im Juni 1998 vollzogene Bildung des Zentrums Aus- und Weiterbildung Ludwigsfelde, das sich im Ortsteil Struveshof etablierte.

Es ist mir eine besondere Freude, namens des ZAL das vorliegende Buch von Gerhard Birk herauszugeben und den Einwohnern der durch die Fusion mit den umliegenden Gemeinden viel größer gewordenen Stadt Ludwigsfelde, aber auch allen an Brandenburger Geschichte interessierten Personen zur Verfügung stellen zu können.

Ein wesentliches Motiv für dieses Unterfangen gab uns der in Neuruppin geborene Baumeister Friedrich Schinkel; er legte uns ans Herz, daß es zu den „würdigsten Bestimmungen des Menschen" gehöre, „mit aller Sorgfalt dasjenige zu erhalten, was die Kraft des früheren Geschlechts hinterließ."

Ich hoffe sehr, daß dieses bemerkenswerte Buch viele Leser erreicht und es dem Autor gelingt, mehr Menschen für das Land Brandenburg, seine Bewohner und ihre bewegte Geschichte aufzuschließen.

Reiner Rabe
Geschäftsführer ZAL

Anhang

Flurnamen in der Parochie Gröben

Früher gab man bestimmten Feldern, ganzen Feldmarken bzw. Fluren und Wegen Namen, um sie voneinander zu unterscheiden. Viele dieser Flurnamen, die man nach Personennamen, nach natürlichen Besonderheiten, nach Besitzern oder aber Ereignissen, die sich dort zugetragen haben, benannte, haben sich bis in die Gegenwart erhalten, so z.B.:

An den Schinderfichten
Beutensche Heide
Busch (kleiner und großer Busch)
Buschwiesen
Das Höfichen (am Kleinen Luch)
Das (kleine/große) Luch
Der Drey- bzw. Dreiangel
Der Schmoling (Schmolingsberg)
Der Terzian
Die Freiheit
Elsbruch (Ellern-, Erlenbruch)
Fuchsberge
Galgenberg
Gröbener Heide
Gröbener Luch
Gröbener Sandberge
Gensert
Große Heide
Große Kiefernheide
Großer Busch
Großes (Siethener) Luch
Großer (Siethener) Elsbruch
Hasenheide
Hinter dem Schweinedamm
Hinter dem Kuhdamm
Hinterwiese
Hirschenberg
Im großen Plan
Kaveln (an den Kaveln)
Kavel-, Kabelhöfe
Kiefernheide
Kirchhofsenden
Kleiner Elsbruch
Mahnhorst
Nachtkoppel
Papenwinkel (Papwinkel)
Pastorfichten
Rehwinkel
Schiefenberg
Schinderfichten
Schinderluch
Schmiedefichten
Stangenberg
Steert/Steertberg
Der Terzian
Thyrower Winkel
Upstall (Upstallwiese)
Verbotener Garten
Wiesenplan
Weinberg
Weingärten
Ziegelwiesen
[36, 37, 38, 39]

Soziale/berufliche Zusammensetzung der Einwohner der Parochie im Jahre 1927

Viele der Genannten übten zwei oder mehrere Berufe bzw. Tätigkeiten aus. So hatte der Maurer oder Zimmerer beispielsweise nebenbei eine kleine Landwirtschaft, ebenso wie der Hausschlächter nicht allein von seinem Beruf leben konnte, zumal sich das Schlachten in der Regel nur auf die Winterzeit konzentrierte. Eine Reihe der auf dem Dorfe lebenden Handwerksleute begaben sich täglich zu Fuß oder mit dem Fahrrad nach Trebbin, teilweise sogar (mit der Bahn ab Thyrow oder Ludwigsfelde) bis nach Berlin. Und da es in der gesamten Parochie keinen Bahnhof gab, blieb den ortsansässigen Eisenbahnern nichts weiter übrig, als nach Thyrow, Trebbin oder Ludwigsfelde zur Arbeit zu gehen; ebenso ging es dem Bankbeamten – es sei denn, sie waren bereits pensioniert.

Beruf	Anzahl
Landwirte	77
Gutsarbeiter	22
Krankenschwestern	14
Arbeiter	12
Landarbeiter	11
Maurer	7
Gespannführer	5
Kaufleute	5
Zimmerer	5
Gastwirte	4
Herrschaftliche	
Kutscher	4
Lehrer	4
Maurerpoliere	3
Meier	3
Rittergutsbesitzer	3
Brennermeister	2
Kraftwagenführer	2
Milchkühler	2
Müller	2
Obermelker	2
Schlächtermeister	2
Vögte	2
Bäckermeister	1
Bankbeamter	1
Bauerngutsbesitzer	1
Chauffeur	1
Chausseewärter	1
Fahrradschlosser	1
Fischer	1
Forstarbeitr	1
Förster	1
Friseur	1
Gartenarbeiter	1
Gärtner	1
Gemeindeschwester	1
Grabenwärtr	1
Gutsförster	1
Gutsgärtner	1
Gutsstellmacher	1
Hausschlächter	1
Milchladeninhaber	1
Nachtwächter	1
Obergärtner	1
Oberlandjäger	1
Oberschweizer	1
Pfarrer	1
Rangierführer	1
Schafmeister	1
Schmiedemeister	1
Schneidermeister	1
Schuhmacher	1
Steinsetzer	1
Tischlermeister	1
Zimmermeister	1

Jahr	Gröben	Kietz	Jütchendorf	Schiaß	Mietgendorf	Siethen	Großbeuthen	Kleinbeuthen
1624	124		88			74	48	24
1734	133		95			139	96	59
1772	180			48		167	116	39
1800	244	5	114	62	82	260	137	120
1817	180			65	81	216	122	117
1840	209		109	64	103	231	161	153
1856	296		119		139	340	170	162
1858	222 davon Gemeinde 142 Gutsbezirk 80			92	139	345 Gemeinde 172 Gutsbezirk 173	172 Gemeinde 85 Gutsbezirk 87	156 Gemeinde 103 Gutsbezirk 53
1871	227	70	135	90	125	350	151	140
1880	251	56	146	87	111	375		
1890	234	47	141	75	116	399	185	124
1900	237		132	64		401	248	80
1920	258			64	114	393	234	68
1925	283	41	145	64	114	393	234	68
1939	254	38	158	61	99	382	229	77
1946	375		218	76	131	486	309	80
1958		146						
1964		242	116	51	89	530	368 einschl. Kleinbeuthen	
1971	255		137	40	75	552	303 einschl. Kleinbeuthen	
1.1. 1998	403 einschl. Jütchendorf; Schiaß; Mietgendorf		(101)	(36)	(76)	434	252 einschl. Kleinbeuthen	

Einwohnerzahlen: Die Stadt Ludwigsfelde zählte per 1.1.1998 einschließlich der Eingemeindungen von Gröben (mit Kietz, Jütchendorf, Schiaß und Mietgendorf), Siethen sowie von Kerzendorf, Wietstock, Löwenbruch und Genshagen insgesamt 22.634 Einwohner.

Bildquellen

Die aktuellen Fotos wurden aufgenommen von: Gerhard Birk, Helga Freyer, Gabriele Breitsprecher und vor allem von Mario Stutzki.

Eine Reihe von historischen Fotos wurde entnommen: Kunstdenkmäler der Provinz Brandenburg, 4.1, Kreis Teltow, 1941; mehreren Jahrgängen des Teltower Kreiskalenders, Nachlaß des Pfarrers Lembke.

Die Luftaufnahmen wurden zur Verfügung gestellt und zur Veröffentlichung freigegeben durch das Landesvermessungsamt/Luftbildarchiv Potsdam.

Nachfolgend genannte Personen stellten Bildmaterial zur Verfügung und/oder gaben dem Autor Informationen zur Dorfgeschichte:

Gröben:
Dieter Bergemann,
Peter Collatz,
Anke Jordan,
Erika Kirstein,
Mechthild von Köller,
Johanna Naase,
Hildegard Wätzel,
Jörg Welz,

Gröben/Kietz:
Käte Lehmann,
Willi Lehmann.

Siethen:
Hubertus von Badewitz,
Ulrike von Badewitz,
Frieda Becker,
Heinz Egeler,
Helga Freyer,
Alfred Gerres,
Rudolf Grohmann,
Gertrud Grüneisen,
Klaus Grüneisen,
Anita Höfel,
Edith John,
Wilfried Köppen,
Frieda Löwendorf,
Rosemarie Paul,
Ursula Romaniuk,
Rosemarie Paul,
Ursula Romaniuk,
Charlotte Schmegg,
Werner Schmegg,
Ingrid Stalla,
Dietmar Wegner.

In Siethen wurden die Recherchen besonders intensiv durch Edith John und Helga Freyer unterstützt.

Jütchendorf:
Frank Bergemann,
Frieda Hannemann,
Renate Krause,
Richard Pieper,
Edwin Ruge,
Gerald Schulze.

Großbeuthen:
Marie Luise Etmer,
geb. von Goertzke,
Dr. Horst Christian Etmer,
Magdalena Perske,
Irmgard Wegener.

Kleinbeuthen:
Irene Koch,
Manfred Koch,
Georg Reuter,
Elfriede Steinberg,

Mietgendorf:
Christa Deute,
Werner Deute,
Elfriede Grunack,
Ursula Humeniuk,
Brigitta Schreiber,
Christian Schreiber,
Jörg Schreiber,
Günther Trebuth,
Carola Zander.

Schiaß:
Lothar Bellag,
Selma Feilert,
Elisabeth Hildebrand,
Inge Paul,
Paul Schulze,
Selma Turley.

Repros wurden angefertigt von:
Ursula Beyer,
Frank Michael Günther,
Stephan Kurt Müller,
Mario Stutzki,
Renate Thienel.

Quellenhinweise

[1] Adreßbuch des Kreises Teltow 1927, Berlin 1927
[2] Albedyll, Georg von,
Geschichte des Kürassier-Regiments Königin, I. u. II. Teil,
Berlin 1904
[3] Bauer, Superintendent in Zossen,
Cossmanns Denkwürdigkeiten 1800, S.965
[4] Bekmann, Johannes C.,
Historische Beschreibung der Chur und Mark Brandenburg ...,
T. 1 und 2, Berlin 1753
[5] Beck, Friedrich, Neitmann, Klaus [Hg.],
Brandenburgische Landesgeschichte und Archivwissenschaft,
Festschrift für Liselott Enders, Weimar 1997
[6] Berghaus, Heinrich, Landbuch der Mark Brandenburg ... 2. Bd.,
Brandenburg 1855
[7] Borgstede, Statistisch-Topographische Beschreibung der Kurmark
Brandenburg, Teil I, Berlin 1788
[8] Brandenburg, Zeitschrift für Heimatkunde und Heimatpflege, 5. Jg.,
1927
[9] Brandenburgica, Monatsblatt der Gesellschaft für Heimatkunde und
Heimatschutz, 38. Jg., Berlin 1929, S.175
[10] Brandenburgisches Namenbuch, Teil 3,
Die Ortsnamen von Teltow, von Gerhard Schlimpert, Weimar 1972
[11] Bratring, F.W.A., Statistisch-topographische Beschreibung der
gesamten Mark Brandenburg, Berlin 1968
[12] Die Kunstdenkmäler der Provinz Mark Brandenburg, 4.1,
Kreis Teltow, 1941
[13] Die Teltowgraphie des Johann Christian Jeckel hg. von Gaby Huch,
Köln, Weimar, Wien 1993
[14] Fidicin, E., Geschichte des Kreises Teltow ..., Bd. 1, Berlin 1857
[15] Fischer, Reinhard E., Brandenburgisches Namenbuch.
Die Ortsnamen der Zauche, Weimar 1967
[16] Fontane, Theodor, Wanderungen durch die Mark Brandenburg,
IV.Teil, Berlin1979
[16/1] ders., hg. von G. Erler und R. Mingau, Berlin und Weimar 1982
[17] Hannemann, Adolf, Der Kreis Teltow ..., Berlin 1931
[18] ders., Beschreibung des Kreises Teltow und seiner Einrichtungen, 2.Bd.,
Berlin 1887 und 1894
[19] Heimatjahrbuch für den Landkreis Teltow Fläming, Jg. 1993-1998
[20] Heimatkalender für den Kreis Zossen, div. Jge.
(so u.a.: 1959, 1960, 1963, 1965, 1968)
[20a] Heinrich, Gerd (Hg.), Handbuch der historischen Stätten
Deutschlands, Bd.10; Berlin-Brandenburg, Stuttgart 1985
[21] Hermann, Joachim, Die Slawen in Deutschland, Berlin 1985
[22] Historischer Handatlas von Brandenburg und Berlin, Abt. IV (1977):
Vorkoloniale und hochmittelalterliche Besiedlung der Zauche und des
Hohen Teltow
[23] Historisches Ortslexikon für Brandenburg, Teil IV, Teltow,
bearb. von Liselott Enders, Weimar 1976
[23a] Jankowiak, Christa und Johannes, Unterwegs an Nuthe und Nieplitz,
Berlin 1995
[24] Kunschke, Karl, Der Ton in kleinen Städten oder Revolution im
Städtchen ... (Trebbin) drei Meilen von Berlin ..., 2. Teil,
Neue Auflage, ersch. bei Arnold Wever, 1797
[25] Landwirtschaft und Kapitalismus in der Magdeburger Börde,
Veröffentlichungen zur Volkskunde und Kulturgeschichte, Bd. 66.1,
Akademie-Verlag Berlin 1978, S. 290 ff.
[26] Lesebuch „Aus der Heimat", Gruppe A für das dritte und vierte
Schuljahr, 1924
[26/1] Lipinsky-Gottersdorf, Hans, Der Witz der Preußen, Würzburg 1997
[27] Materna, Ingo, Ribbe, Wolfgang, Hg.,
Brandenburgische Geschichte, Berlin 1995
[27a] dies., Geschichte in Daten, Brandenburg, München/Berlin 1995
[28] Rieckhoff, W., Alte Dörfer im Teltow, in: Märkische Heimat,
Berlin 4/1926, S.29 f.
[29] Riedel, A. F., Codex diplomaticus Brandenburgensis, Reihe A,
Berlin 1856, div. Bde.
[30] Schreckenbach, Hans-Joachim, Bibliographie zur Geschichte der
Mark Brandenburg, 1974, T. 1- 5
[31] Schulze, Berthold, Neue Siedlungen in Brandenburg 1500 – 1800,
Berlin 1939
[32] Schulze, Johannes, Die Mark Brandenburg, Bd. 1- 4, Berlin 1961
[33] ders. [Hg.], Das Landbuch der Mark Brandenburg von 1375,
Berlin 1940
[34] Spatz, Willy, Bilder aus der Vergangenheit des Kreises Teltow,
Bd. I-III, Berlin 1905 -1920
[35] Teltower Kreiskalender, div.Jge. (so u.a.: 1905, 1906, 1909, 1923,
1927, 1931, 1940, 1941)
[36] Teltower Sagen, hg. von W. Garnatz und F. Jungnitsch,
Selbstverlag 1932
[36a] „Chronik der Familie", verfaßt von Johannes Fischer, o.J., (handschriftlich)
[37] „Handbuch für den Gröbener Pfarrer, zusammengestellt auf
Grund der Kirchenbücher und Akten",1924,
[37a] Wietstruk, Siegfried, 750 Jahre Ahrensdorf, Trebbin 1992,
[38] „Chronik des Weltkrieges und der Folgezeit.
Geschrieben für die Kirchengemeinden Gröben, Großbeuthen und
Siethen" von Pfarrer Lembke, 1934
[38/1] Am Ende lohnt es doch ..., Lebensbericht (handschriftlich) von Erika
Kirstein, o.D. ..., um 1995 verfaßt in zwei Bänden
(im Besitz des Buchautors)
[39] „Regulierungs- und Separations-Receß zwischen dem Rittergute, den
sieben Laßbauern, den fünf Halbkossäten und Büdnern, den dreizehn
Kolonisten, der Pfarre und dem Besitzer des Kirchenlandes zu
Siethen" (im Besitz des Autors)

Verwendete Archivalien

[A] Brandenburgisches Landeshauptarchiv Potsdam, (BLHA)

[A1] Rep. 2 A II Z, Reg. Potsdam, Nr. 2314, unfol.

[A2] Rep. 2 A II Z, Reg. Potsdam, Nr. 2313 und 2313/1 unfol.

[A3] Pr. Br. Rep. 7, Amt Potsdam II, Specialia Schiaß, Fach I, Nr. 477

[B] Kreisarchiv Zossen

[B1] VI 754, Protokolle der Räte der Gemeinden 1974, unfol.

[B2] XI/ 2315, Siethen, Bürgermeister, unfol.

[B3] XI/ 1417, Meldebuch für Flüchtlinge Jütchendorf 1945/46, unfol.

[B4] VI/ 2031, Gemeindeablage R.d. Gemeinde Jütchendorf 24, unfol.

[B5] XI/ 310, R.d. Gemeinde Gröben, unfol.

[C] Pfarrarchiv Ahrensdorf/Privatarchive

[C1] Akte: Stifter betr. Tabea-Haus (1940 – 1952)

[C2] Ausgabe-Einnahme-Belege Tabea-Haus, Schlabrendorff'sche Stiftung

[C3] Akte Tabea-Haus (Nachlässe)

[C4] Nachlaß des Pfarrers Ernst Lembke (im Besitz seiner Tochter Mechthild von Köller)

[C5] Aus den Erinnerungen von Gerhard von Badewitz (1904 – 1989), zur Verfügung gestellt von Hubertus von Badewitz

[C6] Nachlaß des Wilhelm von Goertzke, zur Verfügung gestellt von Dr. Horst Christian Etmer und Marie Luise Etmer, geb. von Goertzke

Abkürzungsverzeichnis

ABV	....Abschnittsbevollmächtigter
ACZ	Agrochemisches Zentrum
BDM	Bund Deutscher Mädchen
CSSR	Czechoslowakische Sozialistische Republik
DDR	Deutsche Demokratische Republik
EOS	Erweiterte Oberschule
GUS	Gemeinschaft Unabhängiger Staaten
KAP	Kooperative Abteilung Pflanzenproduktion
KPdSU	Kommunistische Partei der Sowjetunion
KZ	Konzentrationslager
LN	Landwirtschaftliche Nutzfläche
LPG	Landwirtschaftliche Produktionsgenossenschaft
MAS	Maschinen-Ausleih-Station
MG	Maschinengewehr
SED	Sozialistische Einheitspartei Deutschland
SBZ	Sowjetische Besatzungszone
SMAD	Sowjetische Militäradministration Deutschland
SS	Sturmstaffel
UFA	Universum Film AG
VEB	Volkseigener Betrieb
VEG	Volkseigenes Gut

Personenverzeichnis

Badewitz, Gerhard von 47, 68 f, 87 ff, 149 f, 158
Badewitz, Dr. Gottfried von 72 ff, 113, 118, 119, 146 f
Badewitz, Hermann 51, 66 ff, 105, 118 f
Badewitz, Nicolaus von 74
Badewitz, Dr. Werner von 45, 47, 72 ff, 87 f,f, 158, 192
Baumgart, Hubert 137
Becker, Frieda 85, 95, 169
Bellag, Lothar 44, 87, 199
Böhm, Bodo, Pfarrer 202
Bergemann 83
Brentano, Clemens 150
Bülow, Christoph Friedrich von 57
Bünger, Friedrich Wilhelm 137
Busse 90, 116, 139, 164
Collatz, Peter 131, 220 f, 223
Deute, Kurt 43, 89 f, 90, 136, 200
Dreets, Hermann 142
Etmer, Marie Luise, geb. v. Goertzke, 61
Fontane, Theodor 9, 54, 58, 76, 80, 106 ff, 149 f, 170, 225
Freyer, Helga 219
Friedrich II. (der Große) 14, 27, 29, 62, 127, 152, 224, 226
Friedrich Wilhelm I. 29, 226, 227
Friedrich Wilhelm IV. 58, 61
Gerres 86, 94, 139
Goertzke, Karl Albrecht von 17, 59, 171
Goertzke, Wilhelm von 60, 151, 161, 171
Goethe, Johann Wolfgang von 9, 125
Grimmelshausen, Hans Jacob Christoffel von 96
Gröben, Heinrich von der 14 ff, 147
Grohmann, R. 194
Grothe, Albert 137, 145
Grunack 126, 164
Grüneisen 40 f, 73, 77, 86, 90, 95, 126, 144, 208 f
Grunewald, Georg 166
Hake 79
Hannemann 42, 85, 94
Hayessen, Egbert 171
Henning, Gottfried 133 f
Hensel, Fanny 150
Hensel, Johann Ludwig 150
Hensel, Luise 150
Hensel, Wilhelm 150
Hinze 104, 196
Hoffmann, Karl August 136
Hohenlohe-Ingelfingen, Adolf von 30 ff
Höfel, Lothar 140, 191
Hübner, Karl 137

Humeniuk, Nikolaus 200 ff
Ilenburg, Martin 133
Jeske 140, 146
Johl, Friedrich Ernst 134
John, Edith 165, 168, 185, 219, 220 ff
Kallenbach, Förster 166
Käthe 103
Kiekebusch, Karl 86, 105
Kieser, Richard 81 f, 85, 137
Kirstein, Erika 172 ff
Kirstein, Gottfried 26
Koch, Dirk 176
Koch, Hermann 46
Köller, Johanna 124, 170
Köller, Mechthild von 45, 47, 124 f, 141, 169 f
Köppen, Willi u.a. 88, 100 f, 116, 122, 159, 163, 166, 188, 209, 220 ff
Kretlow, Gerhard 151
Krenz, Paul 183 f
Kunschke, Karl 134
Künssberg von, geb. Badewitz Irmgard, 66, 112, 170
Land, Tobias 113
Langmann, Wilhelm 137
Lehmann, Willi 80, 84, 154
Lembke, Ernst, Pfarrer 12, 27, 36, 45, 47, 77, 99, 102 f, 105, 110, 112, 118, 121 ff, 127 ff, 137, 141, 145, 157 f, 159 f, 170, 219, 224 f
Löns, Hermann 130 f,
Lorenz 38, 91
Löwendorf, Frieda 34, 40, 46, 80 ff, 95
Lühr, Dr. Wilhelm 73, 214
Lühr, Dr. Wolfgang 214 ff
Maschke, Johann Georg 97, 135 f, 138
May, Willi 169
Melanchthon, Philipp 49, 109, 119
Molgedei, August 89
Monsky, Erich 199 f
Naase, Johanna, 34, 42, 80, 112, 157
Niese, Heinrich 142
Oetken, Prof. 113
Perske 38, 91
Quintus, Icilius, ehem. Guichard, Charles 62
Quitzow, Joachim von 48
Redde, Pfarrer 26, 55, 57, 62, 120, 122, 134
Reuter, Georg 92 ff, 139, 151, 192
Romaniuk, Ursula 204

Roy, Johann Gottfried 141
Ruge, Edwin 146, 200
Scharnhorst, Gerhard Johann David von 51
Scharnhorst, Johanna von, geb. Gräfin von Schlabrendorff 51, 63, 65, 75, 109, 112, 124, 138
Schlabrendorff, Albrecht von 21, 48
Schlabrendorff, Emilie von 62
Schlabrendorff, Gustav von 52, 53, 62
Schlabrendorff, Hans Albrecht von 21, 83
Schlabrendorff, Heinrich von 54, 55 f
Schlabrendorff, Henning von 48
Schlabrendorff, Henriette Helene Albertine von 62
Schlabrendorff, Joachim Ernst von 51, 57, 134
Schlabrendorff, Johann von 49
Schlabrendorff, Johann Christian Sigmund von 50, 55, 223 ff
Schlabrendorff, Johanna von, verehel. Scharnhorst 51, 54
Schlabrendorff, Konrad von 48
Schlabrendorff, Matthias von 48
Schmid, Valtin (Valentin) 133, 138
Schrage, Major a.D. 73, 192
Schreiber, Christian u. Brigitta 205 ff
Schröder 94
Schwechten, Prof. Franz Heinrich 66, 113
Schwendler, Pauline von 62
Stolpe, Dr. Manfred 131, 204 f
Stubenrauch 71
Thielicke, Willi 46, 77 ff
Thümen, August Christian Johann von 29 f, 56
Turley, Selma, geb. Habich 155 f
Wätzel, Hildegard 205
Wätzel, Paul Pfarrer 131, 205
Wegner 204
Weinholtz, Ewald 137
Welz, Jörg 141, 205, 219 f
Wendland, Johanna Luise Anna 108
Wendland, Pfarrer 107, 110
Wickel 95
Zadeck, Peter 205
Zimmermann 44

Ortsverzeichnis

Ahrensdorf 22, 23, 28, 68, 110, 131, 149, 168, 195
Berlin 27, 30, 51, 55, 56, 57, 66, 67, 82, 85 f, 97, 102, 113, 126, 131, 134, 168, 170, 172, 184, 193, 202, 218
Blankensee 15, 30 f, 175, 200, 215, 227
Caputh 56
Fahlhorst 24, 27
Frankfurt/Oder 113, 179, 215
Fresdorf 15, 31
Genshagen 161, 186
Glau 167, 168, 200, 218
Gröben 10 ff, 15, 17, 22, 26 ff, 30 ff, 39, 46, 50 ff, 78, 80 ff, 96, 102 ff, 116 ff, 132 ff, 145 ff, 170 ff, 192, 195, 205 ff, 214, 219, 222
Großbeeren 53, 226
Großbeuthen (Wendisch-Beuthen) 10 ff, 14, 17, 24 f, 25, 39, 47, 58 f, 71, 75, 85, 91 ff, 99, 102 ff, 113 ff, 145 ff, 161 ff, 167, 170, 223
Havelberg 49
Jütchendorf 10 ff, 17, 23, 27 ff, 37 ff, 45 f, 62, 81, 85, 90, 92 ff, 103, 118, 134, 139, 142, 146 ff, 166, 183, 184, 195 ff, 223, 225, 227 ff
Jüterbog 29, 50, 184
Kerzendorf 51, 53, 98 f, 161, 168
Kietz 10 ff, 26, 80 ff, 97, 153 f, 225
Kleinbeuthen (Deutsch-Beuthen) 10 ff, 14, 15 ff, 17, 22 f, 34, 38, 47 ff, 53, 91 ff, 102, 124, 142 ff, 223
Löwenbruch 26 f, 76, 186, 228
Luckenwalde 10, 19, 70, 82, 97, 113, 200, 202
Ludwigsfelde 11, 15, 67, 85 f, 87, 94, 99, 166 f, 183, 186, 199, 202 ff, 206, 228 ff
Magdeburg 53
Mietgendorf 10 ff, 15, 42 f, 90, 95, 136, 164, 166, 200, 201 ff, 207, 228
Nudow 25
Paris 54
Potsdam 11, 16, 27 ff, 62, 67, 70, 82, 88, 141, 149, 152, 159, 172, 193, 226, 227
Rehbrücke 110, 129
Saarmund 10, 15, 26, 82
Schiaß 10 ff, 15 f, 26, 31, 42 f, 45, 90, 136 f, 142, 155 ff, 166, 201, 207, 227 ff
Schünow 176
Siethen 10 ff, 17, 24, 27, 30 f, 38 ff, 51, 63 ff, 73, 76, 80 ff, 89 ff, 100 ff, 119 ff, 135, 139 ff, 158 ff, 184 ff, 213, 222, 225, 228
Stukenbrok 183
Teltow 97
Thale/Harz 120
Thyrow 22, 24, 137, 168, 186
Trebbin 10, 15 f, 22, 27, 82, 113 ff, 126, 134, 136, 151, 167, 176, 184, 200, 211
Tremsdorf 27, 154 ff
Wietstock 53, 99, 137
Zossen 183

Worterklärungen

akribisch	exakt, genau
Anachronismus	Zeitwidrigkeit
Bebelei	auf den Führer der Sozialdemokratie August Bebel bezogen
Büdner	Klein-, Kleinstbauer
Cavalleriegeld	Abgaben, Steuern
Contribution/Kontribution	Abgaben, Kriegssteuern
Defaitismus/Defätismus	Miesmacherei, Mut-, Hoffnungslosigkeit
Dysenterie	Ruhr
Equipage	Reisekutsche
Euthanasie	Herbeiführen des Todes durch Medikamente - Tötung geistig und körperlich behinderter Menschen in der NS-Zeit
friderizianisch	Friedrich II. von Preußen und seine Zeit betreffend
Götze	Abgott, Idol
Guillotine	Fallbeil
Hoffahrt	Hochmut
hypochondrisch	eingebildet krank, schwermütig
Kolchose	Landwirtschaftl. Großbetrieb in der Sowjetunion
Kosmopolit	Weltbürger
Kossäte	Kleinbauer, Tagelöhner
Kuratorium	Aufsichtsgrenium
Küster	Kirchendiener (Lehrer)
Livree	Dieneruniform
Mammon	Geld, Reichtum
mäandrieren	von Mäander: geschlängelter Flußlauf
Muskete	Handfeuerwaffe
Parochie	Amtsbezirk eines Geistlichen
Patronatsrecht	Schutzherrnrecht
Peuplierungpolitik	Bevölkerungspolitik (Aussiedlung)
Peripneumonie	Krankheit
Philanthropie	Menschenliebe
Refugium	Zufluchtsort
Rezeß	Vergleich, Vertrag
Renaissance	Stilrichtung in der Kunst (erneutes Aufleben)
RT (125)	Motorradtyp
Simplicissimus	Titelgestalt eines Romans von Grimmelshausen
Soldateska	rohes, gewalttätiges Kriegsvolk
Stasi	Staatssicherheitsdienst
Tristesse	Eintönigkeit
Urbanisierung	Verstädterung
Vogt	Gutsverwalter
Volksethymologie	fälschliche Deutung unverstandener Wörter durch Umbildung und Anlehnung an bekannte, ähnlich klingende Wörter
Vopo	Volkspolizei

Danksagung

All den vorangenannten wie auch ungenannten Personen, die auf unterschiedliche Art und Weise zur Entstehung des Buches beigetragen haben, die dem Autor Fotos und/oder ortsgeschichtliche Informationen zur Verfügung gestellt haben, selbst zur Feder bzw. zur Kamera griffen, sei herzlich gedankt. Ohne ihr zum Teil bemerkenswertes Einsatz hätte das Buch kaum geschrieben werden können.

Es ist dem Autor – auch namens der Leser des Buches – ein besonderes Bedürfnis, der Geschäftsstellenleiterin des Arbeitsamtes Potsdam, Geschäftsstelle Zossen, Frau Christine Petzold, für ihr persönliches Engagement bei der Bildung der Projektgruppe und der Förderung des Projektes zu danken.

Dank gesagt sei auch dem Geschäftsführer des ZAL Zentrum Aus- und Weiterbildung Ludwigsfelde GmbH, Herrn Reiner Rabe. Er setzte sich mit Vehemenz, Ideenreichtum und Kompetenz für die kurzfristige Überwindung von Hindernissen auf dem langen Wege bis zum Erscheinen des Buches ein und trug maßgeblich dazu bei, daß es zu einem äußerst günstigen Preis zur Verfügung gestellt werden kann.

Dank gilt auch der Mitarbeiterin der Gesellschaft für Arbeits- und Berufsförderung mbH Ludwigsfelde, Frau Rosi Awduschin wie auch Herrn Pfarrer Peter Collatz und Frau Sieglinde Ressel; sie beteiligten sich maßgeblich am Lektorieren des umfangreichen Textes.

Last but not least sei auch der Gesellschaft zur Förderung der Arbeitsaufnahme (GFA) in Alfter bei Bonn, dem Prokuristen der Zweigstelle der GFA in Brandenburg, Herrn Dr. Lutz Resech, und der Leiterin der Tertia, Bildung und Beruf GmbH & Co Ludwigsfelde, Frau Karin Hase, für ihre unbürokratische Betreuung des Projektes herzlich gedankt.

Die Manuskripte zu den Einzelteilen des Buches wurden von der Projektgruppe "Aufarbeitung der Regional- und Heimatgeschichte Ludwigsfelde und umliegende Gemeinden" durch EDVgerechte Texterfassung, permanentes Korrekturlesen und Fotoarchivierung für den Druck vorbereitet. Parallel dazu sind von der Projektgruppe für die einzelnen Gemeinden Präsentationstafeln gestaltet und ausgestellt worden. Der von

Der Autor des Buches mit der o. gen. Projektgruppe.
V.l.: Rita Falkenthal, Sabine Seeger, Helga Koppe, Monika Friedel, Gerhard Birk, Stephan Kurt Müller, Gabriele Breitsprecher

Herrn Stephan Kurt Müller geleiteten Projektgruppe gehörten Frau Gabriele Breitsprecher, Frau Rita Falkenthal, Frau Monika Friedel, Frau Helga Koppe und Frau Sabine Seeger an.

Der Autor

Gerhard Birk, geboren 1938 in Schlesien, ist promovierter Historiker und Archivar. Er war an mehreren Buchpublikationen zu kultur- und politgeschichtlichen Themen beteiligt, ist Autor einer Reihe von volkskundlichen, geschichtswissenschaftlichen, insbesondere heimat-, orts- und regionalgeschichtlichen Publikationen, hat Bildbände erarbeitet und mehrere hundert Zeitungsartikel bzw. Artikelserien geschrieben.

ZAL
Zentrum Aus- und Weiterbildung Ludwigsfelde GmbH

Das ZAL 2000 ist Dienstleister in Sachen Bildung und Personalentwicklung für Unternehmen einerseits und Arbeitssuchende andererseits.

Das ZAL 2000 kooperiert mit dem Arbeitsamt Potsdam und seinen Geschäftsstellen im Kreis Teltow-Fläming, der Handwerkskammer Potsdam, der Industrie- und Handelskammer Potsdam, Daimler-Benz Ludwigsfelde GmbH, der TÜV GmbH, der SLV Berlin/Brandenburg und 324 weiteren Institutionen und Firmen der Region.

Das ZAL 2000 konzentriert sich auf:
- Erstausbildung
- berufliche Weiterbildung
- firmenspezifische Qualifizierung
- Modellversuche

und unterhält darüber hinaus ein Arbeitgeber-Service-Büro.

Die Bildungsangebote des ZAL 2000 erstrecken sich auf folgende Bereiche:

- Metall
- Schweißen sowie
- SHK (Sanitär/Heizung/Klempner)
- Elektro
- Holz
- Bau
- EDV
- Bürowirtschaft
- Dienstleistung
- Ingenieurtechnik.

ZAL Zentrum Aus- und Weiterbildung Ludwigsfelde GmbH

Struveweg 1, 14974 Ludwigsfelde, Telefon: 0 33 78 - 80 82 05, Telefax: 0 33 78 - 80 82 18
Geschäftsführer: Reiner Rabe, Prof. Dr. Jörg D. Thiede

MärkischerVerlag Wilhelmshorst

Historisch-literarisches Programm

Aus unserem Verlagsprogramm:

Verwehte Spuren – Kerzendorf. Historisches Mosaik eines märkischen Gutsdorfes. Von Gerhard Birk. Historie und Geschichten des 620jährigen Dorfes incl. seiner hochherrschaftlichen Vergangenheit. ISBN 3-931329-11-9, 25 DM

In gleicher Ausstattung erscheint:

Verwehte Spuren – Wietstock. Historisches Mosaik eines märkischen Ortes. Von Gerhard Birk. Frühere „Perle des Teltow", lange verkannt, dann wieder prosperierend. ISBN 3-931329-22-4, 30 DM

Wilhelmshorster – Carl Steinhoff: 7 italienische Novellen. Vom ersten Ministerpräsidenten Brandenburgs übersetzt. Anhang zu seinem Leben und Wirken. Mit Zeichnungen von Manfred Rößler. ISBN 3-931329-02-X, 23 DM

In gleicher Ausstattung erscheint:

Wilhelmshorster – Peter Huchel: Wegzeichen. Ein Lesebuch. Auszüge aus Lyrik und Prosa, Anhang zu Leben und Bedeutung dieses großen deutschen Dichters. Hrsg. von Axel Vieregg. Mit Zeichnungen und Grafiken zum Werk. ISBN 3-931329-01-1, 23 DM

In gleicher Ausstattung in Vorbereitung:

Wilhelmshorster – Edlef Köppen. Ein Lesebuch. Auszüge aus seinem literarischen Werk, Anhang zum Leben. Mit Grafiken, hrsg. von Jutta Vincent. ISBN 3-931329-03-8, 23 DM

Hentze: Von der königlichen Handwerksschule zum Humboldt-Gymnasium – 175jährige Geschichte einer Potsdamer Schule. Mit den Namen aller Direktoren, Lehrer und Schüler. 117 S. brosch., ISBN 3-931329-09-7, 25 DM

DIE LETZTE SEITE

Ein weiteres Buch für historisch und heimatkundlich interessierte Leser empfehlen wir gerne: Anzeige

Gerhard Birk: Lüdersdorf. Historisches Mosaik eines märkischen Dorfes. 300. S., zahlr. Abb., Hartumschlag 30 DM

Nicht im Buchhandel erhältlich, Bestellungen über den Verlag.

Martin Ahrends: Zwischenland – Autobiografisches Essay. Exkurs zu einer strapazierten Landschaft und zur jüngsten deutschen Geschichte. Roger Melis und Bernd Blumrich haben das Grenzland eindrucksvoll fotografiert. ISBN 3-931329-00-3, 25 DM

VIADRINA. Die neuen Frankfurter Studenten 1992-97. Die ersten 5 Jahre der neugegründeten Europa-Universität im Spiegel pers. Berichte von Studenten, Professoren und Bürgern. ISBN 3-931329-08-9, 24,90 DM

Wer schreibt? Autoren und Übersetzer im Land Brandenburg. 141 Personen sind in Kurzform vorgestellt; 300 S. mit Abb. ISBN 3-931329-14-3. 15 DM

Ludwigsfelde, Geschichte und Geschichten (Teil 7). Mit neuen Aspekten zur Ortsgeschichte und akt. Beiträgen zu gegenw. Arbeitgebern. ISBN 3-931329-20-8. 10 DM

In Vorbereitung:

Märkische Orte, Teil I: Potsdamer Havelland. Ein Kompendium mit Wappen, Historie und gegenwärtiger Kultur von Henning Heese. ISBN 3-931329-05-4.

Der Teltowkanal – 100 Jahre. Hist. Darstellung vom Bau bis zur Gegenwart. Von G. Birk. Damalige, gegenw. und künft. Bedeutung für die Region (unt. Beacht. Verkehrsprojekt 17). ISBN 3-931329-21-6, 29 DM

MärkischerVerlag Wilhelmshorst

Aus der Mark – für die Mark